Gestion financière

Éditions d'Organisation
Groupe Eyrolles
61, bd Saint-Germain
75240 Paris Cedex 05

www.editions-organisation.com
www.editions-eyrolles.com

La collection « DFCG » est dirigée par François-Xavier Simon

DFCG

Jean-Guy Degos
Stéphane Griffiths

Gestion financière

De l'analyse à la stratégie

EYROLLES
Éditions d'Organisation

Sommaire

PREMIÈRE PARTIE
Analyse financière et diagnostic

Chapitre 1
Des flux financiers aux comptes annuels

Chapitre 2
Formation et répartition du résultat

Chapitre 3
Valeur et rentabilité des actifs

Chapitre 4
Endettement et sources de financement

Chapitre 5
Diagnostic d'une structure financière optimale

DEUXIÈME PARTIE
Stratégie financière et décision

Chapitre 6
Modèles stratégiques et modèles financiers

Chapitre 9

Optimisation de la trésorerie 275

Chapitre 10

La stratégie financière et la gestion des risques 299

Avant-propos

De la crise des *subprimes* et des leçons à en tirer

En 2007, lorsque la crise financière actuelle commençait, lorsque Bear Stearns et Lehman Brothers perdaient 700 millions de dollars chacune, Goldman Sachs et Morgan Stanley le double, battues par Merrill Lynch qui perdait plus de huit milliards de dollars, nous étions en train de terminer ce livre et nous commencions à nous poser des questions sur son intérêt. Quelques mois après, en 2008, il était terminé, mais la crise qui persévérait nous amenait à nous poser une question nouvelle, fondamentale : la finance a-t-elle changé et faut-il encore enseigner la finance comme naguère ?

Après quelque temps de réflexion et quelques missions exécutées dans des universités étrangères et des organisations internationales, nous avons trouvé des réponses à cette question : la finance, comme la physique ou comme la géographie, ne change pas ; ce sont les circonstances et le comportement des acteurs qui changent. Il n'y a pas une physique des catastrophes ou une géographie du réchauffement de notre planète, mais les sciences doivent tenir compte des évolutions du milieu et les intégrer, les expliquer, dans leur cadre conceptuel. C'est la même chose en gestion financière : la finance n'a pas changé, on calcule toujours de la même façon la valeur actuelle nette, le modèle d'équilibre des flux financiers ou le risque de taux. Ce sont les acteurs qui ont changé. Ils ont changé de monde, de comportement, d'objectifs. Nous ne savons pas s'ils ont eu tort ou raison et ce n'est pas notre rôle de le dire. Il semble qu'une minorité ait eu raison, dans la mesure où ils ont gagné de l'argent, beaucoup d'argent, et que la grande majorité ait eu tort, car elle a négligé les bases classiques de la finance. La finance s'est vengée. Dans la première version de ce livre, nous avions voulu mettre à la disposition de nos lecteurs cet ouvrage consacré, justement, aux bases rationnelles de la finance. Notre objectif reste le même, mais chaque fois que c'était nécessaire, nous avons fait des observations ou des commentaires sur la crise actuelle.

JEAN-GUY DEGOS ET STÉPHANE GRIFFITHS

Introduction

Le rôle de la fonction financière dans les organisations

L'entreprise combine des facteurs de production en vue de les proposer sur le marché. Avant même de pouvoir vendre, elle est donc dans l'obligation d'acheter. Elle doit en effet avancer l'argent nécessaire à l'achat des machines et des matières premières, au lancement de campagnes publicitaires, etc., avant même de produire et de vendre. Pour cela, elle s'appuie sur l'épargne d'autres agents économiques. L'entrepreneur doit donc convaincre des épargnants de lui avancer des sommes d'argent nécessaires pour réaliser ces investissements, mais il doit aussi s'assurer que l'utilisation de cet argent dans l'entreprise permettra de générer des revenus suffisants pour rémunérer les épargnants.

Voyons donc plus précisément quel est le rôle de la fonction financière, quelle est sa place dans l'organisation et quels sont les outils à mettre en œuvre.

1. LE RÔLE GÉNÉRAL DE LA FONCTION FINANCIÈRE

La fonction financière est au service de la politique générale de l'entreprise. Elle fournit aux autres fonctions les moyens financiers dont elles ont besoin pour atteindre leurs objectifs propres, concourant ainsi à l'objectif global de l'entreprise.

La fonction financière intervient sur les marchés financiers, directement ou indirectement, pour collecter les fonds nécessaires à cette politique.

La fonction financière assure la cohérence de l'ensemble en agissant sous contrainte de rentabilité (les investissements financés doivent générer un surplus suffisant), de solvabilité (l'entreprise doit toujours pouvoir rembourser ses dettes) et de flexibilité (l'entreprise doit pouvoir saisir les opportunités qui se présentent). Elle organise le contrôle, c'est-à-dire vérifie que les objectifs fixés au départ ont bien été atteints (diagnostic, mesure des écarts par rapport aux objectifs, tableaux de bord). Elle mesure la performance de l'entreprise.

L'équilibre financier

On a l'habitude de résumer le diagnostic par un mot : équilibre ou déséquilibre.

« Équilibre » qualifie le mode de relation entre l'entreprise et ses partenaires. Il est synonyme de confiance durable dans la relation, d'équité, de clarté, ce qui se traduit par la décision de faire route ensemble, de partager l'information, de partager les risques et les bénéfices.

Nous définissons l'équilibre financier comme une situation financière qui crée un climat de confiance entre l'entreprise et ses partenaires, de telle sorte que ceux-ci décident de maintenir leur collaboration avec l'entreprise. Pour s'allier la confiance de ses partenaires, l'entreprise doit être rentable, solvable et flexible, sous contrainte d'un niveau de risque acceptable par tous.

Parlant de l'entreprise, cet équilibre est toujours un équilibre instable, dynamique.

Pour susciter ce climat de confiance, il faut tout d'abord que l'entreprise soit rentable, c'est-à-dire en mesure de rémunérer ses partenaires. Pour cela, les investissements qu'elle réalise grâce à leur concours doivent être rentables, c'est-à-dire dégager un surplus suffisant pour rémunérer les salariés, payer les intérêts aux banquiers, augmenter la valeur de l'action des actionnaires.

Nous verrons dans les chapitres 2 et 3 comment mesurer la rentabilité.

Pour susciter ce climat de confiance, il faut ensuite que l'entreprise soit solvable, c'est-à-dire en mesure de rembourser ses partenaires aux échéances convenues. Pour cela :

- elle doit produire des liquidités à partir de son activité, son métier, ce qui lui permettra de payer ses fournisseurs, la TVA, les charges sociales, aux échéances convenues ;

- elle doit limiter les fonds qu'elle emprunte à la mesure des fonds apportés par les actionnaires qui, eux, ne sont pas remboursables. En effet, les banques peuvent en théorie prêter à l'infini. Elles peuvent honorer les chèques présentés par l'entreprise au-delà de ce qu'il y a sur le compte. L'entreprise est alors à découvert (concours bancaires courants), mais elle est solvable, puisqu'elle peut rembourser ses dettes.

.../...

Si la banque pense qu'il y a un risque que l'entreprise ne puisse pas remonter le niveau de son compte, elle arrête d'honorer les chèques, et l'entreprise devient insolvable. L'apport et l'engagement des actionnaires constituent une garantie pour les banquiers. C'est en cela qu'il faut trouver un juste équilibre entre fonds empruntés et fonds propres.

Nous verrons dans les chapitres 4 et 5 comment mesurer la solvabilité.

Pour susciter ce climat de confiance, il faut enfin que l'entreprise soit flexible, qu'elle ne soit pas bloquée dans ses décisions, qu'elle garde des marges de manœuvre pour le futur. C'est un aspect trop souvent oublié de l'équilibre.

Pour cela, son outil de production doit être adaptable : elle doit pouvoir faire face à une augmentation des ventes en quantité et faire évoluer ses produits.

Par ailleurs, elle doit être en mesure de mobiliser des ressources financières en faisant appel à ses partenaires financiers.

La flexibilité est beaucoup plus difficile à mesurer. C'est pourquoi nous ne consacrons pas de développement particulier à cet aspect. Toutefois, nous évoquerons la flexibilité à propos de tel ou tel aspect de l'équilibre, par exemple :

- le budget de recherche et développement est signe de flexibilité : en consacrant une partie de ses moyens au développement de produits nouveaux, l'entreprise se donne les moyens de répondre à l'évolution qualitative de la demande ;
- le taux d'endettement révèle une flexibilité : si l'entreprise est peu endettée, c'est qu'elle peut s'endetter auprès de ses banques et faire face à une opportunité d'investissement.

L'entreprise peut être fortement rentable mais faire courir des risques inconsidérés à ses partenaires financiers. Si ceux-ci n'acceptent pas de courir ce risque, la confiance est rompue.

Il faut donc trouver un juste milieu : le niveau optimal de rentabilité, de solvabilité, de flexibilité pour une prise de risque acceptable par tous.

2. LA FONCTION FINANCIÈRE DANS LES ORGANISATIONS

2.1. Dans la petite entreprise

Dans la petite entreprise, les risques sont relativement faibles et les motivations parfois mal définies. En matière d'investissement, c'est le chef d'entreprise qui prend toutes les décisions et dans la majorité des cas, il improvise. Ici, le savoir-faire et l'instinct prennent le pas sur la démarche scientifique.

2.2. Dans la moyenne entreprise

Dans la moyenne entreprise, on assiste à un début de décentralisation des décisions. Le propriétaire garde toutefois la maîtrise des objectifs et des moyens. Les décisions financières importantes sont prises par le dirigeant-actionnaire principal. Les relations avec les actionnaires se posent peu dans la mesure où il s'agit en général d'entreprises familiales.

Les motivations du ou des dirigeants peuvent cependant entrer en conflit avec les impératifs économiques et mettre en question la survie de l'entreprise.

Par exemple :

- pour assurer ses besoins de pouvoir et de prestige, la mégalomanie du dirigeant, qui privilégie des investissements de prestige non rentables, peut remettre en cause la compétitivité de l'entreprise ;
- en préférant l'enrichissement personnel à court terme, les dirigeants distribuent des dividendes au détriment de l'autofinancement et donc de l'indépendance financière ;
- la recherche de l'indépendance (maintien d'un financement familial, donc limité) est parfois contradictoire avec les objectifs de croissance et de compétitivité nécessitant des investissements importants et une ouverture du capital ;
- la responsabilité sociale mal assumée peut entraîner des conflits sociaux graves allant jusqu'à des grèves lourdes qui mettent en danger la survie de l'entreprise.

2.3. Dans la grande entreprise

Là, encore plus, des conflits d'objectifs peuvent apparaître entre les actionnaires attendant de leur placement un certain niveau de rentabilité et les dirigeants poursuivant d'autres objectifs : parts de marché, lancement de produits nouveaux, revenus, avantages sociaux, prestige, etc. Ces thèmes sont aujourd'hui très à la mode et le législateur cherche à réglementer le gouvernement d'entreprise de manière à éviter que ces conflits ne puissent mettre en cause la pérennité de l'entreprise et l'emploi.

Le risque provient aussi du fait que le « financier » peut alors prévaloir sur « l'industriel ». Les impératifs de rentabilité dictés par les actionnaires peuvent être à l'origine de choix privilégiant les investissements financiers par rapport aux investissements industriels, la fonction financière devenant une sorte d'État dans l'État. Certains auteurs parlent de financiarisation des stratégies[1].

---

1. Batsch L., *Finance et Stratégie*, Économica, 1999.

3. La fonction financière et la communication

Les responsables de la fonction financière doivent gérer la communication interne et la communication externe.

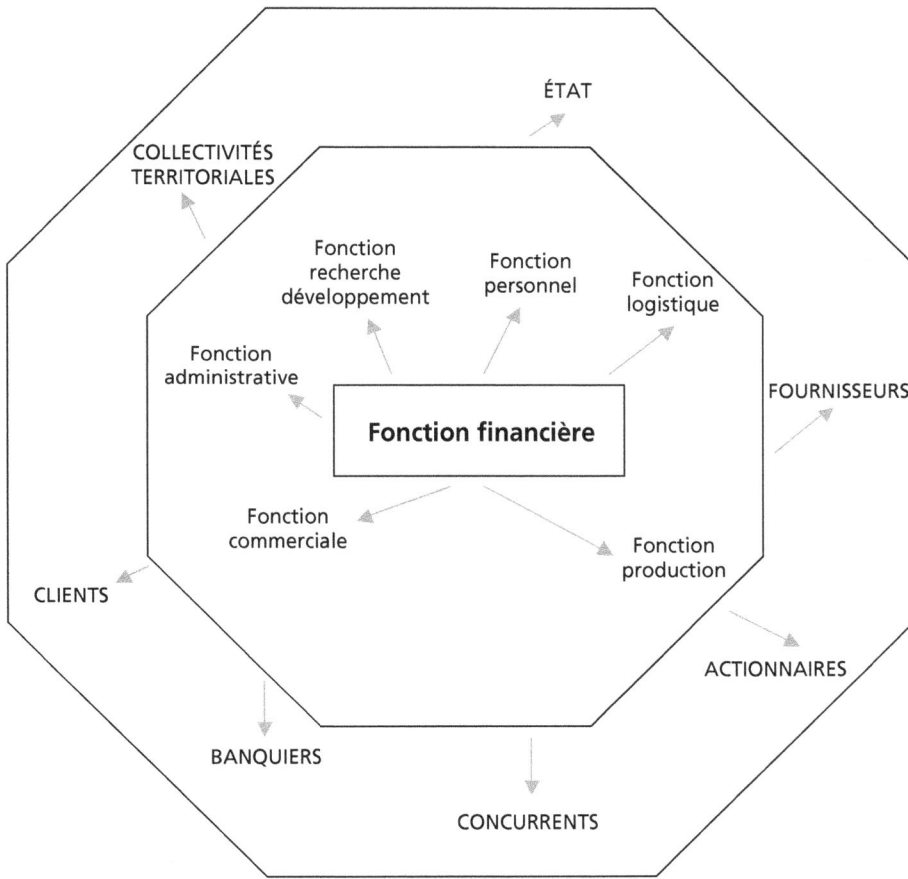

Figure 1 – Les partenaires de l'entreprise

3.1. Communication interne

Prenons deux exemples :

* le responsable de la production fait connaître ses besoins en matières premières, en immobilisations, etc. pour assurer la production. Les responsables financiers discutent avec lui et l'amènent à vérifier que l'investissement est bien rentable et correspond aux objectifs de la production et de l'ensemble de l'entreprise ;

- le responsable commercial fait connaître ses besoins en matière de politique de ventes, de publicité. Il indique quels sont les comportements des clients au niveau du règlement. Les responsables financiers s'entretiennent avec lui et vérifient que ses besoins actuels en *marketing*, en matériel de publicité, etc., vont générer suffisamment de chiffre d'affaires pour qu'ils soient rentables.

Il en est de même pour les autres fonctions de l'entreprise. Les responsables financiers sont donc les arbitres entre les besoins exprimés des responsables opérationnels et les contraintes financières de l'entreprise.

Tout ce travail est bien aussi un travail de communication, car les responsables financiers ne sont pas les censeurs, les contrôleurs, mais les conseillers éclairés au service de la stratégie globale de l'entreprise.

Le contrôle et la mesure de la performance *a posteriori* fera l'objet de nouveaux contacts avec les responsables opérationnels.

3.2. Communication externe

Forts de la connaissance des besoins financiers de chacun, les responsables financiers établissent un plan de financement à moyen et long terme. Il s'agit d'un document montrant les besoins financiers en investissements industriels et commerciaux et indiquant, en regard, les ressources financières nécessaires. Ils établissent par ailleurs un plan de trésorerie pour assurer la solvabilité à court terme de l'entreprise.

Ils rencontrent alors les interlocuteurs financiers privilégiés de l'entreprise pour leur expliquer leurs besoins :

- les actionnaires ;
- les banquiers ;
- les intervenants sur le marché boursier, pour les grandes entreprises cotées. Les agences de *rating* jouent ici un rôle important. Ce sont des sociétés de service apportant leur savoir-faire en matière de diagnostic financier, pour conseiller les établissements (banques, sociétés d'assurance, fonds de pension, etc.) qui réalisent des investissements financiers. On sait aussi que ces agences peuvent faire « la pluie et le beau temps » et, entraînant avec elles des fonds gigantesques, faire et défaire la valeur des titres des sociétés.

Il s'agit là encore d'un travail de communication, car les responsables financiers doivent convaincre ces intermédiaires que les besoins sont justifiés, que l'entreprise est certainement rentable et solvable, aujourd'hui et dans l'avenir. Ils doivent donc présenter des documents clairs, des « plaquettes » attrayantes et des prévisions convaincantes pour négocier des ressources financières au moindre coût et, d'une manière générale, assurer la pérennité de l'entreprise face aux risques financiers.

4. LES OUTILS DE LA FONCTION FINANCIÈRE

La fonction financière doit collecter, traiter et diffuser un grand nombre d'informations :

- à l'intérieur de l'entreprise : il s'agit principalement du système d'information pour la gestion (comptabilité générale, comptabilité analytique, contrôle de gestion, etc.). Les responsables financiers, nous le verrons, sont amenés à retraiter cette information (calcul de ratios, consolidation, élaboration de tableaux de financement) ;
- à l'extérieur : ils doivent collecter des informations sur les marchés, sur les concurrents et sur la conjoncture. Ces informations émanent des branches professionnelles, des centrales de bilans, des agences d'informations économiques et financières, des médias, des réseaux internationaux (Internet), des syndicats, des diverses administrations économiques. Ils doivent par ailleurs avoir une bonne connaissance du droit des affaires et des rouages de l'économie.

Lorsque les responsables élaborent des prévisions, ils utilisent les statistiques et les probabilités, les techniques d'analyse de données, l'informatique et les techniques de mathématiques financières (actualisation).

5. PRÉSENTATION DU PLAN DE L'OUVRAGE

5.1. Première partie : analyse financière et diagnostic

Dans une première partie, nous verrons comment apprécier l'équilibre financier en jugeant de la rentabilité, de la solvabilité, de la flexibilité et du risque.

L'analyse des documents de synthèse permet de comprendre le fonctionnement de l'entreprise. Le diagnostic n'est intéressant que s'il permet, au-delà d'un éclairage du passé, de découvrir une évolution possible dans l'avenir en vue d'une thérapie.

Le diagnostic financier est intéressant de l'intérieur : pour les responsables financiers, c'est un outil de contrôle du système devant aboutir à une remise en question des objectifs et des moyens mis en œuvre. Il est également intéressant de l'extérieur, pour les banquiers, les actionnaires, les salariés, l'administration fiscale. La découverte d'une évolution possible les amènera peut-être à modifier leur comportement vis-à-vis de l'entreprise : mise à disposition de capitaux, évaluation des risques.

L'analyste externe ou interne utilise des indicateurs (ou ratios) pour aider l'entreprise dans son diagnostic. Nous les développerons tout au long de cette première partie.

Dans le premier chapitre, nous reviendrons sur la manière qu'a la comptabilité de garder en mémoire la trace des relations de l'entreprise avec les tiers. Le système d'information comptable traite ces informations et les restitue périodiquement (au moins une fois par an), sous forme de « documents de synthèse » : le compte de résultat, le bilan, le tableau de financement et l'annexe[1].

Dans le deuxième chapitre, nous verrons comment se forme le résultat.

Dans le troisième chapitre, il s'agira de juger le niveau des investissements présents ou passés en immobilisation et en besoin en fonds de roulement et la rentabilité de ces investissements :

- les montants des investissements industriels et commerciaux sont-ils bien en rapport avec l'activité et les résultats qu'ils génèrent ?
- les investissements financiers sont-ils rentables ?

Dans le quatrième chapitre, nous essaierons d'expliquer comment se font les choix de financement et examinerons l'impact de l'endettement sur la rentabilité financière et le risque financier pour les actionnaires (effet de levier).

Dans le cinquième chapitre, nous verrons comment juger de la solvabilité et du risque de faillite, en nous interrogeant sur ce qu'on peut considérer comme une structure financière optimale.

---

1. Ils sont par construction même une « image fidèle » de l'entreprise. C'est pourquoi nous n'évoquerons que très rarement les retraitements de l'information comptable. Si retraitement il y a, ce sera à partir d'informations figurant dans l'annexe.

> ### *Les analystes[1] se réfèrent le plus souvent à quatre types de situations d'équilibre :*
>
> * les sociétés saines à long terme avec des crises passagères connaissent une bonne rentabilité. Ce sont des entreprises dynamiques dans des secteurs nouveaux. Ces entreprises n'ont en général pas de problème de trésorerie, sauf de manière transitoire, du fait d'un taux d'endettement devenant limite, nécessité par une politique d'investissement continue. L'existence future de ces sociétés est liée à leur aptitude à créer ou à accueillir des fonds propres (maintien d'un niveau élevé de l'autofinancement ou ouverture du capital) ;
> * les sociétés saines à moyen terme ont une croissance régulière de leur activité et une rentabilité élevée comme les précédentes. Elles n'ont pas de problèmes de solvabilité. La baisse des charges financières et l'amélioration du taux d'endettement traduisent un désendettement continu et donc une diminution constante des risques. Leur politique d'investissement, moins soutenue que celle des entreprises du premier type, entraîne une dégradation des conditions de production et une hausse des coûts, d'où un risque de disparition à long terme ;
> * les sociétés saines en voie d'anémie ont une belle apparence lors d'un diagnostic financier superficiel, mais le niveau élevé du résultat net comptable cache une baisse de l'autofinancement. Progressivement apparaissent les problèmes de trésorerie ; les charges financières en hausse expliquent la baisse de l'autofinancement. La hausse du taux d'endettement est liée au problème de trésorerie et à l'impossibilité de renforcer les fonds propres par l'autofinancement. Ces entreprises ont besoin d'une transfusion stratégique fondée sur de nouvelles bases industrielles et commerciales ;
> * les sociétés en difficulté connaissent une baisse d'activité et un résultat net négatif. De plus, l'augmentation des stocks, liée à la baisse des ventes, l'augmentation des créances clients, liée aux difficultés du secteur (l'entreprise est dans un secteur en difficulté et les clients connaissent le même genre de problème de règlement, de surstockage et de besoin en fonds de roulement en hausse) accroissent régulièrement et anormalement les besoins de financement de l'exploitation et le recours aux crédits de trésorerie. La trésorerie est structurellement et de plus en plus négative. Le taux d'endettement augmente, du fait des découverts bancaires et de l'impossibilité croissante de rembourser les dettes. C'est la spirale conduisant inéluctablement vers le redressement judiciaire.

---

1. Chevallier A. et Gupta J., « La survie et le développement à moyen terme de l'entreprise », *Revue du financier* n° 30, novembre-décembre 1983, p. 63, 75 ; Degos J.-G., « Tableaux des flux de trésorerie et entreprises non cotées », *Revue du financier* n° 82, juin-juillet 1991, p. 13 à 27. L'analyse statistique de Jean-Guy Degos sur un échantillon de 64 entreprises donne sensiblement la même typologie.

5.2. Deuxième partie : stratégie financière et décision

Dans la deuxième partie, nous étudierons comment s'opèrent les choix financiers à long, moyen et court terme et les conséquences qui en découlent.

Dans le moyen terme (chapitres 7 et 8), la démarche sera la suivante :

- élaboration des prévisions : le plan de financement ;
- décisions d'investissements et de financements : nous étudierons les différents types d'investissements, les sources de financement et les critères de choix, particulièrement les critères financiers ;
- choix des financements : nous verrons quelles sont les différentes sources de financement possibles, comment choisir la meilleure et sur quels critères, en particulier financiers.

Dans le court terme (chapitre 9), il s'agit principalement de la gestion de la trésorerie au sens large :

- élaboration du budget de trésorerie. Celui-ci s'inscrit plus généralement dans la démarche budgétaire ;
- choix des financements à court terme : nous étudierons les produits proposés par les banques, les critères de choix. Éventuellement, en cas d'excédents temporaires de trésorerie, choix de placements.

Enfin (chapitres 10 et 11), nous aborderons la gestion globale des risques financiers et l'ingénierie financière, en l'intégrant dans la démarche stratégique.

Première partie

ANALYSE FINANCIÈRE ET DIAGNOSTIC

Chapitre 1

Des flux financiers
aux comptes annuels

La réalité financière de l'entreprise peut être approchée principalement par les « documents de synthèse » produits par les comptables : compte de résultat, bilan, tableau de financement, annexe. Il ne s'agit pas d'une vision absolument complète de l'entreprise d'un point de vue financier, mais d'une « image ». Cette image n'est connue que périodiquement, au moins une fois par an. Les comptables, du fait des règles qu'ils sont tenus de respecter (les normes comptables), garantissent à l'analyste que l'image financière de l'entreprise est « fidèle ». Assez simplement, cela signifie que les comptables n'ont pas la volonté de vouloir tromper le lecteur des documents de synthèse.

Au cours de ce chapitre, nous allons voir comment les documents de synthèse retracent la situation financière de l'entreprise.

1. LES FLUX ET L'ACTIVITÉ FINANCIÈRE

L'entreprise ou l'organisation que nous étudions se situe dans le cadre d'une économie de marché. Son activité consiste donc à produire des biens ou des services qui sont ensuite vendus sur des marchés. Les biens et les services dont elle a besoin pour produire sont également achetés sur des marchés. Un marché est un lieu d'échange, abstrait ou réel. Contre un bien ou un service acheté (demandé) ou vendu (offert), l'entreprise donne ou reçoit une certaine quantité de monnaie, le prix : c'est ce qui est à l'origine d'un flux de liquidités ou flux financier. Dans le cadre de son activité, l'entreprise réalise des opérations. Ces opérations ayant un caractère répétitif, elles s'inscrivent dans un cycle. Plusieurs cycles se superposent et concourent tous à son objectif. Ces opérations sont placées sous la responsabilité d'une fonction dans l'entreprise.

Nous distinguerons :

* le cycle d'exploitation, dans lequel s'inscrivent les opérations d'exploitation, sous la responsabilité de la fonction d'exploitation ;
* le cycle d'investissement, dans lequel s'inscrivent les opérations d'investissement, sous la responsabilité de la fonction d'investissement ;
* le cycle de financement, dans lequel s'inscrivent les opérations de financement, sous la responsabilité de la fonction de financement.

1.1. Le cycle d'exploitation

Les opérations d'exploitation sont les opérations qui permettent à l'entreprise de réaliser son activité au jour le jour : acheter des matières premières, les stocker, les combiner, les assembler, les transformer en faisant intervenir des ouvriers, des techniciens, des cadres, éventuellement sur des machines, dans des locaux ; stocker ces biens produits, puis les vendre et les livrer aux clients. Ce cycle engage toutes les personnes de la fonction exploitation[1].

« Pour exercer l'activité industrielle, commerciale ou de service, en vue de laquelle elle a été créée, l'entreprise achète, éventuellement transforme et vend. La fonction exploitation regroupe l'ensemble de ces opérations, qui se renouvellent sans cesse et constitue l'activité cyclique de l'entreprise[2]. »

On parle de cycle dans la mesure où les opérations se déroulent dans un ordre donné et se reproduisent de période en période. La réalité n'est toutefois pas aussi simple. Dans une même entreprise, on peut retrouver plusieurs métiers ; plusieurs cycles se superposent alors : pour tel ou tel produit, le comportement des clients en matière de règlement ou le comportement de l'entreprise vis-à-vis des fournisseurs peut être très variable. Mais il est

---

1. L'Ordre des experts-comptables définit les opérations d'exploitation comme toutes celles qui ne sont ni de financement, ni d'investissement. Recommandation 1-22 de 1989, « Le tableau de financement », *Principes comptables OEC*, 1993, p. 131, 146.
2. Banque de France, *Méthode d'analyse financière de la Centrale des bilans*, édition 2000, p. 17.

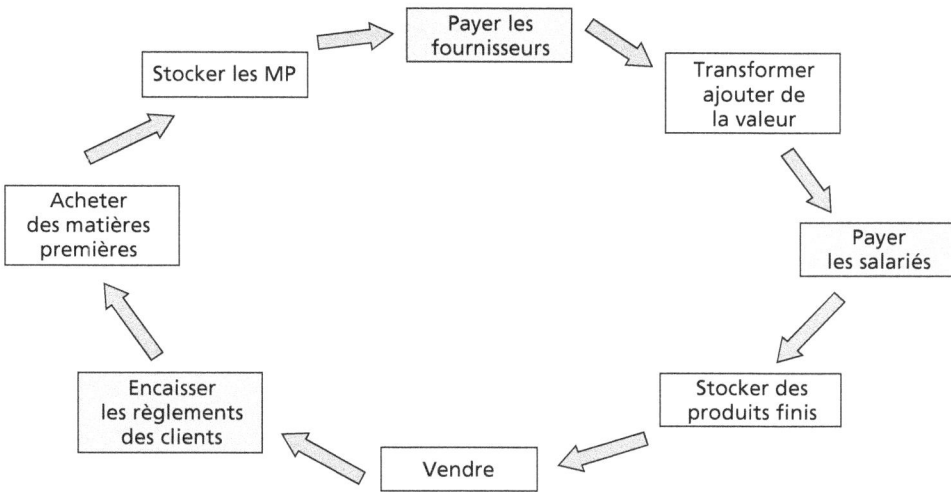

Figure 2 – Le cycle d'exploitation

possible pour une entreprise donnée de considérer un cycle moyen ayant une certaine durée. Ce cycle moyen sera très différent d'une entreprise à l'autre suivant le secteur. Dans l'agroalimentaire, ce cycle pourra être de quelques jours, alors que dans l'industrie aéronautique, il pourra être de plusieurs années.

1.2. Le cycle d'investissement

Dans sa recherche constante d'une plus grande efficacité, l'entreprise est amenée à remplacer les activités humaines répétitives par des machines. Pour produire et vendre en plus grandes quantités à des coûts toujours plus faibles et donc pour réaliser les opérations d'exploitation plus efficacement, l'entreprise investit. Nous développons dans le chapitre 7 la notion d'investissement. Pour le moment, ayons à l'esprit le fait que ces investissements s'inscrivent dans un cycle : au cours d'un cycle d'investissement, le bien immobilisé (terrain, construction, machine, etc.) est acheté, payé, installé, réglé, mis en service ; il concourt aux cycles d'exploitation pendant plusieurs années ; il est entretenu ; en fin de vie ou dès qu'il n'est plus suffisamment productif, il est revendu (cédé) ou mis au rebut. Le cycle d'investissement ne se confond pas avec le cycle d'exploitation. En effet, par nature, une opération d'investissement consiste à acheter un bien qui est destiné à servir au cours de plusieurs cycles d'exploitation. Ce bien, au contraire des matières ou des fournitures, ne se consomme pas en un seul cycle d'exploitation.

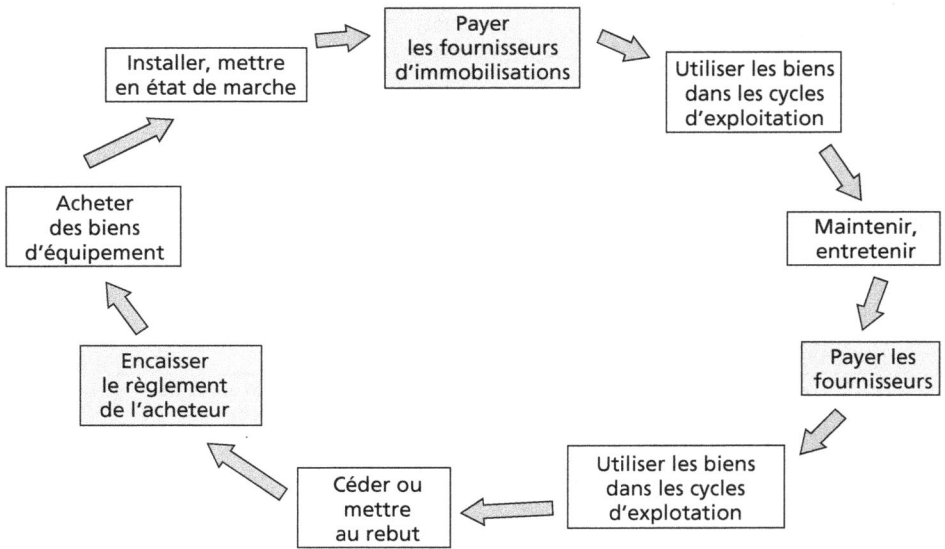

Figure 3 – Le cycle d'investissement

Nous verrons dans le chapitre 7 que l'objectif de l'investissement est l'augmentation de la valeur de l'entreprise pour ses propriétaires. Par extension, on parle d'investissements « financiers » lorsque l'entreprise achète des titres de propriété (actions, obligations, créances...) pour que cela lui permette d'augmenter la valeur de l'entreprise pour les actionnaires. Il peut s'agir par exemple de titres de participation, d'investissements immobiliers, de placements financiers, de prêts, etc.

Nous distinguons donc deux types d'investissements : les investissements industriels et commerciaux d'une part, les investissements financiers d'autre part.

1.2.1. Les investissements industriels et commerciaux

Les investissements industriels et commerciaux consistent en l'achat de biens ou de services qui seront utilisés pendant plusieurs cycles d'exploitation pour la production et la vente.

On distingue les biens corporels (terrains, constructions, machines, outillage, installations techniques, matériel informatique, matériels de bureau, etc.) et les biens incorporels (licence, brevets, droit au bail, frais de recherche et de développement, etc.).

La valeur de ces biens est donnée par le tableau de financement (lors de l'investissement) et par le bilan (valeur à l'inventaire).

Les règles et principes comptables appellent trois remarques :

- certaines immobilisations corporelles et incorporelles apparaissant à l'actif du bilan ne sont pas affectées à l'exploitation : par exemple, un immeuble de rapport appartenant à l'entreprise et loué à un tiers, une licence de fabrication non utilisée. Seules font partie de l'actif industriel et commercial les immobilisations d'exploitation, utiles pour produire et vendre. Les immobilisations hors exploitation ont plutôt la nature de placements et seront classées dans les actifs financiers ;
- certaines immobilisations incorporelles ne font pas partie des actifs d'exploitation : frais d'établissement, charges à répartir sur plusieurs exercices, tout ce qu'on a l'habitude d'appeler « actifs fictifs ». Il s'agit plutôt de charges étalées dans le temps ;
- en droit comptable français, traditionnellement, les biens financés par crédit-bail ne figurent pas à l'actif, bien qu'étant utilisés dans le processus de production. En revanche, selon les normes anglo-saxonnes et les normes internationales (IFRS), qui deviennent la règle pour les sociétés cotées, les biens financés en crédit-bail sont inscrits à l'actif. Par la suite, nous retiendrons ces biens comme faisant partie des actifs malgré leur mode de financement.

1.2.2. Les investissements financiers

Ils sont indirectement liés au « métier de l'entreprise ». Nous considérerons comme investissements financiers tous les investissements autres que d'exploitation. L'entreprise est amenée à opérer des investissements financiers quand, en attendant des opportunités d'investissements industriels et commerciaux, elle dispose de liquidités de manière temporaire qu'elle investit à long, moyen ou court terme (prêts, valeur mobilières de placement et autres instruments de trésorerie). Ce seront donc les placements en titres, actions, obligations ou autres, en prêts, ou d'autres créances hors exploitation.

Une place particulière doit être faite aux filiales et participations : lorsque l'entreprise opte pour la croissance externe, il faut se demander si les investissements financiers sont relatifs à des participations et à des filiales économiquement liées à l'activité industrielle et commerciale de la société. Si oui, la rentabilité des actifs doit se juger dans le cadre des comptes consolidés (voir chapitre 3).

1.3. Le cycle de financement

Le cycle d'exploitation et le cycle d'investissement commencent tous deux par des décaissements (achats de matières ou de main d'œuvre, investissements dans des machines…). Les encaissements (ventes de produits) n'interviennent qu'à la fin du cycle d'exploitation. Il est donc indispensable de trouver des liquidités pour financer ces opérations.

Ces liquidités peuvent provenir de l'activité même de l'entreprise (autofinancement). L'entreprise peut également se procurer des ressources financières auprès de particuliers (l'entrepreneur, les actionnaires ou associés, obligataires), auprès des banques (sous forme d'emprunt) ou encore de l'État ou de collectivités publiques (sous forme de subventions)[1] ; ensuite, elle rembourse, suivant un échéancier donné, les sommes qui ont été empruntées ou mises à disposition et paie des intérêts aux banques, des dividendes aux actionnaires.

1.3.1. Le financement propre

À sa naissance et lorsqu'elle connaît des périodes de croissance, l'entreprise fait appel aux propriétaires actionnaires pour constituer ou pour augmenter son capital. En contrepartie, et lorsque le niveau des bénéfices le permet, l'entreprise rémunère ces apports en versant aux associés des dividendes.

Par ailleurs, du fait même de ses activités d'exploitation, d'investissement et de financement, l'entreprise génère un flux net de liquidités potentiel (produits encaissables – charges décaissables) qu'on appelle « capacité d'autofinancement ».

> Capacité d'autofinancement = produits encaissables – charges décaissables

1.3.2. Le financement par les banques et les établissements de crédit

Si le financement propre est insuffisant, l'entreprise fait appel aux épargnants directement ou indirectement, aux banques, en empruntant. Les sommes encaissées alors seront remboursées (décaissées) plus tard suivant un plan de remboursement convenu entre la banque et l'entreprise. Il va de soi que ces remboursements s'accompagnent du paiement d'intérêts aux prêteurs.

Ces opérations de financement s'inscrivent donc dans un cycle qui ne se confond pas avec les cycles d'exploitation et d'investissements. En effet, suivant la règle de non-affectation des ressources aux emplois, les fonds provenant de l'activité même de l'entreprise ou collectés par l'entreprise ne sont pas affectés (financement du cycle d'exploitation ou financement de tel ou tel investissement). Les opérations de financement sont bien distinctes des opérations d'investissement ou d'exploitation. La durée de vie du cycle de financement, de la collecte des fonds au remboursement complet, peut être différente de la durée du cycle d'exploitation ou du cycle d'investissement.

---

1. Ces différentes sources de financement sont décrites en détail au chapitre 8.

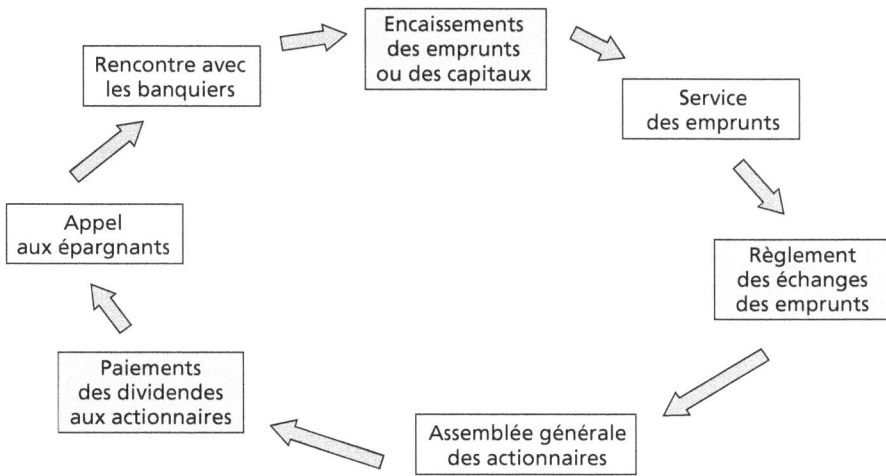

Figure 4 – Le cycle de financement externe

2. LE CYCLE D'EXPLOITATION

La comptabilité de l'entreprise a pour rôle de conserver la trace des échanges de l'entreprise avec les autres intervenants sur ses marchés, dans le cadre des cycles, les informations concernant le flux : la date, la nature de l'opération, l'origine, la destination du flux et bien sûr son intensité, le prix[1]. Au fur et à mesure des différents cycles, la comptabilité mémorise les conséquences financières de ces opérations, de sorte qu'il soit possible de connaître à tout moment :

- l'avoir en espèces (solde de trésorerie) ;
- le résultat, enrichissement réel de l'entreprise du fait de son activité au cours d'une période de temps donnée.

2.1. Les flux d'exploitation

La comptabilité de l'entreprise, en constatant les charges (consommation de matières, achats de services, impôts, salaires et charges sur salaires) d'une période de temps (l'exercice comptable est l'année) et leur règlement (décaissements), enregistre également leur contrepartie : variations des dettes envers les fournisseurs, variations des stocks de matières premières ou de marchandises,

---

1. Voir Griffiths S., *Comptabilité générale*, 4ᵉ édition, Vuibert, coll. « Éducapôle gestion », 2001 ; Jean-Guy Degos, *Introduction à la comptabilité*, Eyrolles, 1991.

variations des dettes envers l'État, les salariés ou les organismes sociaux et, bien évidemment, variations de l'avoir liquide en caisse ou sur un compte bancaire.

> Charges d'exploitation décaissables
> = charges d'exploitation décaissées
> + variations des stocks de matières premières
> – variations de fournisseurs
> – variations de dettes envers les salariés et les organismes sociaux

La comptabilité de l'entreprise, en constatant les produits (ventes, production stockée, production immobilisée, autres produits d'activités annexes, etc.) et leur règlement (encaissements), enregistre également leur contrepartie : variations de stocks de produits intermédiaires ou finis, variations des créances sur les clients et, bien évidemment, variations de l'avoir liquide en caisse ou sur un compte bancaire.

> Produits d'exploitation encaissables
> = produits d'exploitation encaissés
> + variations des stocks de produits finis
> + variations des clients

En faisant la différence terme à terme des deux expressions précédentes, les flux liés aux opérations d'exploitation peuvent donc être résumés par l'égalité suivante :

> Égalité E1 :
> produits d'exploitation encaissables – charges d'exploitation décaissables
> = (encaissements – décaissements liés à l'exploitation)
> + (var. des stocks de mp + var. des stocks de pf + var. des clients
> – var. des fournisseurs – var. des dettes envers les OS)

Le premier terme, surplus dégagé par l'exploitation, du fait de l'activité de la période, est l'excédent brut d'exploitation (EBE). Le second terme, flux net de trésorerie dégagé par l'exploitation sur la même période, est l'excédent de trésorerie d'exploitation (ETE). Le troisième terme, qui traduit les décalages entre formation du résultat et effet sur la trésorerie (avoir liquide en caisse ou sur des comptes courants bancaires), est la variation du besoin en fonds de roulement d'exploitation (BFRE).

> EBE = ETE + variation du BFRE

EBE   =   ETE

+

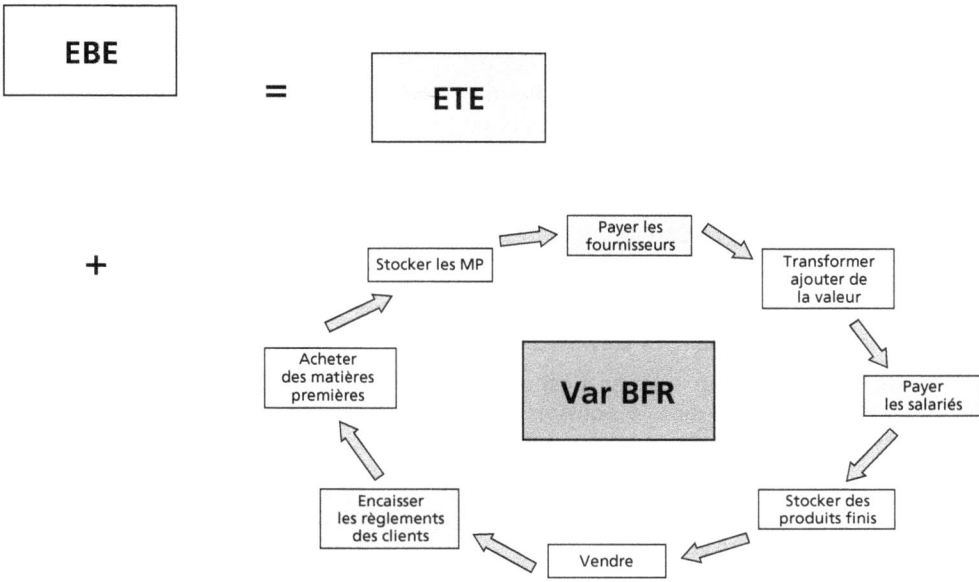

Figure 5 – Les flux du cycle d'exploitation

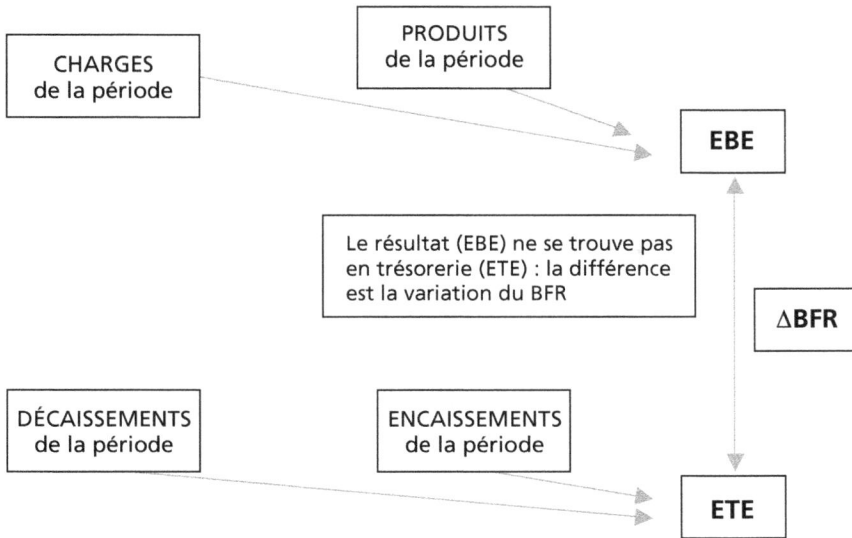

Figure 6 – EBE et ETE

Exemple : société Duflot

La société Duflot produit et commercialise des objets en plastique.

Les opérations d'exploitation du premier exercice ont été les suivantes :
• des factures d'achats de matières premières pour un total sur l'année de 80 000 ;
• les factures d'achats de services s'élèvent à 24 000.

Les fiches de paie de l'année font apparaître les éléments suivants :
• salaires bruts : 56 000 ;
• retenues précomptées : 7 280 ;
• salaires nets : 48 720.

Les charges sur salaires s'élèvent à 22 400.

NB : les charges sur salaires ainsi que les retenues étant versées aux organismes sociaux le mois suivant l'établissement des fiches de paie, on considérera que sont payées au cours de la première année les 11/12 de ces charges.

Les factures de ventes de produits finis s'élèvent à 250 000.

Le montant des chèques aux fournisseurs sont de 70 000 et les chèques provenant des clients de 120 000.

Au 31 décembre, les stocks de matières premières sont évalués à 12 000 et les stocks de produits finis à 43 000.

Compte de résultat du premier exercice

Ventes	250 000
Production stockée	43 000
Production	293 000
Achats	80 000
Variation de stocks	– 12 000
Achats consommés	68 000
Services extérieurs	24 000
Valeur ajoutée	201 000
Charges de personnel	
Salaires	56 000
Charges	22 400
EBE	122 600

Calcul de l'ETE

Encaissements d'exploitation	
Clients	120 000
Décaissements exploitation	
Fournisseurs	70 000
Salaires	48 720
Charges	27 207
ETE	– 25 927

Les règlements aux organismes sociaux correspondent à 11 mois de charges (salariales et patronales) :

$$\frac{11}{12}(7\ 208 + 22\ 400) = 27\ 207$$

Calcul de la variation du BFR d'exploitation

EBE	122 600
ETE	– 25 927
Variation du BFR d'exploitation	148 527
Variation des stocks de MP	12 000
Variation des stocks de PF	43 000
Variation des clients	130 000
Variation des fournisseurs	34 000
Variations des organismes sociaux	2 473
	148 527

2.2. Les flux d'investissement

Lorsque l'entreprise investit, elle achète des biens que nous appellerons « immobilisations ». Ces biens peuvent être payés avec un certain décalage dans le temps et, comme précédemment, on peut donc écrire :

Égalité E2 :
investissement
= var. des immobilisations
= décaissements sur immobilisations
– var. des fournisseurs d'immobilisations

Les investissements apparaissent dans le tableau des immobilisations dans l'annexe du Plan comptable général (PCG)[1].

Pour tenir compte de la consommation de l'immobilisation au cours du cycle d'exploitation lors du calcul du résultat de la période, le comptable affecte une partie de la valeur de l'immobilisation aux charges d'exploitation de l'exercice (dotations aux amortissements). Cette pratique permet d'étaler dans le temps le coût d'achat de l'immobilisation et, d'une certaine manière, de prendre en compte la dépréciation de l'immobilisation, du fait de l'usure matérielle ou technique (obsolescence). C'est ce qu'on appelle une charge calculée. Cette charge est dite « non décaissable » car l'inscription en charge ne se traduit pas par un décaissement dans l'exercice ou dans l'exercice suivant.

Lors de la revente de l'immobilisation, au cours de l'exercice, le comptable constate le prix de vente ou prix de cession qui se traduit par un encaissement. Par ailleurs, il constate que la valeur résiduelle de l'immobilisation (valeur d'origine moins amortissements pratiqués depuis l'investissement) doit être portée dans les charges de l'exercice : la valeur nette comptable des éléments d'actifs cédés. Comme précédemment, il peut y avoir des décalages entre l'opération elle-même et les flux de liquidités (en trésorerie).

> Égalité E3 :
> produits des opérations d'investissement encaissables
> – charges des opérations d'investissement décaissables
> = (encaissements – décaissements liés à l'investissement)
> + (var. des autres créances – var. des autres dettes)

Mode de retraitement au bilan et au compte de résultat des biens achetés en crédit-bail

Soit une machine d'une valeur de 100 000 € financée en crédit-bail. Le dépôt de garantie est de 5 000 € et correspond à la valeur de rachat en fin de contrat. Le contrat est de quatre ans, le loyer annuel de 30 000 €. La durée de vie de la machine est de six ans.

Si les normes françaises ont été appliquées, seul le loyer a été comptabilisé.

On peut considérer que l'immobilisation a été financée par un emprunt de 100 000 € dont l'annuité est de 30 000 €.

.../...

1. *Plan comptable général 1999*, Imprimerie nationale, 2007 ; Jean-Guy Degos, *Plan comptable français : notions essentielles*, E-book E-thèque, Numilog.com, 2009.

On peut en tirer le taux d'intérêt théorique et imaginer le tableau d'amortissement de l'emprunt :

Montant emprunté	100 000
Annuité	30 000

D'où le taux obtenu à partir de l'égalité : $30\ 000 = 10\ 000 \times \dfrac{i}{1 - (1 + i)^{-4}}$

d'où :   i = 7,75 %

Immobilisation	100 000
Emprunt	100 000
Charges financières	7 750
Emprunt	22 250
Loyer	30 000
Dotations aux amortissements	16 667
Amortissements	16 667
Soit :	100 000/6

Exemple : entreprise Duflot

En janvier, l'entreprise achète une machine d'une valeur de 246 000 (amortissable sur cinq ans linéairement) et un bâtiment d'une valeur de 279 000 (amortissable sur 20 ans). Il a été réglé aux fournisseurs d'immobilisation 510 000.

Flux de trésorerie d'investissements

Investissements	525 000
Variation des fournisseurs	15 000
Cessions	0
Trésorerie affectée aux investissements	510 000

2.3. Les flux de financement

Les opérations de financement se traduisent principalement par des encaissements lorsque les actionnaires ou les banquiers mettent les fonds à la disposition de l'entreprise. Le remboursement ou le paiement de la rémunération des apporteurs de capitaux se traduit par des décaissements : dividendes pour les actionnaires ou intérêts pour les prêteurs qui constituent des charges financières.

Il peut exister bien sûr des décalages dans le temps entre l'engagement et les flux de trésorerie effectifs.

Pour les flux de financement, on pourra écrire :

> Égalité E4 :
> augmentation de capital
> + emprunts nouveaux
> + subventions d'investissement
> – remboursements
> – dividendes
> = encaissements sur opérations de financement
> – décaissements sur opérations de financement
> $$+ \left(\begin{array}{c} \text{Variation des créances} \\ \text{financements} \end{array} - \begin{array}{c} \text{Variation des dettes} \\ \text{financements} \end{array} \right)$$

Au niveau du compte de résultat, on aura :

> Égalité E5 :
> produits des opérations de financement encaissables
> – charges des opérations de financement décaissables
> = (encaissements – décaissements liés au financement)
> $$+ \left(\begin{array}{c} \text{Variation des autres créances} \\ \text{financements} \end{array} - \begin{array}{c} \text{Variation des autres dettes} \\ \text{financements} \end{array} \right)$$

Exemple : entreprise Duflot

Au cours du premier exercice, les opérations de financement ont été les suivantes :
- constitution du capital social (encaissé à l'ouverture de la société) : 40 000 ;
- l'entreprise contracte un emprunt au début de l'année de 200 000 au taux de 8 % remboursable sur cinq ans par annuités constantes, échéance annuelle en début d'année.

Tableau d'amortissement

Échéance	Annuité	Intérêts	Capital	Reste dû
2	50 091	16 000	34 091	165 909
3	50 091	13 273	36 819	129 090
4	50 091	10 327	39 764	89 326
5	50 091	7 146	42 945	46 381
6	50 091	3 710	46 381	0

Flux de trésorerie de financement

Dividendes	
Capital	400 000
Emprunts nouveaux	200 000
Annuités d'emprunts	0
Trésorerie provenant des opérations de financement	600 000

2.4. Divergence entre le plan comptable général et l'optique financière

Les divergences entre le plan comptable général (PCG) et l'optique financière se situent au niveau du classement des charges et des produits, au niveau de la présentation des documents de synthèse et au niveau des principes comptables. Les nouvelles normes IFRS (*International Financial Reporting Standards*) deviennent obligatoires pour les sociétés cotées et optionnelles pour les groupes qui font des opérations de consolidation. Faisant référence aux normes de l'IASB (*International Accounting Standards Board*), elles sont moins contraignantes et peuvent déboucher sur une classification plus financière des comptes (voir *infra*, 4., De l'optique française à l'optique IAS-IFRS).

En proposant une typologie des opérations par fonction, nous divergeons par rapport au PCG qui distingue les produits et les charges par nature (d'exploitation, financières, exceptionnelles).

Si nous voulions aller jusqu'au bout de cette logique financière, il faudrait reprendre toutes les charges et les produits par nature et les reclasser par fonction. Par exemple :

Charges par fonction (optique financière) Charges par nature	Exploitation	Investissement	Financement
Exploitation		Les charges d'entretien d'une machine, au compte 61 (charges d'exploitation) seraient rattachées à la fonction investissement.	Les rémunérations des services rendus par les banques (compte 626 services bancaires) seraient rattachées à la fonction financement.
		Les dotations aux amortissements (compte 685) seraient à rattacher à la fonction d'investissement.	

.../...

Charges par fonction (optique financière) Charges par nature	Exploitation	Investissement	Financement
Exploitation		Part des loyers de crédit correspondant au coût d'utilisation du bien.	Part des loyers de crédit correspondant au coût du financement.
Financières	Perte de change sur opérations commerciales.	Dotations aux provisions pour dépréciation de titres.	Intérêts sur emprunts, pertes de change sur opérations en devises.
Exceptionnelles Les charges ou les produits exceptionnels au sens comptable sont toujours rattachables soit à l'exploitation, soit au financement, soit à l'investissement.		Les produits des cessions d'élément d'actif (compte 775 inscrit en produits exceptionnels par le PCG), seraient aussi rattachés à la fonction investissement.	

Les analystes financiers ne sont jamais pleinement satisfaits de l'application des principes comptables. L'un considérera que le principe des coûts historique ne permet pas de faire apparaître la valeur réelle du patrimoine (on parle aujourd'hui de « juste valeur »), l'autre que le principe de continuité d'exploitation, en cas de difficultés économiques et financières, donne une mauvaise image de la situation de l'entreprise.

Par ailleurs, la réglementation fiscale biaise souvent l'image de l'entreprise donnée par les documents comptables (par exemple, obligation de comptabiliser les provisions réglementées).

Pratiquement, lors de l'analyse des documents de synthèse d'une entreprise, il ne sera pas possible de tenir compte de ces remarques. Toutefois, lorsque cela est significatif, on peut être amené à retraiter certains éléments des documents de synthèse. Mais tout ceci nous oblige à dire que l'image de l'entreprise qui est donnée par les documents légaux n'est pas forcément conforme aux besoins de l'analyste et qu'il faudra faire preuve d'esprit critique lors de l'examen des comptes.

3. DES FLUX AUX STOCKS : LES COMPTES ANNUELS

Jusqu'à maintenant, nous avons toujours parlé exclusivement de flux : charges, produits, encaissements, décaissements, effectifs ou potentiels entraînant des décalages dans la formation du résultat, investissements, désinvestissements, emprunt, remboursements, etc.

La comptabilité est en mesure de faire une synthèse des opérations pour la période considérée. Ce sont le compte de résultat et le tableau des flux ou tableau de financement. À côté de cette image, il est nécessaire de connaître à une date donnée l'état de l'ensemble des ressources et des emplois de l'entreprise depuis son origine. C'est ce que retrace le bilan.

3.1. Le compte de résultat

Les flux de charges et de produits de l'exercice permettent de déterminer le revenu, l'enrichissement net de l'entreprise au cours de l'exercice comptable. C'est à partir de ce résultat que l'on pourra juger de la rentabilité et du risque des investissements de l'entreprise.

Tous les produits et toutes les charges de l'exercice sont repris dans le compte de résultat (modèle Plan comptable général) :

Compte de résultat

Charges	Produits
Charges d'exploitation	Produits d'exploitation
Charges financières	Produits financiers
Charges exceptionnelles	Produits exceptionnels

La différence entre les produits et les charges donne le résultat de la période (bénéfice ou perte).

Ce tableau peut également être présenté en liste ou sous la forme du « tableau des soldes intermédiaires de gestion » (voir chapitre 2).

Modèle de compte de résultat IFRS

Par nature		Par fonctions	
Charges d'exploitation Achats Salaires Frais généraux Dotations aux amortissements	Produits d'exploitation Ventes Autres produits	Coût des ventes	Ventes
		Marges brute	
		Charges de distribution	
		Frais généraux	
Résultat opérationnel		Résultat opérationnel	
Charges financières	Produits financiers	Charges financières	Produits financiers
			.../...

Par nature		Par fonctions	
Résultat de l'exercice avant impôt		Résultat de l'exercice avant impôt	
Impôt sur les bénéfices		Impôt sur les bénéfices	
Résultat de l'exercice après impôt		Résultat de l'exercice après impôt	

Exemple : société Duflot

Compte de résultat du premier exercice

Ventes	250 000
Production stockée	43 000
Production	293 000
Achats	80 000
Variation de stocks	− 12 000
Achats consommés	68 000
Services extérieurs	24 000
Valeur ajoutée	201 000
Charges de personnel	
Salaires	56 000
Charges	22 400
EBE	122 600
Dotations aux amortissements	63 150
Résultat d'exploitation	59 450
Charges financières	16 000
Résultat courant avant impôts	43 450
Charges exceptionnelles	

Produits de cessions
   Valeur nette comptable
   des éléments d'actif cédés	

Impôt sur les sociétés	0
Résultat net	43 450

3.2. Les tableaux de flux

Le tableau de flux détaille toutes les contreparties des flux de résultat, ce qu'ont été les ressources de financements de la période et comment ces ressources ont été employées au cours de la même période.

Il est obtenu par la sommation des égalités écrites plus haut (égalité 1 à égalité 5). Pour ce tableau, nous proposons deux présentations :

- le tableau des flux de trésorerie, proposé par la norme sur les comptes consolidés (CRC 99-02). Ce tableau veut montrer la réalité des flux par une approche en termes de trésorerie ;

- le tableau de financement du Plan comptable général, ici sous une forme légèrement différente. Ce tableau a plutôt une approche emplois/ressources.

Ce tableau de flux sera un outil indispensable pour comprendre les comportements financiers de l'entreprise. Comme le compte de résultat, il devra toujours être analysé dans une optique pluriannuelle.

3.2.1. Le tableau des flux de trésorerie

Ce tableau, proposé à l'origine par la recommandation 1-22 de l'Ordre des experts-comptables (OEC), repris ensuite par la norme CRC 99-02 sur la consolidation, traduit exactement la logique de ce qui a été dit plus haut. Les flux sont classés en flux d'exploitation, flux d'investissement et flux de financement. Chaque rubrique fait apparaître la variation de trésorerie provenant des opérations (encaissement net) ou affectée (décaissement net) aux opérations. La somme des trois flux nets de trésorerie donne la variation des disponibilités.

Opérations d'exploitation
EBE
Var. du BFR
Trésorerie provenant de l'exploitation (ETE)
Opérations d'investissements
Investissements
Var. des fournisseurs d'immobilisations
Trésorerie affectée aux investissements
Opérations de financement
Augmentation de capital
Emprunts nouveaux
Remboursements
Dividendes versées
Var. des décalages de trésorerie
Trésorerie provenant du financement
Variation des disponibilités

Exemple : société Duflot

Tableau des flux de trésorerie

Flux de trésorerie d'exploitation	
EBE	122 600
Variation du BFRE	148 527
ETE	– 25 927
Flux de trésorerie d'investissement	
Investissements	525 000
Variation des fournisseurs	15 000
Cessions	0
Trésorerie affectée aux investissements	510 000
Flux de trésorerie de financement	
Dividendes	
Capital	400 000
Emprunts nouveaux	200 000
Annuités d'emprunts	0
Trésorerie provenant des opérations de financement	600 000
Variation de la trésorerie	64 073

Les praticiens préfèrent une forme de tableau qui regroupe, au sein de la marge brute d'autofinancement (MBA), tous les produits et toutes les charges :

Opérations liées à l'activité

MBA : EBE + autres produits encaissables – autres charges décaissables	Résultat net + dotations – reprises + VNCEAC – PCEA
Variation du BFR	
Trésorerie provenant de l'activité	
Opérations d'investissements	
Investissements	
Variation des créances et des dettes liées aux investissements (variation des fournisseurs d'immobilisations)	

.../...

Trésorerie affectée aux investissement	
Opérations de financement	
Augmentation de capital	
Emprunts nouveaux	
Remboursements	
Dividendes versés	
Variation des créances et des dettes liées au financement	
Trésorerie provenant du financement	
Variation des disponibilités	

Attention à la place des concours bancaires courants : nous le reverrons dans le chapitre 5, les concours bancaires courants sont une source de financement bancaire et figurent dans les opérations de financement.

3.2.2. Le tableau de financement

Ce tableau indique à droite quelles ont été les différentes ressources de l'exercice : capacité d'autofinancement (CAF), augmentation de capital, emprunts nouveaux ; à gauche, quels ont été les emplois de ces ressources : versements de dividendes, investissements, remboursements, augmentation du besoin en fonds de roulement. Il fait apparaître la variation de la trésorerie comme un emploi.

Tableau de financement du Plan comptable général

Emplois	**Ressources**
Dividendes	CAF
	Augmentation de capital
Investissements	
Remboursements	Emprunts de l'exercice
Variation du BFRE	
Variation du BFRHE	
Variation de la trésorerie	
Total emplois	Total ressources

Dans ce tableau apparaît un concept important : la capacité d'autofinancement (CAF). Il s'agit de la ressource de financement dégagée par l'activité de l'entreprise. Dans le chapitre suivant, nous étudierons l'EBE, qui est l'autofinancement dégagé par l'exploitation. La CAF est égale à l'ensemble des produits encaissables moins l'ensemble des charges décaissables.

Attention, ici aussi, à la place des concours bancaires courants : dans le chapitre 5, nous verrons que cette présentation fonctionnelle des flux considère les concours bancaires courants comme faisant partie de la trésorerie :

> Var. de la trésorerie
> = var. des disponibilités
> − var. des concours bancaires courants

Cycle	Opérations	Compte de résultat		Tableau de financement	
		Charges	Produits	Emplois	Ressources
Cycle d'exploitation	Produire et vendre	Achats de biens et services, salaires, impôts	Ventes, production stockée	Variation du BFRE	CAF : charges décaissables – produits
Cycle d'investissements	Investir, désinvestir	Dotations aux amortissements		Investissement, variation du BFRHE	PCEA
Cycle de financement	Emprunter, rembourser, faire appel aux actionnaires	Charges d'intérêt	Produits financiers	Remboursement, variation du BFRHE	Emprunt, augmentation de capital

Exemple : société Duflot

Tableau de financement

Ressources	
Capacité d'autofinancement	106 600
Capital	400 000
Emprunts	200 000
Cessions	0
Total des ressources	706 600

.../...

Emplois	
Dividendes	
Investissements	279 000
Remboursements	246 000
Variation du BFR d'exploitation	148 527
Variation des intérêts courus	16 000
Variation d'État IS	0
Variation des fournisseurs d'immobilisations	15 000
Variation du BFR	117 527
Variation de la trésorerie	64 073
Total des emplois	706 600

3.3. Le bilan

Les opérations réalisées par l'entreprise génèrent des flux. Le tableau des flux de trésorerie synthétise l'ensemble des flux de la période.

L'entreprise a besoin de connaître à un instant donné ce qu'elle doit aux banques, le montant total des apports des banquiers, la valeur des outils qu'elle met en œuvre, le montant des disponibilités dont elle dispose. Elle a besoin de connaître l'état de ses « stocks » de ressources et la manière dont ils sont employés.

Bilan du Plan comptable général (articles 521-1 et 521-2)

Actif	Passif
Immobilisations	Capital
Stocks	Réserves
Créances clients	Résultat
Remboursements	Emprunts et dettes auprès des établissements de crédits
Disponibilités	Dettes d'exploitation
Total actif	Total passif

Par exemple, la trésorerie : chaque encaissement ou chaque décaissement vient modifier le niveau de l'avoir liquide en caisse ou sur les comptes bancaires de l'entreprise. La mesure à une date donnée de cet avoir donne le stock de trésorerie.

Il en est de même pour les comptes clients : à une date donnée, on peut connaître le montant des créances sur les clients (sommes dues par les clients).

> Clients à la fin de l'exercice
> = clients de fin d'exercice précédent
> + ventes facturées (flux entrée)
> – règlements (flux sortie)

C'est la même analyse pour les fournisseurs, pour les immobilisations, pour les emprunts, etc.

À la fin de l'exercice, le comptable arrête donc les comptes pour pouvoir ainsi mesurer l'état des « stocks » : le niveau de la trésorerie, le montant des dettes envers les banquiers, les fournisseurs, le montant des créances sur les clients, le niveau du résultat de la période étudiée, bien sûr. Toutes ces informations sont récapitulées dans un tableau qu'on appelle le « bilan ».

Le bilan correspond à l'accumulation des flux de l'entreprise depuis le début suivant la logique :

$$\Sigma \text{ flux} = \text{stocks}$$

Par exemple :

* la somme de tous les flux d'emprunts et de tous les remboursements effectués au cours de tous les exercices précédents donne le stock de dette bancaire (ligne emprunts et dettes auprès des établissements de crédit) à la date d'arrêté du bilan ;
* la somme de tous les flux de variation du BFR au cours de tous les exercices précédents donne le BFR (« stock »). En décomposant, la somme de toutes les variations de créances clients donne le solde des comptes clients tel qu'il apparaît au bilan. De même pour les stocks, les fournisseurs, etc.

$$\Sigma \text{ variation du BFR} = \text{BFR}$$

Tableau des flux

	Emplois	Ressources
Σ	Dividendes	CAF
	Investissements industriels	Variation de capital
	Investissements financiers	Emprunts
	Variation du BFR	
	Variation trésorerie	

Bilan « *pool* de fonds »

Actif		Passif	
	Actifs industriels et commerciaux	Fonds d'origine propre	Σ variation de capital
Σ investissements industriels	Immobilisations d'exploitation	Capital	Σ CAF – Σ dividendes
	BFR	Réserves et fonds d'amortissement et provisions	
	Actifs financiers	Fonds empruntés	
Σ investissements financiers	Immobilisations financières	Dettes financières	Σ emprunts – Σ remboursements
Σ variation des disponibilités	Disponibilités		Σ variation des concours bancaires courants
	Total actif	Total passif	

On peut dire aussi que si nous ajoutons au bilan de fin d'exercice précédent les flux de l'année, nous obtenons le bilan de fin d'exercice.

> Bilan début d'exercice + flux de l'exercice = bilan de fin d'exercice

Dans une optique financière « *pool* de fonds », ce tableau permet de connaître le niveau des « stocks » de ressources (passif) au dernier jour de la période :

- a) les fonds d'origine propres :
  - ce que les associés ont apporté (capital) ;
  - les réserves, part des résultats des exercices précédents qui n'ont pas été distribués aux associés sous formes de dividendes ;
  - le résultat de la période, ressource dégagée par l'activité de la période ;
  - le fonds d'amortissement et de provision.
- b) les fonds empruntés (ce que l'entreprise doit aux obligataires, aux banques ou à d'autres organismes) :
  - sous forme d'emprunts ;
  - sous forme de concours bancaires courants (découverts, crédits de trésorerie).

Ce tableau montre également en face (actif) comment ces ressources sont employées :

- c) sous forme d'actifs industriels et commerciaux :
  - immobilisation brute, montant des investissements industriels et commerciaux cumulés réalisés par l'entreprise depuis sa création ;

– besoin en fonds de roulement : accumulation des variations de BFR (niveau des stocks, des créances clients, des autres créances d'exploitation, des fournisseurs, des autres dettes d'exploitation, État, organismes sociaux).

- d) sous forme d'actifs financiers :
  – immobilisations financières (actions obligations, etc.) ;
  – d'autres créances HE (immobilisations corporelles hors exploitation) ;
  – immobilisations financières ;
  – certaines créances hors exploitation ;
  – d'autres dettes hors exploitation ;
  – valeurs mobilières de placement (VMP) ;
  – disponibilités[1].

Le niveau des ressources arrêté au dernier jour de l'exercice est égal au niveau des emplois de ces ressources le même jour (actif = passif).

Ainsi, l'entreprise, pour atteindre ses objectifs de croissance sur ses marchés, investit (investissements industriels et commerciaux) afin de renouveler ou d'augmenter son potentiel productif. L'outil de production lui permet de développer son activité (produire et vendre) et de dégager un résultat.

Exemple : Duflot (deuxième période), opérations du deuxième exercice

Opérations d'exploitation		
Factures d'achats de matières premières		87 000
Montant des fiches de paie :	salaires bruts	58 000
	retenues	8 700
	salaires nets	49 300
Montant des charges sur salaires (charges sur salaires et retenues payées le mois suivant)		26 100
Factures de ventes de produits finis		300 000
Règlements des clients		289 000
Règlements aux fournisseurs		95 000
Factures d'achats de services		25 000

.../...

1. Sauf dans les activités de commerce de détail où un « fonds de caisse » est nécessaire, toute autre activité ne requiert pas de liquidités. Les entreprises cherchent au contraire, en gérant en « trésorerie zéro », à ne pas avoir de liquidités inemployées, et on peut considérer alors les disponibilités comme un actif non utile à l'exploitation.

Les stocks de fin d'exercice sont évalués à :	matières premières	13 500
	produits finis	50 000

Opérations d'investissements

Factures d'achats de machines		128 600
(amortissement linéaire sur 5 ans)	49 200	
Factures d'achats de constructions		46 000
(amortissement linéaire sur 20 ans)	13 950	
Cession de machines :	valeur d'origine	47 000
	amortissements	10 200
.	prix de cession	26 000
Règlements aux fournisseurs d'immobilisations (toutes ces opérations se font en début d'année)		160 000

Opérations de financement

Constitution du capital :	appelé	
	non appelé	
Montant des emprunts de l'exercice		100 000
Taux d'intérêt		0,0850

Tableau d'amortissement des emprunts

	Échéance	Annuité	Intérêts	Capital	Reste dû
(l'emprunt est supposé contracté en début d'année ; les échéances sont annuelles et se situent en tout début d'année suivante)	2	25 377	8 500	16 877	83 123
	3	25 377	7 065	18 311	64 812
	4	25 377	5 509	19 868	44 945
	5	25 377	3 820	21 556	23 389
	6	25 377	1 988	23 389	0

Dividendes payés	5 500

Compte de résultat du premier exercice

Ventes	300 000
Production stockée	7 000
Production	307 000
Achats	87 000
Variation de stocks	– 1 500
Achats consommés	85 500
Services extérieurs	25 000
Valeur ajoutée	196 500
Charges de personnel	
Salaires	58 000
Charges	26 100
EBE	112 400
Dotations aux amortissements	81 770
Résultat d'exploitation	30 630
Charges financières	21 773
Résultat courant avant impôts	8 857
Charges exceptionnelles	
Produits de cessions	26 000
Valeur nette comptable des éléments d'actif cédés	36 800
Impôt sur les sociétés	0
Résultat net	– 1 943
Calcul de l'ETE	
Encaissements d'exploitation	
Clients	289 000
Décaissements d'exploitation	
Fournisseurs	95 000
Salaires	49 300
Charges	34 373
ETE	110 327

Tableau des flux de trésorerie

Flux de trésorerie d'exploitation	
EBE	112 400
Variation du BFRE	2 073
ETE	110 327
Flux de trésorerie d'investissement	
Investissements	174 600
Variation des fournisseurs	14 600
Cessions	26 000
Trésorerie affectée aux investissements	134 000
Flux de trésorerie de financement	
Dividendes	5 500
Capital	0
Emprunts nouveaux	100 000
Annuités d'emprunts	50 091
Trésorerie provenant des opérations de financement	44 409
Variation de la trésorerie	20 735
Calcul de la variation du BFR d'exploitation	
EBE	112 400
ETE	110 327
Variation du BFR d'exploitation	2 073
Variation des stocks de MP	1 500
Variation des stocks de PF	7 000
Variation des clients	11 000
Variation des fournisseurs	17 000
Variations des organismes sociaux	427
Vérification du BFR	2 073

Tableau de financement

Ressources	
Capacité d'autofinancement	90 627
Capital	
Emprunts	100 000
Cessions	26 000
Total des ressources	216 627
Emplois	
Dividendes	5 500
Investissements	174 600
Remboursements	34 091
Variation du BFR d'exploitation	2 073
Variation des intérêts courus	5 773
Variation d'état IS	0
Variation des fournisseurs d'immobilisations	14 600
Variation du BFR	– 18 299
Variation de la trésorerie	20 735
Total des emplois	216 627

Les charges sociales décaissées correspondent à 11/12 des charges de la deuxième période plus 1/12 des charges de la première :

$$\frac{7\ 280 + 22\ 400}{12} + \frac{11}{12}\,(8\ 700 + 26\ 100)$$

La variation des créances clients est donnée par les ventes facturées moins les règlements aux clients : 300 000 – 289 000.

La variation des dettes fournisseurs est donnée par les achats de l'année moins les règlements aux fournisseurs :

$$(87\ 000 + 25\ 000) - 95\ 000$$

La variation des dettes envers les organismes sociaux est donnée par les charges de l'année moins les règlements :

$$(8\ 700 + 26\ 100) - 34\ 373$$

Bilan de fin de première période

Actif		Brut	Amortissements	Net	Passif		
Constructions		325 000	30 200	294 800	Capital		400 000
Installations techniques		327 600	140 520	223 080	Réserves		37 950
					Résultat		– 1 943
Stocks de matières premières		13 500		13 500			
Stocks de produits finis		50 000		50 000	Dettes financières		287 681
					dont intérêts courus :	21 773	
Clients		141 000		141 000	Fournisseurs		51 000
					Organismes sociaux		2 900
Disponibilités		84 809		84 809			
					État		0
					Fournisseurs d'immobilisations		29 600
Total actif		941 090	134 720	807 189	Total passif		807 189

4. DE L'OPTIQUE FRANÇAISE À L'OPTIQUE INTERNATIONALE IAS-IFRS

La situation financière internationale est en train de changer. L'International Accounting Standards Board (IASB) ou Bureau international de normalisation comptable est considéré, au sein de l'Union européenne, comme l'organe de normalisation comptable de référence, le seul permettant de produire un référentiel et des normes comptables internationalement reconnues.

Dans sa première version, l'International Accounting Standards Committee (IASC) avait été fondé le 29 juin 1973, à l'initiative de Henry Benson, associé du bureau londonien du cabinet Coopers et Lybrandt, à la suite d'un accord conclu entre les institutions de normalisation comptable des dix pays fondateurs : Allemagne, Australie, Canada, France, États-Unis, Irlande, Japon, Mexique, Pays-Bas et Royaume-Uni. Les objectifs de l'IASC, transformé en IASB, sont mentionnés dans ses statuts :

- formuler et publier des normes comptables pour la présentation des états financiers, et promouvoir leur acceptation et leur application mondiales ;
- travailler pour l'amélioration et l'harmonisation des règles, des normes comptables et des procédures relatives à la présentation des états financiers.

Une nouvelle organisation, plus complète que l'organisation initiale de 1973, a été mise en place en 2001. Elle comprend en particulier[1] :

* la fondation : International Accounting Standards Committee Foundation, (IASCF) ;
* le conseil opérationnel : International Accounting Standards Board, (IASB) ;
* le comité d'interprétation : International Financial Reporting Interpretations Committee (IFRIC) ;
* le comité consultatif : Standards Advisory Council (SAC).

Depuis sa création, l'importance et le rôle de l'IASB n'ont cessé de croître, si l'on juge par sa quasi-reconnaissance officielle de la part de divers organes, institutions étatiques ou internationales, par le nombre de pays qui en sont désormais membres (plus de 100) et le nombre d'organisations professionnelles qui sont représentées en son sein à travers le monde (plus de 120), et aussi par le nombre et la qualité des entreprises qui, dans le monde, ont décidé d'opter pour les normes de l'IASB. La force de l'IASB réside aussi dans le nombre et dans la qualité de ses partenaires, tels que l'Union européenne et la Commission européenne, la Commission des opérations de bourse américaines (Security Exchange Committee, SEC) qui participe à son financement par l'intermédiaire du FASB, la Banque mondiale, l'Organisation des nations unies (ONU), l'Organisation de coopération et de développement économiques (OCDE). Avec tous ces appuis, l'IASB a élaboré des objectifs et un cadre conceptuel qui ont permis d'élaborer d'abord, d'améliorer ensuite, un corps de normes internationales de *reporting* financier (IFRS).

4.1. Les nouveaux objectifs de l'IASB

Les objectifs de l'IASB, modifiés en 2010, sont actuellement les suivants[2] :

* assister le Conseil de l'IASB dans l'élaboration des IFRS futurs et dans la révision des textes actuellement en vigueur ;
* assister l'IASB dans la promotion de l'harmonisation des règles, des normes et des procédures comptables ;
* aider les organismes nationaux de normalisation à élaborer leurs propres normes ;

---

1. Voir Obert R., *Pratique des normes IAS/IFRS. Comparaison avec les normes françaises et les US GAAP*, 2e édition, Dunod, 2004.
2. Robert Obert, « Le nouveau cadre conceptuel de l'IASB », *Revue française de comptabilité*, n° 439, janvier 2011, p. 26-39.

- aider les préparateurs des états financiers à appliquer les IFRS et à traiter les sujets qui doivent faire l'objet d'IFRS dans le futur ;
- aider les auditeurs à se faire une opinion sur la conformité des états financiers aux IFRS ;
- aider les utilisateurs des états financiers à interpréter l'information contenue dans les états financiers préparés en conformité avec les IFRS ;
- fournir à toute personne intéressée par les travaux de l'IASB une information sur son approche dans l'élaboration des normes IFRS.

L'IASB, qui a l'initiative de ces objectifs, n'a jamais eu l'intention de faire cavalier seul et il n'est pas possible d'avoir une normalisation internationale pertinente et cohérente sans l'adhésion totale des normalisateurs nationaux, en particulier de ceux des pays les plus développés, qui sont les créateurs de fortes valeurs ajoutées économiques et de fortes capitalisations boursières. Il existe désormais un réseau mondial, qui n'est certes pas parfait, mais qui cherche sans cesse à améliorer son fonctionnement et son approche des connaissances comptables et financières essentielles.

4.2. Le nouveau cadre conceptuel de l'IASB

Dans l'effort de promotion d'un corps de normes de haute qualité et de leur application rigoureuse, le cadre conceptuel joue un rôle essentiel mais il vient d'être modifié. Il est toujours destiné en priorité aux investisseurs en capitaux propres, aux prêteurs et aux autres créanciers actuels et potentiels. Il ne parle plus des autres ayants droit (*stakeholders*) même s'il est précisé que l'IASB essaiera de répondre aux besoins d'un maximum d'utilisateurs.

Le cadre conceptuel conserve l'hypothèse de la continuité de l'exploitation. Selon cette hypothèse, l'entreprise devrait poursuivre ses activités dans un avenir prévisible. L'utilité de cette hypothèse consiste à pouvoir présenter les éléments du bilan à des valeurs supérieures à celles utilisées en cas de liquidation de la société. Si la poursuite de l'activité de l'entreprise n'était pas assurée, il faudrait évaluer les postes du bilan à une valeur de liquidation, très faible au demeurant.

L'hypothèse technique de la comptabilité d'engagement, caractéristique des entreprises commerciales enregistrant leurs opérations en créances et en dettes, et non en recettes et dépenses, n'a pas été reprise dans le cadre conceptuel, mais elle figure toujours dans la norme IAS 1.

- **Les caractéristiques qualitatives** des états financiers sur lesquels reposent les états financiers doivent rendre leur contenu utile, en particulier aux utilisateurs des états financiers. Les qualités essentielles que doivent posséder les états financiers sont la pertinence (*relevance*) et la fidélité (*faithful representation*).

- Pertinence : pour considérer une information comme pertinente, celle-ci doit pouvoir affecter la prise de décision des utilisateurs des états financiers. Elle doit ainsi aider les utilisateurs à comprendre et évaluer les événements passés, présents ou futurs, associés à l'entreprise. Cet attribut (la pertinence) est fonction de *l'importance relative* de l'information. Par exemple, un stock de métal d'une valeur de 100 000 € n'a pas la même importance pour une PME locale que pour une multinationale de l'industrie. L'information présentée doit avoir une importance significative, c'est-à-dire qu'elle influence la prise de décision des investisseurs par leur présence ou absence dans les états financiers.

- Fidélité : l'information financière doit donner une image fidèle des phénomènes qu'elle dépeint, c'est-à-dire une description complète, neutre et exempte d'erreurs significatives. Sont incluses dans la notion de représentation complète toutes les informations nécessaires à un utilisateur pour comprendre les faits exposés. Une information neutre doit être surtout neutre en termes de probabilités d'appréciation favorable ou défavorable. Le nouveau cadre conceptuel ne reprend pas le principe très fort de prééminence de la réalité sur l'apparence (*substance over form*) si difficile à transcrire dans le droit positif français. La nature juridique de la transaction n'est pas ignorée, elle est mise au second rang, comme dans le cas des actifs détenus en crédit-bail présents dans les bilans IFRS parmi les autres actifs immobilisés, quand bien même juridiquement l'entreprise n'en est pas propriétaire. Le principe de prudence, défini comme la prise en compte d'un certain degré de précaution dans l'exercice des jugements nécessaires pour préparer les estimations afin d'éviter que des actifs ou des produits soient surévalués et que des passifs ou charges soient sous-évaluées, est lui aussi abandonné.

- **Les caractéristiques auxiliaires** sont la comparabilité (*comparability*), la vérifiabilité (*verifiability*), la rapidité (*timeless*) et la compréhensibilité (*understandability*).

- La comparabilité est la qualité de l'information qui permet aux utilisateurs de relever les similitudes et les différences de deux séries de phénomènes économiques. Les états financiers doivent pouvoir être comparables dans le temps et dans l'espace. Dans le temps, c'est-à-dire que l'on peut suivre l'évolution de la situation financière d'une entreprise, sa performance ou l'évolution de sa trésorerie d'une période à l'autre. C'est ainsi que les états financiers présentent les chiffres de l'année en cours mais aussi ceux de l'année précédente. Il va sans dire que l'entreprise doit s'efforcer d'utiliser les mêmes méthodes comptables d'une année sur l'autre pour que la comparaison des chiffres ait un sens. Toutefois, s'il y a une justification suffisante, un changement de méthode est toujours possible. La comparabilité dans l'espace fait référence à l'utilité pour les investisseurs de pouvoir comparer les états financiers d'entreprises comparables, ou d'un secteur d'activité. La comparabilité est le but ; la cohérence et la permanence des méthodes sont les moyens qui permettent d'atteindre ce but.

— La vérifiabilité est la qualité de l'information donnée aux utilisateurs, dans la mesure où elle leur permet d'apprécier l'image fidèle des phénomènes économiques qu'elle suppose représenter. La vérifiabilité est fondée sur l'hypothèse que :

- l'information distribuée ne comporte pas d'erreurs ou de biais significatifs par rapport aux phénomènes qu'elle est censée représenter ;
- une méthode de comptabilisation ou d'évaluation appropriée a été utilisée et qu'elle ne comporte ni erreurs, ni biais, ni parti pris significatifs.

— La rapidité caractérise l'information accessible aux décideurs avant qu'elle perde sa capacité d'influencer efficacement leurs décisions. Donner plus rapidement une information pertinente permet d'accroître son efficacité. Plus une information est ancienne et moins elle est opérationnelle, exception faite des informations permanentes qui permettent de construire des systèmes d'information structurels ou qui permettent de dégager des tendances et des axes d'évolution.

— La compréhensibilité a remplacé la notion ancienne d'intelligibilité : l'information présentée dans les états financiers devait être compréhensible immédiatement par les utilisateurs, ce qui présuppose trois conditions. D'une part, que les utilisateurs aient une connaissance raisonnable des activités économiques de l'entreprise, d'autre part, une connaissance raisonnable de la comptabilité et, enfin, la volonté d'étudier les états financiers de façon raisonnablement diligente, la complexité de certaines transactions n'étant pas un motif pour en exclure la représentation dans les états financiers. La compréhensibilité va plus loin puisque le cadre conceptuel note que celle-ci est accrue lorsque l'information est classée, définie et présentée de façon claire et concise. Pour les questions très complexes, mais dont il serait dommage de faire abstraction dans les états financiers, il est possible d'avoir recours à l'aide extérieure de professionnels.

- **Les éléments des états financiers**
  Le cadre conceptuel identifie désormais les éléments suivants :
  - actif : ressource contrôlée par une entreprise du fait d'événements passés et dont ladite entreprise attend des avantages économiques futurs ;
  - passif : obligation actuelle de l'entreprise, résultant d'événements passés et dont le règlement attendu doit entraîner une sortie de ressources représentatives d'avantages économiques ;
  - capitaux propres : intérêt résiduel dans les actifs après déduction de tous les passifs ;
  - produits : accroissement d'avantages économiques au cours d'une période comptable, sous forme d'accroissement d'actifs ou de diminution de passifs ayant pour résultat l'augmentation des capitaux propres autrement que par contribution des propriétaires du capital ;
  - charges : diminution d'avantages économiques au cours d'une période comptable, sous forme de sortie d'actifs ou de diminution de la valeur des actifs conservés, ou d'accroissement de dettes ayant pour résultat la diminution des capitaux propres autrement que par distribution aux propriétaires du capital.
- **Systèmes de mesure et de comptabilisation** des éléments des états financiers :
  - comptabilisation des actifs : ressources contrôlées + évaluation fiable ;
  - comptabilisation des passifs : obligations actuelles + évaluation fiable ;
  - comptabilisation des produits : accroissement des avantages économiques + évaluation fiable ;
  - comptabilisation des charges : diminution des avantages économiques + évaluation fiable.
- **Les méthodes de mesure des éléments des états financiers** :
  - coût historique ;
  - coût actuel ;
  - valeur de réalisation ou de règlement ;
  - valeur actualisée.

Dans la version 2010 du cadre conceptuel, l'IASB a assoupli son approche et constate que le système de mesure généralement utilisé par les entités dans leurs états financiers est celui des coûts historiques, parfois combinés avec d'autres. La notion de juste valeur, qui n'existait pas dans le cadre conceptuel de 1989, n'est plus évoquée, alors qu'elle avait eu beaucoup de succès dans la période intermédiaire, malgré quelques défauts, dont celui d'être définie de façon différente dans plusieurs normes IAS ou IFRS n'était pas le moindre.

La crise des crédits hypothécaires américains (*subprimes*) de 2007-2009 ne doit pas être étrangère à ce revirement.

Des explications nouvelles, concernant les concepts de capital et de maintien du capital, permettant d'expliquer la détermination du résultat, apparaissent en fin de cadre conceptuel.

Toutes ces prescriptions précises données par le cadre conceptuel ne dérogent pas à **l'objectif essentiel de donner de l'entreprise ou de l'entité une image fidèle** (*true and fair view*) opérationnelle pour les principaux utilisateurs de normes IFRS et à l'objectif complémentaire d'assurer la primauté du fond sur la forme (*substance over form*) que l'on traduisait naguère en France par la prééminence de la réalité sur l'apparence.

Chapitre 2

Formation et répartition du résultat

Que les objectifs des actionnaires soient purement financiers (augmentation de la valeur de l'entreprise) ou sociaux (maintenir l'entreprise sur ses marchés de manière à sauvegarder les installations et les emplois), il faut que les diverses activités de l'entreprise lui permettent de dégager chaque année un profit, un surplus, un bénéfice, un résultat positif.

Pour les économistes classiques et néoclassiques, le profit correspond à l'excédent de la production sur les consommations de facteurs (travail, capital). Il s'agit de la grandeur clé du modèle qui explique l'équilibre général.

Nous nous intéressons ici au résultat comptable, qui se rapproche du profit des économistes. Il s'agit bien de la différence, pour une période de temps donnée (l'exercice comptable, l'année), entre la production (les produits) et les consommations de facteurs (les charges). Cette différence correspond également à l'augmentation de la situation nette, ou encore actif net, et donc à l'augmentation de la richesse des propriétaires de l'entreprise au cours de cette période.

Comment se forme ce résultat ? Le Plan comptable général a proposé le tableau des soldes intermédiaires de gestion, aujourd'hui largement utilisé par les analystes. Nous proposons dans ce chapitre une approche qui reprend une partie essentielle de ce tableau, mais nous montrerons le lien existant entre les différents niveaux du résultat et les masses du bilan « *pool* de fonds ». Les actifs d'exploitation, mis en œuvre pour développer le métier de l'entreprise génèrent un résultat brut, l'EBE. Les actifs financiers, placements de l'entreprise, génèrent eux aussi un résultat qui vient compléter l'EBE. La somme des résultats produits par ces actifs permettent de rémunérer les banques prêteuses, de payer l'impôt, le reste constituant la création de valeur pour les actionnaires. Nous définirons des indicateurs, ou ratios, et nous montrerons quels sont les facteurs qui expliquent le niveau de ces résultats. Pour finir, nous relierons ce résultat au risque qui lui est attaché.

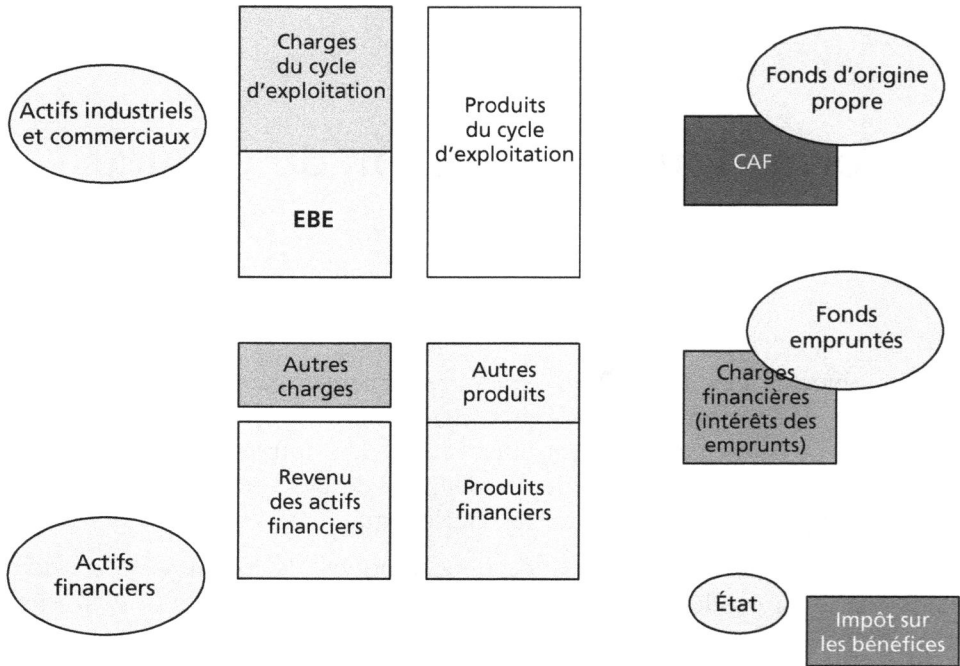

Figure 7 – Lien entre résultats et masses du bilan

1. RÉSULTATS ET CYCLE D'EXPLOITATION

Ces soldes permettent de répondre aux questions suivantes :

- l'entreprise, dans le cadre de son métier, a-t-elle beaucoup travaillé ? Quel a été le niveau d'activité ?
- l'entreprise a-t-elle bien travaillé ? Quel surplus a pu être dégagé ?

1.1. La mesure de l'activité

1.1.1. L'activité commerciale mesurée par le chiffre d'affaires

La première manière de mesurer l'activité est le chiffre d'affaires (CA). C'est le montant des ventes réalisées et le montant des encaissements potentiels qui en découlent[1]. Il s'agit de la résultante, traduite en euros, de l'ensemble des « affaires » traitées au cours de la période. Il indique le poids de l'entreprise sur le marché et sa capacité à faire rentrer des liquidités. Le chiffre d'affaires apparaît explicitement dans le compte de résultat.

Il comprend :

- les ventes de produits fabriqués par l'entreprise (produits finis, produits intermédiaires, produits résiduels) ;
- les ventes de services (travaux, études, prestations, etc.) ;
- les ventes de marchandises réalisées dans le cadre d'une activité purement commerciale ou encore activité de négoce (achat et vente de biens en l'état, sans transformation physique).

Ces ventes sont corrigées des rabais, remises et ristournes accordés par l'entreprise à l'occasion de ces opérations.

Dans certaines activités, une partie du CA est sous-traité (dans le transport, par exemple). Il est important alors de distinguer le chiffre d'affaires net (réalisé avec l'outil de l'entreprise) et le chiffre d'affaires sous-traité.

> Chiffre d'affaires net = chiffre d'affaires total − sous-traitance

Une balance comptable détaillée peut fournir le chiffre d'affaires de l'entreprise par produit ou par famille de produits. Cette information permet de suivre l'évolution commerciale de l'ensemble des produits de l'entreprise. Le chiffre d'affaires comparé au total des ventes sur l'ensemble du marché du produit (au niveau national et international) donne la part de marché (national et international).

1.1.2. La transformation des biens ou services mesurée par la production

Le chiffre d'affaires mesure l'activité commerciale de l'entité mais ne permet pas de juger de son activité de production. Celle-ci est égale aux ventes de produits augmentées de la variation des stocks de produits intermédiaires ou finis (production stockée) et de la production immobilisée, c'est-à-dire la valeur des produits fabriqués par l'entreprise pour elle-même.

> Production = production vendue + production stockée
> + production immobilisée

---

1. Ces ventes s'entendent hors taxes. La TVA facturée aux clients est ensuite reversée à l'État et ne constitue pas un produit pour l'entreprise.

Si l'entreprise stocke des produits intermédiaires ou finis, son activité de production sera plus importante. Si l'entreprise déstocke, le CA sera plus élevé que la production.

	Entreprise qui stocke	Entreprise qui déstocke
Ventes (CA)	100	100
Production stockée	20	(20)
Production	120	80

Le comportement de stockage (ou de déstockage) de produits intermédiaires ou finis peut être :

- volontaire : prévision d'une hausse des ventes dans les mois à venir, répartition uniforme de la production malgré la saisonnalité des ventes ;
- involontaire : CA réalisé inférieur (ou supérieur) aux prévisions. Il peut être également dû à un décalage de facturation.

Il faut noter que les ventes sont évaluées au prix de vente, alors que la production stockée et la production immobilisée sont évaluées au coût de production. Il y a donc là hétérogénéité dans l'évaluation.

La production mesure l'activité de la fonction de production, alors que le CA mesure l'activité commerciale de l'entreprise.

1.1.3. L'apport spécifique de l'entreprise à la production : la valeur ajoutée

Dans le montant de la production est incluse la valeur des biens et des services achetés à d'autres entreprises. La valeur ajoutée de l'entreprise est sa production propre, son « apport spécifique à la production et à la commercialisation du bien »[1]. Ce concept est issu de la comptabilité nationale et permet de mesurer la contribution de l'entreprise à la formation de la production intérieure brute. La valeur ajoutée (VA) est égale à la marge commerciale augmentée de la production, moins les achats et charges externes (consommations intermédiaires).

> Valeur ajoutée
> = marge commerciale (comptes 707 et 607)
> + production (comptes 70, 71 et 72)
> – achats consommés (comptes 60)
> – charges externes (comptes 61 et 62)

---

1. Banque de France, *Méthode d'analyse financière*, 1988.

Il s'agit ici d'une valeur ajoutée brute, avant consommation de « capital fixe » au sens économique (dotations aux amortissements).

La valeur ajoutée est souvent utilisée pour classer les entreprises par ordre de taille[1]. Par ailleurs, elle permet de juger du degré d'intégration de l'entreprise dans l'économie.

Exemple

Deux entreprises du même secteur ont le même niveau de production et réalisent le même résultat. L'une (A) sous-traite une partie de sa production, alors que l'autre (B) réalise elle-même l'ensemble des opérations de production. Leurs comptes de résultat vont se présenter comme suit :

	Entreprise A	Entreprise B
Production	100	100
Achats et charges externes (y compris la sous-traitance)	60	40
Valeur ajoutée	40	60
Autres charges	25	45
Résultat	15	15
Taux de VA (VA/production)	40 %	60 %

C'est cette valeur ajoutée qui ensuite va être répartie entre les différents facteurs de production ou les différentes parties prenantes :

- salariés (salaires, charges sur salaires et participation) ;
- prêteurs (intérêts figurant dans les charges financières) ;
- associés (dividendes) ;
- État (impôts taxes et versements assimilés, impôt sur les bénéfices) ;
- l'entreprise en conservant une partie pour l'autofinancement.

---

1. De nombreux journaux et revues économiques proposent tous les ans un classement des 100 plus grandes entreprises sur le critère de la valeur ajoutée.

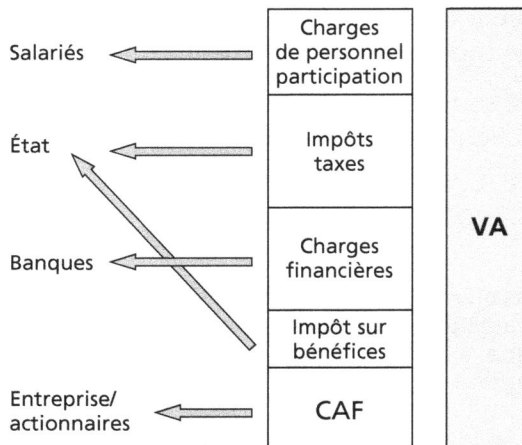

Figure 8 – Partage de la valeur ajoutée

1.1.4. Retraitement du compte de résultat, du fait de l'application de certaines normes comptables

Le Plan comptable général indique par exemple que les facturations de services par les entreprises de travail temporaire sont comptabilisées en « charges externes ». Il s'agit en fait de personnel intérimaire venant remplacer ou compléter l'effectif des salariés de l'entreprise. Économiquement, il s'agit donc de charges de personnel. Pour assurer la comparabilité des comptes de résultat entre entreprises et dans le temps, il semble préférable de retraiter ces charges en les transférant des charges externes aux charges de personnel.

Lorsque des investissements sont financés en crédit-bail, l'entreprise n'est pas propriétaire du bien mais locataire et paie un loyer, comptabilisé dans les charges externes. Dans le même souci de comparabilité, ce loyer peut alors être ventilé, d'une part en dotations aux amortissements, pour ce qui correspond à la consommation du bien, d'autre part en charges financières pour ce qui est de la charge de financement.

1.2. La mesure des surplus dégagés : les différents résultats

1.2.1. Le résultat de l'activité de négoce : la marge commerciale

Certaines entreprises consacrent toute leur activité au négoce (achat de biens pour les revendre sans les transformer physiquement), par exemple les commerces traditionnels ou la grande distribution. D'autres peuvent avoir en plus de leur activité de production et de vente, une activité de négoce.

La marge commerciale est égale au chiffre d'affaires de l'activité de négoce (ventes de marchandises) diminué du coût d'achat des marchandises vendues (achats de marchandises +/– variation du stock de marchandises).

La marge commerciale indique au commerçant ce qui lui reste pour couvrir ses charges de fonctionnement. Il est important de pouvoir déterminer une marge commerciale par produit.

1.2.2. Le flux net de liquidités potentiel dégagé par l'exploitation : l'excédent brut d'exploitation

Nous avons déjà introduit l'excédent brut d'exploitation (EBE) dans le chapitre précédent. Il s'agit de la différence entre les produits encaissables et les charges décaissables du cycle d'exploitation.

> EBE
> = marge commerciale
> + production
> + subventions d'exploitation[1]
> – achats consommés
> – charges externes
> – impôts et taxes[2]
> – charges de personnel
> + autres produits d'exploitation
> – autres charges d'exploitation[3]

Il s'agit donc de la capacité de l'entreprise à générer des flux nets de liquidités du fait de ses activités industrielles et commerciales. Ce flux net est un flux net de trésorerie (*cash flow*) et constitue en fait la base de son autofinancement. Il doit donc lui permettre, au minimum, de renouveler son potentiel productif et d'autofinancer ses investissements de croissance[4].

---

1. Les subventions d'exploitation sont des sommes accordées aux entreprises par les collectivités locales ou l'État pour compenser l'insuffisance du prix de vente de certains produits (dans le cadre de la politique agricole commune européenne par exemple) ou pour faire face à certaines charges.
2. Il s'agit des impôts, taxes et versements assimilés d'exploitation (compte 63) et non pas de l'impôt sur les bénéfices (compte 69).
3. Le tableau des SIG exclut ces autres produits et autres charges de l'EBE. Certains sont toutefois clairement rattachables au cycle d'exploitation.
4. Le Plan comptable général français propose de calculer le résultat à partir de la production (production moins charges engagées pour cette production), alors qu'en comptabilité anglo-saxonne, le résultat est calculé sur les ventes (ventes moins coûts de production des ventes). Résultat = production – charges engagées pour produire (*Bénéfit = sales – cost of sales*).

C'est ce résultat qui permet de mesurer la performance économique de l'entreprise de la meilleure manière. Nous nous appuierons sur l'EBE pour calculer la rentabilité de l'exploitation par la suite.

L'EBE échappe à certains facteurs de distorsions :

* il est indépendant de la politique financière de l'entreprise, puisqu'il est calculé avant charges et produits financiers ;
* il est indépendant de la politique d'amortissement de l'entreprise et de la prise en compte du risque à travers les provisions ;
* il est indépendant de la politique fiscale de l'entreprise puisque calculé avant impôt.

Les indicateurs pour le diagnostic : l'EBE doit être mesuré en valeur absolue et en taux de croissance de manière globale ou par produit, ou encore par famille de produits.

Données Centrale des bilans de la Banque de France[1]

	PME		Grandes entreprises	
	2007	2008	2007	2008
EBE/VA	22,6 %	21,5 %	29,1 %	28 %

1.2.3. Le surplus distribuable dégagé par l'exploitation : le résultat d'exploitation

L'EBE ne constitue pas un résultat distribuable. En effet, comme nous l'avons vu, il ne tient compte, principalement, ni de la consommation d'immobilisations dans le cycle de production (dotations aux amortissements), ni de pertes probables sur les actifs (dotations aux provisions), ni d'autres produits ou d'autres charges d'exploitation à caractère résiduel. Le résultat d'exploitation intègre ces derniers éléments pour faire apparaître le résultat dégagé par l'exploitation, disponible pour rémunérer les apporteurs de capitaux[2].

---

1. Les données de la Banque de France sont accessibles sur le site www.banque-france.fr, publications/statistiques « Situation des entreprises en 2008 ».
2. Le PCG ne propose le calcul de l'impôt sur les bénéfices qu'après charges et produits financiers et exceptionnels. Il serait souhaitable de calculer l'impôt sur les opérations d'exploitation. Il est à noter que le résultat fiscal (assiette de l'impôt) diffère du résultat comptable et que les entreprises assujetties au régime du bénéfice réel normal doivent utiliser le tableau fiscal modèle 2058-A, pour passer du résultat comptable au résultat fiscal.

> Résultat d'exploitation
> = EBE
> + autres produits d'exploitation
> – autres charges d'exploitation
> – dotations aux amortissements et aux provisions
> + reprises sur amortissements et provisions

Dans le diagnostic, il faut toutefois être méfiant en ce qui concerne le résultat d'exploitation. En effet, les dotations et les reprises sont souvent calculées et constituées en fonction de considérations fiscales et ne correspondent donc pas exactement à la réalité économique.

2. LES VARIABLES DÉTERMINANTES DU RÉSULTAT D'EXPLOITATION

Le résultat est égal aux produits moins les consommations de facteurs :

$$\text{Résultat} = (p \times Q) - (f \times F)$$

où p représente les prix de vente, Q les quantités vendues, F les quantités de facteurs consommés et f les prix des facteurs.

$$\text{Résultat} = Q \times (p - f) \times \frac{F}{Q}$$

Le résultat est donc fonction de l'activité Q, des prix (p et f) et de la productivité des facteurs $\frac{F}{Q}$.

2.1. L'activité (Q)

L'évolution de l'activité (chiffre d'affaires, production, valeur ajoutée) est mesurée par un taux de croissance.

Le chiffre d'affaires (CA) de la période peut être comparé au chiffre d'affaires de la période précédente et on obtient alors le taux de croissance du CA :

$$\frac{CA_n - CA_{n-1}}{CA_{n-1}}$$

$$\text{Taux de croissance de la production} = \frac{Prod_n - Prod_{n-1}}{Prod_{n-1}}$$

$$\text{Taux de croissance de la VA} = \frac{VA_n - VA_{n-1}}{VA_{n-1}}$$

Le taux de la valeur ajoutée :

$$\frac{VA}{CA} \text{ ou } \frac{VA}{\text{production}}$$

indique le degré d'intégration de l'entreprise.

Ces indicateurs, en valeur absolue ou en taux de croissance, doivent être comparés aux objectifs qui avaient été fixés au préalable et au CA d'autres entreprises appartenant au même secteur d'activité.

Examinons la relation entre le résultat et l'activité à partir du modèle du seuil de rentabilité.

Les facteurs, ou encore les charges engagées (achats de matières, salaires, sous-traitance, amortissements…) sont pour une part variables, c'est-à-dire fonction de l'activité (par exemple, les consommations de matières, d'énergie, une partie des salaires dans certaines conditions), et pour une part fixes, c'est-à-dire indépendantes de l'activité (par exemple, les charges administratives, les dotations aux amortissements…).

En simplifiant, les charges engagées peuvent donc s'exprimer de la manière suivante :

$$\text{Charges} = vQ + CF$$

où CF représente les charges fixes et v les charges variables par unité.

On peut alors exprimer le niveau d'activité minimum à atteindre pour réaliser un bénéfice :

$$\text{Résultat} = pQ - vQ - CF = (p - v) \times Q - CF$$

En raison des hypothèses du modèle, le résultat est donc une fonction croissante de l'activité.

$$\text{Résultat} > 0 \leftrightarrow Q > \frac{CF}{p - v}$$

Ce niveau d'activité à partir duquel l'entreprise commence à réaliser un bénéfice s'appelle le seuil de rentabilité.

Graphiquement :

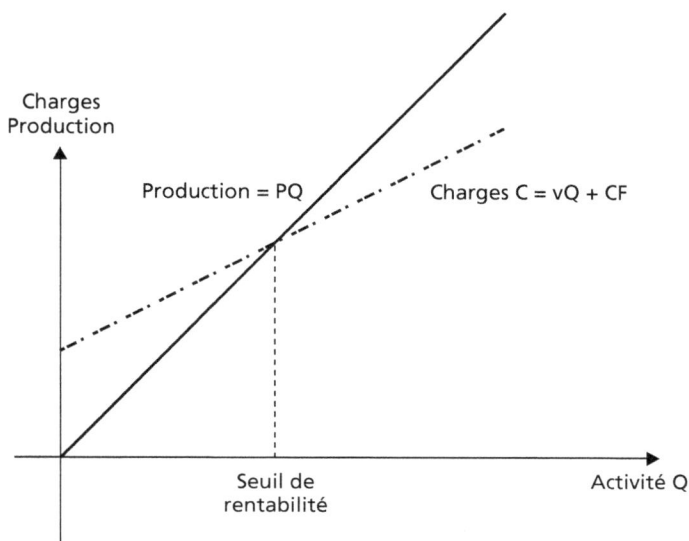

Figure 9 – Le seuil de rentabilité

Exemple

Prenons le cas d'une entreprise produisant un seul produit. Le prix de vente est 32 €. Les charges variables s'élèvent à 20 € par unité, les charges fixes à 91200 € par période.

Total des charges : $(20 \times Q) + 91\ 200$
CA $= 32 \times Q$
Résultat $= (32 \times Q) - [(20 \times Q) + 91\ 200)]$

Le seuil de rentabilité est le niveau d'activité Q qui annule le résultat :

$$Q^* = \frac{91\ 200}{(32 - 20)} = 7\ 600 \text{ unités}$$

2.1.1. Les ratios

Les ratios mettant en relation le résultat et l'activité sont des taux de marge.

Le taux de marge commerciale (marge commerciale/CA), ou taux de marque, permet de juger du résultat de l'activité de négoce. En le rapportant au CA, on élimine l'effet taille. Il peut être comparé, après conversion, au coefficient multiplicateur, qui est le coefficient par lequel le commerçant multiplie le prix d'achat pour déterminer son prix de vente TTC.

$$\text{Taux de marge} = m = \frac{PV - PA}{PV}$$

Soit c le coefficient multiplicateur et t le taux de TVA

$$PVTTC = (1 + t)\, PV = c \times PA$$

On obtient :

$$c = \frac{1 + t}{1 - m} \quad \text{ou} \quad m = 1 - \frac{(1 + t)}{c}$$

Les taux de marges commerciales sont très différents d'un secteur à l'autre et d'un type de distribution à l'autre.

Exemple

Un commerçant applique un coefficient multiplicateur de 1,5 (TVA 19,60 %). Lorsqu'il achète un produit 80 €, le prix de vente TTC est de 80 × 1,5 = 120 €.

À la fin du mois, on peut lire dans le compte de résultat les éléments suivants :

Ventes de marchandises	607 000 €
Achat de marchandises	540 000 €
Variation de stocks de marchandises (augmentation du stock)	5 000 €

On en déduit le coût d'achat des marchandises vendues : 535 000 €

Ventes de marchandises	607 000 €
Coût d'achat des marchandises vendues	535 000 €
Marge commerciale	72 000 €

Taux de marge :

$$m = \frac{72\,000}{607\,000} = 11{,}86\ \%$$

Ce qui correspond au coefficient multiplicateur :

$$\frac{1{,}196}{(1 - 0{,}1186)} = 1{,}356$$

Le commerçant n'a donc pas respecté en moyenne son coefficient multiplicateur, 1,368 au lieu de 1,5. Il n'a donc pas atteint son objectif de taux de marge.

Comme précédemment, la marge commerciale doit être mesurée en valeur absolue et en taux de croissance de manière globale, par produit ou par famille de produits.

$$\text{Taux de croissance de ma mco} = \frac{\text{mcom}_n - \text{mcom}_{n-1}}{\text{mcom}_{n-1}}$$

Taux de marge brute :

$$\frac{\text{EBE}}{\text{CA}} \text{ ou } \frac{\text{EBE}}{(\text{production + ventes de marchandises})}$$

Il est intéressant de comparer l'EBE au CA (combien un euro de CA génère-t-il d'euros d'EBE), à la production ou encore à la valeur ajoutée.

$$\text{Taux de marge brute d'exploitation} = \frac{\text{EBE}}{\text{CA}}$$

$$\text{Taux de croissance de l'EBE} = \frac{\text{EBE}_n - \text{EBE}_{n-1}}{\text{EBE}_{n-1}}$$

Taux de marge nette :

$$\frac{\text{RE}}{\text{CA}} \text{ ou } \frac{\text{RE}}{(\text{production + ventes de marchandises})}$$

$$\text{Taux de marge nette d'exploitation} = \frac{\text{RE}}{\text{CA}}$$

$$\text{Taux de croissance du résultat d'exploitation} = \frac{\text{RE}_n - \text{RE}_{n-1}}{\text{RE}_{n-1}}$$

Il faut noter alors que des indicateurs de type taux de marge brute et le taux de marge nette augmentent également en fonction de l'activité.

Exemple

$$\text{Taux de marge nette d'exploitation} = \frac{pQ - vQ - CF}{pQ} = \frac{p - v}{p} - \frac{CF}{pQ}$$

Ce rapport doit augmenter quand l'activité augmente car $\dfrac{CF}{pQ}$ diminue.

Exemple

CA	100	120
Charges variables (40 % du CA)	40	48
Charges fixes (avant amortissements)	30	30
EBE	30	42
EBE/CA	30 %	35 %

Le taux de marge brute (EBE/CA) et le taux de marge nette (RE/CA) ne devraient donc pas rester constants avec la croissance mais augmenter. Ils n'ont pas de caractère structurel.

2.2. Les prix (p et f)

Le résultat est fonction des prix : évolution générale des prix due à l'inflation et à la modification des prix relatifs. Ces prix relatifs dépendent de l'évolution de la technologie et des conditions de production, des marchés et de la politique de prix dans le cadre des choix *marketing* de l'entreprise (stratégie de domination par les coûts, différenciation), de la politique d'achat des matières premières et des services achetés, de la politique de rémunération des salariés, etc.

Il est donc intéressant de neutraliser, dans le taux de croissance de l'activité (CA, production, VA), l'effet de la variation des prix afin de calculer le taux de croissance réelle de l'activité (taux de croissance en volume ou « déflaté »).

On montre que le taux de croissance réel q est égal à :

$$1 + q = \frac{1 + a}{1 + \pi} \quad \text{d'où} \quad q = \frac{1 + a}{1 + \pi} - 1$$

(a : taux de croissance apparent ; π : taux de croissance des prix).

Les calculs sont bien sûr les mêmes pour déterminer la croissance réelle du CA, de la production ou de la VA.

Données Centrale des bilans de la Banque de France

	Industries agroalimentaires				Industrie des biens d'équipement			
	PME		GE		PME		GE	
	2002	2003	2002	2003	2002	2003	2002	2003
Taux de croissance apparent du chiffre d'affaires	2 %	1,3 %	2,5 %	1,9 %	– 1,2 %	– 0,8 %	– 3,4 %	1,4 %
Taux de croissance déflaté	2,1 %	0,5 %	2,6 %	1 %	0,3 %	1,5 %	– 1,9 %	3,8 %

2.2.1. Prise en compte de l'inflation

L'augmentation générale des prix a une incidence sur le résultat dans la mesure où les prix de vente n'augmentent pas de la même manière et au même rythme que les prix d'achat des facteurs. La question est la suivante : l'entreprise est-elle en mesure de répercuter l'augmentation de ses prix d'achat sur ses prix de vente ?

Si l'entreprise a la possibilité de répercuter sur ses prix de vente la hausse de ses prix des facteurs, alors les variations de prix n'auront pas d'effet sur le résultat. C'est ce qui se passe en général en période d'inflation, lorsque les prix ne sont pas encadrés.

En revanche, si l'entreprise n'a pas la possibilité de répercuter sur ses prix de vente la hausse du prix des facteurs, alors le résultat en est affecté.

2.2.2. Politique de prix de l'entreprise

L'entreprise, par sa politique de prix, cherche à augmenter son résultat. L'effet sur le résultat est assez difficile à mettre en évidence, dans la mesure où les quantités vendues sont elles-mêmes fonction des prix à travers la fonction de demande et la modification du processus de production. Le CA s'exprime alors :

$$CA = p \times Q = p \times f(P)$$
$$\text{où } Q = f(P), \text{ fonction de demande}$$

Il faut replacer ce problème dans le cadre de la politique de *marketing* de l'entreprise et de son « mix » : produit, prix, distribution, communication.

2.2.3. Le prix des facteurs de production (f)

Le résultat enfin est fonction des prix des facteurs de production. Ils peuvent varier du fait de la conjoncture nationale ou internationale (voir le prix des matières premières par exemple, voir également l'augmentation du prix de la main d'œuvre, du fait des négociations sociales de branche, l'évolution du SMIC), mais également du pouvoir de négociation de l'entreprise avec les fournisseurs, avec les salariés, avec les banquiers.

L'effet des variations relatives des prix sur le résultat ne peut pas être appréhendé directement dans le compte de résultat, mais à travers des études commerciales particulières ou par le contrôle des coûts en comptabilité analytique.

2.3. La productivité des facteurs (F/Q)

Dans le compte de résultat, les charges sont classées par nature. Certaines d'entre-elles peuvent être considérées comme la consommation d'un facteur de production, au sens économique du terme, par exemple :

- salaires et charges sur salaires : consommation de facteur travail ;
- dotations aux amortissements : consommation du capital.

La productivité est par définition un rapport de volume. La productivité d'un facteur se définit par le rapport d'une production (*output*) et de la quantité de facteur nécessaire à cette production (*input*). Il est donc extrêmement difficile, à partir du compte de résultat, de mesurer la productivité, puisque les produits et les charges y figurent en valeur. Certaines méthodes proposent de distinguer les prix des volumes (méthode du surplus de productivité globale par exemple).

Toutefois, on peut approcher l'évolution de la productivité en éliminant les distorsions de prix et en ramenant les charges et les produits aux prix de l'année de référence :

$$\text{Productivité de l'année de référence : } \frac{f_0 F_0}{p_0 Q_0}$$
$$\text{Productivité de l'année : } \frac{f_0 F_1}{p_0 Q_1}$$

La Centrale des bilans de la Banque de France propose de mesurer la productivité en volume du travail et du capital en rapportant la production ou la VA à l'effectif ou au nombre de machines homogènes. Mais cette mesure est plus délicate.

Données Centrale des bilans de la Banque de France

	PME		Grandes entreprises	
	2002	2003	2002	2003
VA par salarié (en milliers d'€)	61,3	62,1	87,5	83,9

Dans l'analyse financière, faute de pouvoir mesurer précisément la productivité, nous allons nous contenter de rapporter les charges aux différentes mesures de l'activité pour comprendre comment évoluent les consommations de facteurs dans le temps en fonction de l'activité. Ces mesures permettront de mettre en évidence le poids de chaque facteur dans la production et l'intensité capitalistique du processus de production. Elles permettent de faire apparaître les substitutions de facteurs dans le processus de production.

Les ratios du type charges d'exploitation/CA expriment le montant de charges et donc de facteur incorporé dans un euro de CA.

Exemple

Part du facteur travail dans un euro de ventes :

$$\frac{\text{charges de personnel}}{\text{CA}}$$

Les ratios de type charges d'exploitation/production permettent de mieux comprendre les consommations de facteurs incorporées aux coûts.

Exemples

$$\frac{\text{achats consommés}}{\text{production}}$$

$$\frac{\text{salaires et charges}}{\text{production}}$$

$$\frac{\text{sous-traitance}}{\text{production}}$$

Les ratios du type charges d'exploitation/VA expriment le partage de la valeur ajoutée (voir le paragraphe sur la VA).

Exemples

$$\frac{(\text{salaires et charges} + \text{participation})}{\text{VA}}$$

$$\frac{(\text{impôts, taxes} + \text{impôts sur les bénéfices}}{\text{VA}}$$

$$\frac{\text{charges financières}}{\text{VA}}$$

$$\frac{\text{CAF}}{\text{VA}}$$

indiquent respectivement la part de la VA revenant aux salariés, à l'État, aux banques, à l'entreprise pour l'autofinancement.

Données Centrale des bilans de la Banque de France

	PME		Grandes entreprises	
	2002	2003	2002	2003
Charges de personnel/VA	67,7 %	68,5 %	36,4 %	38,6 %
Charges d'intérêt/VA	3,1 %	3,2 %	10,2 %	12,6 %
Autofinancement/VA	13,8 %	12,5 %	24,3 %	17,8 %
Impôts/VA	9,5 %	8,8 %	11,9 %	11,3 %

Comme nous le faisions remarquer pour l'EBE (taux de marge brute), ces indicateurs devraient être constants ou variables, suivant que ces charges sont fixes ou variables par rapport à la production, au CA, à la VA. Mais l'examen de la structure en pourcentage du CA, de la production, de la VA, permet de percevoir l'évolution des coûts.

Les parts relatives des différentes charges dans le CA, la production, la VA, doivent être comparées aux objectifs fixés au préalable et aux mêmes éléments pour d'autres entreprises appartenant au même secteur d'activité.

Les retraitements peuvent modifier de manière non négligeable certains de ces indicateurs.

Exemple

Supposons que l'entreprise A finance une partie des immobilisations par crédit-bail. Le montant des loyers est de 100, que nous ventilerons en 25 de charges financières et 75 de dotations (par hypothèse).

Au cours de la période considérée, l'entreprise A a employé des intérimaires dont le coût s'est élevé à 20.

	Compte de résultat non retraité	Compte de résultat retraité
Ventes	1 000	1 000
Achats	500	500
Charges externes	200	80
VA	300	420
Charges du personnel	120	140
Impôts	30	30
EBE	150	250
Dotations	60	135
Résultat d'exploitation	90	115
Charges financières	10	35
Résultat courant	80	80

Ce retraitement vient modifier certains indicateurs de manière non négligeable :

EBE/VA	0,50	0,6
Charges financières/CA	1 %	3,5 %
Charges de personnel/VA	0,4	0,33

2.4. Les politiques de réduction des coûts

L'entreprise cherche toujours à mettre en place des politiques de réduction des coûts, en vue d'une augmentation du résultat. Elle peut le faire :

- en augmentant son activité ce qui, en amortissant les charges fixes sur des volumes plus importants, permet de réduire les coûts. Cela nécessitera peut être, si les capacités de production sont insuffisantes, des investissements de capacité ;

- en agissant sur les prix de ventes (différenciation, politique de prix) et sur les prix d'achat (politique d'achat, action en direction des fournisseurs) ;

- en investissant : les investissements, incorporant du progrès technique, permettent d'améliorer la productivité et d'abaisser les coûts ;

- en réduisant certaines charges, sans pour autant risquer de compromettre l'activité (en particulier les charges de structure : « chasse au gaspillage » ; réduction des effectifs : « dégraissage »).

2.5. Le risque d'exploitation

Le résultat de l'entreprise est lié au risque. En effet, plus l'entrepreneur recherche un résultat élevé, plus il prend de risques. *A contrario*, l'entrepreneur qui ne prend pas trop de risques limite de lui-même son espérance de profit.

2.5.1. Mesure du risque par le levier d'exploitation

À partir du modèle du seuil de rentabilité, nous définirons le risque d'exploitation comme la volatilité du résultat à une variation d'activité : une entreprise présente un risque d'autant plus grand que, en cas de baisse de l'activité (par exemple du CA), le résultat va lui aussi baisser et, par le mécanisme de l'effet de levier d'exploitation, dans des proportions beaucoup plus importantes.

On montre qu'une augmentation de 1 % des quantités produites et vendues entraîne une augmentation de :

$$e = \frac{1}{1 - \dfrac{CF}{(p-v)Q}}$$

En effet,

$$R = (p-v)Q - CF$$

Dérivons R par rapport à Q :

$$\frac{dR}{dQ} = p - v$$

$$e = \frac{dR/R}{dQ/Q} = (p-v)\frac{Q}{R} = (p-v)\frac{Q}{(p-v)Q-CF} = \frac{1}{1 - \dfrac{CF}{(p-v)Q}}$$

Le seuil de rentabilité s'écrit :

$$Q^* = \frac{CF}{p-v}$$

D'où :

$$e = \frac{1}{1 - (Q^*/Q)}$$

On remarque tout d'abord que, quand Q > Q*, e est toujours supérieur à 1. La variation relative du résultat est donc toujours supérieure à la variation relative de l'activité. C'est ce qu'on appelle l'effet de levier d'exploitation.

Voyons quels sont les déterminants du risque d'exploitation.

e est d'autant plus grand que le dénominateur tend vers zéro :

* e est grand quand :

$$\frac{CF}{(p - v)Q} \to \infty$$

Autrement dit, les charges fixes sont élevées par rapport à la marge sur coûts variables, ou encore, plus les conditions de production sont rigides, plus le levier, donc le risque, est important.

* e est grand quand $Q \to Q^*$, le risque est d'autant plus important que l'on est proche du seuil de rentabilité.

Il faut noter que le levier joue dans les deux sens : en cas de baisse de l'activité, la baisse du résultat sera d'autant plus importante que e sera grand[1].

Par suite, pour réduire le risque, il faut réduire e, c'est-à-dire, soit réduire les charges fixes par rapport aux charges variables (sous-traiter, désinvestir), soit dépasser le seuil de rentabilité.

Le risque est donc fonction du poids des charges fixes par rapport aux charges variables et de la situation par rapport au seuil de rentabilité. L'analyse du compte de résultat devra donc essayer de mesurer ces deux éléments de manière à approcher le risque lié à l'exploitation.

Reprenons l'exemple précédent :

Supposons que les quantités produites et vendues soient de 8 000 unités.

Le résultat est alors de :

8 000 × 12 − 91 200 = 4 800.

Si l'activité augmente de 1 %, passant à 8 080, le résultat passe à :

8080 × 12 − 91 200 = 5 760.

---

1. Jean-Guy Degos rappelle dans sa thèse d'État en sciences de gestion de 1991 qu'une majorité de responsables interrogés sur un échantillon de 64 PME ont une perception intuitive du risque. Pour eux, un levier entre deux et trois correspond à une entreprise plus facile à gérer qu'une entreprise ayant un levier compris entre zéro et un. Un levier supérieur à quatre caractérise une entreprise dont la gestion n'est pas toujours facile à contrôler.

Il augmente donc de 20 %.

Sachant que le seuil de rentabilité Q* = 7 600 :

$$e = \frac{1}{1 - 7\ 600/8\ 000} = 20$$

Une variation de 1 % de l'activité (dQ/Q = 1 %) entraînera une augmentation du résultat (dR/R) de 20 %. C'est le levier d'exploitation.

2.5.2. Mesure du risque en avenir probabilisable

On peut également mesurer le risque en probabilité. Si on connaît la loi de répartition des quantités (activité), alors le risque d'exploitation est d'autant plus élevé que la dispersion du résultat autour de la moyenne est élevée.

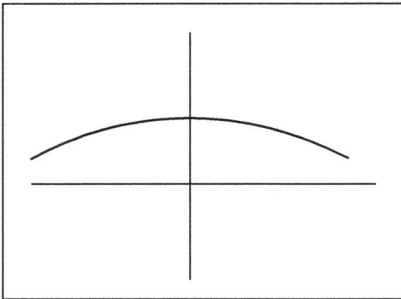

Figure 10 – Risque élevé

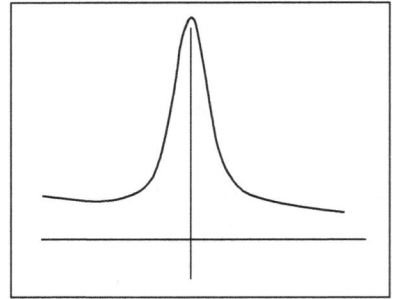

Figure 11 – Risque faible

Supposons que le niveau d'activité Q soit connu en probabilité. Il suit une loi normale de Laplace-Gauss de moyenne m et d'écart type σ :

$$Q : N\ (m,\ \sigma)$$

Sachant que :

$$R = (p - v)Q - CF$$
$$E(R) = (p - v)E(Q) - CF$$
$$V(R) = (p - v) \times 2V \times Q$$

Le risque d'exploitation est alors d'autant plus grand que la variance de l'activité est grande et que la marge sur coûts variables est élevée. On retrouve les mêmes conclusions que précédemment : si la marge sur coûts variables est élevée, les charges variables sont faibles et donc le poids relatif des charges fixes est fort.

Exemple, suite

Supposons que les quantités produites et vendues par une entreprise suivent une loi normale de moyenne 11 000 et d'écart-type 2 000.

$$E(R) = 22 \times 11000 - 91\,200 = 40\,800$$
$$S(R) = 22 \times 2\,000 = 24\,000$$

La probabilité d'atteindre le seuil de rentabilité est égale à :

$$Proba(R > 0) = Proba\left(\frac{R - 40\,800}{24\,000} > \frac{-40\,800}{24\,000}\right)$$
$$= Proba(T > -1,7) = Proba(T < 1,7) = 0,95$$

Il y a 95 % de chances d'atteindre le seuil de rentabilité.

Le risque peut être mesuré par la dispersion du résultat autour de la moyenne

$$V(R) = 24\,000^2$$

Suivant les choix stratégiques, l'entreprise aura, là encore, à arbitrer entre rentabilité et risque. Si elle choisit d'investir, elle va augmenter ses charges fixes (dotations) et augmentera le risque d'exploitation. Si, au contraire, elle décide de sous-traiter, ses charges fixes seront plus faibles, son risque moins élevé et, faisant faire une partie du travail à l'extérieur, sa VA et son résultat pourront être moins élevés.

3. COMPOSANTES FINANCIÈRES DU RÉSULTAT

3.1. Le revenu des actifs financiers

Dans le chapitre 1, nous avons indiqué que les actifs financiers étaient les actifs non directement affectés à l'exploitation. On y trouve donc des immobilisations incorporelles (par exemple, brevets non exploités) des immobilisations corporelles (par exemple, immeubles non affectés à l'exploitation) et, bien évidemment, les immobilisations financières. Il faut considérer également les créances et les dettes hors exploitation (par exemple les créances sur cessions de valeurs mobilières de placement), les valeurs mobilières de placement (VMP) et les disponibilités dans la mesure où elles ne sont pas directement utiles pour produire.

Ces actifs génèrent des produits et des charges :

- les revenus nets sur immobilisations hors exploitation se trouvent dans les produits d'exploitation (revenu des activités annexes, autres produits) et les charges d'exploitation (charges externes, charges de personnel quand il s'agit de l'entretien de ces immobilisations par le personnel de l'entreprise par exemple) ;

- les revenus sur titres immobilisés ou sur VMP sont inclus dans les produits financiers. Certaines charges afférentes à la gestion du portefeuille titres peuvent être comprises dans les services bancaires (frais sur titres). Si ces actifs sont évalués à leur « juste valeur » (comme nous le proposons au chapitre suivant), les gains ou pertes en capital sont dans les plus ou moins-values constatées, corrigées des variations de provisions pour dépréciation des titres et des variations d'appréciation de ces titres qui, elles, ne peuvent être déterminées que de manière extracomptable, puisque le principe de prudence interdit leur comptabilisation[1].

> Revenu des actifs financiers
> = produits financiers (revenus des placements financiers et produits nets sur cessions de VMP)
> – charges nettes sur cessions de VMP
> + (produits – charges sur opérations hors exploitation*)
> + plus-values et moins-values constatées sur portefeuille, sur immobilisations hors exploitation
> – variations des provisions pour dépréciation
> + variations des appréciations (détermination extra comptable) sur opérations immobilières (loyers, entretien), sur opérations sur titres (services bancaires)
>
> * Sur opérations mobilières : loyers ; sur opérateurs boursiers : services bancaires.

3.1.1. Le risque lié aux actifs financiers

L'évaluation du risque lié aux actifs financiers renvoie à la théorie du portefeuille.

Lorsque l'entreprise dispose d'un portefeuille de titres négociables sur le marché boursier, les modèles de gestion de portefeuille donnent des outils de mesure du risque.

À la suite de Harry Markovitz, le modèle de marché de Tom Sharpe montre que l'on peut caractériser le risque d'une entreprise par son β, relation entre la variation de l'action par rapport à la variation de l'indice du marché. Le modèle d'évaluation des actifs financiers (Medaf) met en relation la rentabilité et le risque.

---

1. Stéphane Griffiths, « Rentabilité des actifs et juste valeur », *RFC*, janvier 2004.

On montre que plus le portefeuille est diversifié, plus le risque est faible, celui-ci étant mesuré par la variance dudit portefeuille. L'existence de séries de cours permet une approche économétrique des valeurs en fonction de divers paramètres.

Certains auteurs tels que Laurent Batsch[1] s'interrogent sur les choix opérés par les entreprises qui réalisent des investissements financiers pour réduire le risque global de l'entreprise. Elles privilégient alors, en diversifiant leur portefeuille d'actifs, les investissements financiers, en délaissant les investissements industriels et commerciaux, cœur du métier de l'entreprise.

3.2. Le coût de l'endettement

L'entreprise, en empruntant de l'argent aux banques ou à d'autres organismes, soit sous forme de dettes financières, soit sous forme de crédits de trésorerie, doit payer un intérêt. On retrouve ces charges en intérêt sur emprunts.

À chaque échéance précisée par le contrat passé avec le banquier, l'entreprise rembourse une partie de la somme empruntée et verse l'intérêt dû. Le tableau de remboursement de l'emprunt précise les montants correspondants (voir chapitre 8).

Seuls les intérêts payés constituent une charge et apparaîtront dans le compte de résultat en charges financières ; le remboursement en capital n'est que la restitution des sommes empruntées.

Il faut tenir également compte, dans le coût de l'endettement, de charges comptabilisées en charges externes selon le PCG : frais sur emprunts, commissions, part des loyers de crédit-bail correspondant au coût du financement, etc.

Certains auteurs justifient le calcul du résultat financier (produits financiers – charges financières du solde intermédiaire de gestion, SIG). Si les produits financiers correspondent à des produits de placements temporaires de trésorerie, alors ce résultat financier peut avoir un sens. Il s'agit en général d'un résultat négatif, coût net de l'endettement, l'entreprise payant plus d'intérêts qu'elle n'en reçoit. En effet, elle se trouve en général avoir un besoin de financement et son résultat financier est en fait une charge nette générée par le financement externe.

1. Laurent Batsch, *Finance et Stratégie*, Économica, 1999.

Il nous semble que les investissements et les financements font l'objet de décisions autonomes. Le mélange des flux de financement (intérêt sur emprunts, par exemple) avec des flux d'investissements (produits des placements financiers, par exemple) ne nous paraît pas approprié.

3.2.1. Les indicateurs pour le diagnostic

Les rapports charges d'intérêt/CA ou charges d'intérêt/EBE indiquent le poids du coût du financement externe dans la formation du résultat. Les banquiers considèrent en général que ce premier ratio ne doit pas dépasser 4 à 5 %.

Données Centrale des bilans de la Banque de France

	PME		Grandes entreprises	
	2007	2008	2007	2008
Charges d'intérêt/EBE	11,2 %	12,2 %	18,7 %	24,2 %

3.2.2. L'impôt sur les bénéfices

À partir du résultat comptable, on calcule le résultat fiscal et le montant de l'impôt sur les bénéfices. Nous renvoyons ici le lecteur à la fiscalité des entreprises. L'impôt sur les bénéfices est non seulement une part du résultat « distribué » à la collectivité, pour tenir compte des services rendus par la collectivité aux entreprises (infrastructure routière, administration – fiscale en particulier ! –, formation des salariés, réduction des risques par la politique de défense), mais aussi un outil de politique économique pour l'État (qui agit sur le taux de l'impôt, incite à l'investissement par la fiscalité des amortissements, etc.).

En droit comptable français, il faut rappeler qu'il ne s'agit pas de la charge d'impôt mais de l'impôt dû (impôt sur la différence entre les produits fiscalement imposables dans l'exercice et les charges fiscalement déductibles dans l'exercice). En revanche, lorsqu'on analyse des comptes consolidés en norme IFRS, il s'agit bien de la charge d'impôt (impôt sur les produits et les charges de l'exercice).

4. CAPACITÉ D'AUTOFINANCEMENT ET CRÉATION DE VALEUR

4.1. La capacité d'autofinancement

Dans cette présentation, la capacité d'autofinancement (CAF) apparaît comme un reliquat :

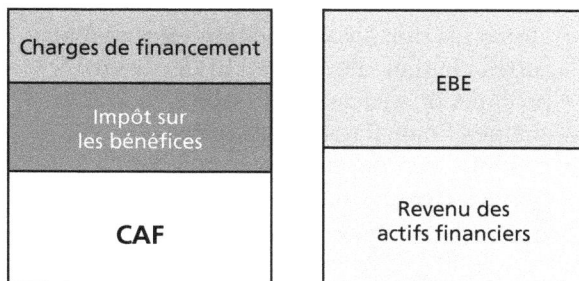

Figure 12 – La capacité d'autofinancement

C'est ce qui reste du résultat produit par les actifs, après leur avoir enlevé le coût de l'endettement et l'impôt sur les bénéfices. Rappelons qu'il s'agit de la différence entre les produits encaissables et les charges décaissables, y compris la participation et l'impôt sur les bénéfices (ces deux derniers éléments constituent des décaissements qui ne sont plus tout à fait des charges, mais déjà une forme de répartition du bénéfice au profit de l'État d'une part, des salariés d'autre part). Il s'agit donc d'un flux net de trésorerie (*cash flow*). Ont été exclus les produits et charges calculés (dotations et reprises d'amortissements et provisions, VNCEAC[1], quote-part des subventions).

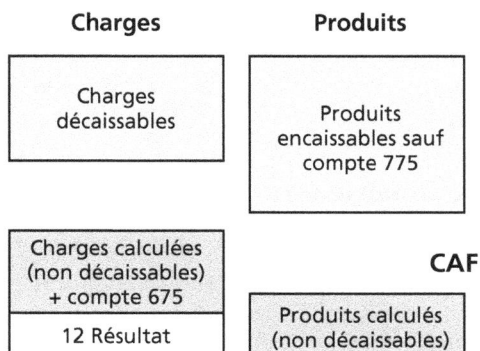

Figure 13 – Deux manières de calculer la capacité d'autofinancement

---

1.   VNCEAC : valeur nette comptable des éléments d'actifs cédés.

La CAF s'obtient à partir de l'EBE, en y ajoutant les autres produits encaissables et en retirant les autres charges décaissables d'exploitation et hors exploitation (financiers et exceptionnels) :

> CAF
> = EBE
> + autres produits d'exploitation encaissables
> – autres charges d'exploitation décaissables
> + produits financiers encaissables
> – charges financières décaissables
> + produits exceptionnels encaissables*
> – charges exceptionnelles décaissables
> * sauf produits des cessions d'éléments d'actif

> CAF
> = résultat net
> + dotations
> – reprises
> + VNCEAC
> – PCEA[1]

La CAF est un résultat brut (produits – charges). Si on prend la deuxième expression de la CAF, c'est aussi, comme un revenu à la disposition des actionnaires, ce qui vient augmenter les fonds propres d'origine : le résultat net sera mis partiellement en réserves, les dotations et les reprises viendront augmenter le fonds d'amortissement et de provisions ainsi que les plus-values de cessions d'immobilisations d'exploitation.

Les actionnaires vont décider de l'affecter au financement des investissements industriels[2], commerciaux et financiers, au remboursement de la dette, au paiement des dividendes.

4.2. Le résultat distribuable aux propriétaires : résultat net

Le résultat net est égal à la CAF diminuée des charges et produits calculés. Il s'agit du résultat net apparaissant au compte de résultat.

---

1. La marge brute d'autofinancement du tableau des flux de trésorerie est très proche de la CAF. Elle tient simplement compte du risque lié aux actifs circulants.
2. Du fait de la loi commerciale, les entreprises doivent obligatoirement affecter une partie de la CAF à l'investissement (part correspondant aux amortissements). Dit autrement, les entreprises ne peuvent pas distribuer la partie de la CAF correspondant aux dotations aux amortissements et aux provisions.

Le résultat net est donc le reliquat disponible pour les associés, propriétaires de l'entreprise. Lors de l'assemblée générale, ils décideront de les répartir entre eux sous forme de dividendes ou non (affectation des bénéfices aux comptes de réserves). La distribution de dividendes se traduira au cours de l'exercice suivant par un décaissement.

4.3. Le résultat exceptionnel

Toute charge ou produit qui n'est ni d'exploitation ni financier est exceptionnel. Le résultat exceptionnel est la différence entre les produits et les charges exceptionnels. Il ne présente que peu d'intérêt pour l'analyse dans la mesure où il est imprévisible et où il n'est pas susceptible de se renouveler. Toutefois, il permet d'expliquer pour une année donnée une partie du résultat net et de la capacité d'autofinancement.

Les normes comptables internationales tendent à ne pas faire référence à l'exceptionnel, mais plutôt à l'extraordinaire. Dans la mesure du possible, ces charges et ces produits devront être, soit ignorés (de manière que les résultats ne soient pas biaisés par des faits antérieurs ou imprévisibles), soit reclassés en charges et produits liés à l'exploitation, ou en charges et produits liés aux actifs financiers.

Chapitre 3

Valeur et rentabilité des actifs

L'activité de production et de vente de l'entreprise nécessite des investissements. Ces investissements sont des dépenses dans le but d'acquérir des biens corporels ou incorporels utiles au cours de plusieurs cycles d'exploitation, qui permettront de produire et vendre au cours des exercices ultérieurs. L'entrepreneur doit donc avancer l'argent correspondant dans le but d'accroître les résultats, donc le patrimoine de l'entreprise et de ses propriétaires.

Comme nous l'avons vu précédemment, l'entrepreneur investit parce qu'il croit pouvoir en tirer un avantage plus tard. Mais, en investissant, il « prend un risque » : il accepte l'éventualité de perdre sa mise initiale dès qu'il pense pouvoir, en définitive, gagner plus. Par exemple, il accepte d'engager aujourd'hui 100 parce qu'il pense avoir dans un an 120 (valeur de sa mise initiale 80, revenu, 40, par exemple). Le surplus obtenu un an plus tard, le résultat (dans notre exemple, 20), constitue la rémunération du risque couru par l'entrepreneur. La rentabilité de son investissement est alors de :

$$\frac{120 - 100}{100} = 20\ \%$$

En faisant le rapport du revenu annuel d'un actif à la valeur de cet actif, on obtient le taux de rentabilité annuel. C'est ce que nous allons faire dans ce chapitre.

Nous avons distingué dans le premier chapitre deux types d'investissements : les investissements industriels et commerciaux et les investissements financiers.

Les investissements réalisés au cours d'un exercice, les flux, viennent s'ajouter à ceux réalisés au cours des exercices précédents pour constituer le « stock » d'actifs :

- l'outil de travail de l'entreprise (accumulation des investissements industriels et commerciaux) ;
- le réseau de relations avec d'autres entreprises (accumulation des investissements financiers), mais aussi, et cela est plus complexe, les placements financiers en vue de réaliser des produits à court terme.

Actif du Bilan « *pool* de fonds »

Actifs industriels et commerciaux	
	Immobilisations d'exploitation
	BFR
Actifs financiers	
	Immobilisations hors exploitation
	Immobilisations financières
	VMP
	Disponibilités

L'entreprise réalise ces investissements pour en tirer un « profit ». Profit monétaire, mais aussi en termes de taille, de part de marché, de pouvoir, de puissance, etc. Tout ce que peut mesurer imparfaitement le compte de résultat, c'est le revenu annuel comptable procuré par ces investissements accumulés.

Figure 14

$$\text{Résultat} = \text{revenu annuel} = \text{produit} - \text{charges}$$

$$\text{Rentabilité (taux annuel)} = \frac{\text{résultat de l'année}}{\text{moyens mis en œuvre}}$$

La mesure du résultat et de la rentabilité est extrêmement importante pour la gestion. En effet, à tout moment, l'entrepreneur doit pouvoir juger si les décisions qu'il a prises dans le passé en matière d'investissement sont bonnes et lui ont permis d'atteindre ses objectifs en termes de résultat et de rentabilité. Sinon, il lui faudra prendre d'autres décisions pour corriger la trajectoire de l'entreprise.

Dans le chapitre précédent, nous avons vu comment se formait le résultat (numérateur). Après être revenus sur la notion de valeur d'un actif (dénominateur), nous envisagerons successivement la rentabilité des actifs industriels et commerciaux (ROA, *return on assets*) et la rentabilité des actifs financiers (ROI, *return on investments*).

1. LA PROBLÉMATIQUE DE LA VALEUR

En introduction au chapitre, nous indiquions que la justification de l'investissement se trouvait dans la recherche d'une augmentation de la valeur de l'entreprise et donc du patrimoine des propriétaires.

Il s'agit maintenant de nous placer du côté de l'actionnaire : celui qui est propriétaire ou celui qui peut le devenir lorsque, intervenant sur le marché boursier, il est prêt à acheter une action. On passe alors de la valeur de l'entreprise à la valeur de l'action, en divisant la première par le nombre d'actions composant le capital.

1.1. La valeur patrimoniale

La valeur de l'entreprise est alors obtenue à partir des éléments du bilan. Cette valeur est égale à la valeur des actifs diminuée des dettes de l'entreprise. Nous l'appellerons actif net. Nous avons indiqué les difficultés à mesurer la valeur des actifs et tous les retraitements qu'il était possible de faire pour passer outre les contraintes imposées par le droit fiscal, le droit comptable, le droit des sociétés, etc.

> Valeur patrimoniale
> = valeur des actifs corrigés – dettes
> = actif net comptable corrigé (ANCC)

Devant les difficultés rencontrées pour évaluer l'entreprise à partir du bilan, nous voulons évoquer ici d'autres mesures possibles de la valeur de l'entreprise, prenant mieux en compte le devenir de l'entreprise[1].

---

1. Hirigoyen G., et Degos J.-G., *Évaluation des sociétés et de leur titres*, Vuibert, 1988 ; Degos, J.-G., *Évaluation des entreprises. Méthodes classiques*, E-book, E-thèque, 2010.

1.2. Les méthodes actuarielles ou boursières

Ces méthodes consistent, à partir de comptes de résultats prévisionnels, à actualiser les résultats futurs. Nous verrons plus en détail dans les chapitres 6 et 7 comment établir ces prévisions et comment actualiser les flux.

1.2.1. Actualisation des résultats futurs

La valeur de rendement (VR) de l'entreprise est obtenue en actualisant à l'infini le résultat net comptable prévu (RNC). En appelant t le taux d'actualisation, on obtient :

$$VR = RNC/t$$

La valeur du potentiel de croissance se calcule à partir de la CAF prévisionnelle ou à partir de l'autofinancement prévisionnel :

$$CAF/t$$
$$\text{ou } (CAF - dividendes)/t$$

La méthode des « *sinking fund* » permet d'évaluer l'entreprise à partir du « flux net de trésorerie disponible » obtenu de la manière suivante :

Résultat net
+ fonds d'amortissement, de dépréciations et de provisions ayant un caractère de réserves
− besoin d'investissement non couvert par les financements quasi automatiques

1.2.2. Valeurs boursières

Ces méthodes reposent sur l'actualisation des flux de dividendes.

Dans le modèle de Gordon et Shapiro, il s'agit d'actualiser à l'infini les dividendes en croissance régulière g.

N est le nombre d'actions et P_0 la valeur de l'action :

$$\text{Valeur} = NP_0 = N\left(\frac{\text{dividende}}{t - g}\right)$$

Le modèle de capitalisation des bénéfices permet d'obtenir le cours de l'action P_0 en multipliant le PER par le bénéfice par action (*Price Earning Ratio*, PER ou multiple de capitalisation).

$$PER = \frac{\text{prix de l'action}}{\text{résultat par action}}$$

soit, en multipliant par le nombre d'actions :

$$= \frac{\text{capitalisation boursière}}{\text{résultat net}}$$
$$= \frac{1}{f}$$

f étant le taux de rentabilité financière.

1.2.3. Le goodwill

Il s'agit d'une méthode d'évaluation faisant intervenir une moyenne entre valeur patrimoniale et valeur actualisée.

Le *goodwill* (GW), ou survaleur, veut évaluer des éléments constitutifs de l'entreprise qui n'apparaissent pas en comptabilité : savoir-faire, encadrement, compétence, potentiel humain. Ce GW s'évalue en faisant la différence entre une valeur de rentabilité et une valeur patrimoniale. C'est l'actualisation des bénéfices futurs qui permet de les prendre en compte.

$$\text{Valeur globale de l'entreprise} = \frac{VR + ANCC}{2}$$

On estime la valeur globale de l'entreprise à une moyenne entre la valeur de rendement et l'ANCC.

avec :

$$VR = \frac{RNC}{t}$$

on obtient :

$$\text{valeur} = \frac{\left(\frac{RNC}{t}\right) + ANCC}{2}$$

et :

$$GW = \frac{VR + ANCC}{2} - ANCC$$

2. LA RENTABILITÉ DES ACTIFS INDUSTRIELS ET COMMERCIAUX

Il nous faut décrire les actifs d'exploitation, en déterminer la valeur, voire le revenu qu'ils procurent, tel qu'il apparaît dans le compte de résultat, et ensuite calculer la rentabilité.

Le calcul de la rentabilité est important pour vérifier :

* si la rentabilité effective correspond bien aux objectifs que s'étaient fixés les investisseurs ;
* si le niveau des investissements est bien adapté, conforme aux possibilités du marché (vérifier le surinvestissement ou le sous-investissement) ;
* si le taux de rentabilité est comparable à ceux réalisés par les entreprises du même secteur ;
* si la rentabilité des actifs de l'entreprise évolue correctement dans le temps.

2.1. Les actifs industriels et commerciaux

Nous distinguerons les immobilisations d'exploitation et le besoin en fonds de roulement d'exploitation (BFRE), qui constituent ensemble les actifs industriels et commerciaux (AIC)[1].

2.1.1. Les immobilisations d'exploitation

Nous avons vu dans le premier chapitre que ces immobilisations d'exploitation comportaient des biens corporels (terrain, construction, machine, outillage, installation technique, matériel informatique, matériel de bureau, etc.) et les biens incorporels (licence, brevet, droit au bail, frais de recherche et de développement, etc.), nécessaires pour produire et vendre.

En comptabilité, la valeur de ces biens est donnée par le tableau de financement (lors de l'investissement) et par le bilan (valeur à l'inventaire).

Dans le bilan, on trouve la valeur brute des immobilisations. Le PCG retient la valeur historique, valeur des biens à leur date d'entrée dans le patrimoine. On trouve également les amortissements, part de la valeur d'origine rapportée au résultat, année après année, pour tenir compte de l'usure et de l'obsolescence du bien. La valeur nette comptable (valeur brute – amortissements) ne correspond pas forcement à la valeur réelle du bien du fait des variations de prix et dans la mesure où les comptables utilisent des règles fiscales pour le calcul des amortissements.

---

1. Le potentiel humain n'apparaît pas. Il est évident qu'il est l'outil ayant le plus de valeur pour l'entreprise, mais il est (heureusement) non évaluable.

L'entreprise a consacré, année après année, des fonds dont le montant correspond au coût d'achat, pour réaliser les investissements. C'est la rentabilité de ces fonds investis qui est déterminée[1]. La Banque de France utilise le terme « capital engagé »[2] pour désigner l'accumulation des investissements réalisés successivement au cours des années précédentes, ensemble utilisé pour produire et vendre au cours de l'exercice. Nous proposons donc le recours au coût historique pour leur évaluation dans le cadre de la détermination de la rentabilité des AIC.

Le recours à la valeur comptable brute des immobilisations se justifie dans le cadre d'une approche « *pool* de fonds » de la rentabilité des actifs. Le revenu annuel de référence est l'excédent brut d'exploitation (EBE). Ce revenu tient aussi compte des charges d'entretien, donc de maintien en l'état des biens de production immobilisés. On fait l'hypothèse que la « valeur d'usage » reste la même, sans s'attacher à la valeur patrimoniale des biens.

Dans une approche patrimoniale de la rentabilité des actifs, les analystes ont recours à la valeur « vénale » des biens, « prix que serait prêt à payer l'entrepreneur pour se procurer le même bien sur le marché », considérant le principe de « l'aller-retour » : à chaque début d'exercice, les immobilisations sont revendues puis rachetées fictivement.

Avant de juger de ces immobilisations par leur rentabilité, voyons à partir de quels indicateurs nous pouvons nous faire une idée sur leur montant et juger de la politique d'investissement de l'entreprise.

Les indicateurs pour le diagnostic :

• taux de croissance des immobilisations :

$$\frac{\text{investissements de l'année}}{\text{immobilisations brutes au bilan début}}$$

Ce ratio permet de juger de la politique d'investissement en termes de croissance. Il doit être analysé sur la longue période. Pour les grandes entreprises, on peut penser que l'effort d'investissement est relativement constant. Dans la PME, en revanche, c'est rarement le cas ;

• taux d'investissement d'exploitation :

$$\frac{\text{investissements de l'année}}{\text{VA}}$$

---

1. Griffiths S., « Rentabilité des actifs et juste valeur », *RFC*, janvier 2003.
2. Banque de France, 2000, p. 19.

Il indique le montant des investissements de l'année pour un euro de VA, ou encore part de la VA consacrée aux investissements. Il caractérise la politique d'investissement en relation avec l'activité et le dynamisme de l'entreprise. Son évolution dans le temps permet de juger du caractère plus ou moins régulier de l'investissement. Il est très caractéristique du secteur dans lequel se situe l'entreprise ;

- rotation des immobilisations :

$$\frac{\text{investissements d'exploitation}}{\text{chiffre d'affaires}}$$

Il s'agit ici de rapporter les immobilisations d'exploitation à l'activité. Il permet de voir le caractère plus ou moins capitalistique de l'activité de l'entreprise ;

- rendement des équipements d'exploitation :

$$\frac{\text{VA}}{\text{immobilisations brutes}}$$

Comme le précédent, ce ratio rapporte la valeur des immobilisations d'exploitation à l'activité mesurée par la VA. Il s'agit d'une mesure possible de la productivité des immobilisations, valeur des immobilisations nécessaires pour la production d'un euro de VA. Ce ratio est très caractéristique du secteur de l'entreprise ;

- équipement par salarié :

$$\frac{\text{immobilisations brutes}}{\text{effectifs}}$$

Cet indicateur mesure le montant des immobilisations d'exploitation par salarié. Il indique le degré plus ou moins capitalistique de l'activité. Son évolution dans le temps et sur la très longue période permet de mettre au jour les substitutions entre équipement et main d'œuvre ;

- taux d'amortissement :

$$\frac{\text{amortissements}}{\text{immobilisations brutes}}$$

Cet indicateur indique la part des immobilisations qui sont amorties. Cela donne une idée de l'âge des immobilisations. Il peut être mis en relation avec le poids des charges d'entretien dans le compte de résultat.

Ces indicateurs doivent être analysés dans le temps et comparés aux objectifs et aux moyennes sectorielles :

	Ensemble	Industries manufacturières	Information et communication	Transport et entreposage
Taux d'investissement productif $\left(\dfrac{\text{investissements}}{\text{VA}}\right)$	18,9	14,7	24,8	21,4

2.1.2. Le besoin en fonds de roulement

Nous avons mis en évidence dans le premier chapitre la variation du besoin en fonds de roulement d'exploitation (variation du BFRE), relation existant entre l'EBE et l'ETE :

$$\text{EBE} = \text{ETE} + \text{variation du BFRE}$$

avec :

> Variation du BFRE
> = variation des stocks de MP
> + variation des stocks de PF
> + variation des clients
> + variation des autres créances d'exploitation
> – variation des fournisseurs
> – variation des autres dettes d'exploitation

Nous avons vu que cela traduisait le fait que le résultat réalisé par l'entreprise ne se concrétisait pas immédiatement en liquidités, qu'il existait un décalage entre formation du résultat et effet sur la trésorerie :

- dans une optique flux de trésorerie, la connaissance de l'ETE est suffisante. La véritable ressource de financement n'est donc pas l'EBE mais l'ETE.

Flux de trésorerie

Décaissements	Encaissements
	EBE
	– Var. du BFRE
	= ETE

- Cependant, dans une optique flux de fonds, il est important de relier les modalités d'apparition des flux de fonds à l'activité (le chiffre d'affaires).

Pour cela, on indique en ressources l'EBE (CAF issue de l'activité d'exploitation) et en emploi la variation du BFRE, qui dépend aussi, nous le verrons, du niveau d'activité. Ce retard à l'encaissement net constitue une avance nécessaire (constitution de stocks, crédit interentreprises) consentie par l'entreprise, pour des raisons là encore industrielles et commerciales. Cet emploi a un caractère permanent, car au fur et à mesure que les clients règlent, l'entreprise doit à nouveau faire crédit à d'autres clients ; au fur et à mesure qu'elle écoule ses stocks, elle doit les reconstituer, etc. C'est pourquoi nous assimilons cette variation du BFRE à un investissement, aussi indispensable à la croissance que les investissements en immobilisations. Certains auteurs parlent de besoin de financement du cycle d'exploitation.

Flux de fonds d'exploitation

Emplois	Ressources
Var. du BFRE	EBE
Var. des liquidités (dont ETE)	

Nous considérons la variation du BFRE brut, afin qu'il corresponde à ce qu'on trouve dans le tableau de financement. Nous ne considérons donc pas le risque attaché aux stocks et aux créances, en n'intégrant pas dans le calcul de la variation du BFRE les provisions pour dépréciation[1].

Tout ce que nous venons de dire correspond au flux annuel. À une date donnée, on peut mesurer dans le bilan, le « stock » BFRE, montant des stocks et du crédit interentreprises mis en œuvre, nécessaires au cycle d'exploitation.

---

1. Remarque : en Allemagne, le concept de BFRE n'existe pas. La Bundesbank traite séparément les composantes du BFRE en fonction du risque. La variation des stocks de produits finis et des acomptes reçus intervient seule dans l'excédent des recettes, indicateur clé, résultat de nature industrielle. La variation intervient au niveau de l'excédent disponible. La variation des stocks de matières premières et de marchandises est intégrée dans la fonction investissement, la variation des fournisseurs est assimilée à une opération de financement. Il faut noter toutefois qu'en Allemagne le crédit interentreprises (clients moins fournisseurs) est beaucoup moins élevé. B. Micha, « Contribution à l'analyse des flux financiers dans l'entreprise en Europe ».

> BFRE
> = stocks de MP
> + stocks de PF
> + clients
> + autres créances d'exploitation
> − fournisseurs
> − autres dettes d'exploitation

De même que nous avons assimilé la variation du BFRE à un investissement, le BFRE, en tant que « stock », ayant un caractère permanent, est un actif d'exploitation au même titre que les immobilisations. L'ensemble immobilisations d'exploitation plus BFRE constitue l'actif industriel et commercial, outil nécessaire à l'exploitation, ou encore le « capital d'exploitation » (Centrale des bilans de la Banque de France)[1].

2.1.3. Le coefficient de capital

$$\frac{\text{immobilisations brutes} + \text{BFRE}}{\text{VA}}$$

Ce coefficient indique l'importance des moyens à mettre en œuvre pour obtenir un euro de VA. Ce ratio varie avec la courbe d'expérience : « En période de développement, le capital d'exploitation augmente d'abord et la VA suit, dès que les investissements effectués deviennent productifs. Ce ratio s'accroît, puis tend à se stabiliser, si les investissements ultérieurs sont réguliers. Le coefficient de capital, relativement constant sur la longue période, peut constituer une estimation correcte du montant des investissements à réaliser pour répondre à un objectif donné d'expansion[2]. »

---

1. Au contraire de ce que propose le PCG, nous réservons la notion de BFR au cycle d'exploitation, c'est-à-dire au besoin de financement du cycle d'exploitation. Le BFR « hors exploitation » du PCG correspond à des décalages de trésorerie sur les opérations d'investissement et de financement.
   BFRHE = créances hors exploitation − dettes hors exploitation.
   BFRHE sur opérations de financement : intérêts courus non échus, actionnaires capital non appelé, actionnaires, dividendes à payer.
   BFRHE sur opérations d'investissements : fournisseurs d'immobilisations créances sur cessions d'immobilisations.
   Le BFRHE n'a pas un caractère aussi permanent que le BFRE. En effet, ces opérations ont un caractère moins répétitif à court terme. Alors que le BFRE est comparable d'une année sur l'autre, le BFRHE dépend de décisions stratégiques non significatives à court terme.
2. « Les ratios de la Centrale des bilans de la Banque de France », *Note d'information* n° 79, décembre 1988.

Données Centrale des bilans de la Banque de France 2008

	Ensemble	Industries manufacturières	Information et communication	Transport et entreposage
Rendement des équipements d'exploitation VA/Immo. d'exp. + BFR	44,4	44,6	44,1	38,1

2.1.4. Les variables explicatives du BFRE

Le niveau du BFRE dépend :

- principalement de l'activité, mesurée en général par le chiffre d'affaires : en effet, plus l'activité de l'entreprise est importante, plus il faut produire et constituer des stocks de matières pour ne pas risquer de tomber en rupture de stocks. Plus l'activité augmente, plus il faut constituer de stocks de produits finis pour ne pas risquer de perdre des ventes, plus il faut accorder de crédit aux clients. Plus l'activité augmente, plus il faut produire, donc acheter, et plus on obtient de crédit des fournisseurs ;

- mais aussi des comportements de stockage, des accords passés par l'entreprise avec ses clients en matière de règlements et des comportements effectifs des clients, des accords passés par l'entreprise pour les règlements aux fournisseurs.

C'est pourquoi l'entreprise, pour réduire ce besoin de financement du cycle d'exploitation, a intérêt :

- à avoir un taux de rotation des stocks le plus élevé possible, par exemple, en optant pour une organisation en « juste à temps » (JAT), afin de réduire le niveau de ses stocks ;
- à négocier des délais de règlement des clients les plus courts possibles ;
- à négocier avec ses fournisseurs des délais de règlement les plus longs possibles (dans la limite des usages du secteur et sans pour autant « étrangler » ses partenaires) ;
- à régler les autres tiers (organismes sociaux, État) à la date convenue.

- et, dans une moindre mesure, de la structure des coûts : dans la mesure où la valeur des stocks dépend des coûts d'achat et des coûts de production ; dans la mesure où les crédits fournisseurs dépendent des achats[1].

---

1. Au chapitre 6, nous proposons un modèle de prévision du BFR, « besoin en fonds de roulement normatif », qui met bien en évidence le lien entre le BFR et ces variables (activité, CA, comportement, structure des coûts).

Les indicateurs pour le diagnostic que nous allons utiliser permettent de mettre en évidence ces relations :

- BFRE en jours de CA :

$$\frac{\text{BFRE} \times 360}{\text{CA}}$$

On élimine ainsi l'effet du niveau d'activité, dans les comparaisons d'un exercice à l'autre. Il est en fait normal que le BFRE augmente d'un exercice à l'autre, mais ce doit être proportionnellement à l'activité.

Calcul des délais de rotations pour l'analyse de chacun des éléments du BFRE :

- durée moyenne de stockage des matières premières :

$$d_{mp} = \frac{\text{stock de MP} \times 360}{\text{achats de MP}}$$

Le stock représente d_{mp} jours d'achats. Une augmentation de ce délai traduit un alourdissement du stock de MP par rapport à l'activité, donc un changement de comportement en matière de stockage ;

- durée moyenne de stockage des produits finis :

$$d_{pf} = \frac{\text{stock de PF} \times 360}{\text{coût de production}}$$

Le tableau de répartition des charges par fonction dans l'annexe permet d'obtenir le total des charges de production. Faute de cette indication, on peut utiliser par défaut le total des charges d'exploitation :

$$\frac{\text{stock de PF} \times 360}{\text{total des charges d'exploitation}}$$

La Centrale des bilans de la Banque de France enlève des stocks les avances et acomptes reçus, considérant ainsi qu'une partie du stock est déjà financé.

Le stock représente d_{pf} jours de production. Un allongement de ce délai traduit encore une augmentation anormale du stock par rapport à l'activité, donc un changement de comportement en matière de stockage ;

- durée moyenne de stockage des marchandises :

$$d_m = \frac{\text{stock de marchandises} \times 360}{\text{achats de marchandises}}$$

Le stock représente d_m jours d'achats. Un allongement de ce délai traduit encore une augmentation anormale du stock par rapport à l'activité, donc un changement de comportement en matière de stockage ;

- délai moyen de règlement clients :

$$d_{cl} = \frac{(\text{clients} + \text{EENE}) \times 360}{\text{CA TTC}}$$

EENE : effets escomptés non échus. Ces effets, bien qu'escomptés, représentent des créances sur les clients restant dues et sont pris en compte dans le calcul.

Les clients représentent d_{cl} jours de ventes TTC. Une augmentation de ce délai indique un alourdissement des créances clients du fait de la modification de leur comportement ;

- délai moyen de règlement fournisseurs :

$$d_f = \frac{\text{fournisseurs} \times 360}{(\text{achats} + \text{charges ext.})\text{TTC}}$$

Les fournisseurs représentent d_f jours d'achats Une augmentation de ce délai indique un alourdissement des dettes fournisseurs du fait de la modification de leur comportement.

La Centrale des bilans de la Banque de France enlève des dettes fournisseurs les avances et acomptes versés, considérant qu'ils sont un paiement anticipé aux fournisseurs.

Pour tous ces ratios du BFRE, les données au numérateur sont extraites du bilan de fin d'exercice en valeurs brutes. Les données au dénominateur sont extraites du compte de résultat de l'exercice.

Tous ces indicateurs permettent d'analyser le niveau du BFRE et d'expliquer la variation du BFRE (investissement en BFRE). Il faut toutefois être prudent dans ses jugements :

- ces indicateurs permettent de juger du BFRE en fin d'exercice. Il peut y avoir des effets de bornes : surstockage momentané en fin d'exercice, retard de paiement d'un gros client, difficultés passagères de trésorerie ayant entraîné des retards de paiement aux fournisseurs. On parle de BFRE structurel[1] et de BFRE conjoncturel. Pour obtenir un délai moyen, certains auteurs calculent un montant moyen, par exemple.

---

1. Nous verrons dans le chapitre 6 une méthode de prévision du BFRE structurel.

$$\frac{\text{solde au bilan 1 + solde au bilan 2}}{2}$$

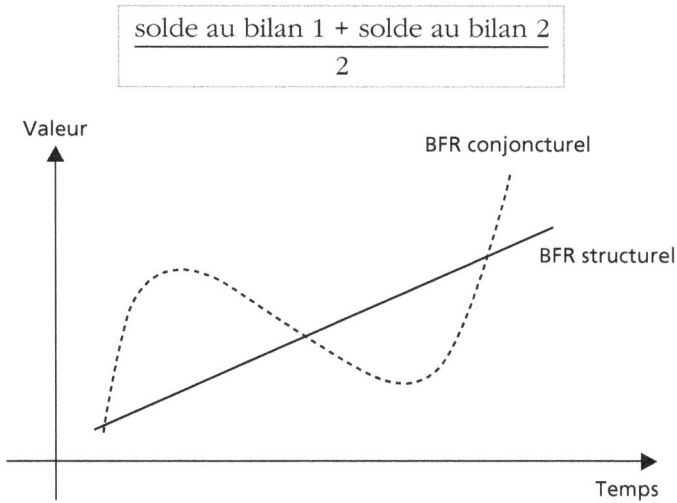

Figure 15 – Les deux BFR

• une variation (à la hausse ou à la baisse) des stocks, des crédits clients, des crédits fournisseurs peut être désirée (conforme aux objectifs ou à la politique mise en œuvre) ou subie (non conforme aux objectifs).

Par exemple, la durée moyenne de stockage peut très bien augmenter parce que l'entreprise a acheté plus, pour profiter d'une baisse des prix des matières premières, ou parce que la production effective a été moins élevée que prévu et donc les consommations de matières moins importantes, entraînant un surstockage.

La durée moyenne de crédit clients a très bien pu augmenter parce que l'entreprise, dans le cadre de sa politique commerciale, a accordé des durées de règlement plus longues aux clients, ou parce que le service de la facturation est débordé et ne parvient pas à envoyer les lettres de relance.

Données Centrale des bilans de la Banque de France 2008

	Ensemble	Industries manufacturières	Information et communication	Transport et entreposage
BFR en jours de CA	21,2 PME : 33,8 GE : 8,4	38,9	– 6,1	– 7,7
Délai clients	58,6	64,4	80,6	49
Délai fournisseurs	59,5	58,4	124,8	51,2

2.2. La rentabilité des actifs industriels et commerciaux

2.2.1. Expression de la rentabilité

Comme nous l'avons vu dans le premier chapitre, le revenu produit par l'activité industrielle et commerciale est l'EBE. On peut donc mesurer la rentabilité des actifs industriels et commerciaux en rapportant l'EBE à la valeur des actifs industriels et commerciaux mis en œuvre. Même s'il ne tient pas compte de la dépréciation patrimoniale des immobilisations (dotations aux amortissements), il tient compte des charges d'entretien, donc de maintien en l'état des biens de production immobilisés. On fait l'hypothèse que la « valeur d'usage » reste la même, sans s'attacher à la valeur patrimoniale des biens. Le recours au coût historique ne pose aucun problème du point de vue comptable, puisque c'est le principe retenu en comptabilité. Il suffit de lire dans la colonne « brut » à l'actif la valeur du capital engagé dans les actifs industriels et commerciaux.

$$\text{Taux de rentabilité des AIC} = \frac{\text{EBE}}{\text{immobilisations brutes + BFRE}}$$

Alors que, dans une optique *pool* de fonds, la rentabilité des actifs industriels et commerciaux s'apprécie en termes de flux de trésorerie (à partir de l'EBE), dans une optique patrimoniale, elle s'apprécie en termes de revenu distribuable (à partir du résultat d'exploitation) :

$$\text{Rentabilité nette} = \frac{\text{résultat d'exploitation}}{\text{immo. nettes + BFRE}}$$

Pour simplifier, on trouve chez certains auteurs :

$$\frac{\text{résultat d'exploitation}}{\text{total actif}}$$

Ces taux de rentabilité devront être comparés aux objectifs que s'étaient fixés l'investisseur, mais aussi aux taux de rentabilité obtenus par les entreprises du même secteur.

Cette rentabilité est à rapprocher du risque d'exploitation. À la fin du chapitre précédent, nous avons mis en évidence que le risque d'exploitation était fonction du poids relatif des charges fixes par rapport aux charges variables. Dans une entreprise, plus l'actif industriel est important, plus les charges fixes sont élevées et plus le risque est important. Plus l'entreprise est capitalistique, plus ses espérances de rentabilité sont élevées, plus le risque est fort. De même, nous verrons au chapitre 5 que le niveau de l'investissement en BFRE, en retardant les encaissements d'exploitation, augmente le risque de faillite.

Données Centrale des bilans de la Banque de France 2008

	Ensemble	Industries manufacturières	Information et communication	Transport et entreposage
Rentabilité des actifs industriels et commerciaux EBE/Immo. d'exp. + BFR	11,4	9,9	16,4	9,6

2.2.2. Pour juger de la rentabilité des actifs industriels et commerciaux

Le taux de rentabilité des actifs industriels et commerciaux (AIC) dépend de trois éléments : l'activité, les coûts et la politique d'investissement.

$$\text{Rentabilité des AIC} = \frac{\text{EBE}}{\text{immobilisations brutes} + \text{BFRE}}$$

$$\text{Rentabilité des AIC} = \frac{\text{activités} - \text{coûts}}{\sum \text{investissements}}$$

Nous pouvons donc dire que le taux de rentabilité des AIC dépend de l'activité, des coûts et de la politique d'investissement de l'entreprise. On peut alors, en associant deux à deux ces éléments, essayer de répondre à la question sur l'évolution de la rentabilité :

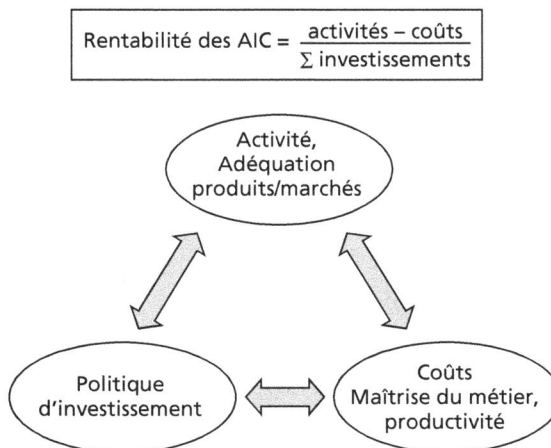

Figure 16 – Problématique de l'analyse de la rentabilité

- activité et coûts : les stratégies d'approche des marchés de l'entreprise permettent-elles de développer suffisamment l'activité pour réduire les coûts et d'agir ainsi sur la rentabilité ? Quelles sont les modalités de formation des coûts (degré d'absorption des charges fixes) ? Le niveau des coûts permet-il d'aborder les marchés dans les meilleures conditions et de conserver l'avantage concurrentiel (relation coûts-volumes-profit) ?
- activité et politique d'investissement : les investissements réalisés génèrent-ils suffisamment d'activité pour les rentabiliser ? Les investissements sont-ils correctement dimensionnés par rapport aux possibilités du marché ? Sinon, on se trouve en situation de surinvestissement ;
- politique d'investissement et coûts : l'entreprise investit-elle assez pour réduire les coûts de manière à rester concurrentielle ? L'entreprise renouvelle-t-elle suffisamment ses installations pour garder un niveau de coûts acceptable ? Sinon, on se trouve en situation de sous-investissement.

L'étude du taux de rentabilité des actifs industriels et commerciaux passe donc par :
- une analyse de l'activité (taux de croissance, taux de VA, part de marché) ;
- une analyse des coûts (taux de marge, productivité, rendement, partagé de la VA, etc.) ;
- une analyse des investissements et de l'évolution du BFR (taux de croissance des immobilisations, taux d'amortissement, rendement des immobilisations, poids du BFR, délais, etc.).

3. LA RENTABILITÉ DIRECTE DES ACTIFS FINANCIERS

3.1. La nature des actifs financiers

Nous avons défini dans le chapitre 1 les investissements financiers comme tous les investissements autres que d'exploitation. Rappelons-le, ce seront donc les éléments de l'actif du bilan tels que :
- immobilisations corporelles hors exploitation ;
- immobilisations financières ;
- certaines créances hors exploitation ;
- valeurs mobilières de placement (VMP) ;
- disponibilités.

Pour leur évaluation, le caractère liquide de ces actifs justifie le recours à la valeur vénale, comme si, chaque année, l'entreprise devait racheter son portefeuille pour le réinvestir (« aller-retour »). Alors que les investissements en AIC font l'objet de choix stratégiques, engageant l'entreprise sur le moyen et le long terme, les investissements financiers sont des placements soit à caractère spéculatif, soit temporaire, en attendant d'être substitués à des investissements industriels et commerciaux. Si les éléments du portefeuille se déprécient, alors la valeur nette de provision donne la valeur vénale. En revanche, en cas d'appréciation, le bilan ne donne pas la valeur vénale. L'analyste doit rechercher d'autres sources d'information pour une bonne évaluation (voir le paragraphe 1 de ce chapitre).

Comme nous l'avons déjà souligné dans les précédents chapitres, dans le cadre de groupe, la rentabilité doit s'apprécier à partir des comptes consolidés (*cf. infra*).

3.2. La rentabilité des actifs financiers

Les actifs financiers ont une rentabilité propre. Dans le chapitre 2, nous avons précisé quels étaient les produits et les charges constituant les revenus de ces actifs. Il faut ici préciser que, compte tenu du choix fait d'évaluer ces actifs à leur valeur vénale, les revenus tiennent compte des gains en capital. Or, l'application du principe de prudence interdit de faire apparaître les gains en capital, plus-values latentes sur le portefeuille dans le compte de résultat. Toutefois, de manière extracomptable, on peut les évaluer quand ils sont significatifs.

La rentabilité des actifs financiers sera donnée par :

$$\frac{\text{revenu des actifs financiers}}{\text{valeur des actifs financiers}}$$

La rentabilité des investissements s'apprécie en fonction du risque de ces investissements. Plus la rentabilité est importante, plus le risque est important.

Le risque s'apprécie élément par élément. Par exemple, sur les placements financiers, il s'agira du risque financier d'une participation, du risque attaché à un portefeuille, du risque d'un placement immobilier.

Exemple : société *Ronpoint*

La société *Ronpoint S.A.* est l'un des plus grands groupes français de la grande distribution. Elle est cotée à la bourse de Paris. Elle a connu au cours des cinq dernières années une croissance de 14 % de son chiffre d'affaires et de 19 % de son bénéfice par action. L'essentiel de sa croissance provient de l'international, qui devrait dépasser les 50 % de son chiffre d'affaires et faire de *Ronpoint S.A.* le premier distributeur multinational devant *Makro* et *Wal-Mart*.

Le rythme d'ouverture de magasins s'accélère. Il est de l'ordre d'une quinzaine en Asie et en Amérique du Sud et de quelques unités en Europe du Sud et en Europe de l'Est. La présence du groupe dans plus de quatorze pays réduit sa sensibilité aux cycles économiques. L'équipe dirigeante a su gérer de manière équilibrée la croissance et prendre de bonnes décisions au bon moment, comme se retirer du *hard discount* en Italie après de nombreuses années de pertes.

Par ailleurs, la stratégie d'implantation dans un nouveau pays consiste à ouvrir un nombre de magasins minimum, pour avoir d'emblée une taille critique. Par exemple, au Mexique, 13 magasins ont été ouverts sur un marché très concurrentiel et le point mort a été atteint en 18 mois.

En 2011, l'effectif moyen du groupe est de 103 600 personnes, dont 51 500 en France.

Vous disposez des comptes de l'ensemble du groupe *Ronpoint S.A.* Il vous faut :
• déterminer la marge commerciale, la valeur ajoutée et l'excédent brut d'exploitation ;
• expliquer l'évolution sur trois ans des résultats ;
• commenter l'évolution du besoin en fonds de roulement ;
• calculer l'excédent de trésorerie d'exploitation ;
• montrer l'intérêt qu'il y a ici à déterminer la rentabilité des actifs commerciaux d'une part, et la rentabilité des actifs financiers d'autre part.

Quelques remarques sur les documents financiers :
• les revenus immobiliers concernent les loyers des galeries marchandes ;
• on tiendra compte des autres produits et autres charges pour déterminer l'EBE ;
• les immobilisations sont amorties selon le système linéaire. Les biens achetés en crédit-bail figurent à l'actif et sont amortis. La dette résultant de l'acquisition est inscrite au passif. Au compte de résultat, les loyers de crédit-bail sont remplacés par les dotations aux amortissements et les charges financières ;
• le taux de TVA moyen est de 13 % ;
• les immobilisations incorporelles correspondent au fonds de commerce (écarts d'acquisition positifs) et aux logiciels développés ;
• il faut considérer un fonds de caisse de deux jours de CAHT ;
• la galerie marchande (immobilisation corporelle) est évaluée à 8 649 ;
• les actifs financiers sont évalués à leur juste valeur (valeur vénale).

Société *Ronpoint S.A.* : comptes de résultat (en K€)

	2009	2010	2011
Ventes de marchandises	136 299	144 612	154 905
Revenus immobiliers	650	720	781
Autres produits	337	640	388
Achats de marchandises	113 204	119 375	126 522
Variation de stocks de marchandises	– 978	– 1 163	– 1 450
Charges externes	452	564	605

.../...

Charges de personnel	11 694	12 787	13 824
Autres charges	6 250	6 878	7 755
Dotations	3 336	3 598	4 020
Charges financières*	984	716	767
Produits financiers	1 309	1 454	1 529
Charges exceptionnelles (op. de gestion)	155	3	129
Produits exceptionnels (op. de gestion)	51	2 203	901
Produits de cessions**	368	1 207	2 589
VNCEAC**	246	2 564	3 490
Impôt sur les bénéfices	971	1 382	1 637
Résultat net	2 700	4 132	3 794
* dont charges nettes sur cessions des VMP	525	298	224
** valeur nette comptable des éléments d'actifs cédés			
Détails des calculs			
VO des immobilisations corporelles cédées	309	1 308	905
Amortissements	123	619	365
VNCEAC (Immobilisations corporelles)	186	689	540
Prix de cessions des immobilisations corporelles	296	245	438
VO des immobilisations financières cédées	60	1 875	2 950
Prix de cessions des immobilisations financières	72	962	2 151
Plus ou moins-values	122	– 1 357	– 901

Société *Ronpoint S.A.* : tableaux de financement

	2009	2010	2011
CAF	5 914	9 087	8 715
Cessions	368	1 207	2 589
Augmentation de capital	0	0	
Emprunts	4 200	5 000	8 579
Total ressources	10 482	15 294	19 883
Dividendes	845	918	1 121
Investissements incorporels	0	0	0
Investissements corporels	5 633	7 324	9 037
Investissements financiers	1 373	236	3 973 .../...

	2009	2010	2011
Remboursements	5 517	5 070	5 490
Variation du BFRE	– 32	1 130	– 2 021
Variation des stocks	978	1 163	1 450
Variation des clients	200	77	122
Variation des autres créances	1 689	1 580	– 358
Variation des fournisseurs	20	937	2 418
Variation des autres dettes	2 879	753	817
Variation des VMP	– 3 650	– 1 626	2 992
Variation de la trésorerie	796	2242	– 709
Total emplois	10 482	15 294	19 883

Société *Ronpoint S.A.* : bilans de fin de période

	2009	2010	2011
Immobilisations incorporelles	6 138	6 138	6 138
Immobilisations corporelles	38 132	44 148	52 280
Amortissements	14 847	17 826	21 481
Immobilisations nettes	23 285	26 322	30 799
Immobilisations financières	4 023	2 384	3 407
Stocks	9 697	10 860	12 310
Clients *	341	418	540
Autres créances d'exploitation	5 905	7 485	7 127
Valeurs mobilières de placement	7 409	5 783	8 775
Disponibilités	2 302	4 544	3 835
Total Actif	59 100	63 934	72 931
Capital	2 500	2 500	2 500
Réserves et report à nouveau	14 750	16 532	19 543
Résultat	2 700	4 132	3 794
Dettes financières **	4 886	4 816	7 905
Fournisseurs	26 481	27 418	29 836
	7 783	8 536	9 353
Total Passif	59 100	63 934	72 931
* effets escomptés non échus	0	0	0
** dont cbc		0	0

Éléments de solution :

• a) déterminer la marge commerciale, la valeur ajoutée et l'excédent brut d'exploitation :

Société *Ronpoint S.A.* : tableau des soldes intermédiaires de gestion

	2009	**2010**	**2011**
EBE			
Ventes	136 299	144 612	154 905
Achats	113 204	119 375	126 522
Variation de stocks	– 978	– 1 163	– 1 450
Marge commerciale	24 073	26 400	29 833
Revenus immobiliers	650	720	781
Charges externes	452	564	605
VA	24 271	26 556	30 009
Charges de personnel	11 694	12 787	13 824
Autres charges	6 250	6 878	7 755
Autres produits	337	640	388
EBE	6 664	7 531	8 818
Dotations	3 336	3 598	4 020
RE	3 328	3 933	4 798

Les revenus immobiliers correspondent aux loyers sur les galeries marchandes. On peut considérer qu'il s'agit d'une activité d'exploitation, les galeries marchandes étant destinées à attirer les clients pour alimenter l'activité principale.

• b) expliquer l'évolution des résultats sur trois ans :

Taux de croissance du CA		6,10 %	7,12 %
EBE/CA	4,89 %	5,21 %	5,69 %
Taux de marge commerciale	17,66 %	18,26 %	19,26 %
EBE/VA	27,46 %	28,36 %	29,38 %
Charges de personnel/VA	48,2 %	48,2 %	46,1 %
Charges extérieures/CA	0,33 %	0,39 %	0,39 %

Le CA croît sur les trois ans. L'ouverture des magasins à l'étranger explique une bonne partie de cette croissance. Le taux de marge commerciale lui aussi augmente, ce qui veut dire que l'entreprise est de plus en plus performante sur le plan commercial. Le taux de marge brute est, lui aussi, en croissance. L'entreprise parvient à contenir ses coûts sociaux (baisse de charges de personnel/VA).

• c) commenter l'évolution du besoin en fonds de roulement :

Stocks de MP	9 697	10 860	12 310
Clients	341	418	540
Autres créances	5 905	7 485	7 127
Fournisseurs	26 481	27 418	29 836
Autres dettes	7 783	8 536	9 353
BFR	– 18 321	– 17 191	– 19 212
BFR en jours de CA	– 48	– 43	– 45
Délais			
Marchandises	31	33	35
Clients	1	1	1
Fournisseurs	74	73	75

Le besoin en fonds de roulement est négatif. Il s'agit d'une caractéristique de la grande distribution. Les clients payent comptant alors que les fournisseurs sont payés très tard. On le voit, le délai moyen de règlement clients est proche de zéro, alors que les fournisseurs sont payés à deux mois et demi.

• d) calculer l'excédent de trésorerie d'exploitation :

	2009	**2010**	**2011**
EBE	6 664	7 531	8 818
Variation du BFRE	– 32	1 130	– 2 021
ETE	6 696	6 401	10 839

Le BFR étant négatif, en général la variation du BFR est également négative et le flux de trésorerie d'exploitation (ETE) est élevé par rapport à l'EBE. L'activité dégage beaucoup de liquidités. Ceci, dans le cas Ronpoint, est particulièrement vrai en 2011.

• e) montrer l'intérêt qu'il y a ici à déterminer la rentabilité des actifs commerciaux d'une part, la rentabilité des actifs financiers d'autre part.

L'activité de la grande distribution dégageant beaucoup de trésorerie, ces liquidités sont placées (voir le VMP, les disponibilités et les immobilisations financières). Ces investissements financiers vont produire des produits financiers et améliorer la rentabilité globale des actifs. D'où l'intérêt de calculer la rentabilité des différents actifs de l'entreprise. On remarque de plus que la société est très peu endettée. Les liquidités dégagées lui permettent aussi de bien autofinancer ses investissements.

Société *Ronpoint S.A.* : bilans « *pool* de fonds »

	2009	2010	2011
Actif			
Immobilisations d'exploitation brutes	44 270	50 286	58 418
BFRE	– 18 321	– 17 191	– 19 212
Disponibilités (fond de caisse)*	757	803	861
Actif industriel et commerciaux	26 706	33 898	40 067
Immo. financières	4 023	2 384	3 407
VMP	7 409	5 783	8 775
Disponibilités (hors fond de caisse)	1 545	3 741	2 974
Actif financier	12 977	11 908	15 156
Total Actif	39 683	45 806	55 223
Passif			
Capitaux propres, réserves, résultat	19 950	23 164	25 837
Fonds d'amortissement et provisions	14 847	17 826	21 481
Fonds d'origine propre	34 797	40 990	47 318
Dettes financières	4 886	4 816	7 905
Fonds empruntés	4 886	4 816	7 905
Total passif	39 683	45 806	55 223

* Fond de caisse = 5 jours de chiffre d'affaires = $\dfrac{5}{360} \times 136\ 299 = 757$

Revenu des actifs financiers

Produits financiers	1 309	1 454	1 529
Plus ou moins-values sur cessions d'immobilisations financières	12	– 913	– 799
Charges nettes sur cessions de VMP	525	298	224
Revenu des actifs financiers	796	243	506

Rentabilité des actifs industriels et commerciaux

	20X4	20X5	20X6
EBE	6 664	7 531	8 818
AIC	26 706	33 898	40 067
Taux de rentabilité des AIC	25,0 %	22,2 %	22,0 %

Rentabilité des actifs financiers

	20X4	20X5	20X6
Revenu des AFI	796	243	506
Valeur des AFI	12 977	11 908	15 156
Taux de rentabilité des AFI	6,1 %	2,0 %	3,3 %

Rentabilité moyenne de l'ensemble des actifs

Taux de rentabilité des actifs	18,8 %	17,0 %	16,9 %

La rentabilité des actifs commerciaux est supérieure à 20 %, ce qui est considérable. La rentabilité des actifs financiers est de l'ordre de 4 à 6 %. Mais ceci s'explique par le fait que l'activité financière n'est pas son métier !

4. LA RENTABILITÉ DES GROUPES CONSOLIDÉS

Nous avons mis en évidence deux formes d'investissements possibles pour l'entreprise. Les investissements d'exploitation correspondent plus directement au métier de l'entreprise dans le cadre de sa croissance interne. Dans les groupes de sociétés, les investissements financiers peuvent être directement liés au métier de l'entreprise. En effet, dans cadre de stratégies de croissance externe (filialisation d'activité, prise de participation majoritaire de sociétés concurrentes), la rentabilité des investissements industriels et commerciaux doit être mise en évidence grâce à l'analyse du compte de résultat et du bilan consolidé.

Exemple

Le groupe Cenzeux produit des biens et possède par ailleurs deux filiales de commercialisation Cenlui et Cenzelle.

Bilan de la société mère Cenzeux (en K€)

Actif		Passif	
Actifs industriels et commerciaux	1 000	Capital et réserves	500
		Résultat (EBE = 155)	170
Actifs financiers*	370	Dettes	700
Total	1 370	Total	1 370

* Actions de la société mère Cenzeux : dans la filiale de commercialisation Cenlui, 140 actions représentant 80 % du capital, dans la filiale de commercialisation Cenzelle, 230 actions représentant 90 % du capital.

Bilan de la filiale Cenlui (en K€)

Actif		Passif	
Actifs industriels et commerciaux	550	Capital et réserves	200
		Résultat (EBE = 140)	50
Actifs financiers*		Dettes	300
Total	550	Total	550

Bilan de la filiale Cenzelle (en K€)

Actif		Passif	
Actifs industriels et commerciaux	670	Capital et réserves	350
		Résultat (EBE = 150)	70
Actifs financiers*		Dettes	250
Total	670	Total	670

Les filiales n'ont pas versé de dividendes à la société mère. On suppose que dans la consolidation, le retraitement des opérations interne n'a pas d'incidence sur le résultat consolidé.

Au niveau des comptes de la société mère, la comparaison de la rentabilité des actifs industriels et financiers n'a pas de sens, d'autant que les filiales n'ont pas versé de dividendes. Pour juger de la rentabilité de la société mère, dont l'activité est intimement liée à celle des deux filiales, il est indispensable de déterminer la rentabilité dans le cadre des comptes consolidés.

Bilan consolidé du groupe Cenzeux (en K€)

Actif		Passif	
Actifs industriels et commerciaux	2 220	Capital et réserves	605
		Résultat (EBE = 445)	290
		Minoritaires	75
Actifs financiers*		Dettes	1 250
Total	2 220	Total	2 220

* Actions de la société mère Cenzeux : dans la filiale de commercialisation Cenlui, 140 actions représentent 80 % du capital ; dans la filiale de commercialisation Cenzelle, 230 actions représentent 90 % du capital.

La rentabilité industrielle et commerciale du groupe est donc :

$$\frac{445}{2\ 220} = 20\ \%$$

alors qu'elle était de 15,5 % au niveau de la société mère (155/1000).

Nous verrons au chapitre 11 quelques autres aspects de la rentabilité des groupes consolidés, associée aux techniques des leviers.

Dans ce chapitre, nous avons mis en relation le résultat et la valeur des actifs afin d'en déterminer la rentabilité. Nous avons vu les difficultés à mesurer la valeur de ces actifs et par suite la valeur de l'entreprise. La rentabilité calculée ne peut donc être qu'indicative. Le jugement de l'analyste ne pourra pas se limiter à ce seul aspect de l'entreprise. Dans le chapitre suivant, nous allons compléter l'étude par l'analyse de l'endettement.

Chapitre 4

Endettement et sources de financement

Les associés de l'entreprise sont intéressés, au premier chef, par la rentabilité dégagée par celle-ci, qu'elle distribue des revenus (dans ce cas ils percevront des dividendes) ou qu'elle n'en distribue pas (dans ce cas ils se consoleront avec des plus-values). Une entreprise n'est rentable que si sa valeur augmente avec le temps. Mais la rentabilité de l'entreprise pour les actionnaires, c'est-à-dire le rapport entre les capitaux investis par eux et le revenu dégagé, ne dépend pas que desdits capitaux investis. Paradoxalement la rentabilité retirée de l'entreprise par les actionnaires dépend de l'activité économique de celle-ci et de l'emploi judicieux qu'elle peut faire des capitaux étrangers. Gagner de l'argent en employant celui des prêteurs, tel est l'art efficace de s'endetter, tel est l'art d'utiliser le mécanisme de l'effet de levier financier. Optimiser le dosage des capitaux propres et des capitaux étrangers est un problème crucial, mais il n'a, malheureusement, pas de réponse définitive ou de solution miracle.

Comme nous le verrons, si le taux de rentabilité économique d'une entreprise est supérieur au coût des capitaux qu'elle emprunte, elle peut emprunter une somme infinie et voir sa valeur augmenter à l'infini. Dans les faits, les banquiers et autres prêteurs ne lui permettront pas de s'endetter au-delà de trois fois le montant des capitaux propres. De même qu'il y a une mise maximale dans les casinos, ce qui met obstacle à l'application de martingales infaillibles, il y a un endettement maximal pour les entreprises, ce qui met obstacle à l'atteinte de l'optimum absolu des gains financiers.

1. LE DÉLICAT PROBLÈME DU DOSAGE DES CAPITAUX PROPRES ET DES CAPITAUX ÉTRANGERS

En 1958, dans un article célèbre, sans doute l'article le plus célèbre de la finance, Franco Modigliani et Merton Miller[1] ont énoncé un principe qui a fait couler beaucoup d'encre : « La valeur d'une entreprise est indépendante de sa structure financière. » Ce principe apparemment clair cache de nombreuses ambiguïtés : la valeur de l'entreprise pour qui ? Pour ses propriétaires ? Pour les autres ayants droit ? Pour l'économie ? La valeur de l'entreprise dans le cadre de quelle théorie ? La théorie économique néoclassique ? Celle des organisations ? La théorie managériale ? Celle du signal et de l'agence ? La théorie positive de la comptabilité ?

Modigliani et Miller étaient surtout préoccupés par l'incidence des décisions financières sur la valeur de l'entreprise ; ils ignoraient les contingences de tous ordres, en particulier fiscales. Après de nombreuses discussions avec leurs pairs, ils ont fait machine arrière en 1963 et ont précisé que leur principe n'était vérifié que s'il n'y avait pas de problèmes fiscaux venant perturber l'analyse. Or il y a, dans presque tous les pays développés, des problèmes fiscaux, les intérêts des capitaux empruntés étant généralement déductibles du résultat imposable, à l'inverse des dividendes. L'entreprise endettée, toutes choses égales par ailleurs, a plus de possibilités de déductions fiscales que l'entreprise non endettée et sa valeur peut donc être supérieure.

Il est indispensable de distinguer le coût des fonds propres, le coût des dettes et le coût moyen pondéré des capitaux. Lorsqu'on achète des obligations comportant un risque de défaillance de l'entité émettrice, le taux d'intérêt doit être ajusté pour tenir compte de ce risque de non-paiement. Ce taux d'intérêt intégrant le risque de défaillance peut être considéré comme le coût de la dette à l'investisseur ou à l'établissement financier. Quand nous analysons les investissements comportant un risque de participation, nous devons faire une correction du taux sans risque, pour arriver à un taux d'actualisation, mais l'ajustement intégrera plutôt le risque de participation que le risque de défaillance. En outre, comme il n'y a pas paiement d'intérêt fixe, nous appellerons plutôt ce taux un « taux d'actualisation intégrant le risque » plutôt qu'un taux d'intérêt. Nous qualifierons ce taux d'escompte corrigé de coût des capitaux propres.

---

1. F. Modigliani, M. Miller, « The Cost of Capital, Corporation Finance and the Theories of Investment », *American Economic Review*, n° 48, juin 1958.

Nous savons qu'une entreprise peut être analysée comme une série d'actifs, financée en partie par des dettes et en partie par des capitaux propres. Le coût total du financement, qui dépend des dettes et des capitaux propres, est une moyenne pondérée, avec les charges qui dépendent de l'importance de chaque moyen de financement. Ce coût est appelé le coût du capital. Le coût des fonds propres est le taux de rentabilité exigé par les actionnaires. On peut le déterminer de différentes façons, mais parmi les plus pertinentes il y a le modèle de Gordon-Shapiro, le modèle d'équilibre des actifs financiers (Medaf) et le modèle d'équilibre par arbitrage (MEA).

1.1. Le modèle de Gordon-Shapiro[1]

La valeur d'une action dépend des recettes qu'elle permet d'espérer, en matière de dividendes d'abord et de plus-values ensuite.

> **Exemple**
>
> Considérons une action recevant chaque année un dividende de 100 € pendant cinq ans, que l'on peut espérer vendre au bout de ces cinq ans pour 980 €. Sa valeur à la date d'aujourd'hui est égale à la somme des valeurs actuelles des cinq dividendes de fin de période, augmentée de la valeur actuelle du prix de vente de l'action dans cinq ans.
>
> Dans cinq ans, l'acheteur de l'action fera le même raisonnement et la valeur de l'action en n + 5 sera égale à la somme actualisée des dividendes perçus à partir de n + 6, augmentée du prix de revente actualisé (en n + 10 par exemple).

Quel que soit l'investisseur, la valeur d'une action se calcule en fonction des flux des dividendes futurs actualisés qui ont, dans le temps, un certain taux de croissance. Dans le cas d'une société faisant appel à l'épargne publique, cette valeur est de plus en plus souvent appelée la juste valeur (*fair value*) et est souvent opposée au cours en bourse (*market value*) ou à la valeur comptable (*book value*). L'évaluation proposée par Gordon et Shapiro a le mérite d'être simple à réaliser, même si elle repose sur des hypothèses restrictives.

Si on appelle :

C_0 la valeur d'un titre à la période 0 ;

D_t le dividende prévu à la période t ;

---

1. Le modèle de M. J. Gordon et E. Shapiro date de 1956. Voir Gordon M. J., Shapiro E., « Capital Equipment Analysis : the Required Rate of Profit », *Management Science* n° 3, 1956, p. 102-110 ; Gordon D. A., Gordon M. J., Gould L.I., « Choice among Methods of Estimating Share Fields », *Journal of Portfolio Management*, Vol. 15, Iss. 3, Spring 1989, p. 50-55.

P_n la valeur de revente du titre à la période n ;

r le taux de rentabilité pour l'actionnaire ;

n la période de fin de transaction,

il vient :

$$C_0 = \sum D_t (1 + r)^{-1} + P_n 1 + r^{-n}$$

Plus le délai de détention augmente, moins la valeur de revente du titre est importante, et si le délai tend vers l'infini, la valeur finale tend vers zéro, et dans ce cas on obtient la formule simplifiée :

$$C_0 = \frac{D}{r}$$

Gordon et Shapiro complètent ce modèle en supposant une croissance des dividendes au taux g, une mise en réserve au taux b et un taux moyen de rentabilité des investissements p sur une durée infinie. La formule ci-dessus vient alors :

$$C_0 = \frac{D_t}{r - g}$$

Pour que le titre ait une valeur, il faut que r soit supérieur à g, c'est-à-dire que le taux de rendement espéré des actionnaires soit supérieur au taux de croissance des dividendes. Le taux de rentabilité espéré par l'actionnaire est égal au taux de rendement des actions.

La formule de Gordon-Shapiro suppose implicitement un horizon à long terme, d'une trentaine d'années, ce qui constitue une gageure pour prévoir un taux de croissance sur une aussi longue échéance dans des économies modernes à l'avenir imprévisible. Pour éviter cette contrainte, on peut décomposer le calcul en deux parties : un premier terme à brève échéance (trois à cinq ans), avec un taux prévisionnel fiable et un second terme à longue échéance, avec un taux évalué de manière plus approximative. Les dividendes des premières années ont un poids plus grand sur la valeur actuelle. Le modèle de Gordon-Shapiro a donné lieu à de nombreuses variantes (formules de Bates, Holt, Molodowski[1], etc.).

---

1. Voir G. Hirigoyen et J.-G. Degos, *Évaluation des sociétés et de leurs titres*, Vuibert, 1988 ; J.-G. Degos, *Évaluation des entreprises, méthodes classiques*, Numilog, 2010.

Exemple

Supposons que la société Griffon a un capital de 200 000 €, composé de 2 000 actions de 100 € chacune. Son résultat pour 2006 est de 67 000 €, soit 33,50 € par action et elle compte distribuer un dividende de 20 €. Ses dirigeants espèrent un doublement du résultat et des dividendes dans cinq ans.

Le taux de croissance moyen des cinq prochaines années est égal à :

$$33,50 \times (1 + g)^5 = 67,00$$
$$g = 2^{0,20} - 1 = 0,1487 = 14,87\ \%$$

Pour les cinq ans à venir, on aura les résultats suivants :

Années	2006	2007	2008	2009	2010
Résultat net	38,45	44,15	50,68	58,18	67,00
Dividendes	20,00	23,00	26,40	30,30	34,75

À taux constant g = 14,80 %, l'actionnaire qui souhaite une rémunération de 19,44 % de son capital pourra estimer le cours boursier de l'action Griffon à :

$$C_0 = \frac{D_t}{r - g} = \frac{20,00}{0,194 - 0,148} = 435\ €$$

1.2. Le modèle d'équilibre des actifs financiers

Les deux modèles de base des investisseurs voulant effectuer des transactions sur les actifs sur un marché sont le modèle d'évaluation des actifs financiers (Medaf) et le modèle d'évaluation par arbitrage (MEA). Le Medaf, appelé en anglais *Capital Assets Pricing Model* (CAPM), permet d'établir une relation linéaire entre la rentabilité exigée d'un actif et son risque, mesuré par le coefficient β. Le coût de capitaux propres calculé par la méthode du Medaf intègre le risque global, qui peut être décomposé en deux facteurs :

- le risque systématique, ou risque du marché, qui découle de l'évolution économique générale ;
- le risque spécifique lié à chaque actif et à ses caractéristiques propres. C'est le risque intrinsèque à une société.

La sensibilité d'un titre i (ou volatilité, ou élasticité) par rapport aux variations du marché est mesurée par le β de ce titre.

Le β est une mesure normée du risque :

Bêta d'un actif i = $\dfrac{\text{covariance de l'actif i avec le portefeuille type du marché}}{\text{variance du portefeuille type de marché}}$

À partir d'un portefeuille type qui est une image des actifs du marché, le risque ajouté par l'acquisition d'un nouvel actif est proportionnel à sa covariance avec le portefeuille type du marché. La covariance est représentée par un pourcentage qui ne donne pas une mesure directe et on norme la mesure du risque en divisant la covariance de chaque actif avec le portefeuille de marché par la variance du portefeuille de marché. Comme la covariance du portefeuille de marché avec lui-même est sa variance, le β du portefeuille de marché, et par extension, son actif moyen représentatif, est égal à 1. Les biens qui sont plus risqués que la moyenne (par référence au risque mesuré) ont des β supérieurs à 1 et les biens qui sont moins risqués que la moyenne ont des β inférieurs à 1. L'actif sans aucun risque aura un β égal à 0.

Chaque investisseur cherche un certain dosage d'actifs sans risque et d'actifs risqués pour constituer son portefeuille. Il en résulte que la rentabilité anticipée d'un actif est en relation linéaire avec le β de l'actif. Le revenu anticipé de chaque actif peut être écrit comme une fonction du taux sans risque et du β de cet actif :

$$E(Ri) = Rf + [E(Rm) - Rf]\ \beta i$$

où E(Ri) est la rentabilité espérée de l'actif i, Rf le taux sans risque, E(Rm) la rentabilité espérée du portefeuille type du marché, βi le β de l'actif i.

Pour utiliser le Medaf, il faut connaître ou estimer trois paramètres :

- l'actif sans risque de référence, pour lequel les opérateurs en bourse connaissent avec certitude le revenu anticipé sur la durée de l'analyse ;
- la prime de risque, demandée par les investisseurs pour investir dans des actifs risqués et non dans des actifs sans risque, [E(Rm) – Rf].
- le β défini comme la covariance de l'actif, divisé par la variance du portefeuille type du marché, qui mesure le risque d'un investissement supplémentaire ajouté au portefeuille déjà constitué, βi.

On peut représenter la droite rentabilité-risque comme sur le graphique ci-dessous. Théoriquement, le β peut varier de zéro (la droite de régression se confond avec l'axe horizontal) à l'infini (elle coïncide avec l'axe vertical). Le β ne donne qu'une indication de la sensibilité moyenne du titre aux fluctuations

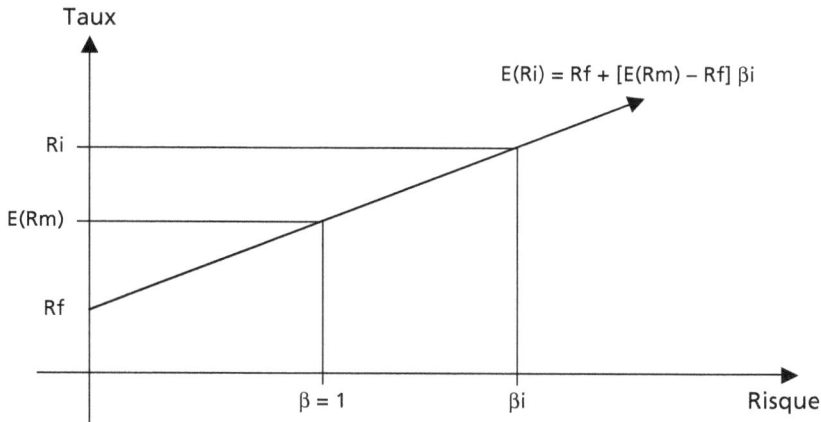

Figure 17 – Droite de rentabilité-risque

du marché, tendance par rapport à laquelle les différentes observations peuvent plus ou moins diverger. Il est donc intéressant d'examiner dans quelle mesure les divers points ou observations s'écartent de la droite.

Le coefficient de corrélation mesure la représentativité de la droite de régression et donc du β. Plus le coefficient de corrélation tend vers 1, plus les points sont situés sur la droite de régression, et plus le β est significatif. Mais le β doit être utilisé avec prudence. Il peut varier assez sensiblement selon qu'on le calcule sur 1, 2, 3, *n* périodes retenues et il n'est pas stable dans le temps. La périodicité des observations (relevés hebdomadaires ou mensuels), ainsi que le choix de l'indice du marché, peuvent aussi avoir une influence sur le calcul des β de la même société réalisés par des institutions financières différentes. La fiabilité du β est plus grande pour le passé que pour l'avenir, puisque ce n'est qu'une représentation d'une tendance dégagée par un nuage de points décrivant des observations passées.

Le taux de rentabilité espéré Ri ou son estimation E(Ri) d'un actif, est égal à la somme du taux sans risque Rf, plus le produit du β de l'actif multiplié par la prime de marché :

$$[E(Rm) - Rf] \, \beta i$$

Pour une société i qui a un βi de 1,2, avec un taux d'intérêt sans risque de 4 % et un taux du marché de 7 %, le taux de rentabilité espéré par les actionnaires, et à l'équilibre le coût des capitaux, sera :

$$Ri = 0,05 + (0,07 - 0,04) \times 1,2 = 0,086, \text{ soit } 8,6\ \%$$

Le Medaf est un modèle très souvent utilisé, mais il a deux points faibles : le calcul du taux sans risque et le calcul du β. Pour évaluer le taux sans risque, on utilise le taux des emprunts d'État, mais les titres d'État ne sont pas tout à fait sans risque, comme les emprunts russes ou panaméens l'ont montré autrefois, et ce taux n'est pas unique, car il varie en fonction du terme, long moyen ou court. Le β a lui aussi ses insuffisances, car il ne tient compte que du risque de marché, le seul que l'on peut faire baisser en diversifiant un portefeuille. Le Medaf n'intègre donc qu'un facteur de risque et, de plus, ce facteur de risque est historique, car on calcule la variance du portefeuille du marché et la covariance du titre *i* par rapport au portefeuille sur des séries chronologiques. Le β ne permet pas de prendre en compte de nombreuses variations résiduelles. Mais, malgré ses défauts, le Medaf est un instrument d'analyse utile.

1.3. Le modèle d'équilibre par arbitrage

Le modèle d'équilibre par arbitrage (MEA), appelé en anglais *Arbitrage Pricing Model* (APM), est une généralisation du Medaf. Les hypothèses restrictives sur les coûts de transaction et sur les coûts d'information du Medaf et la dépendance du modèle à l'égard de la notion de portefeuille de marché ont souvent été critiquées. S. Ross a proposé en 1976 un modèle de substitution pour mesurer le risque : c'est le modèle d'équilibre par arbitrage.

Si les investisseurs peuvent investir sans risque sur un marché et gagner plus que le taux non risqué, ils ont trouvé une occasion d'arbitrage. Dans le MEA, les investisseurs profitent des occasions d'arbitrage qui se présentent. Si deux portefeuilles ont le même risque, mais offrent des rentabilités anticipées différentes, les investisseurs feront l'acquisition du portefeuille qui a la rentabilité espérée la plus élevée, vendront le portefeuille à la rentabilité moindre et la différence sera un profit sans risque. Pour rendre impossible cet arbitrage, les deux portefeuilles doivent avoir la même rentabilité anticipée.

Comme le Medaf, le MEA débute par l'analyse du risque, en risque spécifique et en risque de marché. Comme dans le Medaf, le risque spécifique concerne les informations qui affectent principalement l'entreprise. Le risque de marché concerne beaucoup d'entreprises, sinon toutes, et intègre les changements aléatoires de plusieurs variables économiques, dont le produit national brut, l'inflation et les taux d'intérêt. Si nous intégrons les deux types de risque dans un modèle de rentabilité-risque, nous obtenons :

$$R = E(R) + m + \varepsilon$$

où R est le revenu réel, E(R) est l'espérance du revenu anticipé, m est le composant relatif au marché du risque inattendu, et β l'aléa spécifique.

Donc, la rentabilité réelle peut être différente de la rentabilité anticipée, soit à cause du risque de marché, soit à cause du risque spécifique. Bien que le Medaf et le MEA fassent une distinction entre le risque spécifique et le risque de marché, ils mesurent ce dernier différemment. Le Medaf suppose que le risque de marché est lié au portefeuille de marché, alors que le MEA tient compte de sources multiples de risque du marché et mesure la sensibilité des investissements aux variations de chaque type. En général, les composantes commerciales de la rentabilité non prévue peuvent être décomposées en facteurs économiques :

$$R = E(R) + m + \varepsilon$$
$$= R + (\beta jFj + \beta 2F2 + \ldots + \beta nFn) + \varepsilon$$

où βj est la sensibilité des investissement à des changements non prévus du facteur j et Fj les changements non prévus du facteur j.

Notons que la mesure de la sensibilité d'un investissement à tout facteur macro-économique prend la forme d'un β, appelé facteur β. Ce β a presque les mêmes propriétés que le β du marché dans l'univers du Medaf. Dans l'analyse du Medaf, on considère que la diversification élimine le risque spécifique. Le MEA utilise le même argument et conclut que le revenu d'un portefeuille n'aura pas une composante spécifique correspondant à des rentabilités non prévues de revenus.

La rentabilité d'un portefeuille peut être écrite sous la forme d'une somme de deux moyennes pondérées, celle de la rentabilité anticipée du portefeuille et celle des facteurs de marché ; le β d'un portefeuille est la moyenne pondérée des β des actifs de ce portefeuille. Cette propriété, ajoutée à l'absence d'arbitrage, permet de conclure que les revenus anticipés devraient être en combinaison linéaire avec les β. Il en résulte que la rentabilité anticipée d'un actif peut être écrite comme :

$$E(R) = Rf + [E(Rj) - Rf] \beta j$$
$$+ [E(Rk) - Rf] \beta k$$
$$+ \ldots$$
$$+ [E(Rn) - Rf] \beta n$$

où Rf est la rentabilité espérée d'un portefeuille à $\beta = 0$; E(Rj) la rentabilité espérée d'un portefeuille à $\beta = 1$ pour le facteur j et $\beta = 0$ pour tous les autres facteurs ; E(Rk) la rentabilité espérée d'un portefeuille à $\beta = 1$ pour le facteur k et $\beta = 0$ pour tous les autres facteurs ; E(Rn) la rentabilité espérée d'un portefeuille à $\beta = 1$ pour le facteur n et $\beta = 0$ pour tous les autres facteurs.

Les termes entre parenthèse peuvent être considérés comme des primes de risque pour chaque facteur du modèle.

Le Medaf peut être considéré comme un cas particulier du MEA où tous les facteurs économiques sont intégrés dans le risque de marché. La relation générale du MEA ci-dessous :

$$E(R) = Rf + [E(Rj) - Rf]\ \beta j$$
$$+[E(Rk) - Rf]\ \beta k$$
$$+ \dots$$
$$+[E(Rn) - Rf]\ \beta n$$

est donc résumée dans la relation générale du Medaf :

$$E(R) = Rf + [E(Rm) - Rf]\ \beta m$$

Le modèle d'évaluation par arbitrage nécessite l'évaluation de chacun des facteurs β et des facteurs des primes de risque, en plus du taux sans risque. En pratique, ceux-ci sont estimés à partir des données historiques concernant la rentabilité de l'actif et grâce à une analyse factorielle. Cette analyse fournit deux mesures des résultats : d'abord le nombre de facteurs communs qui ont affecté les données historiques analysées, ensuite le β de chaque investissement relatif à chacun des facteurs communs, et fournit une évaluation de la prime du risque réelle à attribuer à chaque facteur.

Mais l'analyse factorielle n'identifie pas les facteurs en termes économiques. Le risque de marché est donc mesuré dans le MEA par rapport à de multiples variables macro-économiques non spécifiées, avec la sensibilité de l'investissement relative à chaque facteur mesurée par un β. Le nombre de facteurs, le facteur β, et les facteurs des primes de risque sont estimés en termes statistiques et non en termes économiques. Cette absence de référence économique est une faiblesse du MEA que des modèles multifactoriels ont essayé d'éviter. Certains auteurs ont suggéré que les variables macro-économiques suivantes sont très corrélées aux facteurs qui émergent de l'analyse factorielle : la production industrielle, les modifications des primes sur les obligations, les changements dans la structure des taux à terme, l'inflation inattendue et les changements dans le taux d'intérêt réel. Ces variables peuvent être alors corrélées aux revenus pour aboutir à un modèle de revenus anticipés, avec les β spécifiques des entreprises calculés relativement à chaque variable et permettre de mieux calculer, en définitive, la rentabilité et le risque du marché.

2. Rentabilité et endettement : l'effet de levier financier

2.1. L'expression de l'effet de levier financier

2.1.1. Les paramètres du modèle

Soit D le total des emprunts de l'entreprise auprès des établissements de crédit figurant au bilan dans la rubrique « dettes », CP le montant des capitaux propres, $D + CP$ le total des emprunts et capitaux propres ; soit E le résultat sur actif avant déduction des charges, R le résultat net comptable figurant dans le poste correspondant du bilan et égal au dernier solde de gestion, soit enfin I le montant des charges financières du compte de résultat de l'exercice.

On définit la rentabilité financière de la firme par :

$$r = \frac{R}{CP}$$

La rentabilité économique est alors :

$$e = \frac{E}{\Sigma \text{actifs}} = \frac{E}{D + CP}$$

et le taux moyen de la dette vient :

$$i = \frac{I}{D}$$

La rentabilité financière peut s'écrire :

$$r = e \times \frac{R}{E} \times \frac{D + CP}{CP}$$

À partir de cette équation de base, on peut définir l'effet de levier dans le cas général. Si on considère un taux d'imposition quelconque t et :

$$h = (1 - t)$$

le taux des résultats après imposition, la rentabilité financière vient :

$$r = e \times \frac{(E - I)}{E} h \times \frac{D + CP}{CP}$$

puisque :

$$R = (E - I) h$$

$$r = \left(eh - \frac{eIh}{E}\right) \times \frac{D + CP}{CP}$$

La rentabilité économique est alors :

$$e = \frac{E}{\Sigma actifs} = \frac{E}{D + CP}$$

et le taux moyen de la dette vient :

$$i = \frac{I}{D}$$

La rentabilité financière peut s'écrire :

$$r = e \times \frac{R}{E} \times \frac{D + CP}{CP}$$

comme :

$$e = \frac{E}{D + CP}$$

Après simplification, on a :

$$r = eh \times \frac{D}{CP} + eh - \frac{Ih}{CP}$$

comme :

$$i = \frac{I}{D}$$
$$i = Di$$

d'où :

$$r = eh + \left(eh \times \frac{D}{CP}\right) - \left(ih \times \frac{D}{CP}\right) = eh + h(e - i)\left(\frac{D}{CP}\right)$$

soit, par rapport au taux d'imposition :

$$r = (1 - t)e + (1 - t)(e - i)\frac{D}{CP}$$

Le taux de rentabilité financière est égal au taux de rentabilité des actifs e augmenté de l'effet de levier, lui-même décomposé en un écart de levier (e − i) et un bras de levier D/CP.

Dans le cas d'un bénéfice théorique imposé à 33,33 %, il vient :

$$t = 0{,}3333 \text{ et } h = 0{,}6666$$

et donc :

$$r = 0{,}6666e + 0{,}6666(e - i)\frac{D}{CP}$$

mais ce taux de 66,66 % est un taux théorique : par le biais des réintégrations fiscales, on a souvent un impôt réel supérieur à 33,33 %. Il suffit qu'il existe la conjonction d'un résultat voisin de zéro et de réintégrations, mêmes modestes, pour s'éloigner des taux habituels. En cas de pertes, on a théoriquement :

$$t = 0$$
$$h = 1$$
$$r = e + (e - i)\frac{D}{CP}$$

explication : l'imposition forfaitaire **est supprimée**.

Pour étudier l'effet de levier, on peut utiliser un tableau du type suivant :

Rentabilité et effet de levier, société Killeen, milliers d'euros

1 – Variables	Symbole	2010	2011	2012
Dettes financières	D	66 000	62 000	80 000
Capitaux propres	CP	46 000	48 000	50 000
Total dettes et capitaux propres	D + CP	112 000	110 000	130 000
Résultat hors charge financière	E	9 000	8 000	7 000
Résultat net comptable	R	3 200	2 700	2 300
Solde (charges – produits) fin.	I	3 300	3 200	2 500
2 – Calculs	**Symbole**	**2010**	**2011**	**2012**
Rentabilité économique	$e = \dfrac{E}{D + CP}$	8,04 %	7,27 %	5,38 %
Taux effectif d'impositiont	t	43,86 %	43,75 %	48,89 %
Taux de résultat net d'impôt	h = (1 – t)	56,14 %	56,25 %	51,11 %
Taux d'intérêt des dettes	i	5,00 %	5,16 %	3,13 %

.../...

2 – Calculs	Symbole	2010	2011	2012
Différentiel de rentabilité	$(e - i)$	3,04 %	2,11 %	2,25 %
Taux d'endettement	$\dfrac{D}{CP}$	1,43	1,29	1,60
3 – Rentabilité et effet de levier	**Symbole**	**2010**	**2011**	**2012**
Rentabilité des actifs (a)	$(1 - t)e$	4,51 %	4,09 %	2,75 %
Effet de levier (b)	$(1 - t)(e - i)\dfrac{D}{CP}$	2,44 %	1,53 %	1,84 %
Rentabilité financière (a + b)	r	6,95 %	4,62 %	4,59 %

Lors de l'exercice 2010, le taux d'endettement de la société Killeen est de 1,43 et la rentabilité de ses actifs est de 4,51 %. La société utilise l'effet de levier financier de manière efficace puisqu'elle a un degré de levier de 2,44 %. En 2011, la rentabilité des actifs diminue, son endettement diminue aussi et donc sa rentabilité financière diminue (4,62 %). En 2012, le levier étant positif elle a eu raison de s'endetter de 18 000, puisque la rentabilité a augmenté pour les actionnaires. Remarquons qu'une variation non contrôlée de l'endettement peut être aussi dommageable aux entreprises qu'une diminution de la rentabilité des actifs : la gestion en 2011 de la société Killeen, qui cumule une baisse des résultats et de l'endettement, est plus pénalisante que celle qui compenserait partiellement la baisse des résultats par un accroissement de l'endettement.

2.1.2. *Effet de levier et variété des ressources propres*

Certains auteurs proposent, après étude des rapports annuels de sociétés, de considérer plusieurs catégories de passif, pour tenir compte en particulier de la rentabilité des actions ordinaires et de la rentabilité des actions privilégiées. Si on appelle r le taux de rentabilité globale de l'actif, i le coût de la dette, x le taux de rentabilité des actions ordinaires et p le taux de rémunération des actions privilégiées, si on appelle A le total de l'actif, D le montant du passif réel, C les capitaux et réserves des actions ordinaires, P les capitaux et réserves des actions privilégiées, on peut écrire :

$$rA = iD + pP + xC \Rightarrow rA - iD = pP + xC$$

et le taux de rentabilité des actions ordinaires est égal à :

$$x = r + (r - i) \times \frac{D}{C} + (r - p) \times \frac{P}{C}$$

On pourrait utiliser le même type d'analyse non seulement pour des actions privilégiées, mais encore pour les financements à l'aide de quasi-fonds propres ou pour les financements par emprunts-obligations.

2.2. Représentation graphique de l'effet de levier

La meilleure représentation est la représentation vectorielle de l'effet de levier. En partant de l'identité[1] :

$$r = (1 - t)e + (1 - t)(e - i)\frac{D}{CP}$$

qui se réduit à :

$$r = e + (e - i)\frac{D}{CP}$$

Lorsqu'on fait abstraction du taux d'imposition et en multipliant chaque membre de l'équation par CP, il vient :

$$rCP = eCP + (e - i)D$$

dont on peut faire la représentation suivante :

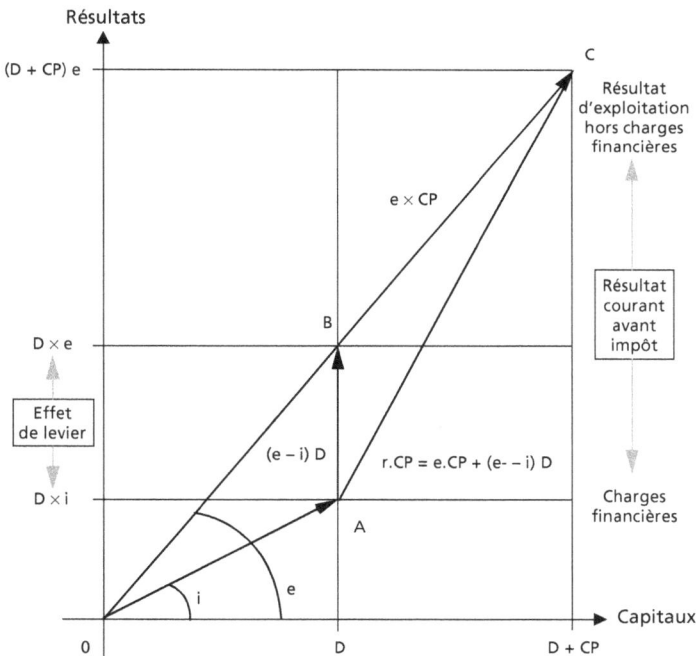

Figure 18 – Représentation vectorielle du levier

1. Jean-Guy Degos, « L'univers graphique de l'évaluation financière : rationalité, perspicacité, complexité », *La revue du financier*, n° 173-174, 2008, p. 49-71.

Sur la figure précédente, l'angle e représente le taux de rentabilité des actifs, le vecteur BC le résultat courant obtenu grâce aux capitaux propres $e \times CP$, l'angle i représente le taux d'intérêt des charges financières et le vecteur OA le montant de ces charges financières $D \times i$; le vecteur AB représente le résultat courant obtenu par effet de levier $(e - i)D$, enfin le vecteur AC représente la totalité du résultat courant avant impôt[1]. On peut représenter de la même façon l'effet de levier négatif, c'est-à-dire l'effet de levier lorsque $(e - i)$ est négatif, parfois appelé « effet de massue » :

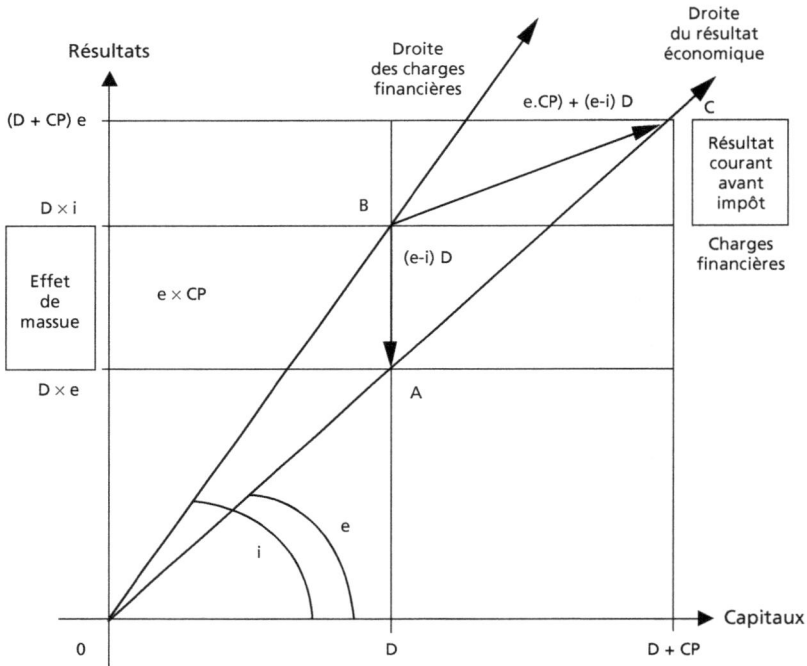

Figure 19 – Représentation de l'effet de massue

Sur la figure précédente, le résultat courant obtenu grâce aux capitaux propres est représenté par le même vecteur BC mais le taux de résultat économique e est inférieur au taux d'intérêt i et le vecteur BA, de direction opposée à celle

---

1. On pourrait effectuer une représentation en trois dimensions, compte tenu du taux réel d'imposition t, calculé précisément sur la base de la déclaration fiscale modèle 2058-A, en faisant le rapport impôt sur les sociétés + imposition forfaitaire annuelle (ligne WK de l'état 2058-A) divisé par le bénéfice comptable de l'exercice (ligne WA de l'état). Pour l'exemple, le taux serait de 1,93 % ; il serait alors possible de représenter le phénomène du levier dans un espace à trois dimensions.

du vecteur AB de la figure 19, ne représente plus le résultat obtenu par effet de levier, mais la partie de ce dernier résultat qui a été amputée par l'effet de masse. Le vecteur BA traduit les conséquences de cet effet de masse et le vecteur BC représente la totalité du résultat courant avant impôt, inférieure au seul résultat économique, puisque :

$$(e - i)D < 0$$

2.3. Dynamique de l'effet de levier

L'étude de la rentabilité financière peut être affinée par l'analyse vectorielle de l'effet de levier différentiel, qui incite à préciser l'évolution des paramètres d'une période à l'autre. Les trois éléments fondamentaux – résultat courant, résultat économique et coût des charges financières – sont sujets à des variations au cours de deux périodes successives.

L'écart global à analyser est égal à :

$$\Delta r = \Delta e + \Delta \left[(e - i) \times \frac{D}{CP}\right]$$

pour une variation quelconque, ou :

$$dr = de + d \left[(e - i) \times \frac{D}{CP}\right]$$

pour une variation très faible.

La mise en évidence de cette variation est particulièrement utile lorsque l'entreprise a réalisé un programme d'investissements d'une période à l'autre. Chaque investissement réalisé (ou à réaliser) est caractérisé par de nombreux paramètres : taux de rendement interne, valeur actualisée nette, délai de récupération, indice de rentabilité, etc., mais aussi par un effet de levier qui lui est propre.

L'investissement est financé pour partie par une variation de capitaux propres et pour partie par une variation d'emprunts. Il engendre une variation spécifique de résultat sur plusieurs années. Cependant, il est plus pertinent, s'il y a non affectation particulière du *pool* des ressources, de calculer ce que devient le levier total de l'entreprise compte tenu de cet investissement supplémentaire : le levier avant investissement (période 1) et le levier après investissement (période 2) permettent de mettre en lumière la variation du levier, qui est une variation différentielle si on suppose un accroissement d'investissement suffisamment faible. On peut alors apprécier un levier moyen, qui est le levier total de l'entreprise, et un levier marginal, qui est une différentielle du levier total.

Si on reprend la relation générale :

$$r = e + (e - i)\frac{D}{CP}$$

si on suppose un nouvel investissement inter-période entraînant un supplément d'actif et, si on suppose d'autre part que le financement se fait seulement par endettement (CP constant), une période plus tard, la variation du résultat global dr aura été induite pour partie par la variation autonome du résultat économique de, mais aussi pour partie par une variation de rentabilité différentielle :

$$d(e - i)\frac{D}{CP}$$

et par une variation du levier :

$$(e - i)d\frac{D}{CP}$$

On a après simplification :

$$d\left[(e - i)\frac{D}{CP}\right] = \left(\frac{D}{CP}\right)d(e - i) + (e - i)d\left(\frac{D}{CP}\right)^{1}$$

et donc :

$$dr = de + \left(\frac{D}{CP}\right)d(e - i) + (e - i)d\left(\frac{D}{CP}\right)$$

L'écart de levier supplémentaire :

$$(e - i)d\frac{D}{CP}$$

1. Pour la démonstration, voir Jean-Guy Degos, « L'effet de levier différentiel : un complément à l'analyse de la rentabilité des investissements », *La revue du financier* n° 58, décembre 1987 p. 46-47.

a pour origine la variation des dettes s'il n'y a qu'un supplément d'emprunt, car dans ce cas on peut écrire :

$$(e - i)d\frac{D}{CP} = (e - i)\left(d\frac{D}{CP}\right)$$

On a la variation conjointe des dettes et des capitaux propres qui modifie le bras de levier. On peut alors écrire :

$$(e - i)d\frac{D}{CP} = (e - i) \times \left[\frac{CP\ dD - D\ dCP}{CP^2}\right]$$

L'écart de rentabilité différentielle :

$$\left(\frac{D}{CP}\right)d(e - i)$$

a pour origine une variation de la rentabilité induite par le nouvel investissement, qui est plus ou moins rentable, plus ou moins financé par des capitaux ayant un coût spécifique et qui, par là même, modifie i et (e − i).

L'appréciation de l'effet de levier doit inciter à la prudence. Certains gestionnaires prennent des décisions d'investissement réalisées exclusivement sur des critères financiers : une valeur actualisée nette fortement positive, un taux de rendement interne excellent, eu égard aux normes spécifiques de l'entreprise, peuvent aller à l'encontre du but recherché, dans la mesure où ils provoquent une baisse initiale de la rentabilité des actifs qui s'améliore progressivement, mais qui s'accompagne de la dégradation du levier financier. Inversement, un programme d'investissement légèrement inférieur aux normes de rentabilité prévisionnelle, abandonné selon des critères classiques, peut apporter à la firme des résultats prometteurs et une amélioration non négligeable de son levier.

D'autres dirigeants tombent dans l'excès inverse : pour des raisons de simplicité de calcul ou d'impossibilité de mesurer des risques, ils étudient la rentabilité d'un investissement sous l'angle de l'accroissement du résultat comptable actuel ou du résultat d'une période de référence. Or, cette attitude entraîne une surestimation dangereuse puisqu'un supplément de résultat comptable, de 10 % par exemple, ne correspond qu'à un résultat économique et financier bien inférieur pour les propriétaires du capital et que le résultat de référence peut, par sa modestie ou son importance, biaiser la variation attendue. L'utilisation du levier différentiel permet de relativiser certains de ces choix et d'apporter des correctifs de jugement dans des situations marginales ou paradoxales. Un investissement « financièrement correct » peut en effet avoir des effets pervers concrétisés par un écart de levier négatif :

$$d(e - i)\frac{D}{CP} < 0$$

et un écart de rentabilité différentielle également négatif :

$$d(e - i)\frac{D}{CP} < 0$$

ou, au mieux, moins bénéfiques que prévu. Au contraire, un investissement légèrement au-dessous des normes peut avoir des effets très positifs, traduits par les deux composantes marginales de l'effet de levier.

2.4. Ratios d'effet de levier

À partir des comptes des entreprises on peut mesurer les différents paramètres de l'effet de levier :

$$RF = \text{rentabilité financière} = \frac{RNC}{CP} \; ;$$

RE = rentabilité économique des actifs ;
A = D + CP = total de l'actif « *pool* de fonds » ;
CF = charges financières ;
$\frac{D}{CP}$ = taux d'endettement.

La formule tirée des comptes :

$$RF = \frac{RE}{A} + \left[\frac{RE}{A} - \frac{CF}{D} \right] \times \frac{D}{CP}$$

est équivalente à la formule de base :

$$r = e + (e - i) \times \frac{D}{CP}$$

La rentabilité de l'entreprise peut être étudiée dans plusieurs optiques : nous avons décomposé la rentabilité financière en rentabilité économique et en effet de levier ; par comparaison de performances absolues successives, à court terme, on aurait pu raisonner en termes différentiels ; on pourrait aussi raisonner en termes d'accélération par rapport aux différentielles secondes et enfin en termes d'élasticité en rapportant les valeurs différentielles aux valeurs absolues, toujours à court terme.

3. SOLVABILITÉ ET TAUX D'ENDETTEMENT : L'EFFET CISEAUX

Au point de vue juridique, « la solvabilité représente l'aptitude de l'entreprise à assurer à tout instant le paiement de ses dettes exigibles[1]. » Cette idée de la solvabilité associée à la concordance des obligations actives et passives a évolué. La concordance obligations actives/obligations passives débouche sur la nécessité comptable d'assurer l'équilibre financier « qui recouvre en fait deux questions : quelle est la capacité de l'entreprise à faire face à ses dettes à court terme et comment est-elle financée ? La première question renvoie à l'analyse de la liquidité de l'entreprise et de sa situation de trésorerie. La deuxième question concerne la structure de son financement, c'est-à-dire la part des fonds propres et des dettes financières ».

3.1. Cadre d'analyse de l'effet ciseaux

La liquidité, permettant en général de faire face aux paiements immédiats, peut paraître en première analyse du domaine du court terme : l'entreprise doit être assurée « à tout instant » de sa possibilité de faire face aux échéances, mais cette exigence permanente et donc presque immuable, tant que les structures de l'entreprise ne changent pas, est bien du domaine du moyen terme, où les changements fondamentaux ne peuvent avoir lieu que difficilement.

À court terme, la liquidité et l'équilibre peuvent être relativement autonomes : une entreprise dotée d'un bon équilibre peut manquer de liquidité, une autre qui possède un portefeuille de produits constitués par une part non négligeable de produits générant des liquidités peut faire un temps illusion, l'ampleur de sa trésorerie masquant ses insuffisances structurelles. Mais, sur une longue période, une cohérence est indispensable entre les performances commerciales et la régulation des liquidités financières.

3.2. Dynamique financière et effet ciseaux

On peut représenter le BFR et ses trois composantes sur un graphique vectoriel où le module de chaque vecteur représente le délai spécifique et l'angle le coefficient de pondération par rapport au chiffre d'affaires, de la manière suivante :

---

1. G. Hirigoyen, « Rentabilité et solvabilité », *Direction et gestion des entreprises* n° 3, mai-juin 1985, p. 24-29.

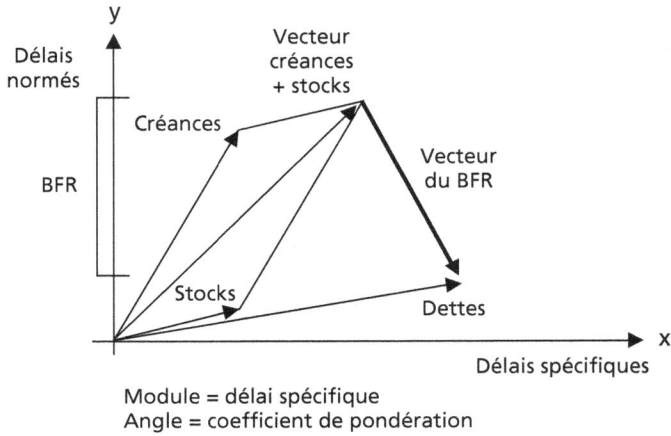

Figure 20 – Représentation des composantes du BFR sur une période

En ajoutant une troisième dimension, le temps, on peut compléter la représentation vectorielle et représenter l'évolution des composantes dans le temps :

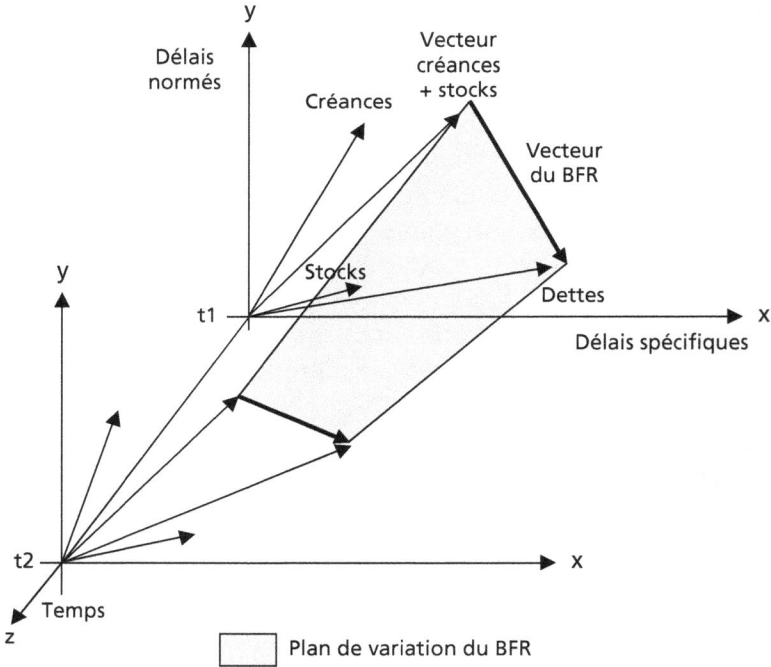

Figure 21 – Représentation des composantes du BFR sur n périodes

Dans cette dernière méthode, au lieu d'avoir comme sur la figure 20 trois vecteurs (stock, créances et dettes), on aura trois sommes de vecteurs :

- le vecteur somme des stocks, comprenant le stock de marchandises, le stock de matières premières, le stock de produits en cours et le stock de produits finis, avec pour chaque poste un délai propre et un coefficient de pondération intrinsèque ;

- le vecteur somme des créances, comprenant les créances sur les clients, les TVA déductibles et les créances particulières sur le personnel que sont les acomptes ;

- le vecteur somme des dettes, comprenant les dettes à l'égard des fournisseurs, la TVA à payer, les dettes à l'égard du personnel et des différents organismes sociaux.

Les deux premiers vecteurs somme pourront être additionnés pour obtenir le total des éléments ayant une influence négative sur le besoin en fonds de roulement et l'on pourra en soustraire le troisième pour obtenir le fonds de roulement nécessaire ou normatif de la méthode des experts-comptables. En incluant la troisième dimension temporelle, on peut représenter l'évolution du BFR sur n périodes et, par comparaison avec le fonds de roulement, démonter le mécanisme de l'effet ciseaux.

Il existe une relation entre l'autofinancement et l'activité mesurée par le chiffre d'affaires[1] :

$$\text{Autofinancement} = \text{CAF} - \text{dividende} = a \times \text{CA}$$
$$a = \frac{(\text{capacité d'autofinancement} - \text{dividendes})}{\text{CA}}$$

La relation entre le BFR et le CAQ est représentée par le facteur k, pourcentage du chiffre d'affaires consacré au besoin en fonds de roulement :

$$\text{BFR} = k \times \text{CA}$$

L'effet ciseaux met en relation l'autofinancement et le BFR en intégrant les paramètres a et k.

---

1. Voir Jean-Guy Degos, *Contribution à l'étude du diagnostic financier des PME*, thèse d'État en sciences de gestion, Université de Bordeaux-I, 1991.

Pour qu'il n'y ait pas d'effet ciseaux, il faut que le supplément de BFR nécessaire au soutien de la croissance au taux g soit autofinancé. Il faut donc que le supplément d'autofinancement :

$$a \times CA(1 + g)$$

soit supérieur à l'augmentation du BFR :

$$k \times CA(1 + g) - k \times CA$$

Donc :

$$a \times CA(1 + g) > [k \times CA(1 + g)] - [k \times CA]$$

Soit :

$$[(a - k) \times CA(1 + g)] + [k \times CA] > 0$$

Si a > k,

$$CA(1 + g) + kCA$$

est toujours positif, mais si a < k, a − k est négatif et il vient :

$$(a - k) \times CA \times (1 + g) > 0$$

$$\frac{(a - k) \times CA \times (1 + g)}{\left[\dfrac{(a - k) + (kCA)}{a - k}\right]} < 0$$

et en simplifiant :

$$\left[\frac{CA(1 + g)}{CA}\right] - 1 < \left[\frac{k}{(k - a)}\right] - 1$$

et donc :

$$g < \frac{a}{(k - a)}$$

Au contraire, si la croissance g du chiffre d'affaires est supérieure au rapport :

$$\frac{a}{(k - a)}$$

qui est le taux d'autofinancement requis par le cycle financier, on entre alors dans un effet ciseaux. À partir de la condition :

$$g < \frac{a}{(k - a)}$$

on peut déterminer la valeur minimale de l'autofinancement courant :

$$a = k \left[\frac{g}{(1 + g)} \right]$$

et les frais financiers engagés par un endettement supplémentaire ne doivent pas rendre a inférieur à :

$$k \left[\frac{g}{(1 + g)} \right]$$

sinon l'entreprise n'arrive pas à financer la croissance de son BFR et entre dans le cercle vicieux de l'endettement.

La théorie de l'effet ciseaux montre bien que le BFR associé à l'autofinancement peut être utilisé comme un instrument de contrôle financier et pas seulement comme une variable de gestion prévisionnelle. Cette approche suppose l'émergence de quatre concepts : l'autofinancement, le besoin de financement permanent de l'exploitation, le besoin de financement non permanent de l'exploitation et le besoin de financement hors investissement et hors exploitation. L'utilisation efficace de ces notions passe par la restructuration dans le bilan et dans le temps des postes financiers et par de nécessaires arbitrages.

4. ENDETTEMENT ET POLITIQUE DU DIVIDENDE

Le problème pour le gestionnaire consiste à choisir un dosage réaliste et pertinent entre les fonds propres et les fonds empruntés. Les éléments ci-dessus montrent qu'il y a deux niveaux d'intervention possible : un arbitrage qu'il est possible de mettre en œuvre à court terme, car il porte surtout sur la composition des stocks au sens statistique du terme, c'est-à-dire sur les grandes masses du bilan, et un arbitrage qu'il est plus réaliste de mettre en œuvre à long terme, car il porte sur les flux qui ne se transformeront que lentement en stocks, c'est-à-dire sur les opérations d'exploitation. À court terme l'arbitrage utilise l'effet de levier, à long terme il utilise l'effet ciseaux.

4.1. Action immédiate sur l'endettement

L'effet de levier traduit une relation entre le résultat économique, le coût des capitaux empruntés et le volume de ces capitaux empruntés. Il est difficile de modifier ces paramètres à très court terme, mais il est tout de même possible d'avoir une action efficace en peu de temps. Plus l'échéance des capitaux est longue, plus l'action doit être menée à long terme. Pour avoir une action curative, essayons de voir comment faire varier les paramètres.

Le résultat économique est le plus difficile à faire varier, car c'est un élément structurel de l'activité de l'entreprise et sa modification demande beaucoup d'efforts. Changer de produit, changer de marché, changer de personnel, changer d'activité ne s'improvisent pas. Il est plus facile de modifier ou d'essayer de modifier le coût des ressources en faisant des arbitrages : on n'est pas obligé de recourir systématiquement à l'escompte ou aux emprunts à long terme, on peut rechercher les organismes qui consentent les taux d'intérêt les plus faibles. La modification du taux i entraîne une modification rapide du différentiel $(e - i)$.

Il est aussi possible de modifier le bras de levier D/CP en faisant un appel de capitaux par augmentation. Si la limite d'endettement, souvent évaluée à trois fois le montant des capitaux propres, n'est pas atteinte, on pourra limiter le jeu de l'effet de levier ou de l'effet de massue. On peut donc augmenter le potentiel de levier par augmentation de $(e - i)$ et ensuite soit augmenter le bras de levier, soit le diminuer en jouant sur les capitaux propres et les dettes.

Augmenter les capitaux propres sans toucher les dettes diminue la portée de l'effet de levier, diminuer les dettes en augmentant les capitaux propres diminue encore plus le bras de levier. En théorie, si le différentiel de levier $(e - i)$ est faible, il faut avoir un endettement considérable et donc un ratio D/CP très élevé mais, en pratique, il ne faut pas entrer dans le cercle vicieux de l'endettement et on ne peut rendre l'effet de levier performant que par l'optimisation de $(e - i)$. Le confort apporté par un fort endettement aujourd'hui se paie plus tard par une rigueur financière anormale à mettre en place.

4.2. Action rémanente sur l'endettement

La meilleure façon d'avoir un endettement optimum, et donc un effet de levier intéressant à court terme, est d'avoir prévu, à long terme, une politique de croissance et de financement qui contrôle rationnellement les dangers de l'effet ciseaux. On peut agir sur les causes de variation de l'autofinancement et sur les causes de variation du besoin en fonds de roulement.

Pour ce qui concerne les causes de variation de l'autofinancement, son augmentation dépend directement :

* de l'augmentation des amortissements, des provisions et des réserves ;
* de la diminution des dividendes.

Indirectement :

* de l'augmentation des investissements générant des amortissements ;
* de l'augmentation des capitaux propres entraînant l'obligation de constituer des réserves légales.

Inversement, sa diminution dépend :

* de la baisse des amortissements et des provisions ;
* de la cessation de l'obligation de constituer des réserves ;
* de la diminution des capitaux propres, causée par les pertes de l'exercice ou des remboursements des emprunts ;
* des désinvestissements.

Tous ces paramètres n'ont pas la même qualité. À tout prendre, il vaut mieux augmenter les capitaux propres et investir, plutôt que réduire les moyens de l'entreprise et diminuer les investissements : même si leur résultat immédiat peut sembler identique, leur influence sur la croissance n'a pas du tout la même portée.

Pour ce qui concerne les causes de variation du BFR, il augmente lorsque les stocks augmentent, lorsque les délais de paiement des clients s'accroissent, lorsque les fournisseurs restreignent leur crédit. Il diminue lorsqu'on optimise la rotation des stocks, lorsqu'on a une politique stricte de récupération et de relance des créances, lorsqu'on obtient des délais supplémentaires des fournisseurs. Mais ces causes de croissance du BFR sont naturelles : il suffit que le chiffre d'affaires augment pour que le BFR augmente sans effort. Il faut cependant également que cette augmentation de chiffre d'affaires entraîne une augmentation plus grande de la CAF, s'accompagne d'un renoncement aux dividendes pour ne pas amputer l'autofinancement, bref, que soit mise en place une politique financière concertée et de longue haleine.

L'arbitrage par l'effet de levier joue directement sur les comptes de bilan et son délai de réaction est relativement rapide ; l'arbitrage par l'effet ciseaux est plus lent car il joue à la fois sur certains postes du bilan, sur le compte de résultat et sur l'interaction des comptes de bilan et de résultat. Il lui faudra un certain délai de réaction avant que l'influence directe des variations du compte de résultat ne se traduise dans les comptes de bilan directement concernés.

4.3. De la maîtrise de l'endettement au contrôle des dividendes

La question est encore compliquée par la politique des dividendes suivie par l'entreprise. On ne peut pas choisir un montant de capitaux propres et un montant d'emprunts sans l'avis des actionnaires. Il y a un lien étroit entre la politique d'endettement, la politique d'autofinancement et la politique de dividendes. Si les marchés financiers étaient parfaits, comme dans la théorie formulée par Modigliani et Miller, l'endettement serait sans influence sur la valeur de la firme et les actionnaires feraient abstraction de cette question. Mais il existe des imperfections du marché qui obligent les actionnaires, dans leurs anticipations et dans leurs calculs rationnels, à tenir compte de nombreux facteurs, parmi lesquels :

- la fiscalité, qui traite rarement de la même façon l'imposition des dividendes et l'imposition des plus-values sur titres ;
- l'asymétrie d'information entre les actionnaires peu ou mal informés et les dirigeants, qui ont une tendance fréquente à manipuler l'information, en particulier concernant le dividende annuel, pour lui faire jouer le rôle de signal ;
- l'existence d'une réglementation qui restreint les distributions de dividendes ;
- les difficultés d'accès individuel au marché financier, génératrices de coûts.

Face à des actionnaires aux anticipations rationnelles bridées par de nombreuses contraintes, mais prêts à liquider leurs titres peu performants, les entreprises peuvent suivre plusieurs politiques de dividende :

- une politique de stricte stabilité en valeur absolue, assurant un dividende identique quels que soient les risques et les fluctuations du marché ;
- une politique de stabilité en valeur relative, fondée sur la constance du rapport dividende/résultat ;
- une politique fondée sur la distribution marginale du dividende, lorsque tous les autres besoins de l'entreprise sont satisfaits.

Même si elle a décidé d'avoir une action immédiate sur l'endettement fondée sur l'effet de levier ou une action rémanente fondée sur l'effet ciseaux, l'entreprise ne peut pas faire abstraction de ses interlocuteurs privilégiés, les banquiers (qui ont leur mot à dire sur l'endettement), et donc sur l'effet de levier et les actionnaires (qui ont leur mot à dire sur l'autofinancement et donc sur l'effet ciseaux).

Chapitre 5

Diagnostic d'une structure
financière optimale

Nous nous plaçons ici du point de vue de l'analyste externe. D'un côté, il y a l'entreprise, système complexe de production en relations avec ses marchés, et de l'autre ses partenaires, actionnaires propriétaires, dirigeants, dûment mandatés par les propriétaires, les salariés, les clients, les fournisseurs, l'État, etc. La confiance ne pourra s'instaurer entre l'entreprise et ses partenaires qu'à condition que celle-ci ait toujours suffisamment de liquidités pour régler ses dettes aux échéances de manière à éviter la faillite. Voyons dans un premier temps les conditions de la solvabilité, nous verrons ensuite s'il est possible de définir une structure financière optimale permettant de prévenir le risque de faillite. Nous conclurons sur les liens stratégie/solvabilité.

1. L'ÉQUILIBRE PAR LA TRÉSORERIE ET LA SOLVABILITÉ

Les analystes utilisent le terme trésorerie pour mesurer les liquidités disponibles à un instant t. Le bilan indique à une date donnée le niveau des avoirs liquides en banque ou en caisse (compte « caisse » et « banque » débiteurs, trésorerie active) et le niveau des tirages sur les crédit bancaires à court terme (compte « banque » créditeur, ce que certains auteurs appellent la « trésorerie passive »).

Cette « trésorerie » permet-elle de mesurer le risque de faillite ? Les documents de synthèse, à partir des indications données par les comptes « caisse » et « banque » par lesquels transitent les flux de liquidités, peuvent-ils correctement renseigner sur la capacité de l'entreprise à rembourser ses dettes ?

1.1. La trésorerie

Le texte de l'Ordre des experts-comptables sur les tableaux des flux de trésorerie définit la trésorerie (voir encadré ci-dessous) et indique bien qu'il faut distinguer les concours bancaires courants « correspondant à des découverts momentanés » des autres, qui constituent un financement bancaire normal.

Tant que l'entreprise ne dépasse pas les ouvertures de crédits (découvert autorisé, ligne de crédit de trésorerie, etc.), il s'agit d'emprunts bancaires d'une nature particulière, à court terme certes, mais qui ne sont pas le signe de difficultés particulières. Dès lors que ces lignes de crédit sont dépassées, alors on peut penser que l'entreprise a du mal à payer ses fournisseurs, la TVA, ses échéances d'emprunts[1].

L'existence d'une trésorerie nette (trésorerie active – trésorerie passive) négative n'est donc pas le signe de difficultés. La plupart des entreprises aujourd'hui gèrent leur trésorerie à « zéro – », c'est-à-dire qu'elles cherchent à être toujours légèrement à découvert, le coût de ce découvert étant moindre que le coût d'opportunité de soldes bancaires débiteurs.

> « La trésorerie s'obtient en faisant la somme algébrique :
> - des comptes de caisse [...]
> - des comptes à vue [...]
> - des comptes à terme et des intérêts courus non échus qui s'y rattachent [...]
> - des valeurs mobilières de placement qui ne présentent pas de risque significatif de variation de valeur en raison de leur nature et peuvent être aisément converties en disponibilités du fait de l'existence d'un marché [...]
> - de la partie des soldes créditeurs de banques et des intérêts courus non échus qui s'y rattachent correspondant à des découverts momentanés [...][2]. »

---

1. Il faut distinguer la trésorerie réelle (telle qu'elle apparaît dans le bilan) et la trésorerie virtuelle, qui tient compte des ouvertures de crédits que l'entreprise a encore la possibilité de mobiliser, des crédits de trésorerie auprès de sa banque, et qui lui assure une certaine flexibilité.
2. Avis de l'Ordre des experts-comptables sur le tableau des flux de trésorerie, dans la *Revue française de comptabilité* n° 238, p. 19.

Il est assez difficile de juger de la solvabilité à partir du bilan. En effet, le niveau de la trésorerie au dernier jour de l'exercice n'est peut-être pas représentatif de l'état des paiements tout au long de l'exercice. Le banquier connaît les lignes de découvert autorisé et dispose de l'information sur la situation de trésorerie de l'entreprise. En revanche, l'analyste externe qui ne dispose pas de ces informations a des difficultés à juger du degré de liquidité de l'entreprise. Ces indications peuvent très bien donner une fausse image de la solvabilité. L'existence de liquidités disponibles, soit sous la forme d'avoir en caisse ou en banque, soit sous forme de droit de tirage sur des crédits bancaires à court terme (droit de découvert bancaire par exemple), ne garantit pas forcément la solvabilité. Il se peut très bien que le tableau des flux de trésorerie montre une variation positive de la trésorerie et que le bilan montre un solde de trésorerie positif au début et à la fin de l'exercice, sans pour autant que la situation soit bonne en cours d'exercice.

Les tableaux des flux font toujours apparaître la variation de la trésorerie.

Le tableau de financement du plan comptable général, dans une optique fonctionnelle, montre comment la variation de la trésorerie résulte de la variation du fonds de roulement et de la variation du besoin en fonds de roulement :

> Variation de la trésorerie = variation du FdR – variation du BFR

La trésorerie n'est pas un problème en soi. Elle n'est pas considérée comme une variable d'action, elle traduit l'équilibre des flux. L'ajustement des emplois et des ressources se fait par la trésorerie :

- si flux d'emplois > flux de ressources, alors la trésorerie diminue ;
- si flux d'emplois < flux de ressources, alors la trésorerie augmente.

Le tableau des flux de trésorerie étudié dans le chapitre 1 permet de comprendre comment les flux de trésorerie dégagés par l'activité permettent de couvrir les besoins de trésorerie liés aux investissements. On voit ensuite comment cet excédent de trésorerie net d'investissement (ETI ou *free cash flow*) est couvert par les flux de financement.

Le tableau de flux donne la variation des disponibilités et montre comment on est passé d'un niveau initial au niveau final. Une hausse des disponibilités ne veut pas forcément dire que la situation est bonne : elle peut traduire une amélioration si le solde de début d'exercice était négatif, ou une détérioration si le solde de début d'exercice était positif.

Nous résumons toutes les situations possibles par le tableau suivant :

Stocks flux	Solde début d'exercice	
	S1 < 0	S1 > 0
Augmentation	Amélioration	Mauvaise gestion de trésorerie
Diminution	Détérioration	S2 > 0 Bon
		S2 < 0 Mauvais

Les flux et le niveau de trésorerie de fin d'exercice doivent être jugés par rapport aux objectifs fixés.

Dans la mesure où le niveau de trésorerie pourrait être un signal de bonne liquidité, les comptables sont devenus maîtres en matière d'habillage de bilan (comptabilité créative) pour cacher le risque de faillite. Par exemple, le choix de la date de clôture, correspondant à un moment de l'année où le BFR est minimum du fait de la saisonnalité de l'activité, permet de faire apparaître une trésorerie excédentaire.

On peut également jouer sur le fonds de roulement fonctionnel de manière comptable sans effet direct sur la trésorerie : réévaluation, écart d'acquisition en consolidation. Le rôle des effets escomptés non échus est évident. On imagine même aujourd'hui des montages financiers complexes comme par exemple le « *in substance defeasance* » (voir chapitre 8), annulation économique de la dette.

1.2. Conditions de la solvabilité

Pour que l'entreprise soit solvable il faut, d'une part, que son activité lui permette de produire des liquidités (ETE), d'autres part, qu'un certain équilibre soit maintenu entre fonds empruntés et fonds propres (taux d'endettement).

1.2.1. Les liquidités produites par le cycle d'exploitation

Dans le chapitre 1, nous avions mis en évidence la relation entre l'EBE, l'ETE et la variation du BFR. Normalement, si l'entreprise est rentable, elle doit pouvoir produire des liquidités. Pour cela, il faut que le BFR reste proportionné à l'activité. Tout dépend en fait de sa gestion du BFR. Si l'entreprise n'arrive pas à écouler ses stocks, si elle ne parvient pas à se faire payer par ses clients, alors le BFR va augmenter et le cycle d'exploitation ne produira pas la trésorerie nécessaire pour faire face aux échéances de dettes.

Dans certains cas, l'entreprise peut être rentable et pourtant ne pas produire suffisamment de liquidités (voir chapitre 1).

Cette insuffisance de liquidité produite par le cycle d'exploitation peut être conjoncturelle et passagère, par exemple, un gros client fait faillite, ou encore, une baisse momentanée de la demande entraîne un gonflement des stocks.

Cette insuffisance peut être structurelle : c'est l'effet ciseaux que nous avons vu dans le chapitre 4.

1.2.2. L'équilibre entre fonds propres et fonds empruntés

Pour financer son activité et ses investissements, l'entreprise fait appel :

- aux actionnaires propriétaires qui apportent de l'argent en capital ou qui acceptent de ne pas distribuer une partie des bénéfices réalisés ;
- aux banques, qui accordent des prêts.

Les actionnaires ne demandent pas le remboursement de leurs apports. En revanche, les emprunts doivent être remboursés à l'échéance convenue dans le contrat. En s'endettant, l'entreprise se trouve contrainte de payer ses échéances qui sont d'autant plus élevées que l'endettement est élevé et que les intérêts sont élevés.

Tant que les banquiers acceptent de payer les chèques et les échéances, l'entreprise est solvable, et ceci même si le compte n'est pas approvisionné, obligeant l'entreprise à tirer sur ses autorisations de découverts. Mais le banquier a aussi le pouvoir de rendre l'entreprise insolvable en refusant d'honorer des chèques ou des virements. En maintenant un bon équilibre entre fonds propres et fonds empruntés, on garantit la confiance des banquiers et donc la solvabilité.

1.3. Les ratios, indicateurs de difficultés de trésorerie

Avant la faillite, il y a ce qu'on appelle couramment les « difficultés de trésorerie ». L'entreprise a du mal à payer ses fournisseurs, la TVA, les charges sociales, elle tire malgré elle sur les crédits de trésorerie, les banques refusent d'honorer des chèques, elle ne peut pas payer ses échéances d'emprunt, etc.

1.3.1. Difficultés de générer des liquidités au niveau de l'exploitation

Les situations d'insolvabilité ou d'illiquidité peuvent se mesurer par des ratios que nous avons déjà étudiés :

- un taux de rentabilité insuffisant ne produisant pas assez d'EBE et indiquant des investissements insuffisants par manque de financement ;
- une augmentation du délai moyen de règlement fournisseurs ;

- une augmentation du délai moyen de règlement de la TVA et des charges sociales ;
- le niveau des tirages sur les ouvertures de crédit de trésorerie : concours bancaires courants/crédits de trésorerie ouverts.

1.3.2. Problème d'endettement

Un excès relatif d'endettement pourra être détecté grâce aux éléments suivants :

- une comparaison des échéances des emprunts dus et des remboursements effectifs : remboursements d'emprunt/emprunts à moins d'un an au bilan $n-1$;
- un taux d'intérêt moyen anormalement élevé (montrant des agios très supérieurs au niveau apparent des dettes) ;
- une CAF insuffisante par rapport au niveau des dettes.

1.3.3. La détermination statistique du risque de faillite par la méthode des scores (scoring)

La Centrale des bilans de la banque de France[1], et d'autres analystes avant elle, a construit une fonction dite « fonction score » permettant de mesurer le risque de faillite de n'importe quelle entreprise industrielle.

À partir de séries de ratios mesurées pour deux échantillons d'entreprises (entreprises saines et entreprises défaillantes), on effectue des traitements statistiques (analyse discriminante), de manière à déterminer la fonction linéaire de ces ratios qui « sépare » le mieux les deux populations d'entreprises.

Ensuite, pour une entreprise donnée, on calcule ces ratios et le « score », fonction linéaire de la valeur de ces ratios. Suivant le score de l'entreprise, il est possible de dire si cette entreprise appartient plutôt aux entreprises saines ou aux entreprises défaillantes et d'estimer la probabilité de défaillance de l'entreprise.

1.4. La recherche d'une structure financière optimale

Nous venons de voir les difficultés qu'il y a à juger de la solvabilité de l'entreprise par l'observation de la trésorerie ou des disponibilités en tant que « flux » ou en tant que « stock ». Les analystes parviennent à se faire une opinion sur la

---

1. Banque de France, « Détection précoce des difficultés des entreprises par la méthode des scores », *Note d'information* n° 65, septembre 1985.

solvabilité grâce à l'analyse de la structure financière de l'entreprise : nous entendons par là les masses relatives du compte de résultat et du bilan et les ratios tels que nous les avons étudiés dans les premiers chapitres.

Tous les analystes financiers n'utilisent pas le même modèle, c'est-à-dire ne se font pas la même représentation du fonctionnement financier de l'entreprise. Chacun a une certaine conception de l'équilibre, répondant à ses préoccupations propres. Certains axent leur démarche sur la mise en évidence du risque actuel d'insolvabilité, de faillite, d'autres vont au contraire, au-delà de difficultés de trésorerie présentes, chercher à entrevoir les perspectives de croissance et de rentabilité, déceler les indices de flexibilité. Nous nous proposons de décrire trois conceptions de l'équilibre financier. Il s'agit des trois modèles que l'on rencontre chez les analystes financiers actuellement en France. Chacune a sa logique propre. Il nous paraît important de les évoquer toutes les trois, afin de savoir reconnaître les références de son interlocuteur pour mieux argumenter dans les négociations avec les partenaires financiers.

2. L'ÉQUILIBRE PATRIMONIAL

Dans la conception patrimoniale de l'équilibre, la confiance de l'analyste s'appuie sur la valeur patrimoniale de l'entreprise. Plus cette valeur est grande, plus l'actionnaire ou le banquier a de chances de récupérer son apport. Il cherche à savoir ce que « pèse » l'entreprise, quelle est sa « surface financière ». Ainsi, il peut vérifier que l'argent qui est mis à la disposition de l'entreprise par les créanciers sera bien restitué. Cette conception de l'équilibre correspond historiquement à une réaction aux grands cracks financiers de l'entre-deux-guerres qui ont secoué les banques et les petits épargnants et s'attache principalement au risque de faillite.

L'attention de l'analyste se porte donc en priorité sur le patrimoine tel qu'il apparaît dans le bilan.

Bilan patrimonial

Actif			Passif	
	Actifs durables	Capitaux permanents (à long et moyen terme)		
Liquidité croissante	Immobilisations Stocks outil Créances à long et moyen terme	Capital Réserves Dettes à long et moyen terme	Exigibilité croissante	
				.../...

Actif		Passif	
	Actifs liquides	Dettes à court terme	
	Stock liquide Créances Disponibilités	Partie à moins d'un an des dettes Dettes d'exploitation et HE (moins d'un an)	

> Fonds de roulement patrimonial
> = actifs liquides – dettes à court terme
> = capitaux à long et moyen terme – actifs longs

En classant les ressources au passif par ordre d'exigibilité croissante et les emplois à l'actif par ordre de liquidité croissante, on peut voir, suivant l'horizon, dans quelle mesure la réalisation des actifs (son patrimoine) permettra à l'entreprise de rembourser ses dettes. À court terme, l'actif circulant doit permettre de rembourser les dettes à court terme (existence d'un fonds de roulement patrimonial) ; à long et moyen terme, l'existence de fonds propres importants relativement aux dettes assure une marge de sécurité lors de la réalisation de l'actif en cas de faillite[1].

Cette présentation du bilan correspond à l'optique du Plan comptable 1957. À partir du bilan du PCG 1982, il est nécessaire de procéder à un certain nombre de retraitements. Dans l'annexe, le tableau des échéances des créances et des dettes permet de reconstituer l'exigibilité des dettes. Les dettes à court terme comprennent les dettes d'exploitation et hors exploitation et la partie à moins d'un an des emprunts.

Dans l'analyse patrimoniale, les auteurs ne parlent pas de situation de trésorerie, mais situation de liquidité. La liquidité est mesurée par l'excédent des actifs circulants, ensemble des liquidités disponibles et des encaissements potentiels à court terme (stocks, clients), sur les dettes à court terme, ce qu'on appelle le fonds de roulement, terme issu de la tradition du « fonds de caisse ». On parle ici d'un fonds de liquidités « potentiel ».

---

1. La loi du 1er mars 1984 sur la prévention des difficultés des entreprises, complétée par la loi du 26 juillet 2005 et son décret d'application du 28 décembre 2005 sur la sauvegarde des entreprises, repose fondamentalement sur l'analyse patrimoniale. La notion juridique de cessation de paiements est patrimoniale (voir l'état de l'actif réalisable et disponible et du passif exigible).

Dans cette optique, certains analystes considèrent qu'une partie du stock n'est pas liquide (le « stock outil ») et fait partie des actifs durables[1].

« On comprend facilement qu'une telle conception du bilan ait inspiré l'étude de l'équilibre financier ; du point de vue des créanciers notamment, l'équilibre financier de l'entreprise ne réside-t-il pas dans la possibilité qu'elle a de liquider tout ou partie de ses droits de propriété et de créances pour régler ses obligations devenues exigibles ? Lorsque cette possibilité n'existe plus, il y a cessation de paiement. D'où l'idée très intuitive que le maintien de l'équilibre financier d'une entreprise exige une corrélation entre le degré de liquidité des actifs et le degré d'exigibilité de ses dettes[2]. »

Les indicateurs qui seront plus particulièrement utilisés sont donc :

Existence d'un fonds de roulement patrimonial

Actifs liquides > dettes à court terme ou capitaux à long et moyen terme > actifs longs.

Règle d'équité

Les actionnaires doivent apporter plus que les tiers : dettes < capitaux propres. Ce ratio d'autonomie financière indique également la capacité d'endettement. Les banquiers considèrent maintenant la règle d'équité à partie des dettes financières.

Ratios d'endettement ou d'autonomie financière (degré de respect de la règle d'équité) :

$$\frac{\text{dettes totales}}{\text{capitaux propres}}$$

$$\frac{\text{dettes à long et moyen terme}}{\text{capitaux propres}}$$

Degré de liquidité de l'actif

Ratios de liquidité :

$$\text{liquidité générale} = \frac{\text{actifs courts}}{\text{dettes à court terme}}$$

$$\text{liquidité réduite} = \frac{\text{disponible à court terme}}{\text{dettes à court terme}} = \frac{\text{disponible + VMP}}{\text{dettes à court terme}}$$

---

1. Il est intéressant de noter qu'en introduisant la notion de « stock outil », les analystes ont eu l'intuition de la notion de BFR, actif circulant non liquide à caractère permanent.
2. B. Colasse, *Gestion financière de l'entreprise*, PUF, 2e édition, 1987, p. 64.

La critique principale qu'on adresse à ce type d'analyse est son caractère statique : l'analyse patrimoniale porte son attention en priorité sur le patrimoine tel qu'il apparaît dans le bilan[1]. On ne parle pas d'analyse par les flux. Le compte de résultat n'a d'intérêt que si le résultat est positif et vient renforcer les fonds propres et donc le fonds de roulement patrimonial.

D'autre part, cette optique est très fortement bancaire, dans la mesure où on essaye de juger avant tout de la solvabilité de l'entreprise et du risque de faillite[2]. Il n'est pas rare de voir le banquier évaluer l'actif immobilisé à la valeur liquidative. L'apparence juridique l'emporte alors sur la réalité économique. L'actionnaire s'identifie à ce type d'approche pour s'assurer de la coopération de son banquier, bien qu'elle soit en contradiction avec une nécessaire vision dynamique de l'entreprise.

3. L'ÉQUILIBRE FONCTIONNEL

La conception « fonctionnelle » de l'équilibre procède d'une analyse plus dynamique. Les notions de cycle d'exploitation et de cycle d'investissement/financement, tels qu'ils ont été présentés dans le chapitre 1, permettent d'envisager le bilan suivant une autre perspective : la fonction « investissement/financement » veille à ce que les immobilisations soient financées par des ressources durables (fonds de roulement « fonctionnel » ou encore fonds de roulement net global positif, haut de bilan), la fonction exploitation gère le court terme (stocks et crédit interentreprises, bas de bilan).

Apparaît ici un concept fondamental : le BFR. Comme nous l'avons déjà dit, ce BFR a un caractère stable et constitue donc par nature un emploi immobilisé. Pour s'assurer la confiance des financeurs, il faut veiller à ce que le fonds de roulement finance donc la majeure partie du BFR, considéré comme un emploi stable : « La conception de l'équilibre financier retenue par l'analyse fonctionnelle suppose donc que le FdR fonctionnel couvre le BFR d'exploitation pour sa composante stable. Le seul élément contenu dans cette conception de l'équilibre financier est apparemment le risque de faillite. Il y a déséquilibre si la trésorerie est négative de façon structurelle[3]. »

Du rapprochement entre fonds de roulement et BFR dépend la trésorerie (disponibilités moins concours bancaire courants et, dans certaines conditions

---

1. P. Lassègue, « Comment un être juridique est transformé par sa mesure : du patrimoine au bilan prospectif », *Mélanges Boyer*, juin 1996, p. 333-345.
2. Sur le risque de faillite, voir paragraphe « Typologie des bilans fonctionnels ».
3. G. Charreaux, *Gestion financière*, Litec, 1993, p. 373.

d'hyperliquidités, les valeurs mobilières de placement) et donc la solvabilité de l'entreprise.

La notion de trésorerie apparaît réellement dans l'analyse fonctionnelle. La trésorerie est définie comme étant la somme des actifs disponibles (placements liquides – valeurs mobilières de placement, si elles représentent réellement un placement en attente, très liquide, ce qui est le cas des titres cotés – et disponibilités) moins les concours bancaires courants (comptes bancaires créditeurs et effets escomptés non échus). Elle est définie comme l'excédent des ressources durables nettes (fonds de roulement) sur le BFR. La trésorerie résulte donc de la politique de financement des investissements et de la gestion du BFR.

$$\text{Trésorerie} = \text{FdR} - \text{BFR}$$

Exemple : bilan

Actif		Passif	
Actif immobilisé	34 000	Capitaux propres et réserves	25 000
Actif circulant		Dettes financières*	32 000
Stocks	10 000		
Clients**	15 000	Dettes d'exploitation	7 600
Valeurs mobilières de placement	5 000		
Disponibilités	600		
TOTAL	64 600	TOTAL	64 600

* dont concours bancaires courants : 14 000
** effets escomptés non échus : 8 700

Trésorerie = 5 000 + 600 – 14 000 – 8700 = – 17 100.
Fonds de roulement = 25000 + (32 000 – 14 000) – 34 000 = 9 000.
BFR = 10 000 + 15 000 + 8 700 – 7 600 = 26 100.

Comme on le voit, et cela ne diffère pas de l'analyse patrimoniale, on essaye toujours d'évaluer le risque de faillite en privilégiant le point de vue des banquiers et des créanciers.

3.1. L'égalité fonctionnelle

De l'égalité du bilan et de la définition des concepts on déduit l'égalité fonctionnelle :

$$\text{FdR} = \text{BFR} + \text{trésorerie}$$

Le bilan est représenté de la manière suivante :

Bilan fonctionnel

ACTIF	PASSIF
Emplois stables : Immobilisations	Capitaux durables
BFRE	Capitaux propres Dettes financières
BFRHE	
Trésorerie (Disponibilités – cbc)	

Les dettes financières comprennent les emprunts bancaires classiques et les emprunts obligations, à l'exclusion des concours bancaires courants qui sont intégrés à la trésorerie. Le bilan fonctionnel correspond à la présentation du bilan du PCG 1982 implicitement reprise dans le PCG 1999.

Exemple : société Sudnif

Bilans fonctionnels

		2009	2010	2011	2012
	Capital	350	350	350	400
	Prime d'émission	0	0	0	50
	Réserves	38	64	99	120
	Résultat	26	50	36	93
	Dettes	297	417	472	444
Capitaux durables		711	881	957	1 107
Emplois stables : actif immobilisé		353	541	608	702
Fonds de roulement fonctionnel		358	340	349	405
BFRE		308	363	575	351
Trésorerie		50	– 23	– 226	54
BFRE + BFRHE + trésorerie		358	340	349	405

3.2. Typologie des bilans fonctionnels

Les critères d'équilibre sont appréciés alors à partir des masses relatives des différents éléments du bilan fonctionnel[1].

Nous nous proposons de représenter les différentes formes que peuvent prendre les bilans fonctionnels.

Les banquiers en rêvent

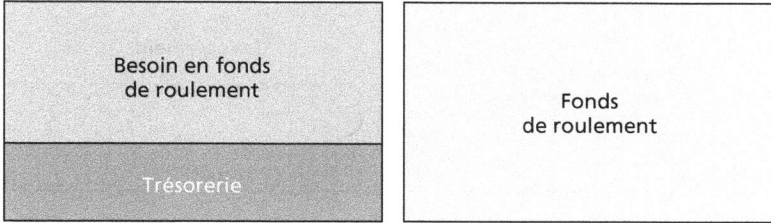

L'excédent des capitaux permanents sur les immobilisations (FdR) peut financer tout le BFR

La trésorerie est alors positive

Figure 22

Ce premier bilan montre que l'excédent des ressources stables sur les immobilisations (FdR) peut financer tout le BFR. La trésorerie est positive.

Ce qu'on rencontre en général

Le fonds de roulement ne parvient pas à financer entièrement le BFR

Ce dernier est financé pour partie par des concours bancaires courants

Figure 23

1. Voir également, Banque de France, *Note d'information* n° 43, « Les ratios de la Centrale des bilans de la Banque de France », 1980 ; Ordre des experts-comptables, « La fonction financière et le plan comptable 1982 », p. 206, 1984 ; B. Colasse, *Analyse financière de l'entreprise*, Éditions La Découverte, 1996, p. 65.

Cette deuxième forme est celle que l'on rencontre souvent dans les PME/PMI : Le fonds de roulement ne parvient pas à financer entièrement le BFR. Ce dernier est financé pour partie par des concours bancaires courants. On peut dire que c'est la partie conjoncturelle du BFR qui est financée par des concours bancaires courants, c'est acceptable.

La situation se dégrade

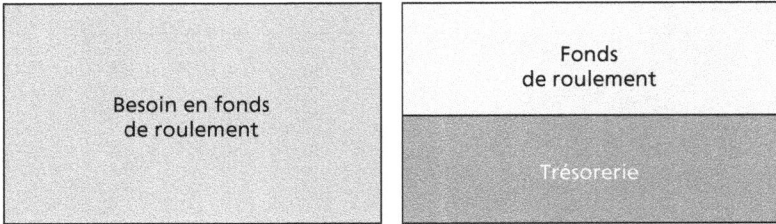

Figure 24

Ici (fig. 24), le fonds de roulement est de plus en plus faible en général, du fait des pertes et de la baisse de confiance des banquiers qui refusent de financer les investissements. Le BFR est financé par des concours bancaires courants encore plus élevés. On ne peut plus invoquer le BFR conjoncturel. Cela est beaucoup moins acceptable au regard de l'analyse fonctionnelle.

Le risque de faillite devient élevé

Figure 25

Le risque de faillite devient élevé (fig. 25). Le fonds de roulement devient négatif, souvent du fait d'un manque de rentabilité et des pertes accumulées. Une partie des immobilisations est financée par des concours bancaires courants. Le BFR est entièrement financé par des concours bancaires courants.

C'est la faillite !

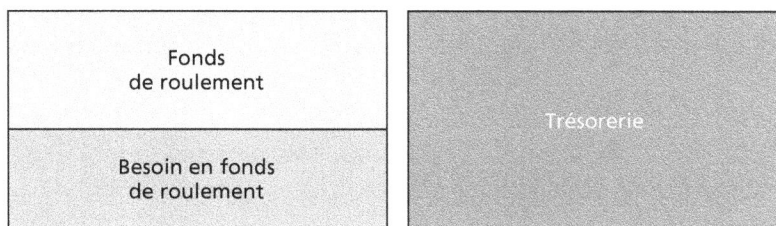

Fonds de roulement	Trésorerie
Besoin en fonds de roulement	

Figure 26

Le fonds de roulement est encore plus négatif (fig. 26). Le BFR curieusement diminue, car les difficultés de trésorerie font qu'on ne peut plus payer les fournisseurs et les autres dettes, et on pourrait croire à une amélioration de la trésorerie. En fait la situation devient critique. C'est la faillite !

Cette conception, comme nous l'avons dit plus haut, privilégie le dynamisme du bilan. L'analyste va s'intéresser à l'évolution du bilan à travers les flux. Le FdR ne doit pas diminuer. Pour cela, les emplois stables de l'année (investissements, remboursements, prêts) doivent être financés par des ressources durables (CAF, emprunts nouveaux, augmentation de capital). L'excédent doit être supérieur à l'augmentation du BFR, de telle sorte que la trésorerie augmente également.

FLUX

Bilan de début ————————————➤ Bilan de fin d'exercice

Figure 27

Var. du FdR = Var. du BFR + Var. trésorerie

Le tableau de financement du Plan comptable général devient donc un document important pour juger de l'évolution de l'équilibre et permet de voir comment l'égalité fonctionnelle s'est transformée au cours de l'exercice. La capacité d'autofinancement (CAF) est un paramètre fondamental de l'équilibre, dans la mesure où c'est elle qui permet de renforcer, du fait de l'activité d'exploitation, le FdR : « La CAF est la contribution de l'activité à l'augmentation du fonds de roulement net global[1]. »

---

1. P. Conso, *Gestion financière de l'entreprise*, Dunod, 2005.

Les ratios utilisés sont tirés de l'égalité fonctionnelle. Par exemple, l'analyse va consister à voir comment évoluent d'une part le FdR, d'autre part le BFR, et quel est l'impact positif ou négatif sur la trésorerie, ce qui est essentiel.

3.2.1. Le fonds de roulement

Les ratios d'analyse du compte de résultat (SIG) permettent de juger des modalités d'apparition de la capacité d'autofinancement (voir chapitre 2) :

* taux d'autofinancement : investissements/CAF
* capitaux permanents/immobilisations : indique dans quelle mesure les immobilisations sont financées par des capitaux permanents.

La Centrale des bilans de la Banque de France propose le ratio de couverture des capitaux investis :

$$\frac{\text{financements stables}}{\text{capitaux investis}} = \frac{(K - \text{y compris fonds d'amts. et prov.} + D \text{ hors cbc})}{(\text{immo.} + \text{BFRE})}$$

« La structure de financement doit être adaptée à la nature des fonds immobilisés dans l'entreprise. Dans cette perspective, il convient de rapprocher les capitaux investis et les ressources durablement laissées à la disposition de l'entreprise » (p. 47).

« En règle générale, on considère que les capitaux investis doivent être adossés à des ressources stables, pour limiter tout risque de rupture de financement. Si la couverture des capitaux investis est inférieure à 100 %, cela signifie qu'une partie du BFR est financé par des concours bancaires courants. Or, ces concours bancaires, bien que souvent reconduits d'une manière permanente, peuvent être réduit ou suspendus ; il est donc essentiel que ce mode de financement ne soit utilisé de façon trop régulière pour couvrir ce besoin permanent » (p. 48).

Le taux d'endettement : dettes financières/capitaux propres reste un indicateur central.

La capacité de remboursement : dettes/CAF indique toutes choses égales par ailleurs le nombre d'années nécessaires pour rembourser les dettes. Ce ratio lie le niveau d'endettement à la capacité de l'entreprise d'augmenter les fonds propres.

La Banque de France parle de ratio d'indépendance financière :

« Ce ratio fournit des indications sur la capacité de résistance aux aléas. L'importance des capitaux à risque conditionne en effet pour une large part :

* la capacité de l'entreprise à supporter des chocs exogènes qui provoquent des pertes (défaillance de clients importants, pertes de marchés...) ;

* le degré de dépendance de l'entreprise à l'égard des tiers prêteurs de fonds, degré de dépendance qui, conjugué au coût des capitaux emprun-tés, a une influence directe sur la rentabilité financière à travers l'action de l'effet de levier.

L'analyse du taux d'endettement doit être nuancée en fonction de la composi-tion des capitaux empruntés : part des banques dans l'endettement, part des cbc dans l'endettement, financement courant des BFRE (cbc/BFRE)[1]. »

3.2.2. *Le besoin en fonds de roulement*

Les ratios d'analyse du BFR :

* durée moyenne de rotation des stocks, durée moyenne de crédit clients, fournisseurs... (voir chapitre 3) ;

* FdR/BFR, qui indique le degré de couverture du BFR par les capitaux per-manents.

3.3. Critiques du modèle

Cette conception de l'équilibre a permis de faire évoluer les mentalités (notion de cycle d'exploitation, réhabilitation de l'analyse du compte de résultat). Elle reste toutefois critiquable sur bien des points[2].

3.3.1. *La lecture horizontale du bilan*

Cette conception entraîne une lecture « horizontale » du bilan (les ressources durables financent les immobilisations, le FdR finance le BFR), ce qui est contraire à l'orthodoxie financière qui dit que n'importe quelle ressource finance n'importe quel emploi (unité de caisse).

---

1. Banque de France, *Méthode d'analyse*, p. 50.
2. J.-G. Mérigot, « La controverse sur le fonds de roulement », *Revue Banque*, novembre 1981.

Emplois stables (immobilisations) ◄———————— Ressources durables

BFR   ◄————————

Figure 28

Il n'est pas évident que des ressources longues financent les investissements. En effet, avoir un FdR signifie un financement à long terme et, dans certain cas, cela peut coûter plus cher. Des arbitrages en fonction des anticipations sur les taux d'intérêts peuvent amener l'entreprise à choisir des financements à court terme[1].

Le fait que la trésorerie soit négative n'est pas forcement signe de difficultés.

Certains concours bancaires courants sont renouvelés automatiquement (*revolving*) et deviennent donc des ressources durables.

3.3.2. Le rôle des marchés financiers

Le concept de FdR est né à une époque où l'appel aux fonds propres était très difficile. Les entreprises étant fortement endettées, les banquiers veillaient aux ratios d'autonomie financière et se retranchaient derrière l'égalité fonctionnelle pour justifier leur refus de financer.

Depuis 1982, avec la déréglementation, la fin de l'encadrement du crédit et le renouveau des marchés financiers, la concurrence emprunt/fonds propres est plus vive et le respect de la règle est beaucoup moins stricte.

3.3.3. Le fonds de roulement et le risque de faillite

Le fonds de roulement (FdR) ne permet pas de mesurer correctement le risque de faillite :

* les situations sont très différentes d'un secteur à l'autre : voir par exemple les FdR négatifs de certaines entreprises de la grande distribution ou les FdR très serrés des entreprises très capitalistiques. « Cette relation (FdR, BFR, T) qui est une simple relation statique, revient donc à décrire le mode d'ajustement de la trésorerie, considérée en l'espèce comme une résultante. Elle exprime ce faisant un équilibre comptable, dont la réalisation revêt des

---

1. P. Navatte, « Le fonds de roulement et sa signification aujourd'hui », *Analyse financière*, 3e trimestre 1979, p. 15.

modalités variables, selon les caractéristiques propres à chaque entreprise ou à chaque secteur d'activité[1] » ;

• il est très difficile de mesurer correctement le FdR (mesure de la valeur des immobilisations, crédit-bail) et le BFR a un fort caractère conjoncturel. Il est donc très difficile à un instant donné de généraliser à partir de l'égalité fonctionnelle ;

• les ratios de FdR apparaissent très peu dans les « scores » de détection du risque de faillite (par exemple dans le score Banque de France). « Ces considérations montrent qu'un niveau de fonds de roulement n'apporte pas, en soi, d'indications suffisantes sur l'équilibre financier de l'entreprise. Son importance assure sans doute une plus ou moins grande marge de sécurité face aux aléas de fonctionnement de l'entreprise : elle doit être cependant toujours appréciée en fonction de l'activité et en relation avec le poids des besoins en fonds de roulement et les possibilités effectives de renouvellement des crédits au niveau desquels s'opère l'ajustement de la trésorerie. Le principal mérite de la relation fonctionnelle réside précisément sur ce point, en répondant à la nécessité d'observer conjointement les trois niveaux de situation du bilan. Elle n'en demeure pas moins de portée limitée, car elle restitue une vision trop globale de l'équilibre financier : en décrivant essentiellement cet équilibre du point de vue de l'ajustement de la trésorerie, cette relation n'apporte guère d'indication en effet sur la nature des financements et leur degré d'adéquation à la structure de l'actif engagé par l'entreprise[2]. »

4. « *POOL* DE FONDS » ET NOUVELLE CONCEPTION DE L'ÉQUILIBRE

4.1. L'analyse « *pool* de fonds »

Il est avéré que les méthodes classiques de diagnostic (analyse fonctionnelle en particulier) n'ont pas été en mesure d'aider les analystes à détecter correctement le risque de faillite[3]. On en revient au rôle de la trésorerie : est-ce une conséquence des ajustements ou est-ce une vraie variable d'action qui traduit des choix stratégiques ? On constate souvent que coexistent une trésorerie excédentaire et des dettes élevées (y compris des concours bancaires courants). Il s'agit de se demander si la détention de trésorerie correspond à un motif de précaution, à un motif de spéculation (actifs financiers), à un motif

---

1. Banque de France, *Méthode d'analyse*, p. 47.
2. *Ibid.*
3. H. Koulayom, « Le comportement en matière de trésorerie peut-il affecter le diagnostic financier ? », *Revue de droit comptable*, n° 97-2, p. 65.

de financement (trésorerie d'opportunité). Certains analystes introduisent la notion d'endettement financier net (dettes – trésorerie actif).

Alors que l'analyse patrimoniale et l'analyse fonctionnelle cherchent à mesurer le risque de faillite, l'analyse « *pool* de fonds » cherche à anticiper le risque de faillite par l'analyse des stratégies de développement et les choix de financements.

Cette approche de l'équilibre a guidé notre démarche dans les chapitres précédents et rien ne surprendra le lecteur dans ce qui suit.

La conception « *pool* de fonds » de l'équilibre a permis de renouveler l'approche de l'équilibre financier en intégrant les apports :

* de la théorie économique, en relativisant l'information comptable[1] (problèmes dévaluation, place donnée aux flux par rapport aux stocks), en privilégiant les concepts de rentabilité (rentabilité des actifs, rentabilité financière) ;

* et de la théorie financière moderne, au travers de la théorie du portefeuille (l'actif étant envisagé comme un portefeuille d'actifs, industriels, commerciaux, financiers, le risque étant toujours associé à la rentabilité, l'objectif financier étant de maximiser la valeur des fonds propres des actionnaires).

4.1.1. Analyse des stratégies à partir des flux

L'équilibre financier se juge d'abord à partir du tableau des flux de fonds. Il permet de voir, dans une perspective dynamique, quels ont été les choix stratégiques de l'entreprise. Il permet de juger les comportements des dirigeants au niveau des investissements et au niveau des financements. Et c'est cette étude qui autorise à juger de la confiance que l'on peut accorder à l'entreprise.

Investissements productifs Cessions Variation du BFRE Variation du BFRHE	Variation des emplois industriels et commerciaux
Investissements financiers Variation des VMP Variation des disponibilités	Variation des emplois financiers
A : emplois nets de cessions	

---

1. F. Bonnet, *Comptabilité créative*, Économica, coll. « Gestion poche », 1999.

EBE • intérêts • impôt sur les sociétés • dividendes B : autofinancement A − B : besoin net de financement C : apports ou retraits des associés et du groupe	Variations des fonds d'origine propre
+ nouveaux emprunts − remboursements : variation des concours bancaires courants D : variation de l'endettement	Variation des fonds empruntés
C + D : ressources externes	

4.1.2. Analyse des stratégies à partir du bilan

Ensuite, l'examen du bilan fournit les indications sur les conséquences financières, en termes de structure, des choix stratégiques qui ont été opérés : bilan « *pool* de fonds »

Actif			Passif		
	Emplois industriels et commerciaux		Fonds d'origine propres		
Choix de portefeuille d'actifs sur la base rentabilité/risque	• Immobilisation d'exploitation • Besoin en fonds de roulement d'ex.		« *Pool* des dettes » : • emprunts • concours bancaires courants		Choix des sources de financement sur la base rentabilité/ risque financier
	Emplois financiers				
	• immobilisations HE • immobilisations financières • VMP • disponibilités				

4.1.2.1. *Pool* des emplois

Le résultat généré par l'activité (EBE, résultat d'exploitation) est comparé aux moyens industriels et commerciaux (immobilisations d'exploitation, quels que soient le mode de financement et le BFR d'exploitation) pour juger de la rentabilité des actifs industriels et commerciaux. Parallèlement, l'analyse du compte de résultat permet de juger du risque d'exploitation (adéquation des couples produits-marché en termes de rentabilité, poids relatif des charges fixes, en particulier du fait des dotations aux amortissements et des charges variables).

L'évolution du rapport des actifs industriels et commerciaux (AIC) aux actifs financiers et leurs rentabilités respectives permet de juger des choix stratégiques de développement (croissance interne, croissance externe, préférence pour le court terme par rapport au long terme). Ce rapport indique également la flexibilité des moyens mis en œuvre. Par exemple, si l'entreprise dispose d'un volant important d'actifs financiers (autre que des participations dans des sociétés consolidables), cela signifie qu'elle peut, en cas d'opportunités d'investissements (augmentation de la demande d'ouverture d'un marché…), les mobiliser au profit d'AIC afin d'acquérir de nouvelles capacités de production. De même, la présence d'actifs financiers peut signifier, dans le cadre d'un groupe, la possibilité de transférer des capacités de production sur d'autres sociétés du groupe en cas de modification de la demande.

L'analyse « *pool* de fonds » s'intéresse à la rentabilité et se montre beaucoup moins préoccupée par les problèmes de liquidité. Il n'est pas fait référence à la trésorerie. Celle-ci est une variable d'action et dépend de la politique d'investissement. Les valeurs mobilières de placements liquides et les disponibilités sont des actifs financiers et correspondent soit à :

- un motif de précaution ;
- un motif de spéculation (actifs financiers) ;
- un motif de financement (trésorerie d'opportunité).

Les actifs liquides disponibles sont une partie du portefeuille d'actifs.

De même, le recours à des concours bancaires courants procède de choix de financements des investissements en actifs, parce qu'ils sont plus flexibles et moins coûteux (en termes de coût d'opportunité). Les concours bancaires courants font partie des fonds empruntés et sont traités de la même manière que des emprunts classiques.

Mais, lorsque des difficultés de trésorerie apparaissent, elles sont la partie visible de problèmes beaucoup plus profonds et il est alors déjà trop tard.

4.1.2.2. *Pool* des ressources

Le calcul de la rentabilité financière, en relation avec la rentabilité de l'ensemble des actifs et du taux d'intérêt moyen, permet de voir comment joue l'effet de levier et de juger des choix de financement opérés par les actionnaires (arbitrages entre autofinancement, augmentation de capital et emprunt).

Le taux d'endettement D/FOP apparaît donc encore comme une variable centrale de l'équilibre. Il conditionne la rentabilité financière et le risque. Il indique également la flexibilité de l'entreprise en matière d'endettement. Le sous-endettement indique que l'entreprise, en cas d'opportunités d'investisse-ment, peut faire appel aux banques et réaliser ses projets. Le surendettement au contraire indique que tout projet nouveau risque de se trouver irréalisable du fait de la non-participation des banquiers.

Le rapprochement du tableau de financement et du bilan sur plusieurs exer-cices conduit à une explication des structures financières :

« La comparaison de l'autofinancement et des réserves d'autofinancement four-nit des indications sur l'aptitude de l'entreprise à générer des fonds propres et à s'assurer un développement autonome. L'examen de l'importance relative de la variation de l'endettement et de l'autofinancement permet d'expliciter, compte tenu du taux d'endettement d'origine et en l'absence d'opérations exceptionnelles, l'évolution de l'indépendance financière[1]. »

« En fait, deux grands choix stratégiques dominent : le choix de la structure du *pool* de ressources (ou la détermination d'une capacité optimale d'endette-ment compte tenu du risque) et le choix optimal de la structure du portefeuille d'actifs (rentabilité/risque). Ce dernier concerne le type même de développe-ment souhaité par la firme : construction financière (gestion de participation) ou construction industrielle. Le secteur et la politique industrielle ou commer-ciale choisie dicteront les investissements nécessaires, mais aussi les possibi-lités de rentabilité et le risque économique qui seront propres à la firme. En fonction de ce risque, la capacité d'endettement optimale peut se déterminer […][2]. »

Dans les PME, les investissements financiers sont bien sûr peu significatifs. En revanche, dans les grandes sociétés et les grands groupes, la comparaison de la rentabilité et du risque de ces deux formes d'investissements permet de comprendre le comportement de l'entreprise et sa stratégie de développe-ment, les arbitrages qui ont pu se faire afin de maximiser le revenu des actionnaires : les choix de stratégie financière s'intègrent dans la stratégie générale et impliquent une réflexion sur les couples produits-marché, la pré-férence pour le court terme ou le long terme, la diversification ou la spéciali-sation. Dans certains cas, ils permettent de mieux comprendre comment les financiers prennent le pas, dans les grandes décisions stratégiques, sur les ingénieurs, et peuvent même devenir un État dans l'État.

« Certains observateurs, qui considèrent qu'une entreprise est avant tout une organisation à vocation économique et que sa fonction financière doit être au

---

1. Banque de France, *Méthode d'analyse*, p. 51.
2. M. Levasseur, *La gestion de trésorerie*, Économica, 1979, p. 27.

service de sa stratégie industrielle et commerciale, s'inquiètent de l'autonomie dont jouissent les financiers des grands groupes et craignent que la montée en puissance de la fonction financière et de la rationalité dont elle est porteuse n'annonce des stratégies de désindustrialisation[1]. »

La conception « *pool* de fonds » de l'équilibre nous paraît être la plus intéressante, dans la mesure où elle n'est pas purement financière et se situe dans le cadre d'une démarche stratégique. Le jugement sur l'équilibre, et donc la confiance que peut accorder un apporteur de capitaux à l'entreprise, ne s'évalue pas uniquement sur le passé, mais aussi sur les perspectives de rentabilité et de risque pour les exercices à venir.

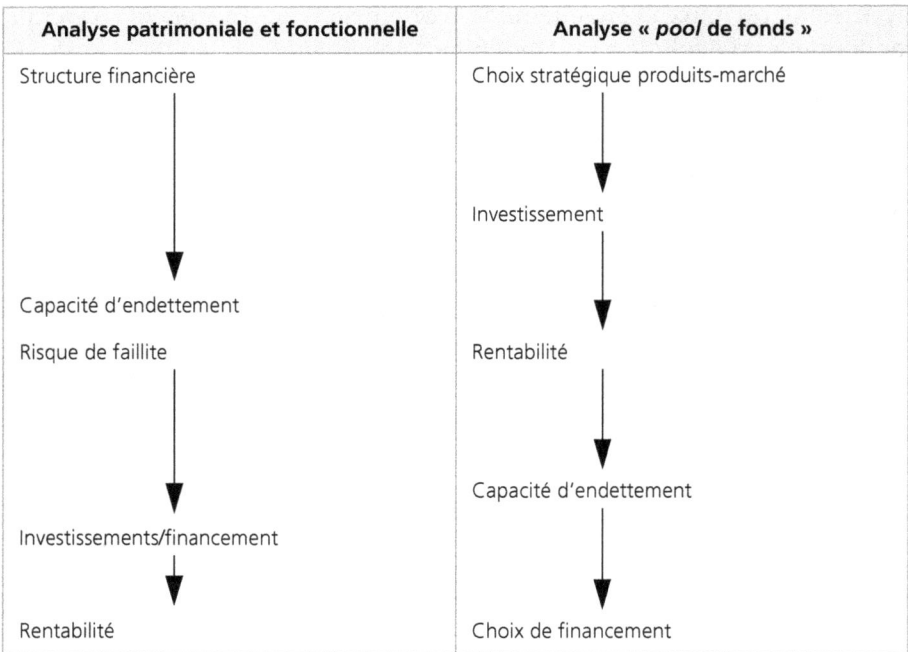

Analyse patrimoniale et fonctionnelle	Analyse « *pool* de fonds »
Structure financière	Choix stratégique produits-marché
↓	↓
	Investissement
Capacité d'endettement	↓
Risque de faillite	Rentabilité
↓	↓
	Capacité d'endettement
Investissements/financement	↓
↓	
Rentabilité	Choix de financement

4.2. Quelques scénarios conduisant à l'insolvabilité

Nous allons ici développer un certain nombre de scénarios possibles pouvant amener l'entreprise à des difficultés de trésorerie et jusqu'à la rupture des paiements.

---

1. B. Colasse, *Les cahiers français*, janvier-février 1988, p. 36.

4.2.1. L'origine structurelle de l'insolvabilité

4.2.1.1. Stagnation, insuffisance d'activité, mévente

Le ou les produits de l'entreprise atteignent la phase de maturité. Mais le marché commence à être saturé. L'entreprise a du mal à vendre. L'argent rentre mal, le CA devient insuffisant pour couvrir convenablement les charges fixes qui sont devenues importantes. Pour relancer l'activité, l'entreprise accorde des crédits aux clients plus longs pour s'assurer de leur fidélité. Le besoin de financement du cycle d'exploitation (le BFR) est plus important. Les difficultés de trésorerie apparaissent.

Le cas de l'entreprise naissante est un peu semblable, dans la mesure où l'activité est faible au démarrage. Mais, normalement, la prévision du besoin de financement du cycle d'exploitation devrait tenir compte du fort besoin en stocks et en crédits clients (durée de règlement clients élevée) et donc éviter à l'entreprise ces difficultés de trésorerie.

4.2.1.2. Croissance incontrôlée

L'entreprise est en pleine croissance, le marché s'emballe, la rentabilité est excellente mais les difficultés proviennent de la gestion du BFR. Le service de la facturation ne suit pas, l'administration n'arrive pas à faire payer les clients faute de moyens pour les relancer, les stocks sont pléthoriques et mal gérés. Le financement d'un accroissement de BFR n'ayant pas été prévu, c'est la trésorerie qui prend le choc. L'entreprise n'arrive plus à payer ses fournisseurs. Elle est insolvable.

4.2.1.3. Rentabilité insuffisante, mauvais contrôle des coûts

L'entreprise ne contrôle plus ses coûts. Le poids des charges de personnel devient trop important, les prix des sous-traitants ne sont plus surveillés. Les pertes s'accumulent et les fonds propres deviennent faibles. La capacité d'emprunt est réduite et, de ce fait, les banques ressentent le risque et se montrent plus réticentes lors de demandes de prêts. La trésorerie devient insuffisante pour faire face aux échéances de paiements.

4.2.1.4. Rattrapage d'investissement

L'entreprise était pendant quelques années *leader* sur son marché. Elle n'a donc pas cru bon d'investir. Mais ses équipements ont vieilli, ses coûts ont augmenté et, bien évidemment, le marché s'est ouvert et sont apparus des concurrents. L'entreprise réagit et investit. Ses besoins financiers sont donc importants et, comme les actionnaires n'acceptent pas de participer, l'entreprise est contrainte de faire appel aux banques. Dans le cas où celles-ci sont réticentes et faute de ressources suffisantes, l'entreprise est obligée de prélever sur sa trésorerie pour financer ses investissements. Il vient des difficultés de trésorerie et de ce fait un financement des immobilisations par des crédits courts. Le coût du financement est très élevé et la rentabilité s'en ressent, l'engrenage est amorcé, l'entreprise devient insolvable.

4.2.1.5. Surinvestissements

L'entreprise réussit. L'avenir paraît clair. Dans l'euphorie d'une période de croissance, elle se lance, sans doute un peu par vanité, dans des projets d'investissements grandioses. Les besoins financiers sont très importants pour financer les investissements mais la rentabilité est-elle certaine ? Les banquiers l'ont compris et n'assurent pas un financement total de ce projet. Un prélèvement sur la trésorerie allié à une rentabilité insuffisante ne permettent pas à l'entreprise de faire face à ses échéances de remboursement. L'engrenage est amorcé, l'entreprise va vers l'insolvabilité.

4.2.2. L'origine conjoncturelle de l'insolvabilité

4.2.2.1. Faillite d'un client

L'entreprise a toujours intérêt à diversifier sa clientèle : si, par exemple, le principal client, représentant 20 % du CA ou plus, a des difficultés de trésorerie, il est évident que le poste client va rapidement gonfler et mettre l'entreprise elle-même en difficulté. On a vu de cette manière des cas de faillites en chaîne.

4.2.2.2. Mauvais service après-vente

L'entreprise connaît une forte augmentation de son chiffre d'affaires. La rentabilité est bonne. Mais elle n'a pas les moyens de suivre sa clientèle et d'assurer un bon service après-vente. La clientèle est mécontente et ne paie pas ses factures. Les rentrées de trésorerie se font mal et l'entreprise ne peut plus payer ses fournisseurs. Les difficultés de trésorerie apparaissent.

4.2.2.3. Retrait d'une banque

L'entreprise s'appuie de manière structurelle sur des crédits bancaires à court terme pour financer son BFR (escompte commercial, autorisation de découvert). Si, pour une raison quelconque, la banque est amenée à retirer sa confiance, l'entreprise ne pourra plus faire face à ses paiements. L'effet se fait sentir ici directement sur la trésorerie[1].

1. En France, depuis la loi bancaire du 24 janvier 1984, les banques ne peuvent plus retirer abusivement le crédit qu'elles avaient accordé aux entreprises (article 60).

4.2.2.4. Effondrement de la demande, crise sur les marchés aval, entrée sur le marché d'un concurrent

Une partie de la demande à l'entreprise disparaît. Assez curieusement, dans un premier temps, cette situation va se traduire par un ETE important (rentrée de créances clients plus forte que la facturation). Mais, plus tard, les objectifs commerciaux n'étant pas atteints, l'entreprise voit sa rentabilité baisser, ses stocks augmenter et donc son BFR de plus en plus dur à financer. Faute d'un appui bancaire, l'entreprise ne pourra pas faire face à ses paiements.

4.2.2.5. Saisonnalité de l'activité mal maitrisée

L'entreprise a une activité saisonnière. En période de sous-activité, l'entreprise ne vendant pas suffisamment se trouve ne pas avoir assez de trésorerie pour pouvoir faire face à ses échéances.

5. LES CONSÉQUENCES DE L'INSOLVABILITÉ ET LE REDRESSEMENT DES ENTREPRISES EN DIFFICULTÉ

La dégradation de la trésorerie se traduit bien souvent par des découverts bancaires et bien sûr par une hausse des charges financières. La rentabilité financière s'en ressent et par suite la CAF. Cela vient réduire d'autant les ressources.

L'impossibilité de rembourser les dettes entraîne une dégradation de l'autonomie financière et une perte de confiance des banques. L'entreprise a alors du mal à financer de nouveaux investissements, à consolider ses crédits de trésorerie en dettes financières, et c'est l'amorce du cercle vicieux du déséquilibre.

L'impossibilité de régler les fournisseurs entraîne un allongement des durées de crédits fournisseurs et la perte de confiance des fournisseurs (qui vont ensuite exiger des paiements comptant).

Le droit des sociétés a prévu un certain nombre de dispositions pour prévenir les difficultés des entreprises et également pour les traiter.

5.1. Prévention et règlement amiable

La loi du 1er mars 1984 sur la prévention des difficultés des entreprises et le règlement amiable[1] impose des documents financiers obligatoires, et organise une procédure d'alerte ainsi qu'un règlement amiable.

---

1. La loi n° 84-148 du 1er mars 1984 a été modifiée par la loi du 10 juin 1994 et par la loi du 26 juillet 2005 et son décret d'application du 28 décembre 2005 sur la sauvegarde des entreprises.

5.1.1. Les documents financiers obligatoires

Cette loi oblige les entreprises d'une certaine taille à établir et à communiquer au commissaire aux comptes, au comité d'entreprise et au conseil de surveillance :

- tous les semestres :
  - une situation de l'actif réalisable et disponible, valeurs d'exploitation exclues, et du passif exigible (comme nous l'avons dit plus haut, cette présentation fait référence à l'analyse patrimoniale) ;
  - une situation de trésorerie (valeurs mobilières de placement, disponibilités et concours bancaires courants).

- tous les ans :
  - un tableau de financement en plus des documents annuels (bilan, compte de résultat et annexe) ;
  - des documents prévisionnels : le plan de financement prévisionnel et le compte de résultat prévisionnel, qui doit être révisé dans les trois mois qui suivent le début du deuxième semestre.

Les entreprises de plus petite taille peuvent adhérer à un groupement de prévention agréé, qui aura pour mission de fournir régulièrement aux adhérents une analyse financière de leur entreprise.

5.1.2. La procédure d'alerte

Dès que ces informations sont connues :

- le commissaire aux comptes peut demander aux responsables de l'entreprise « des explications sur tout fait de nature à compromettre la continuité de l'exploitation ». Si le PDG ne répond pas dans les 15 jours, le commissaire aux comptes invite le PDG à faire délibérer le conseil d'administration et informe le président du tribunal de commerce ;
- des actionnaires (représentant au moins 10 % du capital) peuvent demander en justice la désignation d'un expert afin qu'il rende un rapport sur les opérations de gestion ;
- le comité d'entreprise peut demander des explications sur « tout fait de nature à affecter de manière préoccupante la situation économique de l'entreprise ».

5.1.3. Le règlement amiable

Sous la pression de ces trois instances auxquelles est dévolu le droit d'alerte, le représentant de l'entreprise adresse une demande écrite de règlement amiable au président du tribunal de commerce.

Le président du tribunal de commerce, ayant eu connaissance des faits pouvant compromettre la continuité de l'exploitation, en particulier si le plan de financement prévisionnel montre que les besoins ne peuvent être couverts par des financements adaptés aux besoins de l'entreprise ou si les comptes font apparaître une perte nette supérieure au tiers des capitaux propres en fin d'exercice, peut demander une expertise et convoquer le dirigeant pour lui demander de prendre des mesures.

Le président peut refuser l'accord amiable et, si l'entreprise est en cessation de paiements, il peut ouvrir la procédure de redressement ou de liquidation judiciaire.

Il peut accepter le règlement amiable et nommer un conciliateur en vue de conclure un accord amiable. Cet accord doit être écrit et comporter le plan d'apurement du passif (abandon de créances, étalement de la dette bancaire) et un plan de redressement économique (licenciements, entrée de nouveaux partenaires dans le capital).

Si l'accord amiable n'est pas respecté, le président du tribunal de commerce peut ouvrir une procédure de redressement judiciaire.

5.2. Redressement et liquidation judiciaire

La loi du 25 janvier 1985 a créé le redressement judiciaire et la loi du 26 juillet 2005, en vigueur depuis le 1er janvier 2006, a refondu le droit des entreprises en difficulté en instituant la procédure de sauvegarde comme procédure de droit commun.

Il y a cessation de paiements lorsque « l'entreprise est dans l'impossibilité de faire face au passif exigible (échu) avec son actif disponible ». Le représentant de l'entreprise ou un créancier ou le procureur de la république peuvent saisir le président du tribunal de commerce.

Le jugement d'ouverture nomme le juge commissaire, chargé de veiller au déroulement de la procédure et de la défense des intérêts en présence, le représentant des créanciers, qui vérifie les créances et établit l'ordre des créanciers, et l'administrateur judiciaire, qui fait le bilan économique et social de l'entreprise et propose soit le redressement judiciaire, soit la mise en liquidation.

5.2.1. La mise en liquidation

En général, le tribunal nomme le représentant des créanciers comme liquidateur ou un mandataire liquidateur. Il s'occupe de la réalisation des actifs (soit aux enchères soit de gré à gré), règle tout ou partie des dettes. Le tribunal procède ensuite à la clôture de la liquidation, soit pour extinction de passif, soit pour insuffisance d'actif.

5.2.2. Le redressement judiciaire

Le redressement judiciaire est assuré selon un plan arrêté par décision de justice à l'issue d'une période d'observation. Ce plan prévoit soit la continuation de l'entreprise, soit sa cession.

Le jugement d'ouverture est le point de départ d'une période d'observation (en général trois mois). Au cours de cette période, l'administrateur judiciaire établit le bilan économique et social précisant l'origine, l'importance et la nature des difficultés de l'entreprise, et présente un plan de redressement comportant trois volets : un volet économique spécifiant la nature des activités maintenues et leur justification, un volet social, indiquant les perspectives d'emploi, un volet financier concernant l'apurement du passif. La durée du plan est précisé. Le tribunal rend alors un jugement décidant soit la continuation totale ou partielle de l'activité, soit de la liquidation totale ou partielle.

Pour sortir de l'engrenage, deux grandes orientations doivent être prises :

- l'entreprise doit repenser sa stratégie et se resituer sur ses marchés, afin de reconstituer sa rentabilité, revoir ses objectifs par rapport aux moyens financiers qu'elle peut mettre en œuvre ;
- l'entreprise doit négocier globalement avec son (ses) banquier(s) :
  - consolider les crédits de trésorerie en dettes financières ;
  - bâtir un plan d'épuration des dettes avec les banquiers et les fournisseurs. Ceci ne pourra se faire qu'avec un plan de financement qui traduira un projet de développement sur le moyen terme, recapitaliser, chercher des alliances avec d'autres entreprises ;
  - bâtir un plan de trésorerie sur l'année ;
  - reconstituer le capital de confiance de l'entreprise vis-à-vis de ses partenaires financiers (problème d'image).

L'entreprise doit donc promouvoir une nouvelle politique financière cohérente : c'est ce que nous allons étudier dans la deuxième partie.

Pour les créanciers (banquiers et autres financeurs externes), le souci principal est l'évaluation du risque de faillite. Un diagnostic ne consiste pas principalement à établir un bilan financier et calculer des ratios, mais surtout à imaginer les causes des déséquilibres financiers actuels (défiance des actionnaires et des banquiers) ou à venir, pour pouvoir agir sur ces causes par des décisions financières appropriées, en vue de retrouver un nouvel équilibre pour l'avenir et de regagner la confiance des financeurs de l'entreprise. L'entreprise doit donc imaginer une nouvelle stratégie financière avant de prendre des décisions d'un type nouveau. C'est ce que nous allons aborder dans la deuxième partie.

Deuxième partie

STRATÉGIE FINANCIÈRE ET DÉCISION

Introduction

L'analyse pentagonale de la société Mac Kinsey[1] donne une approche parmi d'autres du lien entre l'analyse, le diagnostic, la stratégie et enfin la décision financière. Les auteurs proposent une démarche séquentielle qui se déroule en cinq étapes : ils partent de la capitalisation boursière actuelle de la société, ce qui leur permet de calculer sa valeur interne en l'état, puis de faire des anticipations sur sa valeur interne potentielle et sur sa valeur externe et enfin ils en déduisent une valeur probable après restructuration.

Le principe de la démarche permet d'estimer le gain potentiel des actionnaires, l'opinion des investisseurs sur l'évolution des activités et la divergence de leur opinion par rapport à celle des dirigeants, les avantages éventuels d'un repreneur à l'issue d'une offre publique d'achat ou d'une offre publique d'échange. Notre approche est légèrement différente, mais elle aboutit aux mêmes conclusions : désormais, en matière de gestion et de stratégie financière, la connaissance est plus que jamais liée à l'action, la valeur future à la valeur actuelle et à la valeur passée, l'entreprise ancrée dans son environnement ne peut plus s'en dégager, même pour des artifices pédagogiques.

La capitalisation boursière actuelle d'une société peut déjà donner une idée des risques d'offre publique d'achat (OPA) ou d'offre publique de vente (OPE) pesant sur son avenir. Elle peut la comparer à sa valeur interne déterminée par la méthode des *cash flows* actualisés au coût du capital recoupée par l'utilisation des valeurs comptables (résultat d'exploitation, charges fixes, charges directes) pour déterminer la rentabilité effective de l'entreprise. Après réflexion, on peut dégager la valeur interne potentielle, évaluant l'impact des

1. Copeland T., Koller T., Murrin J., *La stratégie de la valeur*, McKinsey-InterÉditions, 1991, p. 37.

décisions stratégiques futures sur la valeur de la société et de ses filiales et sur la création de valeur envisagée. La valeur externe potentielle ajoute au calcul précédent toutes les considérations relatives à l'environnement : évolution des marchés, conjoncture économique, comportement de la concurrence, arrivée de nouvelles technologies. Quelles que soient les restructurations envisagées et les méthodes d'ingénierie financières préconisées, la valeur après restructuration apporte les correctifs rendus nécessaires par le recentrage des activités, la restructuration financière, ou le développement de fonctions particulières (recherche, développement, internationalisation). La comparaison de la valeur en l'état et de la valeur après restructuration peut permettre de savoir si la société est une cible éventuelle pour un repreneur, quels sont les risques de contrôle qu'elle court et, en définitive, quel est son avenir programmé. La programmation de cet avenir, tel est le but de la stratégie financière débouchant sur la décision.

Chapitre 6

Modèles stratégiques
et modèles financiers

La gestion financière à long et moyen terme doit permettre de prendre aujourd'hui des décisions qui engagent l'entreprise dans le futur. Un futur bien maîtrisé suppose une analyse stratégique réaliste, prenant en compte une image de l'état probable de l'entreprise à une date donnée et les conséquences concrètes de cet état probable sur les finances de l'entreprise.

1. L'IMAGE STRATÉGIQUE VIRTUELLE DE L'ENTREPRISE

Les spécialistes ont commencé à se préoccuper de stratégie au début des années 1960 et, depuis, des progrès constants ont été réalisés. Quelques modèles particulièrement utiles et performants ont été élaborés et testés avec succès et peuvent servir à construire une image stratégique virtuelle de l'entreprise qui guidera ses dirigeants dans leur prospection du futur.

1.1. La conception fondamentale de R. Anthony

On peut considérer que c'est R. Anthony[1], responsable de la gestion prévision-nelle au ministère américain de la Défense, qui a établi le cadre conceptuel auquel nous nous référerons encore aujourd'hui en matière de stratégie, de

---

1. R. N. Anthony, *Management Control in Non-profit Organisations*, Homewood, Irwin, Willard J. Graham, *Series in Accounting*, 1965.

contrôle de gestion et donc, finalement, de procédure budgétaire. Anthony distingue :

- la planification stratégique, qui étudie le processus de décision permettant d'élaborer les objectifs de l'entreprise et de se référer aux ressources utilisées pour atteindre ces objectifs (acquisition, utilisation et organisation de ces ressources en vue de les optimiser) ;
- le contrôle de gestion, qui centre son activité sur l'adéquation entre la satisfaction possible des objectifs et l'existence des ressources obtenues pour les satisfaire ;
- la gestion opérationnelle, qui permet de contrôler que l'allocation et l'exploitation des ressources est conforme à ce qui a été prévu et, dans le cas contraire, de prendre des dispositions correctives.

Anthony classe ces trois éléments en fonction de quatre paramètres :

- le temps (long terme, court terme, jour le jour) ;
- le niveau hiérarchique (direction, exécution) ;
- le degré de jugement nécessaire ;
- l'importance des décisions et leur répercussion dans le temps.

Comme le précisent H. Tardieu et B. Guthmann[1], « dans la vision de R. Anthony, la planification stratégique permet l'élaboration des objectifs et de la politique de l'entreprise, elle vise des décisions majeures (alliance, différenciation, croissance, innovation) dont les conséquences sont à long terme. Le contrôle de gestion s'inscrit dans les objectifs définis par la planification stratégique et vise des décisions à plus court terme ; il concerne les managers opérationnels. La gestion opérationnelle concerne, en général, des rythmes de temps inférieurs au mois et requiert moins d'intervention du management, la portée des décisions est en général à très court terme ».

La vision d'Anthony est devenue, malgré ses défauts, en particulier son manque de référence à l'environnement, un système presque incontournable et il est difficile de sortir de la « sainte trinité » : planification stratégique, contrôle de gestion, gestion opérationnelle.

---

1. Tardieu H., Guthmann B., *Le triangle stratégique, stratégie, structure et technologie de l'information*, Éditions d'Organisation, 1991, p. 25.

1.2. Les améliorations apportées par Chandler et Simon

Alfred DuPont Chandler, dans une étude générale des entreprises américaines[1], a montré comment la stratégie, dont Anthony a posé les bases, peut évoluer. A. Chandler montre que d'une manière générale les entreprises passent par quatre stades. Au départ, l'entreprise a un seul produit, une seule fonction, une seule usine, un seul site et elle est condamnée à la croissance en volume. Ensuite, dans un second stade, elle essaie de développer des stratégies plus élaborées, afin de réduire ses coûts, d'améliorer ses produits et d'améliorer ses services. Ensuite, elle peut s'appuyer sur des bases solides et essayer de croître en diversifiant les familles de produits et le processus de production. Enfin, elle mettra l'accent sur la coordination indispensable et elle cherchera des innovations organisationnelles qui lui permettront de se développer de manière rationnelle.

Chandler a aussi étudié les principales situations stratégiques qui seront reprises ensuite par de nombreux autres auteurs :

- la différentiation ;
- la stratégie des coûts ;
- l'innovation ;
- la croissance ;
- les alliances.

La mise en évidence des liens entre l'organisation et la stratégie a beaucoup progressé grâce à H. Simon qui, l'un des premiers, a perçu que le problème fondamental du *management* était d'organiser le système de prise de décision à plusieurs niveaux et dans plusieurs centres. Il a vu le premier que les performances de l'organisation dépendent de la qualité des relations existant entre les différents centres de décision, de la pertinence des objectifs poursuivis, de la qualité des informations transmises et du consensus assurant une harmonie des comportements. Simon évoque quatre idées essentielles :

- une organisation est composée d'un groupe de personnes qui communiquent entre elles et le comportement de l'organisation dépend de la qualité des communications ;
- les objectifs de l'organisation ne sont pas seulement les objectifs de son chef, mais résultent d'un ensemble de contraintes ;

---

1. Alfred DuPont Chandler, *Strategy & structure: Chapters in the History of the Industrial Enterprise*, Cambridge, MIT Press, 1962.

- le décideur agit dans le cadre d'une rationalité limitée. Il cherche à identifier les éléments pertinents, mais rien ne dit qu'il les trouve ou qu'il les trouve tous ;

- tous les membres sont impliqués dans l'organisation et l'information doit circuler pour que les décisions prises permettent à l'organisation d'atteindre ses objectifs.

Anthony a élaboré une classification à trois niveaux permettant d'expliquer ce qu'est une stratégie par rapport à d'autres concepts ; Chandler a montré comment la stratégie évolue, essentiellement dans le temps ; Simon s'est intéressé aux acteurs et à leur comportement, en particulier à leur comportement au niveau du processus de décision plus qu'au niveau de la prise stricte de décision.

1.3. Modèles stratégiques de référence

Notre but n'est pas de présenter un grand nombre de modèles stratégiques, mais seulement quelques modèles qui permettront ultérieurement d'éclairer nos propos sur les budgets. La stratégie a bénéficié, indirectement, comme beaucoup d'autres sciences du *management* et de la gestion, de l'apport de l'analyse systémique. J. Mélèse, en 1969, s'est penché sur la gestion par les systèmes et a distingué plusieurs niveaux d'organisation :
- le système de pilotage, qui formule les objectifs et contrôle leur réalisation ;
- le système de gestion, qui transforme les objectifs en directives et contrôles ;
- le système physique, qui exécute les opérations[1].

Dans ce même courant d'idées, G. B. Davis s'est intéressé au système d'information et de gestion (SIG, en anglais MIS, *Management Information System*) et à sa conception, sa structure et son développement. Davis définit le SIG seulement en fonction du système de pilotage, c'est-à-dire du système supérieur pensant et non exécutant. Le système d'information est l'ensemble des informations, codifiées ou non, qui permettront de prendre des décisions. J. L. Le Moigne s'est intéressé à la même famille de problèmes et, dans la plupart de ses ouvrages, il retient et remet à jour la vieille classification de l'économiste K. Boulding en :
- système de décision ;
- système d'information ;
- système opérant.

---

1. Tardieu H., Guthmann B., *Le triangle stratégique, stratégie, structure et technologie de l'information*, Éditions d'Organisation, 1991, p. 27.

D'une manière ou d'une autre, ces classifications systémiques ont influencé les auteurs en stratégie, en particulier H. Simon, qui a longtemps été en relation avec J. L. Le Moigne.

1.3.1. *Le modèle* « Intelligence Design Choice » *de Simon*

Dans un premier temps, H. Simon a proposé un modèle *Information Processing System* (IPS) qui lui a permis de développer l'idée que les raisonnements humains et les décisions prises sont structurables, normalisables et programmables et que leur processus d'élaboration pourrait être modélisé par ordinateur. On a beaucoup critiqué Simon sur ce modèle, ambitieux puisqu'il voulait remplacer l'homme par l'ordinateur, alors que l'ordinateur ne travaille efficacement que dans la mesure où le problème a été correctement analysé par l'homme. Cinq ans plus tard, Simon, profitant de son expérience et des critiques qui lui avaient été adressées, a proposé le modèle *Intelligence Design Choice* (IDC) que l'on peut traduire par « compréhension conception choix » (3 C). Dans son modèle, Simon propose de distinguer trois phases dans la prise de décision :

- la compréhension de la situation (*intelligence*) : le dirigeant doit rechercher des informations, sinon les informations, pertinentes sur la situation. Il doit essayer de percevoir la réalité de l'entreprise et de percevoir la perception qu'en ont les acteurs. Il peut y avoir la réalité et le mythe, mais le mythe est aussi une réalité. Que fait la concurrence, quel est l'état de la réglementation, quel est l'avancement de la technologie ? Quel est l'écart existant entre le réel voulu et le réel perçu ?

- la conception des solutions (*design*) : le dirigeant entre dans la phase créative concrète où il imagine des scénarios, propose des plans d'actions, et réfléchit *a posteriori* sur la phase initiale de compréhension. Il doit aussi, par *screening*, reconnaître si les décisions qu'il doit prendre sont des décisions structurées, non structurées ou partiellement structurées. À ce niveau, la plupart des décisions sont partiellement structurées ;

- le choix (*choice*) entre les différentes solutions. Parfois, la solution fait partie intégrante de l'énoncé du problème. Dans des ouvrages ultérieurs, Simon a d'ailleurs remarquablement étudié le problème de l'ellipse que font les experts pour aller directement de l'énoncé du problème à la solution. Le dirigeant peut être assisté de systèmes d'aides à la décision : intelligence artificielle, systèmes experts, réseaux de neurones artificiels permettant de multiplier les choix ou les options possibles.

Le modèle IDC de Simon a l'avantage de bien montrer non seulement la démarche des dirigeants dans l'élaboration de la stratégie, mais aussi comment ils peuvent inspirer leurs subordonnés pour la réalisation de phases ultérieures plus concrètes.

1.3.2. Le modèle « facteurs critiques de succès » de Rockart

Les facteurs critiques de succès concernés par ce modèle sont les activités, en nombre limité, qui assurent à l'entreprise sa performance et sa compétitivité. Une entreprise n'a pas besoin d'être parfaite et elle peut, comme nous le verrons plus loin, avoir des faiblesses, mais ces faiblesses ne peuvent absolument pas être localisées dans certains domaines. Par exemple, dans un hypermarché, il est impossible de négliger la gamme de produits, la gestion des stocks, la politique des prix par rayon. Un défaut dans l'un de ces domaines se traduit toujours par des pertes importantes, en euros d'une part, en pourcentage de marché d'autre part. La notion de facteurs critiques de succès peut être déclinée à chaque niveau stratégique, et il est facile de lier le modèle de Rockart[1] au modèle conceptuel d'Anthony. J. Rockart prend soin de faire la différence entre :

- les objectifs, qui sont des indications générales sur les directions que compte suivre l'entreprise, en restant évasive sur les cibles spécifiques et les moments opportuns ;
- les buts, qui sont des résultats spécifiques à atteindre au moment prévu ;
- les facteurs critiques de succès, qui sont les domaines en nombre limité où les résultats satisfaisant garantissent la performance et la compétitivité, pour un individu, un département ou une entreprise.

Une bonne connaissance des facteurs critiques de succès permettra d'optimiser l'allocation des ressources dans l'entreprise et constituera un levier de compétitivité supplémentaire. Pour déterminer ces facteurs, l'entreprise dispose de plusieurs champs d'analyse :

- les secteurs d'activité ;
- la stratégie concurrentielle ;
- la position de l'entreprise ;
- l'environnement ;
- les situations conjoncturelles ;
- les positions managériales (*leaders*, suiveurs).

En obligeant les dirigeants à avoir une vue critique et sélective de l'entreprise, cette vue devient moins statique et plus dynamique. C'est aussi un prélude à l'analyse de M. E. Porter.

---

1. Rockart J., « Chief Executives Define theirs Own Data Needs », *Harvard Business Review*, March-April, 1979 ; « The Changing Role of the Information Systems Executive: a Critical Success Factors Perspective », *Sloan Management Review*, Fall, 24, 1982.

1.3.3. Le modèle de l'avantage concurrentiel de Porter

Il semble difficile, aujourd'hui, de se passer du modèle de l'avantage concurrentiel comme système de référence absolu, que ce soit au niveau des cinq forces de la concurrence, au niveau de la création de valeur ou au niveau des stratégies de base.

1.3.3.1. L'avantage concurrentiel et les forces de la concurrence

L'ambition de M. E. Porter est d'élaborer un système de référence permettant de comprendre les secteurs, les concurrents et l'essence de la stratégie concurrentielle.

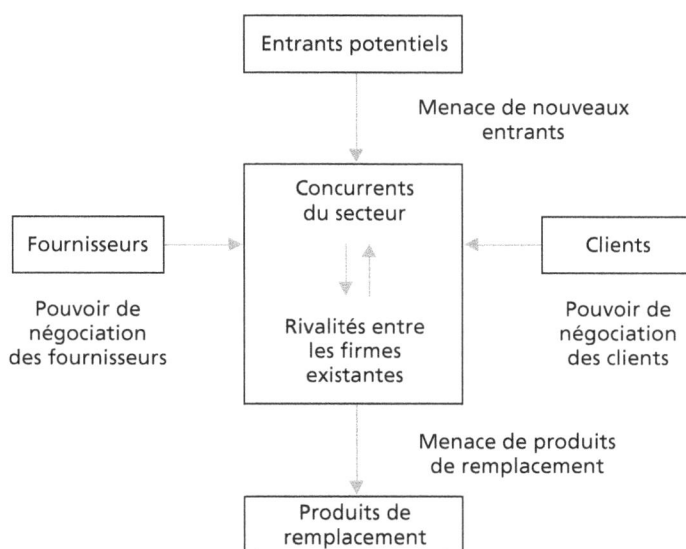

Figure 29 – Forces qui commandent la concurrence au sein d'un secteur

Source : M. E. Porter, *Choix stratégiques et concurrence*[1]

Sur un marché donné, quel qu'il soit, il y a cinq forces concurrentielles :

- les nouveaux entrants, qui doivent franchir des obstacles plus ou moins importants pour opérer sur le marché : économies d'échelle, brevets, circuits de distribution ;

- les concurrents du secteur, qui doivent tenir compte de la croissance du secteur, des coûts, de leur capacité de production et de leur image de marque ;

---

1. Porter M. E., *Choix stratégiques et concurrence : techniques d'analyse des secteurs dans l'industrie*, Économica, 1982, p. 4.

- les produits de remplacement, qui ne peuvent faire abstraction ni des prix relatifs, ni des coûts de conversion, ni de la propension à consommer des clients potentiels ;
- le pouvoir de négociation des fournisseurs, de leur nombre, de leur concentration et de leur aptitude à intégrer les entreprises en amont et en aval ;
- le pouvoir de négociation des clients, de leur chiffre d'affaires, de leurs coûts et de leur capacité d'intégration.

1.3.3.2. L'avantage concurrentiel et les deux modes de compétition

L'avantage concurrentiel procède essentiellement de la valeur qu'une entreprise peut créer pour les clients, en plus des coûts supportés par ladite entreprise pour la créer. L'entreprise doit donc comparer la valeur de ce qu'elle crée et le prix qu'elle fait payer. Pour augmenter la valeur, il faut diminuer le prix à payer par les clients, afin que le client ne trouve pas, chez les concurrents, autant d'avantages pour le même prix. Si on ne peut pas baisser le prix, il faut augmenter les avantages. Pour M. E. Porter, un avantage ne peut être obtenu que dans deux cas :

- ou bien l'entreprise a des coûts inférieurs à ceux de ses concurrents à qualité égale de produits ;
- ou bien elle a la possibilité de différencier ses produits et de les vendre plus cher que ceux de ses concurrents.

Si on combine ces deux uniques types d'avantages, on peut en déduire trois types de stratégies, exclusives les unes des autres.

1.3.3.3. L'avantage concurrentiel et les trois stratégies fondamentales

M. E. Porter considère qu'il n'y a pas d'autre avantage concurrentiel que des coûts bas et une aptitude à la différenciation. Il est partisan de deux stratégies de base :

- la domination par les coûts ;
- la différenciation.

Il se méfie des stratégies mixtes car il considère que les deux stratégies de base sont exclusives l'une de l'autre et qu'une entreprise structurée pour dominer son marché par les coûts a une organisation très différente d'une entreprise apte à faire des prouesses en matière de différenciation. La première aura en particulier des techniques de contrôle d'économie d'échelle et des processus d'apprentissage de courbe d'expérience souvent inapplicables dans la seconde.

La stratégie de base est la pierre angulaire du plan stratégique. En plus des deux stratégies de base, il en existe une troisième, c'est la concentration. Si l'entreprise domine son marché par les coûts, elle pourra, comme dans la théorie économique classique, éliminer les entreprises marginales et absorber ses concurrents moins bien structurés. Si l'entreprise domine son marché par différenciation, elle pourra absorber ses concurrents moins heureux dans le choix de leurs gammes de produits ou moins attentifs aux tendances du marché.

Tout le monde n'est pas d'accord avec M. E. Porter, en particulier C. Wiseman.

1.3.4. Le modèle des « coups stratégiques offensifs et défensifs » de Wiseman

C. Wiseman[1] reproche à Porter d'être trop schématique. Il est vrai qu'à long terme, les deux stratégies de base de domination par les coûts et de différenciation sont payantes, mais à côté des avantages concurrentiels durables, essentiels, il peut exister des avantages provisoires, des opportunités, et, à côté d'une stratégie à long terme, on peut avoir une sous-stratégie contingente qui peut être efficace. Wiseman propose de combiner le travail de Chandler sur la croissance organisationnelle et celui de M. E. Porter sur l'analyse concurrentielle[2].

Dans le modèle des coups stratégiques, Wiseman définit cinq transformations qui prennent l'entreprise dans un certain état, pour l'amener dans un nouvel état, chaque coup stratégique pouvant être joué sur un plan offensif ou sur un plan défensif. Rappelons que pour M. E. Porter, la stratégie défensive permet à une entreprise qui se sent menacée de construire un processus de dissuasion, en renforçant les obstacles structurels, en donnant des signaux d'agressivité et en réduisant les incitations des entrants potentiels. La stratégie offensive montre comment attaquer le *leader*, comment le défier et comment modifier les règles du marché à son avantage, en analysant les signes de faiblesse du *leader* et les points faibles de sa stratégie :

- la différenciation permet à une entreprise de se transformer, afin de différencier nettement ses produits et ses services de ceux de la concurrence. Si elle choisit l'offensive, elle fabriquera un produit ou un service différent, par exemple un produit jetable, alors que le produit standard ne l'était pas. Si elle choisit la défensive, elle jouera sur certains paramètres qui augmenteront les coûts pour ses concurrents, par exemple la multiplication des boîtages et des conditionnements ;

---

1. Wiseman C., *Strategic Information System*, Homewood, Irwin, 1988.
2. Tardieu H., Guthmann B., *Le triangle stratégique, stratégie, structure et technologie de l'information*, Éditions d'Organisation, 1991, p. 33.

- la domination par les coûts : on peut obtenir des économies d'échelle, des économies de champ, une rationalisation de l'information. Si l'entreprise choisit l'offensive, elle diminuera ses propres coûts, en modernisant ses usines, par exemple, ou en délocalisant sa production ; si elle choisit la défensive, elle agira sur des facteurs qui augmenteront les coûts de ses concurrents : accords de licence, accords commerciaux ;

- l'innovation : l'entreprise doit être en permanence à la recherche d'innovation pour améliorer ses produits et ses services, ses techniques de production et ses gammes de fabrication. Elle peut utiliser l'innovation de manière offensive, pour diminuer un avantage qu'a la concurrence, à l'exemple de L'Oréal qui commercialise des produits spécifiques pour les peaux et les cheveux des africaines ou des asiatiques, ou de manière défensive, comme Microsoft qui achète des brevets pour les enterrer et étouffer la concurrence, plutôt que pour les exploiter ;

- la croissance peut être géographique, commerciale interne en élargissant la gamme des produits, ou en ajoutant de nouveaux secteurs d'activité. Elle peut être offensive, en attaquant de nouveaux pays, de nouveaux marchés, de nouveaux segments de marchés, ou défensive, en empêchant la croissance des concurrents, en achetant des matières premières stratégiques, des ensembles immobiliers, certains réseaux de distribution ;

- l'alliance peut être offensive, et dans ce cas c'est une forme de croissance externe, par fusion, pour accroître sa part de marché ou par impartition, pour rentabiliser la production le long de la chaîne de valeur. Elle peut aussi être défensive, en passant des accords commerciaux, parfois interdits par la législation, pour préserver un état d'équilibre actuel.

Wiseman nuance donc l'analyse concurrentielle de Porter sans la rejeter. Le point le plus important de désaccord porte sur les conséquences opératoires des stratégies de base. Il est dommage de refuser une opportunité stratégique sous prétexte qu'elle n'est pas dans la ligne directrice de base.

2. LE SYSTÈME D'INFORMATION STRATÉGIQUE

Élaborer un système d'information stratégique, c'est faire la synthèse de ce que nous venons d'évoquer, pour mettre ensuite en œuvre la procédure budgétaire.

Il faut d'abord construire et projeter l'image virtuelle de l'entreprise, telle qu'elle paraît viable à ses dirigeants, en distinguant très clairement la planification stratégique, qui étudie le processus de décision permettant d'élaborer les objectifs de l'entreprise sur laquelle on se focalisera, du contrôle de gestion à l'articulation de la stratégie, des budgets et de la gestion opérationnelle, qui permet de contrôler que l'allocation et l'exploitation des ressources est conforme à ce qui a été prévu et qui s'intéresse donc à la procédure budgétaire et à l'analyse des écarts indispensable pour prendre des dispositions correctives.

Il faut ensuite savoir à quel stade de sa vie l'entreprise est située et ce qu'elle veut faire. L'entreprise actuelle est-elle une entreprise à un seul produit, dans un premier temps condamnée à la croissance en volume sans avoir vraiment d'autres opportunités ? Est-ce plutôt une entreprise en devenir, qui souhaite obtenir une certaine légitimité en réduisant ses coûts et en améliorant ses produits et ses services ? Est-ce encore une entreprise prête à croître par diversification ou, en définitive, une entreprise bien établie qui cherche avant tout des innovations organisationnelles ? Son niveau de développement donnera déjà aux dirigeants des indications sur le type de décisions à prendre. La compréhension de la situation leur fournira des indications sur la concurrence, l'environnement, la réglementation, la technologie et les incitera à concevoir des solutions comportant des scénarios et des plans d'actions qui devront être compréhensibles pas leurs subordonnés. Ils doivent aussi faire l'inventaire de ce qui est structuré et facilement programmable, par opposition à ce qui est partiellement structuré et qui mérite réflexion.

Il leur restera à faire des choix entre les différentes solutions, le plus souvent en se référant au développement des SWOT *analysis* (*Strengths, Weaknesses, Opportunities, Threats*), c'est-à-dire aux forces, faiblesses, contraintes et opportunités se présentant à eux ; mais, dans la plupart des cas, ils devront s'interroger sur les grands axes stratégiques à respecter : vaut-il mieux prendre l'option rigoureuse de M. E. Porter et être intransigeant sur les deux stratégies de base de domination par les coûts ou de différenciation, ou au contraire suivre le penchant de C. Wiseman pour les cinq coups stratégiques de différenciation, domination par les coûts, innovation, croissance ou alliance. Ce n'est que lorsqu'on aura résolu tous ces problèmes préalables, qu'on aura répondu à toutes ces questions en plein dans le sujet de la stratégie, qu'on pourra vraiment s'intéresser aux données chiffrées.

Exemple

La société Carg et Zong cuisine et conditionne, sous vide, des produits de la mer, moules, crevettes, saumons et écrevisses. Elle a été fondée il y a 60 ans par Guy et Marie Carg, qui avaient commencé par développer un petit commerce de beurre, œufs et fromage et qui se sont petit à petit spécialisés dans des produits tels que le saumon sauvage, le homard et la langouste d'une part, la caille et le pigeon d'autre part. Ces activités sont restées stables jusqu'à ce que la règlementation européenne devienne rigoureuse, en matière de périodes de pêche et de chasse notamment, et la famille a alors décidé de jouer la carte prioritaire de l'hygiène et de la qualité.

Localisée à Ouistreham, elle a un accès privilégié aux matières premières françaises (Bretagne, Normandie), mais aussi irlandaises et écossaises, et elle a de larges possibilités de négociation des prix et des quantités.

Actuellement, la fabrication des produits est assurée par 49 personnes dans un laboratoire moderne et la demande de produits d'excellente qualité est presque illimitée. Certains produits très demandés, comme le saumon sauvage ou les coquilles Saint-Jacques se font de plus en plus rares et deviennent donc de plus en plus profitables.

Les points forts de l'entreprise sont bien connus de ses dirigeants : leurs produits sont d'excellente qualité, leurs prix sont raisonnables, tous les dirigeants parlent un anglais impeccable et beaucoup parlent aussi la langue gaëlique, ils ont un formidable carnet d'adresse anglophone. Mais les points faibles sont connus également : l'entreprise est de petite taille, ne peut pas fournir les grandes collectivités (administrations, supermarchés) et a des difficultés à se faire connaître des réseaux nationaux. Ils ont intérêt à se poser les questions suivantes :
• actuellement, notre entreprise est-elle en mesure, en raison de ses capacités et de ses compétences, de profiter des opportunités de notre marché et de neutraliser les contraintes qui s'imposent à nous ?
• combien y a-t-il d'entreprises dans notre secteur qui ont une structure et un chiffre d'affaires semblables aux nôtres ? est-ce que certaines émergent du lot ?
• notre entreprise a-t-elle une ressource particulière ou une compétence que les autres n'ont pas et qui peut nous permettre de faire la différence ?
• notre entreprise est-elle organisée et gouvernée pour tirer au maximum parti de ses ressources et de ses compétences ?

Ce serait une excellente chose de pouvoir répondre oui à toutes les questions et de commencer à élaborer des hypothèses chiffrées.

2.1. Les étapes de l'analyse stratégique

Les dirigeants doivent d'abord se prononcer sur les forces et les faiblesses de l'entreprise, mettant en lumière de façon non équivoque ses contraintes et ses opportunités ; c'est le diagnostic stratégique. Quel que soit le diagnostic, il faudra ensuite faire des choix cohérents et coordonnés ; enfin il faudra tirer les conséquences financières de la stratégie ou de l'ensemble des stratégies choisies.

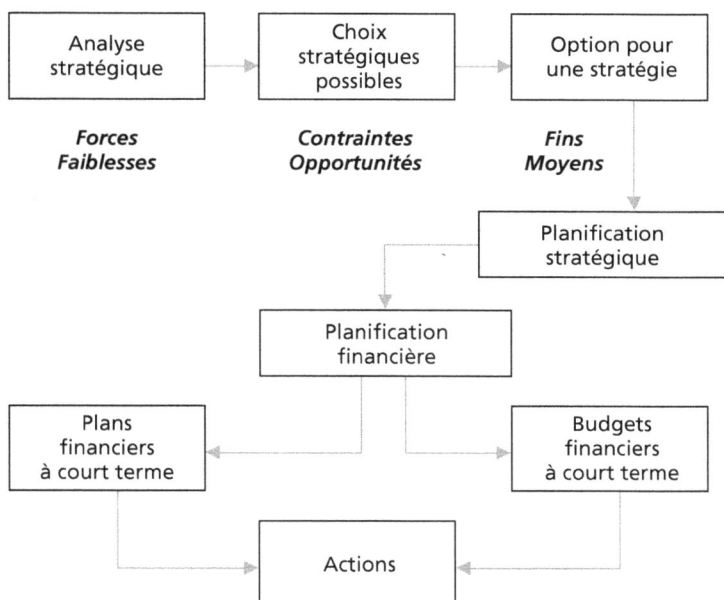

Figure 30 – Étapes de l'analyse stratégique

Source : Stéphane Griffiths et Jean-Guy Degos, *Gestion financière*,
Éditions d'Organisation, 1997

2.2. Le diagnostic stratégique

Dans un premier temps, le stratège établit un diagnostic mettant en évidence les points forts et les points faibles de l'entreprise dans son état actuel : ses produits, ses marchés, sa communication, ses moyens en hommes, en matière grise, ses moyens de production, ses moyens financiers, son portefeuille de produits nouveaux et d'innovations possibles.

Exemple

La société Fatliver fabrique et conditionne, sous vide, en barquettes, du foie gras et du confit de canard et d'oie. Elle a été fondée il y a 20 ans dans le cadre d'un partenariat avec la coopérative vinicole Cabernet d'or, voisine du célèbre Château Bistraux, premier grand cru classé du Médoc.

Depuis quelques années, elle a été successivement contrôlée par un groupe norvégien, qui l'a cédée à un groupe écossais, et elle est actuellement sous le contrôle du groupe islandais Coastal Food Company (CFC Group) qui lui laisse une grande marge de manœuvre, dans la mesure où les résultats sont conformes à ses standards.

Au départ, sa zone de chalandise comprenait deux départements, la Gironde et les Landes. Elle a changé de système : elle livre ses produits par des méthodes traditionnelles dans la région Aquitaine. Dans le reste de la France, de l'Union européenne et du monde, elle utilise le réseau Internet. Constituée au départ par trois personnes dans un laboratoire vétuste qui a été mis aux normes européennes en 2001, elle a multiplié son effectif par dix et n'a plus de problème majeur de planification de sa production et de prévision de sa demande.

Depuis 20 ans, les dirigeants de l'entreprise ont eu la sagesse de ne pas négliger ses points forts : des produits d'excellente qualité, largement au-dessus de la moyenne, et des prix raisonnables. Ils se sont attachés à réduire ses points faibles : une taille modeste, des produits surtout connus régionalement, une inexpérience relative dans le e-commerce, des délais pas toujours tenus pour fournir les grandes collectivités, en particulier au moment des fêtes.

Comme dans l'entreprise ci-dessus, après le diagnostic, le stratège essaye d'examiner comment une redéfinition de ses produits et de son marché, une réorganisation de ses moyens, un changement possible de l'attitude de ses concurrents pourraient lui permettre d'atteindre ses objectifs dans de meilleures conditions. Il conçoit un certain nombre de scénarios possibles et se trouve alors confronté à plusieurs alternatives.

2.3. Le choix d'une stratégie

C'est alors que se situe le choix de la meilleure stratégie possible. Nous sommes ici, pour une part, dans le domaine du qualitatif. Le choix ne s'appuie pas seulement sur des données rigoureusement chiffrées, mais aussi sur une appréciation de ce que peut être le devenir de l'entreprise. Cet ultime choix sera en définitive négocié car il devra prendre en compte les objectifs et les aspirations de tous les individus concernés, étant entendu que les dirigeants stratèges auront besoin de l'adhésion de tous s'ils veulent parvenir à leurs fins.

Dans le cas particulier ci-dessus, la stratégie devra aussi tenir compte de la stratégie du groupe, qui n'a ni la même vision, ni la même culture que sa filiale. La mise en œuvre de la stratégie choisie va nécessiter un certain nombre de moyens et il faudra sans doute réaménager les moyens actuels et en ajouter d'autres. Des investissements en matériel, en hommes, en communication, en recherche, appellent des supports financiers. Le choix des moyens pour atteindre des objectifs constitue la politique générale de l'entreprise.

Exemple

Dans les prochaines années, la société Fatliver souhaite, sous le contrôle de sa société mère, la Coastal Food Company, doubler sa capacité de production, améliorer son laboratoire et attaquer ses proches concurrents sur leur propre marché.

L'entreprise peut choisir de maintenir sa qualité et ses prix, tout en assurant sa croissance, en effectuant à la fois des investissements de maintien et d'expansion, en jouant à fond la carte de la traçabilité de ses matières premières, en respectant les normes européennes et en gardant une image de ses produits sur laquelle elle a capitalisé beaucoup de sympathie.

2.4. Stratégie et politique financière

La traduction financière des choix stratégiques opérés sera apparente dans les politiques financières mises en œuvre. La démarche est la même sur le plan financier. Il s'agit de faire un diagnostic stratégique : quels sont les points forts et les points faibles en ce qui concerne les investissements, le comportement des investisseurs (actionnaires, banquiers), les modes de financement, leur coût.

Choisir une stratégie financière, c'est là encore replacer l'entreprise sur le marché des sources de financement, revoir l'attitude vis-à-vis des actionnaires, des banquiers, des concurrents, voir également s'il est possible d'opérer des regroupements (rachats d'entreprises, OPA, OPE, fusions). Le choix d'une stratégie financière sera bien évidemment cohérent avec la stratégie générale définie plus haut.

Ces choix apparaîtront concrètement dans le plan de financement. Suivant le terme, c'est-à-dire suivant l'horizon du plan, on parlera de plan stratégique (à plus de cinq ans), de plan opérationnel (de deux à cinq ans) et de budgets (à un an au plus). Plus le terme est proche, plus le plan doit être détaillé. Au cours de ce chapitre, nous centrerons notre attention sur le plan opérationnel. Pour les documents de synthèse financiers prévisionnels (compte de résultat, bilan, tableau de financement), la périodicité retenue est l'exercice. Les prévisions formalisées dans le plan de financement devront ensuite être comparées aux réalisations afin de faire apparaître les performances de l'entreprise et susciter une analyse des écarts.

Les prévisions à moyen terme sont bien sûr liées aux investissements qui ont été programmés. Le choix des investissements s'appuie sur des hypothèses d'activité et de coûts, sur des comptes de résultats prévisionnels.

3. La planification budgétaire

Il est avant tout nécessaire d'élaborer une esquisse de plan de financement, à partir d'un modèle tenant compte des objectifs du stratège. Il faut ensuite ébaucher un compte de résultat prévisionnel et s'assurer que tous les besoins, notamment les besoins en fonds de roulement, sont bien couverts. Le plan de financement définitif pourra alors être élaboré.

3.1. Le modèle de gestion

3.1.1. Élaboration du modèle de gestion

Le milieu où vit l'entreprise est en changement constant et elle doit tenir compte du développement des techniques, des variations de la demande, des changements de goûts et de comportement des consommateurs. Il est difficile de conserver, même pour une durée moyenne, le même produit et le même marché.

Les responsables de la société doivent identifier les changements significatifs et les situer dans les perspectives d'évolution de l'entreprise. Cette attention doit porter particulièrement sur :

- le développement accéléré de la technologie dans certains secteurs, qui réduit le cycle de vie des produits et rend les méthodes de production rapidement caduques ;
- le changement de produit destiné à satisfaire un besoin stable, ou de méthode de fabrication d'un produit banal ;
- les techniques de financement d'investissements de plus en plus massifs.

La prise en compte de ces contraintes doit amener les dirigeants à formuler des objectifs clairs tels que :

- c'est le produit X que nous privilégions ;
- notre but est d'avoir 10 % du marché de ce produit ;
- la rentabilité des capitaux investis par nos actionnaires doit être au moins de 15 % ;
- le résultat net comptable de notre groupe doit être de 10 % du chiffre d'affaires hors taxe.

Les objectifs se traduisent par des hypothèses générales faisant l'objet de discussions contradictoires entre la direction générale et le contrôleur de gestion. L'accord débouche sur la mission confiée aux directions sectorielles de formuler des hypothèses pour leur secteur :

- la direction commerciale étudie les conséquences d'un accroissement des ventes du produit privilégié sur chaque secteur géographique, sur chaque canal de distribution et en tire les conséquences : opérations de structuration des équipes, opérations de promotion, calcul des coûts supplémentaires ;
- la direction de la production étudie les mêmes conséquences sur l'appareil productif qui est encore flexible et qui peut absorber la nouvelle charge ou qui est déjà saturé et qui doit faire l'objet de nouveaux investissements.

Il faut ensuite chiffrer financièrement les hypothèses, en utilisant les normes économiques et comptables de l'organisation. Un tel chiffrage peut mettre en lumière des contradictions : si l'accroissement des ventes de 10 % du produit X entraîne une restructuration de l'appareil commercial et un effort d'investissement important associé à des emprunts, il ne sera pas possible d'obtenir un résultat de 10 % ou de conserver 15 % de rémunération des capitaux investis. La direction générale doit exercer le choix final compatible avec certaines hypothèses de départ et les contraintes qu'elles génèrent : il faudra choisir entre un accroissement des ventes de 5 %, avec 15 % de rémunération des capitaux, et un accroissement des ventes de 10 %, avec une hausse du résultat de 1 % et une rémunération des capitaux de 8 %, ou alors il faudra complètement revoir une partie de la structure de l'entreprise et céder, par exemple, une filiale pour réinvestir sans apport extérieur.

La décision finale débouche sur des hypothèses définitives consignées dans des états de synthèse prévisionnels et pluriannuels, organiquement liés dans un modèle, susceptible de décrire sur une période moyenne (cinq ans) l'activité en volume de l'entreprise et tenant compte de ses moyens matériels, humains et financiers. La figure suivante résume le processus d'élaboration de ce modèle.

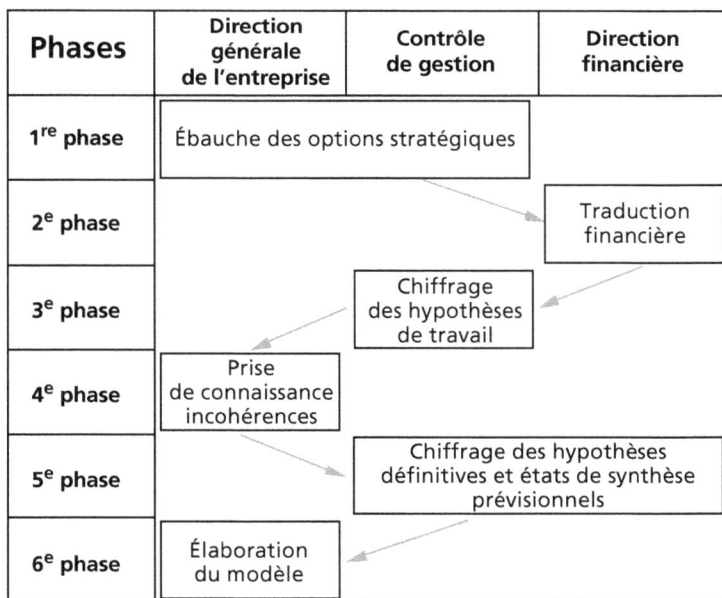

Figure 31 – Processus d'élaboration du modèle de gestion

Source : Ordre des experts-comptables

3.1.2. Élaboration d'une esquisse de plan

Le plan est la conséquence directe du modèle choisi : c'est son expression, en termes financiers, pour des périodes qui sont fréquemment de cinq ans. De manière globale, pour chaque année, les plans montrent les niveaux de prévision, l'impact des opérations commerciales sur les opérations de production et les résultats financiers espérés. Dans ces plans, la conjoncture économique, l'inflation, le comportement des consommateurs sont intégrés.

La prévision doit être une activité continue et les plans à long terme sont en général des plans glissants : chaque année, l'année courante (année n) est extraite et une année de plus (année n + 5) est ajoutée au terme du plan. Il existe des différences importantes quant aux années intégrées dans le plan :

• les conséquences du plan pour l'année qui vient (n + 1) doivent être particulièrement mesurées : l'activité économique en général, celle du secteur professionnel en particulier, l'évolution de l'inflation, des coûts, des revenus doivent être estimés avec attention et précision ;

• la partie du plan de l'année (n + 1) doit être beaucoup plus détaillée que celle des années suivantes, car plus le terme est proche et plus les détails sont, relativement, importants. Plus le terme est lointain, plus les détails pourront être combinés différemment pour atteindre le même but, comme le montre la figure suivante :

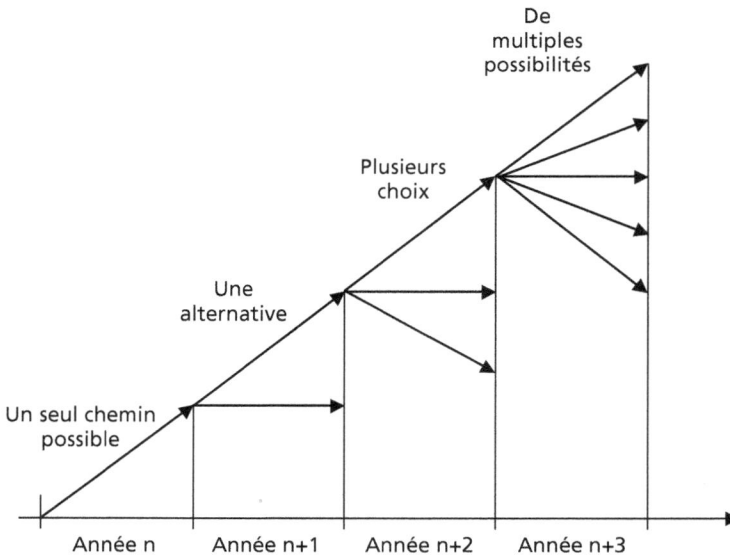

Figure 32 – Ouverture des choix budgétaires en fonction du temps

- concrètement, c'est en partant du modèle général stratégique élaboré par la direction de l'entreprise que les responsables déterminent le plan à moyen terme, en général à cinq ans, exprimé sous forme de programmes. L'ébauche des programmes et leur articulation permettent de tester le modèle, en particulier ses propriétés de récursivité ; si le modèle est parfaitement récursif, c'est-à-dire si, partant des hypothèses de base, on obtient des résultats simulés compatibles avec ces hypothèses, on peut le considérer comme valide et l'adopter définitivement.

3.1.3. Élaboration des objectifs

Le choix définitif du modèle permet de préciser les objectifs assignés à l'organisation et conditionnés par les programmes qui peuvent jouer un rôle structurant appréciable : il est possible d'exercer directement un contrôle sur l'organisation et ses résultats en éclairant les secteurs où l'entreprise n'est pas aussi performante qu'elle devrait l'être. Les incohérences sont, à ce niveau, plus quantitatives que qualitatives.

Dans certaines entreprises, le contrôleur de gestion, utilisant un manuel de procédures budgétaires, est chargé de la bonne fin des opérations. Même si un tel comité n'existe pas, il est indispensable qu'il existe une unité d'approche et de présentation des objectifs, qui doivent couvrir l'ensemble des aspects de la vie de l'entreprise (vente, production, approvisionnement, gestion des capitaux) et permettre de promouvoir un dialogue entre la direction générale et les directions opérationnelles de l'entreprise. L'accord sur les objectifs permet d'entériner le choix définitif des programmes.

Il faut ensuite préparer les budgets qui découlent des objectifs : à ce niveau, les prévisions spécifiques qui ont été exprimées en termes financiers et physiques et qui ont été évaluées soit par des membres délégués de la direction générale, soit par le contrôleur de gestion, vont faire l'objet d'une nouvelle évaluation. Les responsables vont une fois encore vérifier la compatibilité et la cohérence de l'ensemble. La planification du niveau de production, associée au niveau du stock de matières premières et de produits finis existant, doit procurer suffisamment d'unités fabriquées pour réaliser les ventes planifiées. La prévision d'emploi des salariés et de la capacité des machines doit être suffisante compte tenu de la fabrication choisie.

Il est fréquent qu'un facteur particulier soit plus rare ou plus contingenté que les autres et qu'il conditionne le niveau d'activité de toute l'entreprise : capacité des machines rares (robots), capacité financière, aptitudes particulières des équipes de vente ou d'achat. Toutes ces limitations se répercutent en définitive sur le niveau des ventes. Là où des goulots d'étranglement existent, il faut les gérer en priorité et en particulier bien mettre en évidence leur impact sur les autres facteurs. Dans certains cas, il faut prendre des mesures spéciales et draconiennes pour desserrer la contrainte associée au facteur rare et pour assurer la flexibilité de l'ensemble budgétaire. Mais le desserrement de la contrainte n'est pas un objectif en soi, comme l'accroissement des ventes par exemple, c'est un simple moyen d'améliorer la gestion.

Quand des prévisions annuelles acceptables ont été déterminées pour chaque partie de l'activité, les partenaires esquissent ensemble, sous la responsabilité de la direction, un ensemble de prévisions à moyen et à long terme qui est l'ébauche des budgets à court terme découlant eux-mêmes des objectifs : l'approbation de cette étape par les responsables au plus haut niveau permet de commencer la réalisation matérielle de l'ensemble budgétaire.

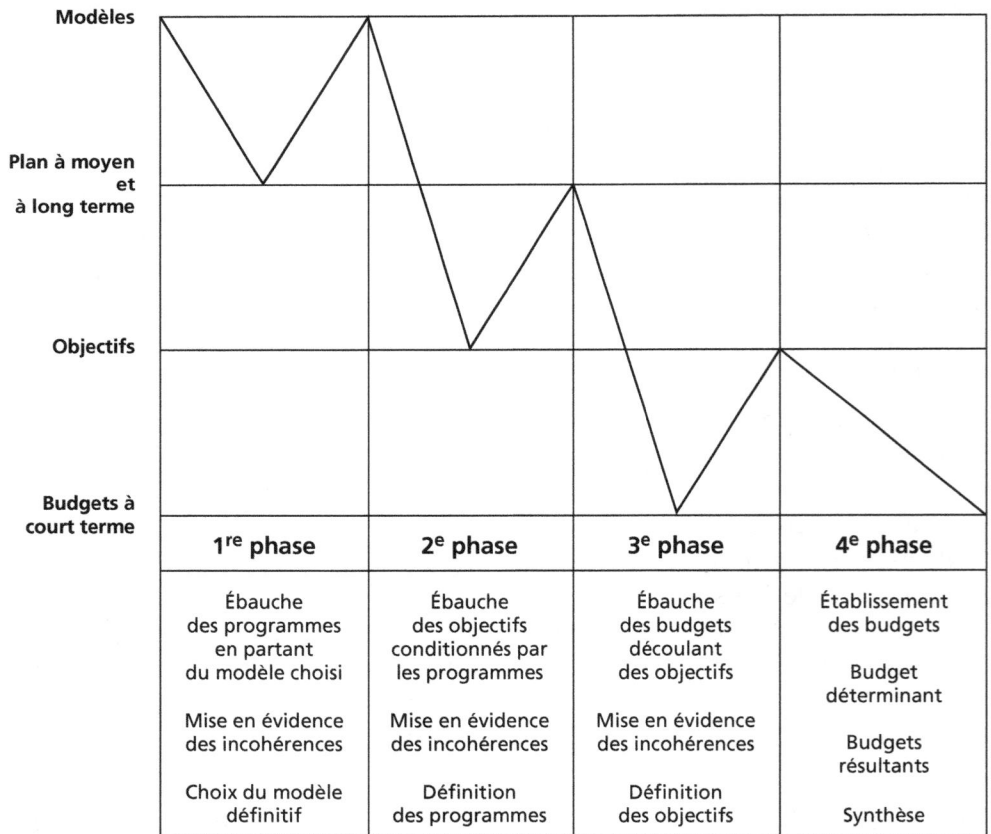

Figure 33 – Processus d'élaboration du plan

Source : Ordre des experts-comptables

3.2. Les comptes de résultat prévisionnels et les paramètres essentiels

Dans la mesure où le responsable financier raisonne à long terme, la prévision des charges et des produits est en général schématique quant à son montant mais précise quant aux différentes natures de charges et produits qui sont répertoriés.

3.2.1. Prévisions d'activité

La stratégie détermine les politiques commerciales à moyen terme. Le responsable des ventes communique donc au responsable financier les prévisions de chiffre d'affaires pour les trois, quatre ou cinq années à venir. En fonction de la politique de stockage, ces données vont permettre de déterminer les quantités à produire. Pour chaque année, les prévisions sont de ce type :

Exemple : Fatliver

Prévisions d'activité sur cinq ans,
en unités standard calibrées[1]

Années	Aquitaine		Internet	
	Foie gras	Confits	Foie gras	Confits
Année 1	5 000	2 000	1 000	500
Année 2	5 500	2 500	1 500	900
Année 3	6 200	3 000	2 500	1 200
Année 4	7 000	3 500	3 500	1 500
Année 5	7 700	4 000	4 500	2 000

3.2.2. Prévision des coûts

Connaissant la production prévisionnelle, il est alors possible de prévoir les charges qui en découlent. Ces prévisions seront établies pour une structure de coûts déterminés à partir de ce qui a été constaté dans le passé proche, modifié du fait des investissements projetés.

---

1. De même qu'en matière d'énergie, on utilise les tonnes d'équivalent pétrole, dans notre cas, on peut utiliser des unités équivalentes « foie d'oie », puisqu'il existe une différence entre les oies et les canards gras.

Prévisions des coûts de l'année 1 en euros

Charges prévues	Charges Achats	Charges Production	Charges Distribution	Charges Autres	Total
Achats canards et oies	253 000				253 000
Achats ingrédients cuisine	20 100				21 000
Achats emballages	17 000				17 000
Achats non stockés	1 000	5 000		3 000	9 000
Entretien		9 000			9 000
Assurances	1 000	3 000	2 000	3 000	9 000
Publicité			11 000		11 000
Transports	4 000		18 000		22 000
Frais postaux				21 000	21 000
Services bancaires				2 700	2 700
Impôts et taxes				20 300	20 300
Rémunération du personnel		73 000	33 000	41 000	147 000
Charges sociales		30 000	13 000	18 000	61 000
Charges financières				1 900	1 900
Dotations amortissements	2 000	6 000	4 000	1 000	13 000
Impôt sur les sociétés				33 000	33 000
Total des charges	298 100	126 000	81 000	144 900	650 000

3.2.3. Le compte de résultat et la capacité d'autofinancement

Toutes les prévisions sont synthétisées dans un compte de résultat prévisionnel pluriannuel. Il est alors possible de calculer, pour toutes les années du plan, la capacité d'autofinancement prévue, compte tenu du fait que le compte de résultat prévisionnel et la capacité d'autofinancement sont déterminés à partir d'un certain montant de charges financières qui dépendent pour une part des choix de financement opérés à partir du résultat et de la CAF élaborés. Il y a donc, parfois, un délicat problème de récursivité à résoudre.

Exemple : compte de résultat prévisionnel de Fatliver

Au 31 décembre Année 1	
Produits d'exploitation	
Ventes de produits finis	710 000
Production stockée	10 000
Total des produits d'exploitation	720 000
Charges d'exploitation	
Achats d'oies et de canards	253 000
Achats ingrédients cuisine	20 100
Achats emballages	17 000
Autres charges externes	83 700
Impôts, taxes et versements	20 300
Rémunération du personnel	147 000
Charges sociales	61 000
Dotations aux amortissements	13 000
Autres charges	
Total des charges d'exploitation	615 100
Résultat d'exploitation	104 900
Charges financières	1 900
Produits financiers	0
Résultat financier	− 1 900
Résultat courant avant impôt	103 000
Produits exceptionnels sur opérations de gestion	2 000
Charges exceptionnelles	0
Résultat exceptionnel	2 000
Impôt sur les sociétés	33 000
Résultat net comptable	72 000

Pour chaque année, on établit un compte de résultat prévisionnel qui fait apparaître notamment le chiffre d'affaires, les charges financières, le résultat net comptable. Si les capitaux propres de la société sont de 500 000 €, leur rentabilité est donc de :

$$\frac{\text{Résultat}}{\text{Capitaux}} = \frac{72\ 000}{500\ 000} = 14{,}40\ \%$$

ce qui est proche des 15 % attendus, et le résultat représente :

$$\frac{\text{Résultat}}{\text{Production}} = \frac{72\ 000}{720\ 000} = 10\ \%$$

ce qui est strictement conforme aux normes du groupe (10 %). On peut donc considérer que cette première ébauche est satisfaisante.

On détermine l'excédent brut d'exploitation à partir des produits et des charges. Pour l'année 1, on a ici un excédent brut d'exploitation égal à :

$$[720\ 000 - (615\ 100 - 13\ 000)] = 117\ 900$$

et la capacité d'autofinancement en retranchant les charges financières de l'EBE. Pour l'année 1, il vient :

$$117\ 900 - 1\ 900 = 116\ 000$$

Le tableau suivant donne les éléments pour les autres années :

EBE et CAF prévisionnels

Éléments	Année 1	Année 2	Année 3	Année 4	Année 5
Chiffre d'affaires	720 000	730 000	740 000	750 000	760 000
Résultat net comptable	72 000	73 000	74 000	75 000	76 000
Excédent brut d'exploitation	117 900	119 000	121 000	123 000	127 000
Charges financières	1 900	5 000	6 000	7 000	6 000
Capacité d'autofinancement	116 000	114 000	115 000	116 000	121 000

3.3. Les prévisions de besoin en fonds de roulement

Nous avons vu plus haut qu'il existait une relation entre le besoin de financement du cycle d'exploitation et le niveau d'activité. C'est cette relation que nous allons utiliser pour prévoir le niveau de besoin en fonds de roulement nécessaire et donc l'investissement en besoin en fonds de roulement indispensable pour chaque année du plan de financement.

3.3.1. Les méthodes de régression

S'il est possible de recueillir une série suffisamment longue de données sur le BFR et l'activité de l'entreprise, on peut calculer des droites de régression par la méthode des moindres carrés, afin de mettre en lumière une relation linéaire entre le BFR et l'activité du type :

$$BFR = aCA + B$$

où, connaissant le chiffre d'affaires CA prévu pour les années successives du plan de financement, on en déduira le BFR nécessaire en appliquant la relation ci-dessus. Par différence, on obtiendra l'investissement en BFR issu de la variation du BFR.

Exemple

Pour la société Fatliver, le chiffre d'affaires passe de 720 000 la première année à 760 000 la cinquième, soit une augmentation de 3,5 % au total et 0,7 % par an en moyenne. Si son BFR de départ est estimé statistiquement à :

$$BFR = 9\% \ CAHT + 27\ 000$$

après les opérations d'ajustement, on obtiendra respectivement :

Éléments	Année 1	Année 2	Année 3	Année 4	Année 5
Chiffre d'affaires	720 000	730 000	740 000	750 000	760 000
Besoin en fonds de roulement	91 800	92 700	93 600	94 500	95 400
Variation du BFR	–	900	900	900	900

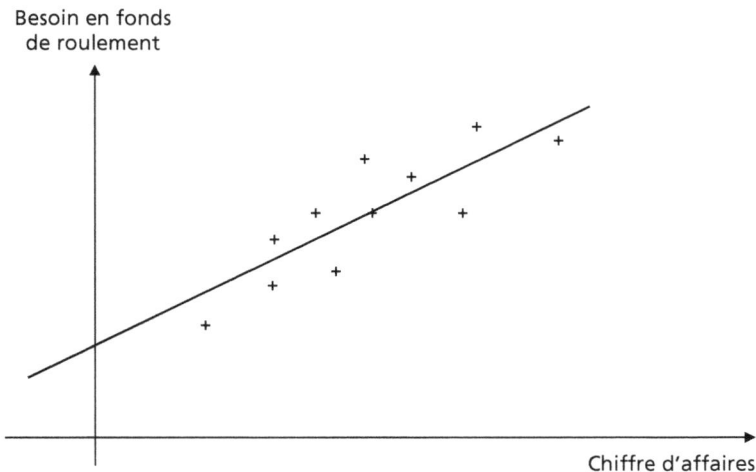

Figure 34 – Ajustement du BFR

3.3.2. La méthode fondée sur la relation EBE - ETE = Var. BFR

Bien qu'elle s'applique surtout à court terme, il est possible, en faisant des hypothèses à long terme sur les mouvements de trésorerie liés à l'exploitation, de déduire de l'excédent brut d'exploitation, lu dans les comptes de résultat prévisionnel, et l'excédent de trésorerie d'exploitation obtenu par synthèse pluriannuelle des encaissements et des décaissements effectifs d'exploitation, la variation du BFR.

Exemple

Si nous reprenons toujours l'exemple de Fatliver, on a :

Éléments	Année 1	Année 2	Année 3	Année 4	Année 5
Chiffre d'affaires	117 900	119 000	121 000	123 000	127 000
Excédent de trésorerie ETE	117 900	121 600	125 500	129 500	133 500
Variation du besoin BFR	–	900	900	900	900

Ceci suppose que les montants annuels de l'ETE sont calculés avec précision, ce qui n'est pas toujours le cas ; en effet il est difficile de prévoir la conjoncture des cinq années à venir et les décalages, même modestes, de quelques jours dans les paiements ont une influence très perturbante sur les variations de BFR et l'ETE.

3.3.3. La méthode normative

Le principe de la méthode consiste à trouver une relation entre chaque élément constitutif du BFR (stocks, clients, fournisseurs) et le niveau d'activité, que nous mesurerons ici par le chiffre d'affaires, et à réduire toutes ces relations à une unité de mesure commune, le jour de chiffre d'affaires hors taxe.

Exemple

Pour la société Fatliver, la première année, le chiffre d'affaires prévu est de 720 000 € et le jour de chiffre d'affaires, instrument de mesure choisi, a une valeur de :

$$\frac{720\ 000}{360\ \text{jours}} = 2\ 000\ €$$

Le calcul est normatif car il s'appuie sur des objectifs qui concernent :

- la durée de rotation des différents éléments (objectifs de gestion des stocks, objectifs commerciaux de crédit aux clients, habitudes ou souhaits de paiement aux fournisseurs) ;

* la structure des coûts (d'achat, de production, de fabrication des matières premières, des marchandises, des produits finis) issue du compte de résultat prévisionnel, de manière explicite ou le plus souvent implicite.

3.3.3.1. Stock de matières premières

Nous partons de l'expression de la durée de rotation des stocks exprimée par :

$$\text{Durée de stockage} = d_{mp} = \frac{\text{stock de MP} \times 360}{\text{coût d'achat}}$$

Il vient :

$$\text{Stock de MP} = d_{mp} \times \frac{\text{coût d'achat}}{360}$$

En multipliant et en divisant par le CA on obtient :

$$\text{Stock de MP} = d_{mp} \times \frac{\text{coût d'achat}}{CA} \times \frac{CA}{360}$$

Soit :

$$\text{Stock de MP} = d_{mp} \times \frac{\text{coût d'achat}}{CA} \times \text{jours de CA}$$

Exemple : société Fatliver :

En ce qui concerne le besoin de financement du cycle d'exploitation, on retiendra les normes suivantes :
- délai de crédit clients : 55 jours ;
- délai de crédit fournisseurs : 72 jours ;
- délai de stockage des matières premières : 10 jours ;
- délai de stockage des produits finis : 15 jours.

On négligera l'incidence de la TVA, des salaires et des charges sur salaires pour le calcul du besoin en fonds de roulement.

La durée de stockage des matières premières est égale à dix jours. Le coefficient coût d'achat sur CA peut être calculé pour un produit :

$$\frac{245\,000}{666\,900} = 0,36$$

Il vient :

$$\text{Stock de matières premières} = 10 \text{ jours} \times 0,36 = 3,6 \text{ jours de CA}$$

3.3.3.2. Stock de produits finis

Nous supposons que le coût de production est composé de charges qui varient avec le niveau d'activité (mesuré ici par le chiffre d'affaires) et de charges fixes.

$$\text{Coût de production} = vCA + CF$$

Les charges fixes s'entendent hors amortissement, dans la mesure où cette charge non décaissable ne génère pas de BFR.

Nous suivons le même raisonnement que pour le stock de matières premières :

$$\text{Durée de stockage} = d_{pf} = \frac{\text{stock de MP} \times 360}{\text{coût de production}}$$

Il vient :

$$\text{Stock de PF} = d_{pf} \times \frac{\text{coût de production}}{360}$$

En multipliant et en divisant par le chiffre d'affaires, il vient :

$$\text{Stock de PF} = d_{pf} \times \frac{\text{coût de production}}{CA} \times \frac{CA}{360}$$

Soit :

$$\text{Stock de PF} = d_{pf} \times \frac{(v \times CA) + CF}{CA} \times \frac{CA}{360}$$

$$\text{Stock de PF} = d_{pf} \times v \times \frac{CA}{360} + d_{pf} \times \frac{CF}{360}$$

$$\text{Stock de PF} = d_{pf} \times v \text{ jours de CA} + d_{pf} \times \frac{CF}{360}$$

Pour la société Fatliver

Le délai de stockage des produits finis est fixé à 15 jours.

Si l'analyse statistique nous donne un coût de production égal à :

$$0,52\ CA + 41\ 700\ \text{€}$$

Avec 12 300 de charges fixes, il vient :

$$\text{Stock de PF} = 15 \text{ jours} \times \frac{270}{360} + 15 \times \frac{41\ 700}{360} = 11,3 \text{ j} + 2\ 780$$

3.3.3.3. Clients

Nous écrivons comme précédemment la durée des crédits clients :

$$d_{cl} = \frac{\text{clients} \times 360}{\text{CATTC}}$$

$$\text{Clients} = d_{cl} \times \frac{\text{CATTC}}{360}$$

Soit t le taux moyen de TVA sur les ventes :

$$\text{Clients} = d_{cl}(1 + t) \times \frac{\text{CA}}{360}$$

$$\text{Clients} = d_{cl} \times (1 + t)\text{jours de CA}$$

Exemple : société Fatliver

Le délai des crédits clients est fixé à 55 jours.

Il vient :

$$55 \text{ jours} \times 1,196 = 65,8 \text{ jours de CAHT}$$

3.3.3.4. Fournisseurs

$$d_{fr} = \frac{\text{fournisseurs} \times 360}{\text{achats de biens et services}}$$

$$\text{Fournisseurs} = d_{fr} \times \frac{\text{achats TTC}}{360}$$

En considérant qu'une partie des achats varie avec l'activité (v'CA) et que l'autre est fixe (indépendante de l'activité, CF'), avec un taux moyen de TVA = t' :

$$\text{Fournisseurs} = d_{fr} \times (1 + t') \times \frac{\text{v'CA} + \text{CF'}}{360}$$

$$\text{Fournisseurs} = d_{fr} \times \text{v'} \times (1 + t') \times \frac{\text{CA}}{360} + d_{fr} \times (1 + t') \times \frac{\text{CF'}}{360}$$

Exemple : société Fatliver

Délai total de crédit fournisseurs : 72 jours ;
Charges variables : 30 jours ;
Charges fixes : 42 jours ;
Montant des charges fixes : 14 700 ;
Taux moyen de TVA : 16,5 % (moyenne pondérée de taux de 19,6 et 5,5 %).
Achats totaux : 237 000 dont 93,8 % variant en fonction de l'activité.

Il vient :

$$30 \text{ jours} \times 85\% \times 0,36 \times 1,165 + 42 \times (6,2\% \times 237\ 000) \times \left(\frac{1,165}{360}\right)$$
$$= 10,7 \text{ jours} + 14\ 700$$

Tous les calculs peuvent être résumés dans le tableau suivant :

BFR normatif prévisionnel

Éléments du BFR	Partie variable Durée	Partie variable Coefficient	Partie variable Jours	Partie fixe Durée	Partie fixe Jours	Partie fixe Total
Actif circulant						
Stock matières premières	dmp	a	dmp a			
Stock produits finis	dpf	v	dpf v	dpf	CF	dpf × CF
Clients	dcl	1 + t	dcl(1 + t)			
Passif circulant						
Fournisseurs	dfr	v'(1 + t')	dfr v'(1 + t')	dfr	CF'	dfr × CF'
Totaux			Jours CA			Total F

Exemple

Pour la société Fatliver les éléments prendront les valeurs suivantes :

Éléments du BFR	Partie variable Durée	Partie variable Coefficient	Partie variable Jours	Partie fixe Durée	Partie fixe Jours	Partie fixe Total
Actif circulant						
Stock matières premières	10 j	0,36	3,60			
Stock produits finis	15 j	0,75	11,30	15 j	2 780	41 700
Clients	55 j	1,196	65,80			
Passif circulant						
Fournisseurs	30 j	0,35	(10,70)	42 j	35	(14 700)
Totaux	x	x	70,00	x	x	27 000

Les totaux des colonnes 4 (Partie variable, jours) et 7 (Partie fixe, total) tiennent compte du signe des valeurs : les éléments d'actif circulant, stocks et clients, ont une influence négative sur le besoin en fonds de roulement (effort de financement à fournir) les éléments de passif circulant, fournisseurs, ont une influence positive (atténuation de l'effort de financement) sur la constitution du besoin en fonds de roulement.

Le BFR est donné par l'expression :

$$70 \text{ jours} \times \text{valeur du jour de}$$
$$\text{CAHT} + 27\,000 = 140\,000 + 27\,000 = 167\,000\,\text{€}$$

Avec un jour de CAHT = 2 000 e.

Et on obtient pour chacune des cinq années :

Éléments	Année 1	Année 2	Année 3	Année 4	Année 5
Chiffre d'affaires	720 000	730 000	740 000	750 000	760 000
Valeur du jour de CA hors taxe	2 000	2 028	2 056	2 084	2 111
Besoin en fonds de roulement	91 800	92 700	93 600	94 500	95 400
Variation du BFR	–	900	900	900	900

Les différentes méthodes étant fondées sur des approches et des raisonnements différents, il est possible, et même probable, que les résultats obtenus soient différents.

3.4. Le plan de financement

Le plan de financement est un tableau de financement pluriannuel prévisionnel. La forme du tableau doit correspondre au document utilisé par l'entreprise *ex post* afin de faciliter le contrôle. L'élaboration du plan n'est pas totalement linéaire. Différentes itérations seront nécessaires afin d'obtenir la meilleure combinaison possible.

On commence par esquisser les tableaux de financement annuels, fondés sur la relation déjà évoquée $\Delta\text{FR} - \Delta\text{BFR} = \Delta\text{TN}$ et qui reprennent, si l'on choisit le modèle du Plan comptable général, la variation du fonds de roulement net global, du besoin en fonds de roulement et de la trésorerie.

Ensuite, on présente le plan de financement proprement dit. Les effets des investissements portent sur plusieurs années et ont des prolongements multiples : financiers, comptables, économiques, fiscaux. L'entreprise qui a des moyens financiers limités doit exercer des choix et les planifier sur plusieurs exercices budgétaires : le document général qui décrit cette procédure est le plan de financement à vocation pluriannuelle.

Exemple : société Fatliver

Le tableau suivant donne une idée du plan de financement de la société pour les trois années à venir. Ce plan n'est que la traduction des éléments inclus dans les comptes de résultat prévisionnels, compte tenu des conditions de production et du marché actuel.

Plan de financement

Éléments	Année 1	Année 2	Année 3
Investissements d'expansion			
Matériel de production	370 000	150 000	80 000
Matériel roulant	80 000	170 000	
Matériel de nettoyage		20 000	18 000
Investissements de renouvellement			
Aménagement immeuble	30 000	10 000	20 000
Matériel administratif			50 000
Matériel roulant			70 000
Remboursement des dettes	61 500	50 000	42 500
Variation du BFR d'exploitation	87 000	90 000	93 000
Variation du BFR hors exploitation			
Dividendes à payer	45 000	50 000	55 000
Variation de la trésorerie	4 500	17 000	– 12 500
Total des emplois	678 000	557 000	416 000
Capacité d'autofinancement	273 000	312 000	341 000
Cession d'actifs	5 000	10 000	35 000
Emprunts bancaires	100 000	85 000	40 000
Subventions	250 000		
Augmentations de capital	50 000	150 000	
Total des ressources	678 000	557 000	416 000

4. ARTICULATION STRATÉGIE, PLANIFICATION BUDGÉTAIRE ET GESTION FINANCIÈRE

Il existe une nette opposition, qu'il est indispensable de résoudre pour le bien de l'entreprise, entre l'approche stratégique et l'activité des gestionnaires, également indispensables au bon fonctionnement de la firme. La démarche fondamentale du responsable stratégique est de nature heuristique[1], c'est-à-dire fondée sur des hypothèses dont on ne cherche pas à savoir si elles sont vraies ou fausses, mais qu'on adopte pour leur commodité dans l'accomplissement d'un travail : abordant des problèmes réels et analysant des faits bruts, on doit, grâce à un esprit de synthèse, les simplifier pour en donner une image ressemblante, facilement compréhensible pour les collaborateurs de la firme ; on cherchera des solutions efficaces permettant avant tout d'atteindre les buts poursuivis : l'action, qui doit composer avec des signaux faibles, une information imparfaite, débouche sur une décision globale acceptable, sans être la meilleure.

La démarche fondamentale du gestionnaire en général et du gestionnaire des ressources financières en particulier est de nature holistique[2], c'est-à-dire fondée sur le fait qu'un ensemble a des propriétés qui manquent à ses éléments constitutifs : à partir de problèmes simples et clairement définis, par agrégations et combinaisons successives, il complique ses modèles, le plus souvent obtenus par des algorithmes, qui lui permettent d'utiliser des moyens techniques (ordinateurs, logiciels) débouchant sur des décisions fractionnées, programmables. La nature des moyens employés et le savoir-faire auxquels ils sont associés exige de lui une maîtrise technique orientée vers l'optimisation résultant de l'exhaustivité de la recherche des informations.

Pour que l'entreprise fonctionne efficacement, il est nécessaire d'interfacer l'activité de ces deux séries d'acteurs qui poursuivent des buts que tout semble opposer :

- l'intuition créative des stratèges doit être nourrie d'informations fiables et exhaustives fournies par les gestionnaires ;

---

1. Une attitude heuristique, du grec *heuriskein*, même racine que *heuréka* (j'ai trouvé), consiste à chercher et à trouver une solution sans se préoccuper de ses fondements théoriques ; l'important est de savoir que « ça marche » sans se préoccuper de « comment ça marche ».
2. Une attitude holistique, du grec *holos* (ensemble) tient compte de la totalité des éléments à prendre en considération, mais cette prise en compte peut constituer un frein à l'efficacité et à la créativité, à la vie en un mot. Opposer heuristique et holistique, c'est opposer création et exploration.

* l'esprit de synthèse des stratèges doit tenir compte des enseignements des analyses effectuées par les gestionnaires, même s'ils les transforment ou les interprètent ;
* la décision stratégique, pour être réaliste, doit composer avec les décisions fractionnées et incontournables (état du marché du travail, fluctuations des changes internationaux, contraintes technologiques et bien sûr contraintes financières).

Exemple

Dans la société Fatliver, on conditionne actuellement des quantités classiques auxquelles le marché est habitué : éléments d'environ 800 g. Mais la tendance du marché est à la consommation par unités individuelles (du type de 100 à 125 g).

Si les stratèges de la société souhaitent se lancer sur le marché de la portion individuelle ou sur le marché de paquets fractionnables en portions individuelles, ils seront, d'une manière ou d'une autre, obligés de tenir compte des temps, coûts, délais, problèmes financiers mis en lumière et étudiés par les gestionnaires.

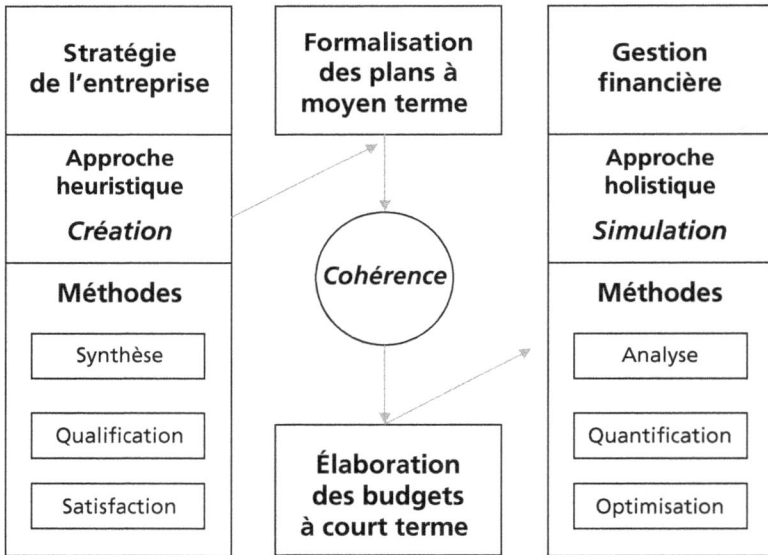

Figure 35 – Stratégie, plans et gestion financière

Le rôle essentiel de l'ensemble budgétaire défini comme la procédure de budgétisation supportée par les budgets est de permettre de concilier les contraintes de la stratégie, promouvant la formalisation de plans stratégiques et les exigences de la gestion, tirant les conséquences financières de l'existence de ces plans dans l'élaboration des budgets. Cette conciliation est fondée sur une description à double lecture des moyens humains, techniques, financiers affectés à l'accomplissement de fonctions repérées dans l'espace et dans le temps. Pour des raisons d'efficacité, l'établissement et la coordination de l'ensemble budgétaire doivent être planifiés selon une procédure exigeant le respect des formes, des délais, des contraintes de l'organisation. Longtemps, le champ stratégique a été déconnecté du champ financier. Il est temps de réintégrer les deux domaines dans un ensemble plus vaste.

4.1. Caractéristiques de la stratégie financière

Nous nous intéressons ici à la stratégie financière de l'entreprise découlant indirectement de la stratégie générale et non pas directement de la stratégie générale :

Actifs		Passifs	
Investissements actuels générant des flux financiers	Investissements déjà réalisés	Capitaux propres	Capitaux appartenant aux propriétaires et aux actionnaires
Valeur attendue des investissements futurs projetés	Investissements à réaliser	Dettes financières	Emprunts auprès des établissements de crédit

Source : A. Damodaran, *Corporate strategy, Theory and Practice*, 2004

Comme l'a très bien souligné A. Damodaran[1], la stratégie financière de l'entreprise repose sur trois sous-stratégies caractéristiques : la stratégie d'investissement, la stratégie de financement et la stratégie de distribution du dividende. Ces trois stratégies fournissent une base à partir de laquelle on peut développer les activités de l'entreprise, simplement en appliquant des règles de bon sens, mais aussi en s'inspirant des méthodes les plus élaborées de la finance moderne. Il est essentiel de faire des investissements qui rapportent plus qu'ils ne coûtent, il est non moins essentiel de les financer de manière pertinente et il faut enfin assurer aux investisseurs une juste rémunération.

4.1.1. La stratégie d'investissement

Dans la stratégie d'investissement, les firmes font l'effort d'investir en actifs seulement si elles espèrent une rentabilité des capitaux supérieure à leur

---

1. Damodaran A., *Finance d'entreprise, théorie et pratique*, 2e édition, Bruxelles, De Boeck, 2006.

coût, avec un minimum de rentabilité acceptable. Ce minimum de rentabilité est un taux plancher, tenant compte du coût des capitaux propres et des dettes et pour lequel la rentabilité des investissements est identique à celle d'investissements similaires.

Les entreprises ont des ressources rares qu'elles doivent affecter aux projets les plus compétitifs. Les investissements les plus classiques permettent la croissance et l'extension de la firme. Il y a aussi des investissements qui ne procurent pas de revenus supplémentaires, mais qui économisent des coûts en les maintenant à un faible niveau. Par exemple, utiliser des ordinateurs plus performants pour gérer les stocks permet de faire de substantielles économies sur les coûts de stockage. Une stratégie d'investissement bien pensée doit mesurer la rentabilité des projets d'investissement et les comparer à la rentabilité minimale acceptable pour décider si un projet donné est accepté ou non. Le taux de rentabilité minimal doit être suffisamment élevé pour couvrir les risques et pour rémunérer le dosage de capitaux utilisés, que ce soient des capitaux propres ou des capitaux empruntés. Il est aussi nécessaire de dépasser l'analyse quantitative pour essayer de déterminer la source des meilleurs projets et de faire le lien entre la gestion stratégique générale de la firme et l'analyse particulière de ses investissements.

4.1.2. La stratégie de financement
La stratégie de financement est fondée sur le dosage de dettes et de capitaux propres, choisis pour financer un investissement devant permettre de maximiser la valeur des investissements réalisés. Dans le contexte du calcul du taux de rentabilité minimum exigé par la stratégie d'investissement, il faut choisir un dosage de dettes et de capitaux propres qui minimise le taux choisi et permette à la société de faire plus de nouveaux investissements, tout en accroissant la valeur due à l'existence des investissements actuels.

Les entreprises peuvent faire deux types de choix quand elles ont à financer des projets. Elles peuvent choisir un dosage de dettes et de capitaux propres pour financer leurs investissements et s'efforcer de trouver, s'il existe, un équilibre optimum entre les dettes et les capitaux propres. En général, le plus gros avantage de l'emprunt est un avantage fiscal, car les intérêts sont déductibles. Le côté négatif est que l'entreprise emprunteuse est vulnérable car les emprunteurs peuvent prendre le contrôle de ses actifs. Par comparaison, la dette est intéressante aussi longtemps que les recettes marginales générées par les capitaux empruntés excèdent les coûts marginaux.

À l'intérieur des deux grandes catégories de dettes et de capitaux propres existe toute une gamme d'instruments financiers différents ; par exemple la dette peut être à court terme ou à long terme, elle peut être en euros, en dollars américains ou en yens japonais. La stratégie de financement doit aider la société à décider si l'emprunt doit avoir une place prépondérante ou non, mais elle doit fournir des éléments pertinents sur des types de financement à utiliser dans des cas précis ; dans le meilleur des cas, les sociétés essaient d'harmoniser avec le plus de précision possible les caractéristiques de leurs instruments financiers et les caractéristiques des actifs à financer. Ainsi, les actifs à long terme doivent être financés par des dettes à long terme, et les actifs à court terme doivent être financés par des dettes à court terme.

Les entreprises qui ne respectent pas ces règles de base le font à leurs propres risques. Dans les années 1980, de nombreux établissements financiers américains qui utilisaient des emprunts à court terme pour financer des hypothèques à long terme, ou des entreprises indonésiennes des années 1990 qui utilisaient des emprunts locaux en dollars pour financer leurs investissements en roupies, en ont fait la triste expérience.

4.1.3. *La stratégie de distribution du dividende*

La stratégie de distribution du dividende est le troisième pilier de la stratégie financière des entreprises. Comment les entreprises peuvent-elles rémunérer leurs propriétaires ? L'une des solutions est de réinvestir les fonds qui ne sont plus utilisés dans de nouveaux projets d'investissement et d'augmenter la valeur du capital investi dans l'affaire. L'autre solution est de leur demander de retirer ces fonds et de les investir ailleurs. Le choix de savoir combien on réinvestit et combien on retire est le problème central du principe du dividende. Quand une firme est de taille modeste et qu'elle a une opportunité d'investissement intéressante, les fonds disponibles seront systématiquement réinvestis dans l'affaire. Mais il peut y avoir différentes étapes dans la vie de chaque société. Lorsque le *cash flow* généré par les investissements actuels est supérieur aux fonds nécessaires pour faire des investissements profitables, c'est-à-dire dont le taux de rentabilité excède le taux minimal de référence, la société peut reverser les liquidités excédentaires aux propriétaires. Concrètement cela signifie que le propriétaire va retirer une partie des fonds qu'il a investis dans la société. Dans une entreprise faisant appel à l'épargne publique, on va payer un dividende aux actionnaires ou rembourser leur capital en opérant une réduction.

Les trois composantes de la stratégie financière de la société, stratégie d'investissement, stratégie de financement et stratégie de distribution du dividende, sont étroitement liées et sont tendues vers un objectif unique, base de la stratégie financière générale de l'entreprise.

4.2. La stratégie financière générale de l'entreprise

L'objectif principal, dans la théorie financière orthodoxe est de maximiser la valeur de la firme. Par conséquent, toute décision (d'investissement, de financement, de distribution de dividendes) qui augmente la valeur de la firme est une « bonne » décision, celle qui la fait baisser est « mauvaise ». L'objectif de maximisation de la valeur de la firme est souvent étendu, en pratique, à la maximisation de la valeur des titres pour les actionnaires et mène à la maximation du cours des actions. Si l'objectif de la société est de maximiser sa valeur, cette valeur doit être liée aux trois stratégies que nous avons évoquées : stratégie d'investissement, stratégie de financement et stratégie de distribution de dividendes.

À partir de cette simple énumération, on peut s'interroger sur ce qui détermine la valeur d'une société. Dans un premier temps, on peut dire que la valeur d'un actif est ce qu'on est prêt à payer pour l'acquérir. Les comptables utilisent souvent cette approche de la valeur et ils l'appellent valeur comptable. Cette définition pose deux problèmes. Le premier est que si on a payé un actif, en particulier si cet actif a été acheté ou développé dans le passé, son prix historique ne reflète pas fidèlement sa valeur actuelle. Le second est que cette définition dissimule presque entièrement la valeur créée par un investissement futur. Nous pourrions dire que cette valeur des actifs de la firme, et par extension la firme elle-même, est déterminée par les *cash flows* que ces actifs ont générés et par l'incertitude de génération de ces flux financiers. Ces anticipations ne changent rien aux informations traitées au jour le jour dans un environnement économique fluctuant. Cette seconde mesure est la valeur de marché. Puisque la firme est financée avec une combinaison de dettes et de capitaux propres, la valeur des capitaux propres de la firme n'est pas égale à la valeur totale des actifs dans la firme, excepté dans le cas, exceptionnel, où l'entreprise n'a pas de dette. En général, la valeur des capitaux propres de la société est égale à la valeur de ladite société moins la valeur des dettes. Les investisseurs fondent leurs espérances sur la valeur future de la firme et sur la qualité de ses stratégies (investissement, financement, dividendes). Les décisions de financement ont une influence sur la valeur de la firme par l'intermédiaire du taux de rentabilité minimal. Cette formulation nette de la valeur est impliquée d'une part par les interactions entre les décisions d'investissement, de financement et de répartition des dividendes, et d'autre part par les conflits d'intérêts survenant entre les actionnaires et les dirigeants.

Dans de nombreuses entreprises, ce sont les dirigeants, plus que les propriétaires, qui prennent les décisions de savoir dans quel domaine on investit ou comment se procurer des fonds pour financer l'investissement. Aussi, si la maximisation du cours de l'action est l'objectif, un dirigeant, entre deux solutions, choisira celle qui fait le plus augmenter la valeur de l'action. Dans de nombreux cas, l'objectif est fixé en termes de maximisation d'une fonction ou d'une variable, comme le profit ou la croissance, ou en termes de minimisation d'une autre fonction ou d'une autre variable, comme le risque ou le coût.

Alors pourquoi avons-nous besoin d'un objectif, et si nous en avons déjà un, pourquoi en voulons-nous plusieurs ? S'il n'y a pas d'objectif privilégié, il n'y a pas de façon systématique de prendre des décisions et chaque nouvelle affaire fait l'objet d'une nouvelle procédure, il n'y a pas de suivi global. Si nous choisissons des objectifs multiples, nous faisons face à différents problèmes. Une théorie développée autour de multiples objectifs va créer des situations embarrassantes lorsqu'il faut prendre une décision. Si les objectifs sont hiérarchisés, nous sommes en face du même ensemble réduit de choix, mais il se rapproche d'un objectif unique. Est-il préférable de donner la priorité à la maximisation du résultat actuel ou de maximiser les parts de marché ? On n'a donc pas d'avantage à avoir des objectifs multiples et à développer une théorie intégrant de multiples objectifs. Nous pensons que l'on devrait avoir un seul objectif. Lorsqu'il faut prendre une décision, l'entreprise peut choisir entre plusieurs objectifs. Mais il faut savoir si l'objectif choisi est « le » bon objectif. Un bon objectif a les caractéristiques suivantes :

- il est clair et sans équivoque ;
- il doit être mesuré d'une façon objective ;
- il ne doit pas générer de coûts pour d'autres entités.

Même si on peut penser que la maximisation des cours des actions est un objectif plus étroit que celui de la maximisation de la valeur, c'est le premier qui est prioritaire. Finalement, le cours de l'action est la vraie mesure de la richesse de l'actionnaire, puisque les actionnaires peuvent vendre leur action et en recevoir le prix, au cours du jour, immédiatement. Quand une entreprise maximise le cours de ses actions, les actionnaires peuvent, s'ils le désirent, en tirer un profit immédiat, et donc la maximisation du cours des actions est un objectif qui concilie deux critères à retenir pour un bon objectif. Si on suit les auteurs classiques, les dirigeants de la firme ont seulement besoin de se concentrer sur l'objectif de maximisation du prix des actions et ils peuvent laisser de côté tout ce qui concerne les autres objectifs. À partir du moment où on a décidé que cet objectif était unique et qu'il était le meilleur, lorsqu'on décide de promouvoir des actions d'ingénierie financière, ces actions doivent aussi être compatibles avec cet objectif.

Les outils de l'ingénierie financière et les montages de l'ingénierie financière, que nous évoquerons au chapitre 11 doivent être employés essentiellement dans ce but.

Chapitre 7

Décision d'investir et logique de l'investissement

Dans le chapitre précédent, nous avons vu comment établir le plan de financement, dans le cadre d'un projet d'investissement donné. Nous n'avions pas résolu le problème de la décision d'investissement. C'est ce que nous allons étudier maintenant.

1. DÉFINITION ET TYPOLOGIE DES INVESTISSEMENTS

1.1. Définition de l'investissement

Pour l'entreprise, investir c'est consentir à décaisser aujourd'hui un certain montant avec l'espoir d'encaisser ultérieurement, sur plusieurs exercices, des sommes plus importantes permettant d'augmenter ainsi la valeur de l'entreprise, et par suite, bien entendu, le patrimoine des propriétaires.

Développons les termes essentiels de cette définition :

- l'investissement est un décaissement. Toute activité de l'entreprise consiste à avancer des sommes d'argent en vue de revenus futurs. Mais l'investissement a ceci de particulier qu'il fait sentir ses effets et donc qu'il génère des encaissements sur plusieurs exercices. Le cycle d'investissement s'étale sur plusieurs années. Une machine, un bâtiment va être utilisé pendant plusieurs cycles de production et donc participer au résultat de plusieurs exercices ;

- l'investissement doit augmenter le patrimoine des propriétaires. Un investissement doit générer des encaissements supérieurs aux décaissements. On s'assure alors qu'il permet d'augmenter la valeur de l'entreprise (création de valeur) : il est rentable. La difficulté, nous le verrons, est d'évaluer avec un maximum de précision les flux de liquidités liés à l'investissement, afin de vérifier cette inégalité fondamentale.

0	1	2	3	Etc.
I	+ r1	+ r2	+ r3	

Ces encaissements et décaissements se situent en des points différents du temps : nous verrons que le calcul de la « valeur actualisée nette » (VAN) permet de résoudre ce problème ;

- l'incertitude – « avec l'espoir d'encaisser ultérieurement » : lors de l'investissement, le décideur ne peut que supputer ce que seront les encaissements à venir. Toute décision d'investissement comporte une évaluation du risque d'exploitation. Le risque est d'autant plus grand que le bien acheté est destiné à être utilisé longtemps et que son prix d'achat est élevé.

1.2. Typologie des investissements

Nous distinguerons différents types d'investissements.

1.2.1. Classification par nature

Le plan comptable français distingue :

- les investissements corporels. Il s'agit de choses, d'objets matériels : terrains, bâtiments, machines, véhicules, mobilier, ordinateurs ;
- les investissements financiers. Ce sont les titres ou droits de créances : actions, obligations, devises, prêts, produits bancaires divers ;
- les investissements incorporels. Ils regroupent tout ce qui n'est ni corporel ni financier : fonds commercial, licence de fabrication, de transports, brevets, résultat de recherches et développement, sélection, embauche et formation des salariés, logiciels informatiques, etc.

On ne retrouve pas forcément tous les investissements à l'actif du bilan. En effet, certains de ces investissements ne sont pas immobilisés, considérés par les normes comptables comme des charges (campagnes publicitaires, formation, etc.) ; d'autres du fait du mode de financement choisi (crédit-bail) ne figurent pas dans les immobilisations (norme PCG au contraire des normes IFRS qui les inscrivent à l'actif).

Les investissements corporels et incorporels peuvent être amortissables s'ils perdent de la valeur dans le temps lors de l'utilisation. Le décaissement correspondant à la valeur d'origine est donc étalé dans le temps : c'est la dotation aux amortissements[1].

1.2.2. Classification par affectation

Dans le chapitre 3, nous avons distingué :

- les investissements industriels et commerciaux, éléments affectés à l'activité de production et de vente ;
- les investissements financiers, placements de fonds, soit dans une optique de maximisation de la rentabilité, soit dans l'attente d'une autre affectation.

1.2.3. Classification par fonction

- investissements de production ;
- investissements administratifs ;
- investissements commerciaux ;
- investissements logistiques ;
- etc.

1.2.4. Classification économique

- les investissements de remplacement. Ce sont les investissements destinés à remplacer des installations existantes. Il faut noter que le remplacement ne se fait pas strictement à l'identique. Le nouvel investissement incorpore le progrès technique et permet de modifier le processus de production. Il entraîne ainsi une augmentation de la productivité (quantité produite plus importante dans la même unité de temps), une réduction des coûts, une amélioration de la qualité du produit, du travail des hommes sur le lieu de production, de la sécurité, de l'environnement (investissements anti-pollution) ;
- les investissements d'expansion. Ils sont effectués, en cas de croissance interne, pour faire face à un accroissement de la production (investissement de capacité), pour produire un produit nouveau en relation avec les

---

1. Par opposition à l'investissement amortissable (comptabilisé dans des comptes d'immobilisation en général, classe 2), la charge (comptabilisée dans des comptes de la classe 6) est un décaissement pour l'achat de biens ou de services qui sont consommés au cours d'un seul cycle de production, sur une durée en général inférieure à l'exercice. Certains investissements de faible valeur (500 €) sont directement comptabilisés en charges (voir Code général des impôts et documentation administrative 4C-211).

choix stratégiques de l'entreprise. En cas de croissance externe, ce sont des investissements financiers (achats de valeurs mobilières d'autres sociétés avec la volonté de prendre leur contrôle). Cette dernière nature d'investissements fait référence aux choix stratégiques de l'entreprise. Le tableau suivant montre le lien entre investissement et stratégie[1].

Stratégies industrielles et commerciales	Types d'investissements	Particularités
Stratégies intra-industrie		
Domination par les coûts	Investissements permettant des gains de productivité	
	Investissements de capacité	
Différenciation	Investissements en recherche et développement	Les calculs de rentabilité d'investissements peuvent infléchir les stratégies
	Investissements commerciaux	
	Investissements de capacité	
Concentration (« focalisation »)	Investissements de capacité	
Dégagement	Pas d'investissement ou désinvestissement	Dégagement de ressources pour d'autres investissements
Stratégies inter-industrie		
Intégration verticale	Investissements financiers	Absorption, prise de participation
Diversification	Investissements de capacité et commerciaux	
	Investissements financiers	
Stratégies inter-entreprises		
Impartition	Investissements commerciaux	Coopération financière…
	Désinvestissement en BFRE	
Croissance externe	Investissements financiers	Peut provenir d'opportunités, être amicale, négociée (fusion), constitution de filiales, ou inamicale (ramassage, OPA, OPE).

1. Voir également F. Bancel et A. Richard, *Les choix d'investissements*, Économica, 1995, p. 24.

2. CRITÈRES FINANCIERS DE CHOIX DES INVESTISSEMENTS

Pour juger de l'opportunité d'un investissement et pour pouvoir faire des choix, nous allons déterminer sa valeur. Celle-ci est fonction des flux de trésorerie liés à cet investissement :

- encaissements (ventes de biens produits à l'aide de cet investissement[1]) ;
- décaissements (coût d'achat de l'investissement, charges de fonctionnement, etc.).

Nous nous situons ici au niveau de la rentabilité intrinsèque de l'investissement et non pas au niveau de la rentabilité de l'actionnaire, qui sera évoquée dans le chapitre suivant. Nous ne retiendrons donc que les flux d'exploitation et d'investissement. Les flux de financement ne seront introduits que dans le chapitre suivant.

Pour un investissement donné, il est difficile d'isoler chaque encaissement et chaque décaissement lié au projet. Nous allons donc être obligés de simplifier en évaluant à une date charnière annuelle un encaissement et un décaissement unique pour l'année :

- année 0, initiale : encaissement E_0 et décaissement D_0 ;
- année 1 : E_1 et D_1 ;
- année n : E_n et D_n.

En supposant les flux uniformément répartis sur l'année, cette date pourra être le milieu de l'exercice comptable.

Pour chaque année i, on peut alors évaluer le flux net de trésorerie (*cash flow*) : $E_i - D_i$.

| E_0-D_0 | E_1-D_1 | E_2-D_2 | E_3-D_3 | E_n-D_n |

Figure 36

2.1. L'actualisation

Il n'est pas possible de faire la somme de ces flux nets de trésorerie. En effet, celui qui fait le choix d'investissement a une préférence pour le présent. Il préfère disposer d'un euro aujourd'hui plutôt que demain. Donc, un euro

---

1. Nous n'abordons pas ici le problème du financement. La valeur économique de l'investissement et sa rentabilité sont indépendantes du financement de celui-ci. Nous n'intégrerons les flux de trésorerie liés aux financements (encaissement d'emprunt, remboursements) que dans le chapitre suivant lors du choix des financements.

aujourd'hui n'a pas la même valeur qu'un euro demain : s'il possède un euro aujourd'hui, il va pouvoir le placer et il disposera alors de :

$$1(1 + t)$$

au bout d'un an, t étant un taux d'intérêt « attendu » annuel. Il y a alors équivalence entre une somme S_0 aujourd'hui et dans un an une somme :

$$S_1 = S_0(1 + t)$$

En poursuivant ce raisonnement, nous pouvons écrire qu'il y a équivalence entre une somme S_0 aujourd'hui et dans deux ans une somme :

$$S_2 = S_0(1 + t)^2$$

En effet, la somme S_1 au temps 1 a la valeur $S_1(1 + t)$ au temps 2, d'où :

$$S_2 = S_1(1 + t) = S_0(1 + t)(1 + 1) = S_0(1 + t)^2$$

En généralisant, il y a équivalence entre une somme S_0 au temps 0 et une somme :

$$S_2 = S_0(1 + t)^n$$

dans n années. S_n est la valeur acquise par S_0 l'année n.

Réciproquement, il y a équivalence entre une somme S_n l'année n et une somme :

$$S_0 = S_n(1 + t)^{-n}$$

aujourd'hui. S_0 est la valeur actuelle (au temps 0) de la somme S_n au temps n.

2.2. Le taux d'actualisation

Le taux d'actualisation t peut être conçu comme un taux externe : c'est le taux d'intérêt que l'investisseur demande en cas de placement alternatif. Le taux est alors un taux d'intérêt sur le marché financier. Pour ce faire, on a l'habitude de considérer le taux d'intérêt des placements sans risque, auquel on ajoute une prime de risque. Le fait de prendre un taux plus élevé va entraîner une minoration progressive des flux les plus lointains et donc traduire l'aversion au risque de l'investisseur.

Exemple

Consultons un extrait d'une table financière des valeurs actuelles :

$$(1 + t)^{-n}$$

Taux d'actualisation

Valeur de 1 € aujourd'hui	t = 10 %	t = 11 %	t = 13 %
1 an	0,909	0,901	0,885
2 ans	0,826	0,812	0,783
3 ans	0,751	0,731	0,693

Ce qui signifie qu'un euro aujourd'hui équivaut à 81 centimes dans deux ans (en choisissant un taux d'actualisation de 11 %).

Pour une année donnée, lisant le tableau en ligne, plus le taux d'actualisation augmente, plus la valeur actuelle d'un euro diminue, ce qui traduit une préférence pour le présent.

Taux d'actualisation = taux sans risque + prime de risque

Plus l'investisseur décideur préfère le présent, refuse le risque, plus il privilégie les flux de trésorerie proches dans le temps, et plus la prime de risque est élevée, plus il demande des taux d'intérêt élevés. Le taux d'actualisation qu'utilise le décideur croît avec sa préférence pour le présent (ou son aversion pour l'avenir).

Le taux d'intérêt varie dans le temps. Le taux au comptant n'est valable que pour actualiser les flux présents. Pour les flux futurs, il faudrait prendre des taux à terme. L'utilisation d'un taux d'actualisation unique n'est valable que s'il permet d'obtenir la même VAN qu'avec les taux au comptant. Or, ceci dépend des écarts existant entre taux d'intérêt à court terme et taux d'intérêt à long terme.

Il semble que les entreprises privilégient le choix d'un taux externe dans leurs analyses de rentabilité[1].

Le taux d'actualisation peut cependant être conçu comme un taux interne : ce taux doit être au moins égal à ce que coûtent ses ressources à l'entreprise (fonds propres, emprunts). Il sera donc au moins égal au coût moyen pondéré de ses ressources, « coût du capital ».

---

1. Gillet J., Lombard G., « Éléments pratiques dans la décision d'investissement », *Analyse financière*, hors-série, 1995, p. 84.

Ce taux est alors une hypothèse de travail. Il ne permet de prendre en compte ni l'évolution des taux sur le marché, ni l'attitude des banquiers et des actionnaires pour le financement des projets à venir. En ce sens, il ne peut être utilisé lorsque l'investissement projeté se situe dans une classe de risque autre que celle des investissements précédemment réalisés par l'entreprise.

2.3. La valeur actuelle nette

En actualisant à la date origine les flux nets de trésorerie, il est alors possible d'en faire la somme. On obtient la valeur actualisée nette (VAN) de l'investissement au taux d'actualisation t :

0	1	2	3	Etc.
$E_0 - D_0$	$E_1 - D_1$	$E_2 - D_2$	$E_3 - D_3$	

$$VAN =$$
$$(E_0 - D_0) + (E_1 - D_1)(1 + t)^{-1}$$
$$+ (E_2 - D_2)(1 + t)^{-2} + \ldots + (E_n - D_n)(1 + t)^{-n}$$
$$VAN = \sum (E_i - D_i)(1 + t)^{-i}$$

La VAN est donc la somme actualisée de tous les encaissements et décaissements liés à l'investissement sur sa durée de vie. En actualisant au taux t, on garantit aux financeurs de l'investissement (actionnaires, banquiers) une rémunération de leur placement au taux t. La VAN représente donc la valeur de l'investissement après rémunération. Cette VAN peut être rapprochée de la notion d'« *Economic Value Added* » (EVA). Il s'agit de la valeur créée par l'investissement au-delà d'un niveau de rentabilité minimal assuré aux financeurs.

Exemple

Une entreprise envisage un investissement I_1 de 750 000 €. Il sera réalisé en 2010 et commencera à être opérationnel en 2011.

Le chiffre d'affaires prévu est de 950 000 € la première année et sera en progression de 10 % par an ensuite. Les charges variables générées par cet investissement sont de 60 % du chiffre d'affaires et les charges fixes hors amortissements seront de 180 000 € par an.

Le besoin en fonds de roulement (BFR) est évalué à 20 jours de chiffre d'affaires. Le matériel est amorti en cinq ans et le taux de l'impôt sur les sociétés est de 33,33 %.

Remarque : l'étude de rentabilité est réalisée sur cinq ans, durée de vie de l'immobilisation. On suppose que l'immobilisation acquise a une valeur nulle au bout des cinq ans. Par ailleurs, on suppose que les différents éléments du BFR ne donneront pas lieu à un encaissement net, la valeur résiduelle des stocks et des créances clients étant juste suffisante pour couvrir le règlement des fournisseurs à la fin du plan. C'est une manière de prendre en compte le risque sur les stocks et les créances clients.

1 – Compte de résultat prévisionnel

Le compte de résultat prévisionnel de l'investissement se présente comme suit :

Compte de résultat prévisionnel

	2007	2008	2009	2010	2011
Chiffre d'affaires	950 000	1 045 000	1 149 500	1 264 450	1 390 895
CV	570 000	627 000	689 700	758 670	834 537
CF	180 000	180 000	180 000	180 000	180 000
EBE	200 000	238 000	279 800	325 780	376 358
Amortissement	150 000	150 000	150 000	150 000	150 000
Résultat courant	50 000	88 000	129 800	175 780	226 358
IS	16 665	29 330	43 262	58 587	75 445
Résultat net	33 335	58 670	86 538	117 193	150 913

2 – Flux nets de trésorerie

À l'année 0, nous situons le décaissement de 500 000 correspondant à l'achat du matériel. À partir de l'année 1, les encaissements nets correspondent à l'ETE généré par l'investissement (EBE – variation du BFR).

Évaluation du BFR	52 778	58 056	63 861	70 274	77 272
Var. BFR	52 778	5 278	5 805	6 386	7 025

Tableau des flux de trésorerie

	2007	2008	2009	2010	2011
Flux d'exploitation					
Encaissements					
EBE	200 000	238 000	279 800	325 780	376 358
Var. BFR	52 778	5 278	5 805	6 386	7 025
ETE	147 222	232 722	273 995	319 394	369 333
Décaissements					
IS					.../...

		2007	2008	2009	2010	2011
Flux d'investissements						
I	750 000					
Flux net	– 750 000	147 222	232 722	273 995	319 394	369 333
TRI	19,8 %					
VAN 10 %	229 504					
AEQ	60 543					
Délai de récupération						
VAN des – 750 000		133 838	192 332	205 856	218 150	229 327
VAN cumulée		– 616 162	– 423 830	– 217 973	177	229 504

3 – Le calcul de la valeur actualisée nette

On peut calculer une VAN avant ou après impôt.

Nous préférons ici calculer une VAN avant impôt, car elle s'apparente mieux au mode de calcul de la rentabilité des AIC calculée au chapitre 3 avant impôt :

$$EBE/(\text{immobilisation brute} + BFR)$$

et du e de la formule de l'effet de levier (lui aussi avant impôt).

Les choix :

$$VAN = -750\,000 + (147\,222)(1 + t)^{-1} + (232\,722)(1 + t)^{-2} + \ldots + (369\,333)(1 + t)^{-5}$$

Pour un taux d'actualisation de t = 10 %, on obtient :

$$VAN = -750\,000 + (147\,222)(1 + 0,1)^{-1} + (232\,722)(1 + 0,1)^{-2} + \ldots + (369\,333)(1 + 0,1)^{-5} = 229\,504$$

3. Pluralité des critères de choix des investissements

Deux situations peuvent se présenter :

- l'investisseur se trouve devant le choix d'investir ou non ;
- l'investisseur se trouve devant un choix possible entre plusieurs investissements.

Dans chacun des cas, il va s'appuyer sur un critère pour faire son choix.

3.1. La valeur actualisée nette

L'investisseur calcule la VAN de chacun des investissements à un taux d'actualisation donné.

En micro-économie, on montre que l'agent économique, placé devant le choix entre consommation immédiate ou investissement (consommation future), cherche à maximiser sa satisfaction (fonction d'utilité) sous contrainte de ses choix possibles (droite de marché correspondant à sa contrainte intertemporelle de budget). On montre que pour l'agent, cela revient à la maximisation de la VAN. Cette VAN dépend simplement du taux d'intérêt sur le marché financier et ne dépend pas de la décision de consommation[1].

- « investir ou non » : il choisit d'investir si la VAN de l'investissement est positive. La VAN correspond alors à la création de valeur. Exemple : l'investissement I1 est rentable au taux d'actualisation de 11 %, puisque la VAN est positive (VAN = 229504 > 0).
- choix entre plusieurs investissements : il choisit l'investissement dont la VAN est la plus élevée (plus forte création de valeur). Il est possible ici de raisonner à la marge et de calculer la VAN de l'investissement différentiel. Cela est possible du fait de la propriété d'additivité de la VAN.

$$VAN(A + B) = VAN(A) + VAN(B)$$

En prenant en compte la taille différente des investissements, la comparaison peut se faire sur la base de l'indice de profitabilité IP :

$$IP = \frac{VAN \text{ des flux d'exploitation}}{VAN \text{ des flux d'investissement}}$$

Cet indice s'exprime en pourcentage et privilégie les projets à faible mise de fonds initiale.

---

1. Bancel F. et Richard A., *Les choix d'investissements*, Économica, 1995, p. 40.

Exemple

L'investisseur doit choisir entre l'investissement I_1 (décrit au paragraphe précédent) et l'investissement I_2 dont les caractéristiques sont les suivantes :

• montant de l'investissement : 1 210 000 ;

• charges variables : 50 % (l'investissement est plus élevé mais nécessite moins d'entretien).

Les charges fixes sont de 230 000 au cours des deux premières années, de 250 000 ensuite.

Une plus grande capacité de production permettra de réaliser un chiffre d'affaires de 1 100 000 dès la première année. La progression sera ensuite la même (10 % par an).

Compte de résultat prévisionnell

	2007	2008	2009	2010	2011
Chiffre d'affaires	1 100 000	1 210 000	1 331 000	1 464 000	1 610 510
CV	550 000	605 000	665 500	732 050	805 255
CF	230 000	230 000	250 000	250 000	250 000
EBE	320 000	375 000	415 500	482 050	555 255
Amortissement	242 000	242 000	242 000	242 000	242 000
Résultat courant	78 000	133 000	173 500	240 050	313 255
IS	25 997	44 329	57 828	80 009	104 408
Résultat net	52 003	88 671	115 672	160 041	208 847
Évaluation du BFR	61 111	67 222	73 944	81 339	89 473
Var. BFR	61 111	6 111	6 722	7 394	8 134

Tableau des flux de trésorerie

	2007	2008	2009	2010	2011
Flux d'exploitation					
Encaissements					
EBE	320 000	375 000	415 500	482 050	555 255
Var. BFR	61 111	6 111	6 722	7 394	8 134
ETE	258 889	368 889	408 778	474 656	547 121
Décaissements					
IS					

.../...

		2007	2008	2009	2010	2011
Flux d'investissements						
I	1 210 000					
Flux net	− 1 210 000	147 222	232 722	273 995	319 394	369 333
TRI	18,2 %					
VAN 10 %	301 256					
AEQ	79 471					
Délai de récupération						
	− 1 210 000	235 354	304 867	307 121	324 196	339 719
		− 974 646	− 669 780	− 362 659	− 38 463	301 256

Calcul de la VAN

$$\text{VAN} = \\ -\ 1\ 210\ 000 \\ +\ (258\ 889)\ (1 + 0{,}1)^{-1} \\ +\ (368\ 889)\ (1 + 0{,}1)^{-2} \\ +\ ... \\ +\ (547\ 121)\ (1 + 0{,}1)^{-5}$$

Au taux d'actualisation de 10 %, la VAN est égale à 301 256.

Avec un taux d'actualisation de 10 %, I_2 est préféré à I_1.

Cette méthode appelle un certain nombre de remarques :

• le calcul suppose le réinvestissement des flux nets de trésorerie au taux d'actualisation jusqu'à la fin de la période d'étude. On suppose que le taux d'actualisation est constant. En fait, on constate que les investisseurs ne demandent pas les mêmes taux d'intérêt suivant l'horizon temporel (taux d'intérêt à terme). On peut supposer que les flux nets de trésorerie sont placés au taux r, taux d'intérêt sur le marché, puis actualisés au taux k, taux d'actualisation de l'étude. On retrouve la distinction entre taux prêteur (r, placement) et taux emprunteur (k, coût du capital).

La VAN (« globale » selon certains auteurs) peut s'exprimer en distinguant le taux des placements (r) et le taux d'actualisation (k) :

$$\text{VAN} = -\ I_0 + \frac{a_1(1 + r)^{n-1} + a_2(1 + r)^{n-2} + ... + a_n}{(1 + k)^n}$$

- le calcul est discontinu : comme on utilise un taux annuel, on suppose que les encaissements et les décaissements n'apparaissent qu'une fois par an. Il s'agit de flux moyens. L'investissement est supposé décaissé en année 0 (par hypothèse au milieu de l'année, les flux de trésorerie d'exploitation (ETE = EBE – Var. BFR[1]) étant supposés encaissés au milieu des années 1, 2, 3, etc. ;

- la VAN est calculée sur une période de temps donnée. Ceci pose un problème lorsque l'on compare deux investissements n'ayant pas la même durée de vie :
  - la première solution consiste à comparer les deux investissements sur la même durée. La VAN de l'investissement le plus long est calculée sur la durée de vie de l'investissement le plus court en considérant sa valeur résiduelle (valeur de l'investissement en fin de période d'étude) comme un encaissement de la dernière période (cession de l'immobilisation). Il en va de même pour le BFR (récupération en dernière période) ;
  - la deuxième solution consiste à calculer l'annuité équivalente (AEQ) : on fait l'hypothèse que les deux projets sont renouvelables à l'identique à l'infini. On détermine alors pour chaque investissement l'annuité constante qui donnerait la VAN sur la durée de vie :

$$AEQ = \frac{VAN \times i}{1 - (1 + i)^{-n}}$$

Le projet choisi est celui dont l'AEQ est la plus élevée.

- le choix dépend du taux d'actualisation qui, nous l'avons vu, dépend des taux d'intérêt et de la perception du risque.

La fonction $(1 + t)^{-n}$ décroît lorsque t croît. De même, VAN(t) est également dans la plupart des cas décroissante.

---

1. La plupart des auteurs considèrent l'investissement en BFR (Var. BFR) réalisé en année 0. Cette hypothèse nous paraît erronée dans la mesure où le BFR ne peut être nécessaire qu'à partir du moment où le cycle d'exploitation est amorcé. Il n'y a des stocks qu'à partir du moment où l'on produit, il n'y aura des créances clients qu'à partir du moment où il y a ventes…

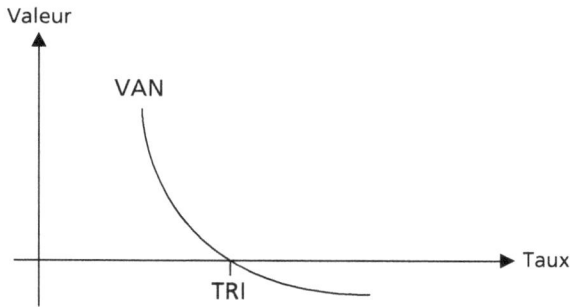

Figure 37

Dans la mesure où le choix d'investissement est un choix de nature stratégique pris au niveau de la direction générale, il nous semble que l'information dont devrait disposer le décideur devrait être la courbe donnant la VAN en fonction du taux d'actualisation, d'autant que la forme de la courbe incorpore des éléments sur le risque (voir *infra*).

3.2. Le taux de rentabilité interne (TRI)

Le taux de rentabilité interne (TRI, en anglais *internal rate of return*) est le taux d'actualisation qui annule la VAN. Le TRI est donc le taux d'actualisation maximum acceptable. C'est la solution de l'équation :

$$VAN(t) = 0$$

Il s'agit d'un taux de rentabilité dans la mesure où ce taux permet à l'investisseur de récupérer sa mise initiale sur la durée de l'étude :

Total des encaissements actualisés
= Total des décaissements actualisés

Le critère du TRI permet là encore de choisir :

* « investir ou non » : on choisit d'investir si le TRI est supérieur à l'objectif de taux de rentabilité ;
* choix entre plusieurs investissements : on choisit l'investissement dont le TRI est le plus élevé.

I_1 est préféré à I_2. En effet, $TRI(I_1) = 19{,}95$ % et $TRI(I_2) = 17$ %.

Remarque

Sous certaines hypothèses, on peut montrer l'équivalence entre la rentabilité prévisionnelle d'un investissement et la rentabilité des actifs industriels et commerciaux (AIC) calculée au chapitre 3.

Dans les calculs de choix d'investissement, le taux de rentabilité « interne » est le taux d'actualisation qui annule les flux de trésorerie actualisés issus de cet investissement sur la durée de vie prévue de l'investissement :

	0	1	2	3	...
EBE					
Var. du BFRE					
ETE					
Investissement	I		ETE_1	ETE_2	ETE_3

En supposant les flux égaux chaque année, en période de croissance nulle, alors on considère que l'investissement en BFRE est fait en même temps que l'investissement de départ, les flux nets de chaque année étant l'EBE qui est alors constant.

	0	1	2	3
Flux nets	− I − var du BFRE	EBE	EBE	EBE

On obtient :

$$(- I - \text{Var. BFRE}) + (EBE) \times \frac{1 - (1 + i)^{-n}}{i} = 0$$

Quand n tend vers l'infini,

on obtient :

$$(- I - \text{Var. BFRE}) + (EBE) \times \frac{1}{i} = 0$$

d'où :

$$i = \frac{EBE}{I + \text{Var. BFRE}}$$

Il faut noter quelques imperfections de ce critère :

* par construction, le modèle fait que les flux nets de trésorerie de chaque année sont replacés au TRI, ce qui est certainement faux (dans le cas de

l'investissement I_1, il sera impossible de replacer les flux nets au taux de 19,95 % !) ;

* l'équation VAN(t) = 0 est une équation du énième degré et peut soit ne pas avoir de solution réelle, mais des racines complexes, soit en avoir plusieurs, réelles ou complexes, compte tenu que, pour les équations de degré supérieur ou égal à 2, le nombre total de racines de l'équation est égal au degré (5e degré, 5 racines), mais certaines racines sont réelles, d'autres complexes conjuguées. Dès le degré 2, si l'équation a un discriminant négatif, elle a des racines complexes ;

* le TRI peut conduire à des décisions contradictoires par rapport au critère de la VAN. C'est le cas dans notre exemple. Représentons graphiquement, pour chacun des deux investissements, la relation entre la VAN et le taux d'actualisation :

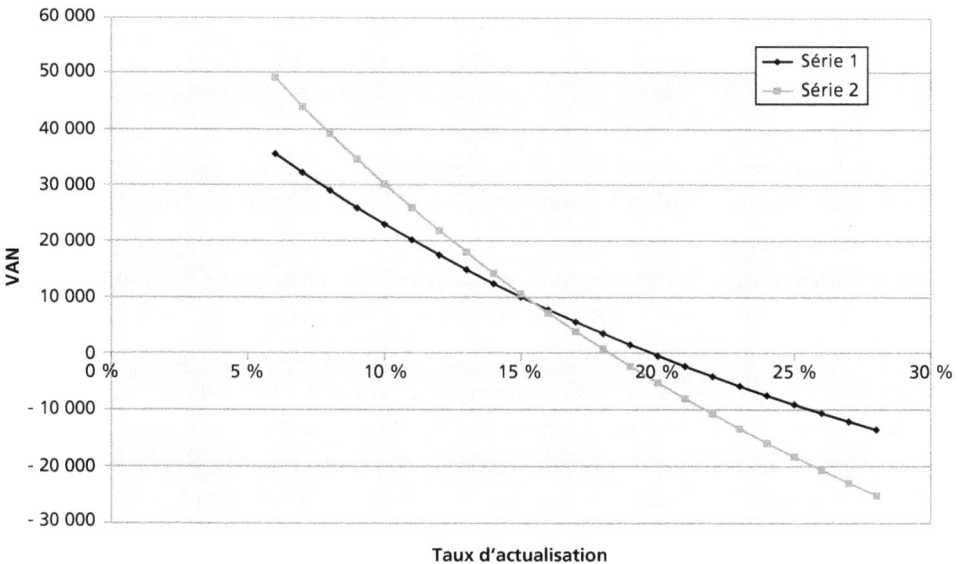

Figure 38 – Courbe de la VAN en fonction du taux d'actualisation

Dans le cas présent, on voit que pour un taux de 8 % on préférera I_2 à I_1. Pour un taux de 17 %, on préférera I_1 à I_2.

Mais pour d'autres investissements, les deux critères peuvent conduire à des décisions non contradictoires.

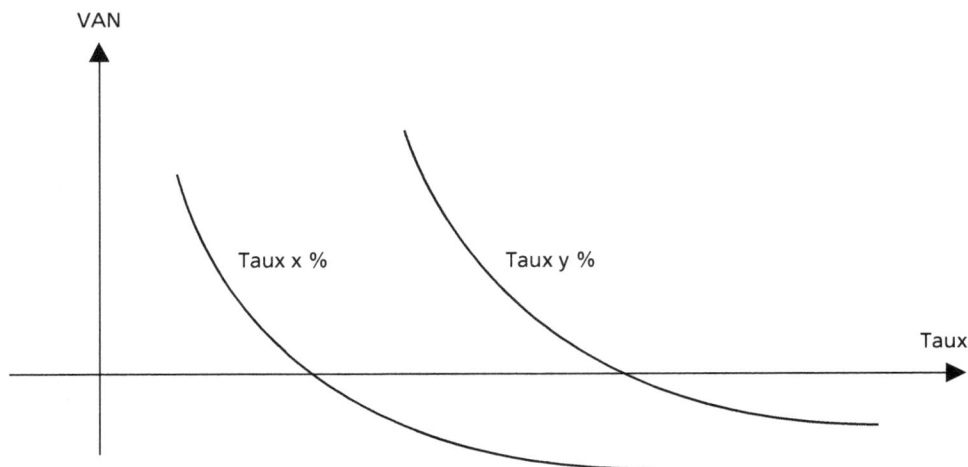

Figure 39

3.3. Le délai de récupération

Pour chaque investissement, il est possible de calculer le délai de récupération (*pay back period*), c'est-à-dire de savoir en combien d'années l'investisseur récupère sa mise initiale, pour un taux d'actualisation donné.

- « Investir ou non » : il choisit d'investir si le délai de récupération est inférieur à l'objectif minimum fixé à l'avance. Par exemple, si l'investisseur veut pouvoir récupérer son investissement initial dans un délai minimum de trois ans, l'investissement I1 n'est pas acceptable.

- Choix entre plusieurs investissements : il choisit l'investissement dont le délai de récupération est le plus court. Dans notre exemple, à peu de chose près, la VAN cumulée de I_1 devient positive une année avant celle de I_2. Donc I_1 est préféré à I_2 puisque le délai de récupération D_1 de I_1 est plus rapide que le délai de récupération D_2 de I_2.

Cette méthode omet les flux nets de trésorerie des périodes suivantes. Elle privilégie les projets dont les flux nets de trésorerie sont plus élevés en début de période d'étude. Là encore, elle peut aboutir à des décisions contradictoires par rapport au critère de la VAN.

En conclusion, le critère de la VAN semble le plus adapté au problème des choix d'investissement. Il n'en demeure pas moins qu'il s'agit d'un « modèle » et, qu'en tant que tel, il est une abstraction de la réalité.

3.4. Choix d'investissement en avenir incertain et risque

Nous avons pour l'instant raisonné à partir d'éléments de résultat connus avec certitude (prix de vente, part de marché, quantités produites et vendues, structure des charges). Or, l'investisseur a besoin de connaître la rentabilité et le risque attaché à chacun des projets. Ce risque est fonction du risque attaché à chaque flux de trésorerie.

Au moment où il prend la décision d'investir, le décideur prend un risque. Nous avons au chapitre 2 évoqué le risque d'exploitation, sensibilité du résultat d'exploitation (variable endogène) à une variation du CA (variable exogène).

Une partie du risque provient également soit d'une modification possible des taux d'intérêt et du coût du capital, soit du comportement du décideur par rapport au risque (modification de la prime de risque). On peut donc introduire un autre type de risque lors de la décision : le risque lié au choix du taux d'actualisation qui est la sensibilité de la VAN (variable endogène) par rapport au taux d'actualisation (variable exogène).

Ce risque alors peut être visualisé par la forme de la courbe VAN = f(taux). En effet, la sensibilité de la VAN à une variation du taux d'actualisation (qui évolue avec le taux du marché ou encore la perception du risque du décideur) correspond à la pente de la courbe de la VAN en fonction du taux. Cette courbe permet d'avoir visuellement une mesure du risque.

En fonction de cette courbe, indiquant à la fois la VAN, le TIR et le risque, le décideur au niveau stratégique choisira ou non de faire l'investissement.

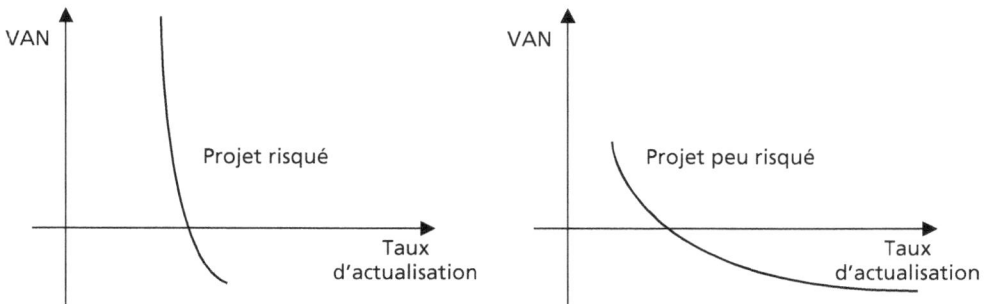

Figure 40

L'incertitude peut être intégrée en calculant la probabilité des flux de trésorerie.

En avenir probabilisable, il est possible d'affecter aux flux dans le temps une distribution de probabilité, aussi bien au niveau de l'EBE qu'au niveau de la variation du BFRE. Il est alors possible de déterminer l'espérance mathématique de la VAN et sa variance.

Exemple

Un investissement de 200 est envisagé. Les coûts de fonctionnement sont les suivants : charges variables, 60 % du CA, charges fixes, 120.

Prévisions de CA :

- 1re année : 450 avec une probabilité de 0,4 et 600 avec une probabilité de 0,6 ;
- 2e année : 900 avec une probabilité de 0,2 et 550 avec une probabilité de 0,8.

On suppose ici que la variation du BFRE est nulle.

Calcul des flux nets de trésorerie pour les différents niveaux de CA :

CA	450	550	600	900
Charges variables	270	330	360	540
60 %				
Charges fixes	120	120	120	120
EBE	60	100	120	240

Calcul de l'espérance mathématique de VAN du projet :

La probabilité pour que le CA soit de 450 la première année et de 900 la 2e est de $0,4 \times 0,2 = 0,08$.

De même :

$$Proba(450,550) = 0,4 \times 0,8 = 0,32$$
$$Proba(600,550) = 0,6 \times 0,8 = 0,48$$
$$Proba(600,900) = 0,6 \times 0,2 = 0,12$$

Les différentes situations peuvent être représentées sous la forme d'un « arbre » :

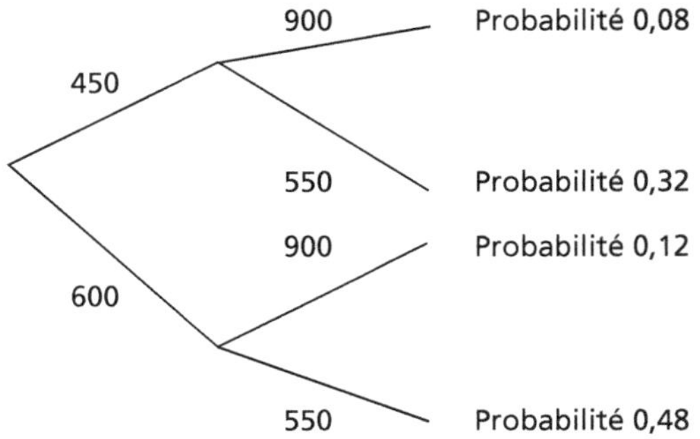

Figure 41 – Arbre des probabilités

Au taux d'actualisation de 12 % on obtient :

Probabilité	VAN	Proba ¥ VAN
0,08	$-200 + 60(1+i)^{-1} + 240(1+i)^{-2} = -5$	44,9
0,32	$-200 + 60(1+i)^{-1} + 240(1+i)^{-2} = -116$	$-66,71$
0,12	$-200 + 120(1+i)^{-1} + 240(1+i)^{-2} = 48$	98,47
0,48	$-200 + 120(1+i)^{-1} + 240(1+i)^{-2} = -63$	$-13,14$

Espérance mathématique de VAN :

$$\sum(\text{Probabilités} \times \text{VAN}) = -12,24$$

L'espérance de la VAN étant négative, le projet ne doit donc pas être retenu.

Par ailleurs, le risque attaché au projet peut être évalué par la variance de la VAN, dispersion de la VAN autour de la moyenne.

En avenir incertain, la rentabilité et le risque peuvent être évalués par des simulations. Le modèle le plus utilisé est celui de Hertz[1].

4. RÉALISATION ET CONTRÔLE DES INVESTISSEMENTS

Nous avons vu dans le chapitre 1 que l'investissement accomplissait un cycle. Nous reprenons les étapes de ce cycle pour aborder le problème de la réalisation et du contrôle de l'investissement.

4.1. Les études préalables et les critères de choix non financiers

Nous avons pour le moment envisagé uniquement les critères financiers de choix des investissements. L'étude préalable au choix va faire entrer en ligne de compte d'autres critères qui sont perçus dans bien des cas comme pesant beaucoup plus lourd dans le choix. Ces critères sont souvent difficilement mesurables :

- la technologie, c'est-à-dire les performances de l'investissement en termes de qualité du produit, de coût, de délai de production, d'intégration dans le processus de production (investissements induits) ;
- le fournisseur : si l'entreprise a l'habitude de travailler avec tel fournisseur, qui lui a rendu un certain nombre de services dans le passé (qualité du

[1]. Hertz D., « Investments Policies That Pay Off », *Harvard Business Review*, n° 46, janvier 1968.

service, maintenance, rapidité d'intervention, coût, qualité de la relation, etc.[1]) ;

- la fiabilité de l'investissement (risque de panne réduit, durée de vie, etc.) ;
- les impacts sociaux de l'investissement : amélioration de la qualité de vie au travail, réduction du temps de travail, flexibilité, développement durable, etc.

« Sans faire l'objet d'un calcul économique précis, il est clair que le jugement simultané sur le marché, les techniques, les hommes et le cadre politique et social fait partie intégrante de l'appréciation de la rentabilité future d'un investissement[2]. »

4.2. Le lancement et la gestion de projets

Une fois la décision prise, il s'agit d'organiser l'installation et, dans le cadre d'investissement complexe (par exemple construction d'une usine), de coordonner les différents corps de métier. Il existe des méthodes formalisées qui permettent d'optimiser cette étape.

La méthode de gestion de projets s'applique particulièrement bien aux investissements.

La norme Afnor définit le projet comme « une démarche spécifique qui permet de structurer méthodiquement et progressivement une réalité à venir ». « Un projet est défini et mis en œuvre pour répondre au besoin d'un utilisateur, d'un client ou d'une clientèle et il implique un objectif et des actions à entreprendre avec des ressources données[3]. »

Dans un projet, on trouve trois catégories d'objectifs : performance technique, délai, coût.

L'analyse du projet permet de préciser les tâches ou activités que l'on peut regrouper en grandes phases. Il faut adapter la structure de l'entreprise à la mise en place du projet d'investissement et confier la responsabilité à un responsable de projet.

On peut distinguer quatre grandes phases :

- l'avant-projet ;

---

1. Le prix, les coûts d'installation et les conditions de paiement sont déjà pris en compte dans le calcul de la VAN.
2. Gillet J., Lombard G., « Éléments pratiques dans la décision d'investissement », *Analyse financière*, hors-série, 1995, p. 86.
3. Cité par Giard V., *La gestion de projets*, Économica, 1991.

- l'appel d'offre et l'analyse des réponses ;
- la réalisation confiée en général à un maître d'ouvrage, qui peut être le fournisseur lui-même ;
- la réception, les essais et la mise en route de l'installation.

Ces tâches ou activités distinctes doivent être organisées de manière optimale. Il faut donc ordonnancer ces tâches, les planifier, en respectant les règles d'antériorité. Des techniques comme la méthode PERT permettent de résoudre ces problèmes.

Ces projets s'étendant sur plusieurs mois, voire plusieurs années, il est nécessaire d'organiser le suivi et le contrôle du projet (respect des délais, de l'ordonnancement, des coûts et de la qualité d'exécution des tâches).

4.3. Contrôle de gestion des investissements

Une fois l'investissement réalisé, il faut s'assurer que sa rentabilité qui avait été déterminée lors du choix correspond bien à la rentabilité constatée en cours de vie du projet.

La rentabilité prévisionnelle est déterminée sur la durée de vie de l'investissement. Le contrôle de la rentabilité *a posteriori* suppose qu'en comptabilité, il est possible d'isoler les flux d'exploitation (EBE et Var. du BFRE) du projet. Cela est possible en comptabilité analytique et si l'entreprise est organisée en centres d'investissement. Le contrôle suppose le calcul d'une rentabilité annuelle ou pluriannuelle, mais sur une durée plus courte, ou encore d'une extrapolation des flux à partir des réalisations des deux ou trois premières années jusqu'à la fin de la durée de vie de l'investissement.

L'écart sur rentabilité peut se décomposer en un écart sur résultat (EBE), un écart sur BFRE, un écart sur montant de l'investissement initial.

4.4. Le désinvestissement

Si la rentabilité effective s'avère insuffisante par rapport à la rentabilité désirée par l'investisseur, il est possible d'envisager un désinvestissement. Cette décision, comme l'investissement, relève de choix stratégiques, car elle engage l'entreprise sur le long terme. Ce désinvestissement représente un coût (démontage, coût d'opportunité-manque à gagner) mais procure aussi de nouvelles ressources qui vont permettre le désendettement ou de nouveaux investissements dans d'autres projets (processus de destruction créatrice). La décision de désinvestissement doit donc faire l'objet d'une analyse de rentabilité à la marge : rentabilité perdue sur l'investissement cédé par rapport à la rentabilité gagnée sur l'investissement alternatif.

Chapitre 8

Arbitrage des financements

Le plan de financement que nous avons étudié plus haut indique année après année le besoin net de financement en volume, qui doit permettre de prendre des décisions qualitatives en matière de choix de financement, comme l'indique la figure suivante.

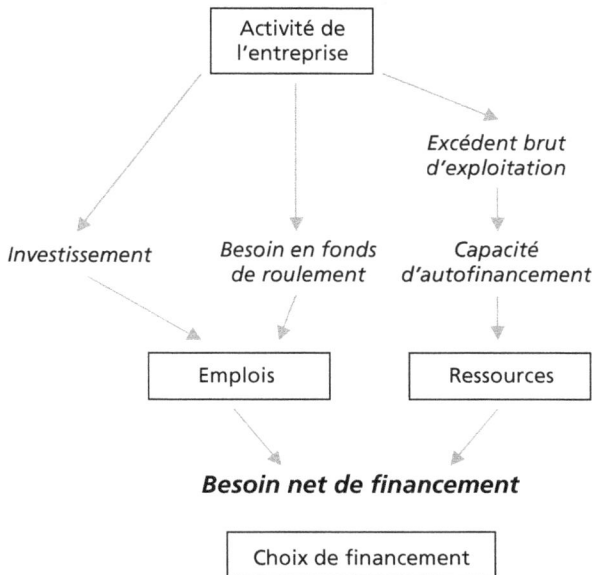

Figure 42 – Besoin net de financement

L'activité de l'entreprise entraîne à la fois la naissance de ressources sous forme d'excédent brut d'exploitation et la génération de besoins sous forme d'investissements à réaliser ou à maintenir en l'état. L'excédent brut d'exploitation permet de déterminer la capacité d'autofinancement et, compte tenu des comportements et des structures de l'entreprise, le montant du besoin en fonds de roulement. La comparaison entre les emplois et les ressources internes permet d'avoir une idée précise du besoin net de financement lié à l'exploitation. L'obligation d'investir associée à l'obligation de couvrir le besoin net de financement précédemment déterminé conduisent à se préoccuper du problème du choix du financement qui doit être traité, autant que possible, de manière globale.

La nécessité de choisir un financement passe d'abord par la possession d'un capital auquel est inévitablement associé un facteur de risque, évalué par les propriétaires actuels de l'entreprise, ses actionnaires potentiels, les acteurs du marché boursier, les banques, les institutions financières. Les capitaux propres ne sont pas suffisants au financement et il faudra recourir aux capitaux extérieurs classiques (emprunts indivis, emprunts obligataires) ou aux nouveaux instruments financiers. Tous les intéressés, intérieurs ou extérieurs à l'entreprise, tiennent compte de son état mesuré par plusieurs paramètres : sa rentabilité, sa solvabilité, sa flexibilité, les risques qu'elle représente à la lumière des ceux pratiqués sur le marché, de sa structure financière, de son domaine d'activité et de ses perspectives d'avenir.

Le problème est de choisir un dosage d'instruments financiers qui, pour un certain niveau de risque accepté, présente le coût le moins élevé. Après avoir décrit les différents types de financement possibles, financement par ressources propres, financement par emprunt, financement par transfert, nous essayerons de donner des méthodes de choix.

1. LE FINANCEMENT PAR CAPITAUX PROPRES ET QUASI-FONDS PROPRES

Il n'y a pas de gestion financière saine sans la constitution d'un capital, personnel ou social. Le capital initial représente la contre-valeur des titres sociaux. Il est à la fois la source primitive de financement, la traduction de la clef de répartition des droits des associés en même temps que la garantie des créanciers. Avec le temps, le capital initial se transforme en un ensemble de capitaux propres par adjonction d'apport des associés, de constitution de réserves par les bénéfices non distribués, de reports à nouveau, de subventions d'investissement, de provisions réglementées et plus rarement d'écarts de réévaluation.

La question initiale du capital n'est pas une question sans importance. Dans les PME, ce capital est réparti entre un petit nombre d'associés, le plus souvent dans une structure familiale. Il est d'abord indispensable d'avoir ou de conserver le contrôle de l'entreprise et ce contrôle passe par le capital : la possession de 33 % de celui-ci confère au minimum une minorité de blocage des décisions courantes, la possession de 50 % assure la majorité aux assemblées ordinaires et le contrôle de fait de la société, la possession de 66 % assure la majorité dans toutes les décisions, qu'elles soient ordinaires ou extraordinaires, c'est-à-dire, en fait, l'exclusivité de la propriété de l'entreprise.

Les dirigeants de PME qui tiennent leur légitimité du capital sont donc, plus que tout autre, incités à employer le capital et son augmentation comme mode privilégié de financement. Mais ils sont rejoints, sur ce point, par les grandes entreprises qui font appel public à l'épargne, qu'elles soient cotées ou non. En effet, pour les grandes entreprises en général et pour les entreprises cotées en bourse en particulier, l'augmentation de capital est une nécessité. Le marché financier a besoin de fournir à ses opérateurs des théâtres d'opérations, c'est-à-dire sans cesse de nouveaux titres sur lesquels portent de nouveaux investissements financiers. L'émission de nouveaux titres, par l'intermédiaire des sociétés de bourse et des banques, subordonne l'activité de nombreuses institutions spécialisées (banques d'affaires, compagnies d'assurances, gestionnaires de portefeuilles, gestionnaires de fonds de pensions) qui permettent la rencontre des épargnants et des entreprises.

1.1. Les augmentations de capital

Les augmentations de capital peuvent se faire en numéraire (apport de liquidités), par apport en nature (fusion de sociétés, apports d'une branche complète d'activité, apport d'une entreprise individuelle), par compensation de dette (obligations convertibles en actions, obligations échangeables contre des actions, consolidations de la dette d'un fournisseur). Ce type d'opération est susceptible de modifier les majorités et donc les rapports de pouvoir dans les firmes intéressées, il est donc à envisager avec précaution.

Toute augmentation de capital exige qu'un certain nombre de conditions préalables soient respectées. Il faut en particulier :

- qu'une assemblée générale extraordinaire des actionnaires délibère sur les propositions faites par le conseil d'administration ou par le directoire ;
- que le capital ancien, dans le cas d'une augmentation en numéraire, soit totalement libéré. Celle-ci est autorisée par l'assemblée générale extraordinaire des actionnaires à la majorité des deux tiers s'il y a émission d'actions

nouvelles, ou à l'unanimité s'il y a augmentation de la valeur nominale des titres.

Les souscriptions peuvent être effectuées :

- à titre irréductible, les actionnaires ayant un droit préférentiel de souscription proportionnel au nombre d'actions qu'ils possèdent ou dont ils ont acquis les droits : les actionnaires peuvent renoncer à titre individuel à leur droit préférentiel ;
- à titre réductible : au cas où certains actionnaires n'ont pas usé de leur droit, les actions nouvelles rendues disponibles sont attribuées aux actionnaires qui ont souscrit un nombre d'actions supérieur à celui auquel ils ont droit à titre irréductible, proportionnellement aux droits de souscription dont ils disposent et dans la limite de leurs demandes, à condition que l'assemblée générale l'ait décidé expressément.

Le Code de commerce 2000 offre au conseil d'administration ou au directoire une large gamme de possibilités qu'ils peuvent utiliser si les souscriptions à titre irréductible ou éventuellement à titre réductible n'ont pas absorbé la totalité de l'augmentation de capital :

- le montant de l'augmentation de capital peut être limité au montant des souscriptions, à condition que cette faculté ait été expressément prévue par l'assemblée lors de l'émission ;
- les actions non souscrites peuvent être librement réparties, totalement ou partiellement, sauf si l'assemblée en a décidé autrement ;
- les actions non souscrites peuvent être offertes au public, totalement ou partiellement, lorsque l'assemblée a expressément admis cette faculté.

L'augmentation de capital n'est pas réalisée lorsque après l'exercice de ces facultés le montant des souscriptions reçues n'atteint pas la totalité de l'augmentation ou les trois quarts selon le cas. La loi prévoit toutefois que le conseil d'administration ou le directoire peut d'office, et dans tous les cas, limiter l'augmentation de capital au montant atteint lorsque les actions non souscrites représentent moins de 3 % de l'augmentation de capital.

L'assemblée qui décide ou autorise une augmentation de capital peut supprimer le droit préférentiel de souscription pour la totalité de l'augmentation de capital ou pour une ou plusieurs tranches de cette augmentation. Elle statue, à peine de nullité, sur le rapport du conseil d'administration ou du directoire et sur celui des commissaires aux comptes. Une telle décision se justifie par des considérations spécifiques : accueil d'un nouveau partenaire financier, situation délicate de la société n'incitant pas aux souscriptions. Dans les sociétés faisant publiquement appel à l'épargne, l'augmentation de capital est réputée réalisée lorsqu'un ou plusieurs établissements agréés à cet effet ont garanti de manière irrévocable sa bonne fin. Si la société fait appel public à l'épargne, elle doit en outre établir une note d'information soumise au contrôle et au visa de l'Autorité des marchés financiers et si elle est cotée informer les actionnaires des conditions de la souscription par une notice au *Bulletin des annonces légales obligatoires* (*Balo*).

Les apports nouveaux ont lieu soit en numéraire, ce qui est le cas le plus fréquent, soit en nature, soit par incorporation de réserves. Les apports en nature se rencontrent essentiellement dans le cas de fusion de sociétés, les augmentations par incorporation de réserves ne procurent pas à l'entreprise de ressources de financement nouvelles mais permettent simplement de rééquilibrer les fonds propres et de réaliser à la fois une opération d'ingénierie financière et une opération de communication financière. L'augmentation de capital en numéraire ou en nature se traduit par un renforcement des capitaux propres de la société et conduit à une amélioration de son indépendance financière grâce à une amélioration du ratio capitaux propres/dettes.

Trois modalités d'augmentation de capital sont possibles : l'élévation de la valeur nominale de l'action, l'émission d'actions nouvelles et l'émission de certificats d'investissement.

1.1.1. Élévation de la valeur nominale de l'action

Cette méthode ne présente pas de difficulté particulière lorsqu'on a obtenu l'accord de la totalité des associés. Elle interdit l'entrée de personnes étrangères dans la société et évite la dilution du pouvoir.

1.1.2. Émission d'actions nouvelles

Les actions nouvelles sont émises à un prix d'émission (PE) égal à ou différent de la valeur nominale (VN). Le prix d'émission est au minimum égal à la valeur nominale (car une émission au-dessous du pair (PE < VN) est interdite pour les actions) et au maximum égal à la valeur réelle de l'action (VR) exprimée par exemple par la valeur de l'actif net comptable corrigé pour les sociétés non cotées ou par le cours en bourse pour les sociétés cotées. La prime d'émission (Pe) est égale à la différence entre le prix d'émission et la valeur nominale de l'action :

$$Pe = PE - VN$$

- Si le prix d'émission est inférieur à la valeur réelle de l'action, il existe un droit de souscription qui a une valeur économique.

Exemple

La société anonyme Logicost a un capital de 20 000 actions de 100 € de valeur nominale, 800 000 en réserves, 20 000 de report à nouveau et 280 000 de plus-values latentes, impôts déduits. Elle émet 10 000 actions nouvelles de numéraire, valeur nominale 100 €, prix d'émission 140 €.

Valeur réelle de la société :

$$(20\ 000 \times 100) + 800\ 000 + 20\ 000 + 280\ 000 = 3\ 100\ 000$$

Valeur réelle d'une action :

$$VR = \frac{3\ 100\ 000}{20\ 000} = 155\ €$$

Prime d'émission :

$$Pe = 140 - 100 = 40\ €$$

Valeur du droit préférentiel de souscription par action :
- avant augmentation de capital, une action valait 155 € ;
- après augmentation, il y a 30 000 actions qui ont une valeur moyenne de :

$$\frac{[(155 \times 20\ 000) + (140 \times 10\ 000)]}{30\ 000} = 150\ €$$

Chaque action ancienne a perdu 155 – 150 = 5 €. Le droit préférentiel de souscription peut donc se négocier à 5 €. En n'exerçant pas son droit préférentiel de souscription, l'actionnaire perdrait 5 € par action ; c'est pourquoi, s'il agit rationnellement, il va tenter de le négocier sur la base de 5 €. Le nombre d'actions anciennes étant de 20 000 et le nombre d'actions nouvelles étant de 10 000, chaque propriétaire de deux actions anciennes aura le droit de souscrire, à titre irréductible, à une action nouvelle.

Si l'ancien porteur possède un nombre impair d'actions anciennes, il pourra soit vendre ses droits de souscription excédentaires, soit acheter des droits de souscription disponible pour acquérir des actions à 140 €. Il pourra aussi faire une souscription à titre réductible et attendre la fin des opérations. Si la société est cotée en bourse, le droit de souscription sera aussi coté. Il sera l'objet de transactions en raison de l'offre et de la demande et il pourra être supérieur ou inférieur au montant de référence de 5 €.

En raison de la transparence du marché, très rapidement, au bout de quelques heures ou de quelques jours on aura : cours de l'action droit attaché = cours de l'action ex-droit + cours du droit de souscription ; le marché arbitrera les cours de façon qu'il soit indifférent à l'investisseur d'acquérir des actions avec des droits permettant d'exercer l'augmentation ou des actions nouvelles où l'augmentation a été faite.

Pour les PME et les sociétés non cotées, le cours du droit est plus rigide et les porteurs n'ont souvent que le choix de renoncer à leur droit ou à l'exercer eux-mêmes, le délai légal de réflexion de 20 jours étant relativement court.

Que les sociétés soient petites ou grandes, cotées ou non, en pratique, la difficulté réside dans l'évaluation des deux valeurs de l'action et dans le choix d'un équilibre entre prime d'émission et droit de souscription : leur valeur varie de façon inversement proportionnelle. Un prix d'émission (PE) voisin de la valeur du titre ancien (VR) présente l'avantage de limiter la dilution du capital à l'issue de l'opération d'augmentation, puisque pour un volume de capitaux nouveaux apportés donné, il correspond à la création d'un petit nombre d'actions. Mais de telles modalités comportent un risque de mécontentement des petits porteurs qui voient la valeur de leur droit de souscription se réduire et qui sont sollicités par une mise de fonds supplémentaire relativement importante. Cependant, plus le prix d'émission est faible, plus nombreux seront les titres à émettre pour atteindre le montant souhaité de l'augmentation et plus grande sera la dilution du bénéfice par action. Cette dilution a une grande importance dans les sociétés cotées, car les investisseurs analysent la progression des bénéfices par action. Fixer trop bas le prix d'émission des nouvelles actions peut freiner excessivement la progression du bénéfice par action et peut faire baisser le coefficient de capitalisation boursière (*price earning ratio*, PER, en anglais). PER = cours/bénéfice.

En outre, si la société souhaite maintenir le même dividende par titre, la fixation d'un prix trop bas, entraînant l'émission d'un nombre de titres plus grand, accroîtra le montant total des dividendes que la société devra payer et fera baisser son autofinancement. Par prudence, il faut éviter que le prix d'émission n'excède 80 % du cours en bourse.

1.1.3. Émission de certificats d'investissement

L'assemblée générale extraordinaire est seule compétente pour décider du démembrement d'actions en certificats d'investissements et certificats de droit de vote. Lorsqu'ils sont émis à l'occasion d'une augmentation de capital, leur création entraîne une augmentation de capital avec constatation le cas échéant d'une prime d'émission.

Même pour une simple augmentation de capital, les éléments à prendre en compte, comme on vient de le montrer, sont nombreux, mais il y a d'autres financements possibles à partir des capitaux propres.

1.2. Les opérations de quasi-capital

À côté des actions ordinaires dotées d'un droit de vote aux assemblées ainsi que du droit de percevoir un dividende (intérêt statutaire et superdividende) et des actions de préférence aux modalités diverses récemment intégrées dans notre droit commercial (actions à droit de vote plural, actions de priorité, action à dividende prioritaire sans droit de vote, actions traçantes, certificats d'investissement), il existe une grande variété de titres et d'opérations que l'on peut ranger sous la rubrique de « quasi-capital » en deux familles de titres conditionnels et de valeurs mobilières composées.

1.2.1. Les titres conditionnels et les options

Les titres conditionnels et les options sont apparus de manière récente dans le paysage financier français et le législateur n'a pas apporté la totalité des réponses concernant leur situation juridique. Ils apportent aux entreprises la possibilité d'émettre, sous certaines conditions, des titres représentatifs du capital. Il en existe trois grandes catégories.

1.2.1.1. Les bons de souscription autonomes

Les bons de souscription autonomes sont des titres qui permettent à leur propriétaire de souscrire, durant une période ou à une date déterminée, un ou plusieurs titres représentatifs du capital social. La souscription est possible, mais pas obligatoire, durant une période qui ne peut pas excéder cinq ans. L'augmentation de capital sous-jacente à l'émission de ces bons est virtuelle : tant que les souscripteurs n'exercent pas leur option, il n'y a pas augmentation. La société émettrice voit donc une incertitude peser sur l'opération d'augmentation mais, en contrepartie de cette incertitude, elle peut bénéficier de deux séries de flux de fonds : un flux initial au moment de l'émission et donc de la souscription des bons, flux qui est définitivement acquis à la société, que l'option soit exercée ou non, et un second flux si l'option de souscription est effectivement exercée. Dans ce dernier cas, le souscripteur devra verser le montant de la souscription effective aux titres de capital.

Le législateur a pris soin de préciser que les bons de souscription autonomes sont soumis aux dispositions qui régissent les valeurs mobilières, ce qui a notamment pour conséquence de donner aux anciens actionnaires un droit préférentiel de souscription sur ces bons et un droit de regard sur leur émission, par l'intermédiaire d'une assemblée générale extraordinaire qui doit être obligatoirement convoquée.

Cette technique des bons de souscription autonomes n'est pas sans intérêt pour l'entreprise, car ils permettent d'anticiper des opportunités d'investissement et de favoriser la croissance des moyens financiers des sociétés avec un apport de fonds limité de la part des investisseurs. Si les anticipations favorables ne sont pas avérées, les investisseurs peuvent se rétracter en perdant seulement la valeur des bons, qui correspond à une prime et non à la totalité du capital. C'est un système qui, lorsqu'il est bien utilisé, permet de rationaliser à la fois les anticipations de la société et celles de ses investisseurs.

1.2.1.2. Les options de paiement des dividendes en actions

Les sociétés de capitaux peuvent payer à leurs actionnaires leurs dividendes sous forme d'actions. L'option est proposée aux actionnaires au cours de l'assemblée générale ordinaire annuelle approuvant les comptes de l'exercice.

La totalité ou seulement une partie des dividendes peut être concernée par cette opération. Pour la société, cette technique a toutes les caractéristiques d'une augmentation de capital en numéraire du type de celle que nous avons étudiée plus haut, mais elle a le grand avantage d'éviter des coûts d'émission importants et de renforcer « en douceur » le montant des capitaux propres[1]. Pour les groupes de sociétés, c'est souvent une méthode choisie par la société mère pour renforcer son pourcentage de contrôle sur ses filiales. Les sociétés cotées utilisent souvent cette possibilité qui a les faveurs du marché. Mais ce système n'est viable que si, à terme, la société a de bons résultats et donc si les investisseurs peuvent réaliser des plus-values sur la vente d'une partie de leurs titres.

1.2.1.3. Les options de souscription d'actions pour le personnel salarié et dirigeant (*stock-options*)

L'assemblée générale des actionnaires peut autoriser le conseil d'administration, le directoire ou tout autre organe de direction à consentir des options donnant droit à la souscription d'actions au profit de certains membres du personnel de la société. En général les options sont réservées aux cadres et dirigeants de la société à condition qu'ils ne possèdent pas une participation de plus de 10 % dans ladite société. Dans ce cas comme dans le cas précédent, l'option suppose une anticipation de résultats bénéficiaires et des performances de l'entreprise. Elle a l'avantage d'impliquer le personnel dirigeant dans la politique financière de l'entreprise, mais son amplitude est plus réduite. Cette pratique a causé de larges abus dans les grandes sociétés françaises et cette formule a engendré une certaine méfiance.

1.2.2. Les valeurs mobilières composées

Le Code de commerce pose le principe de la liberté de création de valeurs mobilières et des caractéristiques de leur émission. D'une manière générale, on peut dire que les valeurs mobilières composées sont des produits financiers conditionnels qui comportent une option d'achat, de souscription ou de conversion.

---

1. Parfois, mais ce n'est pas actuellement le cas dans la législation française, cette pratique bénéficie d'avantages fiscaux comme l'exemption ou la réduction de l'impôt sur les sociétés.

Le plus souvent ces produits ont trois composantes :

- tout d'abord, à l'origine de l'opération il y a un titre primaire classique, une action, une obligation, un titre participatif ;

- ensuite, ce titre génère une opération : conversion, échange, remboursement, présentation d'un bon qui permet de passer du titre primaire au titre final ;

- enfin, un titre final, représentatif d'une partie de capital, est émis. Il s'agit toujours d'une action ou d'un certificat d'investissement.

Il existe actuellement sur le marché plusieurs dizaines de types de valeurs mobilières composées. À titre d'exemple, nous en envisagerons trois sortes : les actions à bons de souscription d'actions, les obligations convertibles en actions, les obligations à bons de souscription d'actions.

1.2.2.1. Les actions à bons de souscription d'actions (ABSA)

Dans ce type d'opération, la société émettrice réalise une double opération d'augmentation en capital, l'une immédiatement, l'autre différée. La première est une opération d'augmentation de capital classique en numéraire, assortie de la délivrance d'un ou de plusieurs bons donnant droit à la souscription d'actions de la société émettrice à un prix fixé d'avance. La première émission est ferme, la seconde n'est qu'optionnelle et dépend des performances ultérieures de la société.

Le souscripteur, à qui l'opération initiale permet d'obtenir un ou plusieurs bons de souscription en plus de son action nouvelle, peut bénéficier d'un effet de levier en cas de hausse du cours du titre. Il est pénalisé, inversement, par une évolution défavorable des cours puisqu'il peut souscrire à un taux prédéterminé qui peut être supérieur au cours actuel. La société émettrice peut, dans ce système, programmer en une seule fois plusieurs augmentations échelonnées de capital, d'où un coût global moindre, mais il existe un risque de dilution du capital non négligeable et peu contrôlable pour les opérations comportant un volume important de titres. L'émetteur paie en quelque sorte la souplesse de l'émission par un risque de non-contrôle et de dilution important. La décision d'émettre des ABSA est de la compétence de l'assemblée générale extraordinaire des actionnaires qui peut leur demander, mais ce n'est pas obligatoire, de renoncer à leur droit préférentiel de souscription.

1.2.2.2. Les obligations convertibles en actions

Toutes les sociétés par actions, cotées ou non, ont la possibilité d'émettre des obligations convertibles en actions. L'assemblée générale extraordinaire des actionnaires, après avoir entendu le rapport des dirigeants et le rapport spécial des commissaires aux comptes, fixe les modalités d'émission ou délègue ses pouvoirs aux dirigeants de la société.

L'intérêt des obligations convertibles est qu'elles combinent les caractéristiques des actions et des obligations. L'emprunt convertible peut être plus faible qu'un emprunt classique et d'un coût plus modéré, mais comme les obligataires peuvent être de futurs actionnaires, l'emprunt convertible peut constituer une première défense anti-OPA. L'investisseur, tant qu'il conserve son obligation, bénéficie d'un coupon d'intérêt fixe et il n'exercera son option de conversion que si les résultats de la société sont satisfaisants.

La conversion peut avoir lieu pendant une période d'option déterminée ou à tout moment. Les obligations convertibles séduisent certains investisseurs parce qu'elles ont tous les avantages des obligations et qu'en plus elles représentent une espérance de gain d'une action. Certains voient en elles un simple titre hybride qui rapporte moins qu'une obligation classique à taux fixe et moins qu'une action suivant étroitement les fluctuations du marché, une sorte de titre « congelé ».

1.2.2.3. Les obligations à bons de souscription d'actions (OBSA)

Les obligations à bons de souscription d'actions ont beaucoup d'avantages pour les investisseurs. Elles ont une grande souplesse d'utilisation, puisqu'elles permettent de vendre ou de conserver le titre primaire ou le bon de souscription, ensemble ou séparément, à des dates diverses.

Ces titres ont un caractère spéculatif important permettant de générer de fortes plus-values à l'aide d'un effet de levier. Le fait qu'on puisse dissocier l'obligation du bon de souscription d'action permet d'utiliser ce dernier comme instrument de couverture du risque de baisse des taux. En contrepartie de ces avantages, il faut noter que le rendement de ce type d'emprunt est inférieur à celui d'un emprunt classique et qu'une grande incertitude pèse sur le rendement du bon de souscription d'action qui est lié aux performances de la société émettrice.

Exemple

La société Logicost a une action dont le cours est actuellement de 160 €. Elle a émis des obligations OBSA à bon de souscription BS donnant droit à la souscription d'une action Logicost à un prix de 120 € (prix d'exercice), pendant une durée de 3 ans.

La valeur théorique du bon est :

$$BS = 160 - 120 = 40 \text{ €}$$

Si le cours de l'action passe à 280, la valeur théorique du bon devient :

$$BS = 280 - 120 = 160$$

Pour une augmentation de la valeur de l'action de 75 % (de 160 à 280) l'augmentation de la valeur du bon est de 300 % (de 40 à 160). L'effet de levier des bons des OBSA est donc très important et permet des spéculations tant à la hausse qu'à la baisse.

La société émettrice, pour sa part, a aussi des avantages et des inconvénients dans une telle procédure d'émission. Comme les OBSA ont un taux d'intérêt inférieur au taux d'intérêt d'un emprunt classique (c'est une raison de leur succès), la dette de la société a un coût moins important et on peut donc émettre ce type d'emprunt même dans une conjoncture difficile. Cette opération permet d'obtenir une première fois des capitaux extérieurs à l'aide des obligations et le relais est ensuite assuré par l'exercice des droits de souscription des actions. De plus, comme le prix d'exercice des bons de souscription d'action est en général supérieur au prix d'émission des obligations convertibles, la dilution du bénéfice est beaucoup plus limitée.

Pour toutes ces raisons, certains grands groupes font des OBSA un système de réorganisation des structures de leurs filiales orienté sur une ligne de défense anti-OPA. Comme d'habitude, c'est l'assemblée générale extraordinaire (AGE) qui autorise l'émission des OBSA en donnant mandat au conseil d'administration ou au directoire d'en fixer les conditions. Ces conditions précisent en général un taux d'intérêt inférieur au taux du marché, un prix d'exercice du droit de souscription au moins égal à la valeur des actions futures souscrites et la période d'exercice du droit, au maximum de cinq ans ou de deux ans si les actionnaires ont renoncé à leur droit préférentiel de souscription.

Les spécialistes considèrent que lorsque la conjoncture est « frileuse », *bearish*, il vaut mieux émettre des obligations convertibles en actions qui ont un coût moyen et qui assurent un rendement garanti aux souscripteurs, quelle que soit la tenue de l'action, alors que l'émission d'OBSA est mieux adaptée aux marchés « fébriles » ou « frénétiques » (*bullish*) à cause de son coût faible, même si le rendement total suit le sort de l'action, c'est-à-dire qu'il est fort en cas de hausse du cours de l'action et faible en cas de baisse.

1.3. Les quasi-fonds propres

Les quasi-fonds propres ne représentent pas une catégorie financière très homogène. Ils ont été constitués peu à peu, selon des modalités financières, fiscales, bancaires, comptables très diverses. On distingue essentiellement les avances en comptes courants d'associés, les titres participatifs, les prêts participatifs et les titres subordonnés.

1.3.1. Les comptes courants d'associés

C'est un mode de financement souvent utilisé par les PME, car les formalités sont réduites ou inexistantes, et par les groupes de sociétés dans les liaisons société mère et filiales. Dans les sociétés de capitaux, l'ouverture de comptes courants d'associés est une convention réglementée par l'article L. 225-38 du Code de commerce et doit faire l'objet d'un rapport spécial des commissaires aux comptes.

Pour ouvrir un compte courant à un associé, celui-ci doit détenir au moins 5 % du capital social. Comme les rémunérations des avances en compte courant sont libres, leur montant global n'est pas limité et leur rémunération non plus. Le plus grand frein à leur développement est la législation fiscale qui les frappe de plusieurs limitations. Pour tous les associés, les intérêts déductibles par la société sont plafonnés au montant d'un taux égal à la moyenne annuelle des taux effectifs moyens pratiqués par les établissements de crédit pour des prêts à taux variable aux entreprises, d'une durée initiale supérieure à deux ans. Mais cette règle, rigide pour les personnes physiques, est plus souple lorsqu'il s'agit de sociétés mères et de filiales, et s'il existe une convention de blocage assurant dans l'avenir l'incorporation de ces fonds au capital.

Pour des raisons de précaution ou de clarté des relations juridiques, les conventions d'avance en compte courant sont souvent complétées par des clauses statutaires ou conventionnelles. Les plus importantes sont les clauses de blocage, de renonciation à l'égalité des créanciers, de créances de dernier rang. Très souvent, les statuts des sociétés prévoient un délai de remboursement particulier pour les avances effectuées par les tiers. Les déposants en compte courant n'ont pas droit au remboursement immédiat et la société peut donc disposer des capitaux placés à ce titre pendant une certaine durée.

Trois clauses confèrent aux avances en compte courant le caractère de quasi-fonds propres. C'est essentiellement la convention de blocage qui confère aux avances en compte courant le caractère de quasi-fonds propres. Outre la clause statutaire, il peut aussi y avoir des clauses conventionnelles de blocage, soit parce que la société a fait appel à ses membres pour financer un projet particulier, soit parce que les banquiers de l'entreprise ont demandé ce type d'engagement personnel aux dirigeants. La convention de blocage a l'avantage d'apporter une garantie aux créanciers sociaux et une certitude à la société quant aux moyens financiers disponibles. Le rôle de garantie de la clause de blocage est souvent renforcé par deux types de clauses supplémentaires, la clause de cession d'antériorité, qui permet d'accorder une priorité de remboursement à certains créanciers, et la clause de créance de dernier rang, qui permet aussi d'une autre manière de déclasser les créances nées sur avance en compte courant, en cas de procédure collective de redressement notamment. Les avances en compte courants assorties de ces clauses, bloquées sur une certaine durée et remboursables en dernier rang, sont des quasi-fonds propres effectifs.

1.3.2. Les titres subordonnés

Ils sont eux aussi une consécration de la liberté contractuelle d'émettre des titres. L'ancien article 339-7 de la loi sur les sociétés commerciales actuellement remplacé par l'article L. 228-97 du Code de commerce, disposait : « Lors de l'émission de valeurs mobilières représentatives de créances sur la société émettrice ou donnant droit de souscrire ou d'acquérir une valeur mobilière représentative de créances, il peut être stipulé que ces valeurs mobilières ne seront remboursées qu'après désintéressement des autres créanciers, à l'exclusion des titulaires de prêts participatifs et des titres participatifs ». Certains auteurs ont pu écrire que « la loi a créé, en d'autres termes, des créances d'avant-dernier rang[1] ». En pratique, on trouve dans cette catégorie des titres subordonnés à durée indéterminée (TSDI) des titres subordonnés remboursables (TSR) ou même des titres subordonnés encore plus complexes, tels que les titres subordonnés remboursables avec bons de souscription d'obligations remboursables en actions (TSRBSORA) que nous ne détaillerons pas.

L'émission de titres subordonnés présente plusieurs avantages :

- pour les établissements de crédit, ces titres permettent de respecter certaines normes d'endettement, comme le ratio Cooke naguère et le ratio Mc Donough actuellement[2], sans obligation de procéder à des augmentations de capital ;

---

1. A. Couret, J. Devèze, G. Hirigoyen, *Droit du financement, haut de bilan, trésorerie, relations banque entreprise*, Lamy, 2011.
2. Le ratio Cooke a été institué en 1988. Depuis le 1er janvier 1993, les établissements de crédit de l'Union européenne devaient respecter ce ratio de solvabilité minimum où leurs fonds propres doivent représenter 8 %. Le ratio Cooke, qui était le rapport entre les fonds propres qu'ils détenaient et le montant de leurs risques de crédit, et qui était un ratio prudentiel recommandé par le Comité de Bâle (Cooke était le président du comité), a été remplacé, dans le cadre des accords de Bâle II, par le ratio Mc Donough. Le ratio Mc Donough est toujours de 8 %, mais calculé sur un panier de risques de crédits (75 %), de risques de marché (5 %) et de risques opérationnels (20 %) qui font que la garantie du ratio Mc Donough est beaucoup plus illusoire que celle du ratio Cooke. De nombreux experts lui attribuent une partie de la responsabilité de la crise financière actuelle, notamment ceux de l'Institut Hayek.

- pour les groupes de sociétés, ils permettent d'effectuer des opérations de refinancement et de restructuration de l'endettement ;

- pour les sociétés émettrices, ce sont des emprunts faiblement rémunérés, d'un coût modeste et donc particulièrement intéressants par rapport aux emprunts classiques ;

- pour les entreprises du secteur public, ils permettent de collecter des fonds sans ouvrir le capital.

1.3.3. *Les titres subordonnés à durée indéterminée*

Les titres subordonnés à durée indéterminée (TSDI) sont des titres dont la date de remboursement n'est pas prévue. Ce sont donc des titres perpétuels, jamais remboursables au gré du porteur. Ils sont subordonnés, et donc leur remboursement suppose le règlement de toutes les autres dettes. En principe, la subordination ne porte que sur le capital, mais elle peut porter à la fois sur le capital et sur les intérêts. En pratique, le remboursement est souvent prévu à une échéance lointaine (au minimum 15 ans). La charge de remboursement pourrait être d'un montant particulièrement important, aussi diverses techniques financières permettent de la minimiser. Une des techniques les plus employées est le reconditionnement des TSDI. Pour ceci, une partie des fonds collectés est placée en titres à coupon zéro émis par un établissement financier ou une de ses filiales et le remboursement des investisseurs s'effectuera à l'aide des sommes ainsi capitalisées.

Exemple

Concrètement, pour reconditionner des TSDI on procède ainsi : après avoir émis des TSDI placés auprès de souscripteur, on crée une société spécifique qui prend l'engagement de racheter, au pair, dans 15 ans ou plus aux souscripteurs qui s'engagent, réciproquement, par contrat, à vendre ces titres à terme. La société émettrice verse à la société spécifique une partie du produit de l'émission, 20 à 25 % du montant de l'emprunt. On considère ce versement comme des intérêts précomptés.

La société spécifique place la partie de capital reçue dans des titres à coupon zéro. Ce montant placé dans les titres à intérêts capitalisables permettra, à l'échéance, d'avoir acquis la valeur des titres à racheter. À l'échéance prévue, 15 ans après, les titres à coupon zéro sont remboursés à la société spécifique et le montant de la transaction, alors disponible, permet de racheter les TSDI aux investisseurs.

Après leur rachat, qui n'est pas un remboursement, les TSDI existent toujours, mais ils ne reçoivent plus qu'un intérêt symbolique. On peut citer l'exemple de la société Rhône-Poulenc, qui a utilisé ce type d'opérations il y a quelques années : à l'issue de l'émission d'un milliard de dollars de TSDI, le groupe a reçu 750 millions et le reste a été investi dans une société spécifique (un *trust* de droit américain) qui a transformé 250 millions de dollars en bons du Trésor américain. Le *trust* a émis des certificats pour un milliard de dollars, souscrits par des investisseurs privés et le remboursement doit intervenir au bout de la quinzième année lorsque les 250 millions de dollars capitalisés se seront transformés en un milliard de dollars correspondant au montant initial de l'opération[1].

1.3.4. Les titres subordonnés remboursables (TSR)

Ils ont beaucoup de caractéristiques communes avec les TSDI, mais les TSR sont des titres remboursables. Chronologiquement, ils sont apparus après les TSDI. La clause de suspension du paiement des intérêts que l'on rencontre fréquemment dans les contrats de TSDI se retrouve aussi dans les TSR. Les TSR comportent également une clause de subordination du remboursement. Le plus souvent, la clause de subordination du remboursement est rédigée ainsi : « en cas de liquidation de la société, les titres subordonnés seront remboursés à un prix égal au pair ; leur remboursement n'interviendra qu'après désintéressement complet de tous les créanciers, privilégiés ou chirographaires, mais avant le remboursement des prêts participatifs accordés à la société et des titres participatifs émis par celle-ci ».

Exemple

En octobre 2004, la Société Générale a émis des titres subordonnés remboursables (TSR) au taux de 4,40 % du 29 octobre 2004 jusqu'au 29 octobre 2016. À partir du 29 octobre 2004, ces titres ont été admis sur le Premier marché au comptant, devenu, en 2005, le marché Eurolist. Les 100 000 TSR 4,40 % octobre 2004/octobre 2016 de 1 000 euros nominal représentaient l'emprunt de 100 000 000 € émis par la Société Générale. Cette émission était réservée au public. Elle avait les caractéristiques suivantes :

- prix d'émission : 99,963 % soit 999,63 € par titre subordonné ;
- date de jouissance et de règlement : 29 octobre 2004 ;
- intérêt : 4,40 % par an, soit 44 € par titre subordonné payable en une seule fois le 29 octobre de chaque année et pour la première fois le 29 octobre 2005 ;
- taux de rendement actuariel brut : 4,40 % à la date de règlement ;
- durée : 12 ans ;
- amortissement normal : en totalité le 29 octobre 2016 par remboursement au pair ;
- amortissement anticipé : pendant toute la durée de l'emprunt, l'émetteur s'interdit de procéder à l'amortissement anticipé des TSR par remboursement. Toutefois, il se réserve le droit de procéder à leur amortissement anticipé, soit

---

1. A. Couret, J. Devèze, G. Hirigoyen, *Droit du financement, haut de bilan, trésorerie, relations banque entreprise*, Lamy, 2011.

par des rachats en bourse, soit par des offres publiques d'achat ou d'échange, ces opérations étant sans incidence sur le calendrier normal de l'amortissement des titres restant en circulation ;

- cotation à partir du 29 octobre 2004 : les TSR 4,40 % octobre 2004/octobre 2016 sont cotés en pourcentage et au pied du coupon, initialement au *fixing*, groupe de valeur 43, sous le libellé SG 4,40 % 10/2016 sous les numéros de code ISIN et Euronext FR0010125476.

2. LE FINANCEMENT PAR EMPRUNT

Parallèlement au financement propre, dont on a vu qu'il n'est pas toujours véritablement propre et véritablement simple, l'entreprise peut demander la collaboration des banques. Elle constitue un dossier de demande de crédit, en général motivé par un projet donné. Pour obtenir un crédit au meilleur coût, l'entreprise peut s'adresser à plusieurs banques afin de les mettre en concurrence.

2.1. Les produits proposés par les banques

L'organisation actuelle du système bancaire français conduit à distinguer les banques qui distribuent principalement des crédits à court terme et à moyen terme des établissements financiers non bancaires qui distribuent plutôt des crédits à long terme, même si, depuis la récente crise, la classification des banques et leur activité n'est plus ce qu'elle était[1].

2.1.1. Les crédits à moyen terme des banques

Les banques sont les interlocuteurs privilégiés des entreprises. Elles collectent des ressources plutôt à court terme sous forme de dépôts des particuliers ou des entreprises et elles octroient des crédits à moyen terme mobilisables, c'est-à-dire à partir desquels elles peuvent obtenir des refinancements auprès des organismes financiers.

Ces crédits doivent alors remplir certaines conditions fixées par la Banque de France. Leur durée est de deux à sept ans. Le montant du crédit et le taux nominal sont négociés entre la banque et l'entreprise. Le montant couvre en général jusqu'à 80 % du projet (quotité). Les taux actuels se situent entre 8 et 10 %. Les prêts Codevi (compte pour le développement industriel) sont

---

1. Les banques classiques, en particulier américaines, devant le succès des *subprimes*, des *Hedge funds*, de la titrisation, etc., ont eu tendance à redéployer leurs moyens financiers des activités traditionnelles, « moins rentables », vers les activités risquées, dont on sait ce qu'il est advenu en 2007-2008.

réservés dans certains secteurs repérés par leur code NAF, comme le secteur agricole, industriel, hôtelier ou la construction, aux entreprises ayant un chiffre d'affaires inférieur à 80 millions d'euros et qui ne sont pas détenues, directement ou indirectement, à plus de 50 % par des entreprises ne répondant pas à ces critères. Pour celles-ci, les taux, indexés sur les taux des livrets de développement durable (ex-livrets Codevi) sont moins élevés, autour de 6,6 %, (montant actuel du TBB, taux de base bancaire), variable selon les banques.

2.1.1.1. Les crédits à long terme des établissements financiers non bancaires

Le Crédit national, le Crédit d'équipement des petites et moyennes entreprises (CEPME), les Sociétés de développement régional (SDR), la Caisse centrale de crédit coopératif collectent des ressources longues et sont spécialisés dans certains types d'opérations ou de clientèles. Par ailleurs, ces établissements sont habilités à distribuer les crédits à taux bonifiés (l'État prenant alors en charge une partie du coût du crédit, afin d'inciter les entreprises à l'investissement dans certains secteurs).

En général, les banques demandent des garanties pour accorder ces prêts (hypothèque, nantissement, garanties personnelles des dirigeants, garanties de sociétés de caution mutuelle).

Pour tous ces emprunts, il existe trois sortes de remboursement : l'amortissement constant, l'annuité constante et la méthode américaine.

Exemple

Soit un emprunt de 600 000 remboursé en 3 ans, au taux de 8 %.

Si le remboursement est effectué par amortissements constants : le montant du capital remboursé à chaque échéance étant le même, il en résulte que le montant des intérêts versés à chaque période est dégressif :

Éléments Amortissement constant	Année 1	Année 2	Année 3	Total
Capital remboursé	200 000	200 000	200 000	600 000
Intérêts	48 000	32 000	16 000	96 000
Annuité	248 000	232 000	216 000	696 000
Capital restant dû début	600 000	400 000	200 000	

Si le remboursement est effectué par annuités constantes : le montant remboursé à la banque étant identique à chaque échéance (capital + intérêt), il en résulte que le capital est remboursé selon une loi en progression géométrique (ici de raison 1,08). On appelle :

• a l'annuité constante ;
• C la valeur nominale d'une obligation ;
• N le nombre d'obligations ;
• n la durée de l'emprunt ;
• t le taux d'intérêt.

L'annuité constante est égale à :

$$a = NC \times \frac{t}{1 - (1 + t)^{-n}}$$

Éléments Annuité constante	Année 1	Année 2	Année 3	Total
Capital remboursé	184 820	199 606	215 574	600 000
Intérêts	48 000	33 214	17 246	98 460
Annuité	232 820	232 820	232 820	698 460
Capital restant dû début	600 000	415 180	215 574	

Si le remboursement de la totalité de la somme due est effectué en fin d'emprunt (méthode américaine) : le capital est remboursé en totalité lors de la dernière échéance et les intérêts versés à la fin de chaque période ont un montant identique. L'avantage de cette méthode est sa simplicité, l'inconvénient est que les risques de non-remboursement du capital sont accrus.

Éléments Méthode américaine	Année 1	Année 2	Année 3	Total
Capital remboursé	0	0	600 000	600 000
Intérêts	48 000	48 000	48 000	144 000
Annuité	48 000	48 000	648 000	744 000
Capital restant dû début	600 000	600 000	600 000	

Il existe de nombreuses variantes de ces méthodes portant sur des intérêts progressifs, dégressifs, à intérêts différés, à clause d'indexation ou encore avec dissociation des versements d'une part, et des remboursements d'autre part sur deux types de comptes bancaires. On peut aussi décider de ne pas payer d'intérêts et de compenser ce manque à gagner par une forte prime de remboursement. Pour l'entreprise, la méthode du taux constant et de la durée préalablement prévue est celle qui comporte le moins de risque, même si, comme nous le détaillerons plus loin, tout capital prêté et emprunté est soumis au risque général de taux.

2.2. Les emprunts obligataires

2.2.1. Les émetteurs d'emprunts obligataires

Les grandes sociétés cotées ou les entreprises nationales ont la possibilité d'emprunter en s'adressant directement aux épargnants par l'intermédiaire du marché boursier. Sur ce vaste marché, les émetteurs potentiels sont classés en fonction de la qualité de leur signature, attestant la sûreté de l'opération. On distingue :

- l'État et les collectivités locales ;
- le secteur public ;
- les banques ;
- et enfin les entreprises industrielles et commerciales, qui ne sont pas les plus gros emprunteurs sur le marché obligataire et qui ne peuvent pas toujours faire bonne figure sur ce marché. Il semblerait en fait interdit aux PME, mais des groupements professionnels du type GOBTP ou Gicelec peuvent permettre à des firmes modestes d'effectuer ce type d'opération.

2.2.2. Les investisseurs en emprunts obligataires

De même qu'il y a de nombreux émetteurs sur le marché des emprunts obligataires, il y a aussi de nombreux opérateurs prêts à investir :

- les simples particuliers à la recherche d'un revenu ;
- les gestionnaires mandatés pour gérer des portefeuilles ;
- les fonds communs de placement ;
- les compagnies d'assurance pour leurs provisions techniques et leurs réserves libres ;
- les caisses de retraite et les gestionnaires de fonds de pension ;
- les banques et organismes financiers privés et publics ;
- les investisseurs étrangers.

Le principe de l'emprunt obligataire est la division du capital emprunté en obligations. Les obligations sont en général cotées sur le marché boursier et sont remboursées suivant des modalités précisées à l'avance, par tirage au sort périodique, en fin d'emprunt, etc.

Il existe de nombreuses caractéristiques de ces emprunts. Les plus classiques sont les emprunts à taux fixe, mais il existe aussi des emprunts à taux variables, indexés, à coupon zéro, à coupon unique, des titres mixtes, des obligations démembrées et même des emprunts notionnels et des *warrants* sur obligations assimilables du Trésor (OAT).

L'émission d'emprunts obligataires n'est pas la panacée pour une entreprise mais, dans certains cas particuliers, c'est un excellent moyen de financement. L'émission d'un emprunt obligations par une entreprise ne remet pas en cause son autonomie financière, et elle peut être préférable à une augmentation de capital, car il n'y a pas d'effet de dilution, mais au contraire jeu de l'effet de levier. Un emprunt émis à une date judicieuse peut donc avoir une double influence positive sur les structures financières d'une société.

Le succès de l'émission de l'emprunt est souvent lié au choix du taux d'intérêt : un taux d'intérêt trop modeste entraîne une difficulté de placement de l'emprunt et un délaissement de celui-ci par les investisseurs, au contraire un taux d'intérêt trop élevé est stimulant pour les porteurs, mais la société émettrice a alors des charges financières accrues et elle peut dans certains cas être obligée de suspendre ses paiements. C'est ce qui arrive parfois avec les « *junk bonds* » (obligations de pacotille). L'émission d'un emprunt obligataire classique n'est d'ailleurs pas exclusive d'autres instruments déjà évoqués plus haut : obligations à bons de souscription d'actions, obligations convertibles, obligations remboursables, chacun de ces instruments dépendant du marché d'une part et de la société d'autre part.

Dans le cas le plus classique du remboursement de l'emprunt par annuités sensiblement constante, si on appelle :

- a l'annuité constante ;
- C la valeur nominale d'une obligation ;
- N le nombre d'obligations ;
- n la durée de l'emprunt ;
- t le taux d'intérêt,

l'annuité constante est égale à :

$$a = NC \times \frac{t}{1 - (1 + t)^{-n}}$$

le nombre de titres amortis la première année est égal à :

$$N_1 = N \times \frac{t}{(1 + t)^n - 1}$$

les amortissements sont en progression géométrique de raison (1 + t) :

$$N_k = N_{k-1}(1 + t)$$

3. LE FINANCEMENT PAR OPÉRATIONS DISSOCIÉES

En droit français, la grande majorité des contrats commerciaux sont bilaté-raux, générateurs d'obligations actives et passives pour les deux parties. Les contrats relatifs aux différentes méthodes de financement entrent dans ce schéma général : les augmentations de capital supposent une société et des associés, les emprunts bancaires un organisme prêteur et une entreprise, les emprunts obligataires un émetteur et des souscripteurs.

De plus en plus, la complexité économique et la liberté des conventions susci-tent des opérations où il existe plus de deux types de contractants et où l'un des cocontractants a transféré à un tiers une partie de son rôle. Cette possibilité permet des types de financement particuliers que nous appelons « financement par opérations dissociées ». C'est une possibilité qui n'a pas pris naissance dans le droit français, mais qui est beaucoup plus proche des habitudes anglo-saxonnes en général et américaines en particulier. Ces techniques ont souvent l'avantage (ou l'inconvénient) de donner une image financière de l'entreprise un peu biaisée. Nous envisagerons successivement le cas du crédit-bail (*leasing*), de la cession-bail (*lease back*), de la titrisation et de l'annulation éco-nomique des dettes (*in substance defeasance*).

3.1. Financement par crédit-bail

Le contrat de crédit-bail (*leasing*) est un contrat de location avec option d'achat. C'est une technique de financement comme une autre, dans la mesure où l'entreprise, après avoir choisi l'investissement, s'adresse à un organisme financier de crédit-bail et lui demande d'acheter pour elle le bien qu'il relouera ensuite. Il y a donc un transfert d'une partie du rôle de l'entre-prise à un tiers. L'objet du crédit-bail peut être un immeuble – on parle alors de crédit-bail immobilier – ou un matériel, dans le cas du crédit-bail mobilier.

L'intérêt de ce type de financement se trouve dans le fait que :

* pour les biens à évolution technique rapide, le crédit-bail a tous les avan-tages d'une location : il est plus facile de changer de matériel loué que de revendre du matériel techniquement dépassé pour acheter un matériel moderne (voir le cas des ordinateurs ou des photocopieuses) ;
* le bien peut être financé à 100 % dans certains cas ;

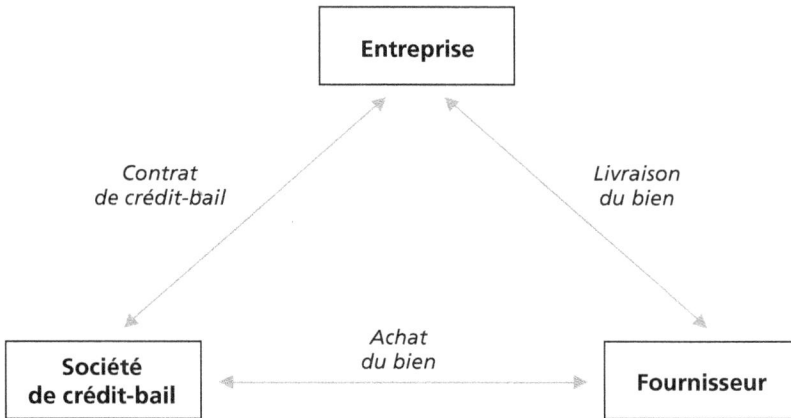

Figure 43 – Opération de crédit-bail

- les procédures d'octroi sont plus légères ;
- il existe une grande souplesse dans la planification des échéances ;
- le financement est indépendant de la capacité d'endettement de l'entreprise. Il ne figure, pour le moment d'après notre droit comptable, ni à l'actif ni au passif du bilan de l'entreprise. Nous avons évoqué, au chapitre 2, le problème du retraitement du crédit-bail.

En revanche, ce type de financement est plus cher qu'un financement classique. Les organismes de crédit-bail sont pour la plupart des filiales des banques ou d'établissements financiers. Les spécialistes considèrent que le coût du crédit-bail se définit par le taux d'intérêt réel résultat du montant des annuités et du prix d'achat fixé contractuellement aux différentes échéances. Le taux d'intérêt actuariel du crédit-bail immobilier est du même ordre de grandeur que le taux des prêts à long terme aux conditions du marché. Pour le crédit-bail mobilier, le taux est sensiblement supérieur au taux courant du crédit à moyen terme bancaire, puisque les versements de crédit-bail servent à rémunérer les sommes empruntées, à payer le service de mise à disposition du matériel et à compenser son risque d'obsolescence.

Au terme du contrat de crédit-bail, le preneur a la possibilité de « lever l'option », c'est-à-dire d'acquérir le bien loué moyennant le versement du prix convenu à la conclusion du contrat. L'entrée de l'immobilisation dans le patrimoine doit être constatée. Le coût d'acquisition correspond au prix contractuel de cession, c'est-à-dire la valeur de l'option d'achat. Celle-ci est amortissable, selon le système linéaire, sur la durée probable d'utilisation du bien appréciée à la date de levée de l'option.

© Groupe Eyrolles

Pour le crédit-bail immobilier, la situation est un peu plus complexe. En comptabilité, l'ensemble immobilier est enregistré pour le prix contractuel de cession, c'est-à-dire à la valeur de l'option d'achat. Une ventilation de cette dernière entre le terrain et la construction s'avère nécessaire. La valeur d'entrée du terrain chez le preneur est valeur du terrain dans les comptes du bailleur, la valeur d'entrée de la construction est égale à la valeur de l'option, déduction faite de la valeur d'entrée du terrain. La construction est amortissable, selon le système linéaire, sur la durée prévisionnelle d'utilisation appréciée à la date de levée de l'option. Le régime fiscal est un peu différent : au moment de la levée de l'option, une réintégration est nécessaire pour compenser le fait que le crédit-bail autorise une récupération plus rapide de l'investissement par rapport à une acquisition traditionnelle d'immobilisation. Cette réintégration, d'ordre purement fiscal, se détermine de la façon suivante :

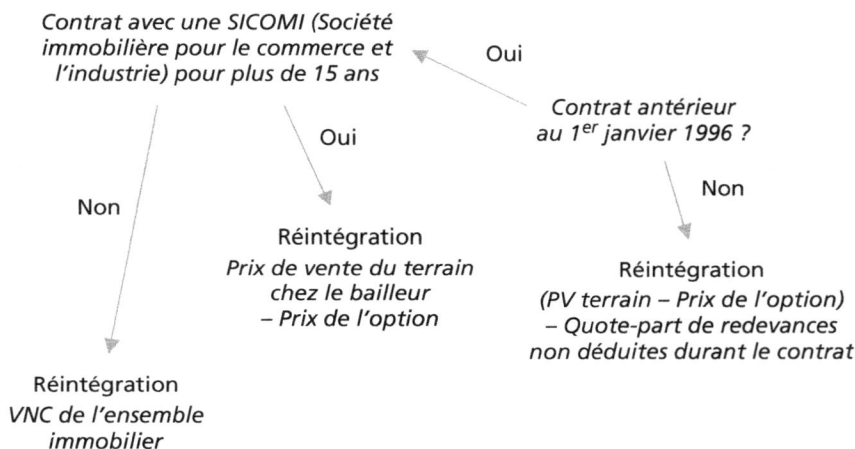

Figure 44 – Choix des options de crédit-bail

Pour les ensembles immobiliers, les problèmes fiscaux peuvent radicalement changer l'approche et les choix de crédit-bail, et il faut les gérer de façon minutieuse.

3.2. Financement par cession-bail

La cession-bail (*lease back*) est une opération voisine du crédit-bail qui est réglementée par les mêmes textes légaux du 29 novembre 1973. C'est une technique de crédit dans laquelle l'emprunteur transfère au prêteur dès le départ la propriété du bien que l'emprunteur rachète progressivement suivant une formule de location assortie d'une promesse unilatérale de vente. Dans le cas du crédit-bail, l'entreprise demande à la société de crédit-bail d'acheter pour son utilisation personnelle un meuble ou un immeuble ; dans le cas de la cession-bail, l'entreprise vend elle-même un bien à la société qui lui consent un crédit-bail pour cette opération. Le contrat de cession-bail (*lease back*) est, en fait, une opératioh de crédit-bail adossée à une opération de vente.

La cession-bail est utilisée pour des opérations d'envergure où une entreprise a de gros besoins de financement. Elle décide de vendre un bien, en général immobilier, tout en s'engageant à le louer pendant une certaine durée. Le plus souvent, elle n'a d'ailleurs pas le choix. Par exemple une entreprise commerciale peut ainsi céder son siège social, ou un château de vins peut mobiliser son exploitation agricole ou une partie de ses vignes, ce qui lui permet de dégager des disponibilités nécessaires, par exemple à une extension ou à une rénovation. Au terme du contrat, l'entreprise redeviendra propriétaire du bien à un prix préalablement fixé, en général modeste, la société de cession-bail ayant obtenu son bénéfice au moment du paiement des redevances. L'opération de cession-bail est une opération de financement qui n'est pas fiscalement neutre et, en plus des problèmes de coût du financement et des taux, il faut tenir compte du sort des plus-values.

La cession-bail, malgré son coût, permet à l'entreprise d'obtenir des liquidités immédiates. Il faut analyser l'opération en fin de contrat, lorsque toutes les redevances ont été payées, lorsque les options de rachat ont été exercées et les plus-values imposées.

3.3. Opérations de titrisation

Les opérations de titrisation se sont d'abord développées aux États-Unis où elles ont montré, avec la crise des *subprimes*, leurs limites et leurs effets pervers, mais aussi leur utilité lorsqu'elles sont effectuées à bon escient. Ces opérations ne sont légales en France que depuis 1988. Certains auteurs ont défini la titrisation comme « l'émission de titres négociables représentatifs de créances[1] ». C'est une technique qui permet de faire sortir du bilan des créances en les cédant à une structure juridique créée pour l'occasion. En France, cette structure est un Fonds commun de créances (FCC) qui est une copropriété sans personnalité morale ni capital. Le FCC finance l'acquisition des créances par émission de parts qui sont assimilées à des valeurs mobilières[2]. L'entreprise constitue donc un portefeuille de créances à titriser, qui devaient

---

1. C. Ferté, P. Cassette, *De la « securitization » à la titrisation*, Eska, 1992.
2. C. de La Baume, H. Stolowy, « Techniques financières, enregistrement et impact sur l'analyse des comptes », *Revue fiduciaire comptable*, n° 184, mars 1993, p. 22-40.

avoir au moins deux ans d'échéance en 1988, mais cette règle a été assouplie en 1992 et elle cède ce portefeuille à un FCC qui n'est que l'émanation de la notion de *trust* américain, mandataire chargé d'effectuer une certaine mission, contre remise de liquidités. Le FCC achète le portefeuille et émet en contrepartie des titres représentatifs de ces créances, qui sont ensuite proposés à des investisseurs. Comme l'opération est risquée, elle suppose la souscription d'un contrat d'assurance et la cession des créances à un prix inférieur à sa valeur réelle, pour quantifier le facteur de risque.

La titrisation est une technique de financement dans la mesure où elle permet de restructurer l'actif et d'optimiser l'allocation des fonds propres. La possibilité de sortir de l'actif tout ou partie des créances contre des liquidités permet à la fois de réduire le risque financier global de l'entreprise et d'améliorer sa trésorerie. C'est aussi pour l'entreprise un moyen de diversifier ses sources de financement, une possibilité qui peut se substituer à l'augmentation de capital et un moyen différent de gérer le risque client. Mais le système n'a pas que des avantages : les créances à titriser doivent former un ensemble homogène, la structure du FCC doit être fiable et l'opération a un coût non négligeable qu'il est nécessaire de comparer à la marge commerciale. C'est une opération à réserver à des créances d'envergure.

3.4. Annulation économique des dettes

L'opération au nom barbare, même pour les anglo-saxons, d'« *in substance defeasance* », conservée telle quelle par le Conseil national de la comptabilité, est une technique d'ingénierie financière qui permet à une entreprise donnée d'atteindre un résultat équivalent à l'extinction d'une dette figurant au passif de son bilan par le transfert de titres à une entité juridique distincte qui sera chargée du service de la dette, cette opération n'ayant pas pour effet de libérer juridiquement l'entreprise de son obligation initiale.

Sans en être une, cette opération ressemble par certains côtés à une opération de titrisation. L'entreprise se constitue un portefeuille d'obligations d'État ou garanties par l'État, dont les échéances de remboursement et les intérêts permettent d'assurer le service de la dette. Elle cède par une convention de type *trust* ce portefeuille à un mandataire de type « *trustee* » américain, qui assurera le remboursement de la dette initiale, avec les moyens qu'on lui a affectés.

Cette technique permet d'éliminer d'un bilan des dettes, par exemple des emprunts, et les disponibilités nécessaires à leur paiement à terme. Les remboursements d'emprunts anticipés sont souvent frappés de pénalités et la méthode de l'annulation économique des dettes permet d'éviter ces surcoûts.

C'est une procédure rapide, discrète, qui permet en outre de dégager des profits dans une conjoncture de hausse de taux d'intérêt où les valeurs à revenu fixe sont pénalisées.

Exemple

La société anonyme Doris-Faure a émis un emprunt obligataire de six ans à 8 % par an, remboursable au pair par annuités constantes. La valeur actuelle de cet emprunt est de 1 950 000. Le taux d'intérêt augmente sur le marché et il passe à 10,5 %. Évalué au taux actuel de 10,5 %, la valeur de l'emprunt n'est plus que de 1 810 000 (rappelons que l'augmentation de taux fait diminuer la valeur actuelle). Doris-Faure S.A., qui a par ailleurs accumulé de la trésorerie, va acquérir pour 1 810 000 de titres et va transférer à son « *trustee* », la société Faure-Confiance, par contrat de *trust*, les valeurs mobilières de 1 810 000, l'emprunt et les charges corrélatives dont la valeur actuelle est aussi 1 810 000. Si l'opération coûte 16 500, la société Doris-Faure va gagner :

$$[(1\ 950\ 000 - 1\ 810\ 000) - 16\ 500] = 223\ 500$$

Elle va faire disparaître l'emprunt de ses dettes, les titres de son actif, et elle aura réalisé un gain substantiel. Son bilan et son compte de résultat auront une meilleure présentation et elle pourra améliorer sa notation financière.

4. LES PROBLÈMES DU CHOIX DU FINANCEMENT

L'entreprise est amenée à choisir entre les différentes possibilités de financement non seulement parce que les taux d'intérêts ne sont pas les mêmes, mais également parce que les modalités de remboursement – et donc les flux de liquidités – se situent différemment dans le temps. Même s'ils peuvent, en première analyse, apparaître comme gratuits, les fonds propres ont un coût. Il est égal au taux de rentabilité exigé par les actionnaires, que les bénéfices soient distribués ou non. On peut également dire que c'est un coût d'opportunité, taux de rendement que l'entreprise aurait pu obtenir si elle avait placé ses fonds propres sur le marché au lieu de les utiliser elle-même.

Un des éléments les plus importants dans le choix du financement est le problème de la formation des taux d'intérêt. Le taux d'intérêt résulte de la rencontre de l'offre et de la demande sur le marché des capitaux. Il existe deux marchés où se rencontrent l'épargne et les besoins de financement des entreprises : le marché financier et le marché monétaire.

Le marché financier comporte un marché décentralisé sur lequel les établissements financiers prêtent aux entreprises l'argent qu'ils ont collecté, et un marché centralisé, le marché boursier. Le marché monétaire est le marché sur lequel les banques offrent et demandent de l'argent à court terme, suivant leurs capacités ou leurs besoins. L'État intervient sur ces deux marchés pour mettre en œuvre sa politique monétaire. Les taux varient quotidiennement sur ces marchés et les taux du marché monétaire et du marché financier sont liés. Mais les produits étant différents et les marchés n'étant pas parfaits, les taux ne sont toutefois pas les mêmes.

Les banques, intervenant ou se refinançant sur ces marchés, s'appuient sur ces taux pour déterminer ceux applicables à leurs clients. Sur le marché monétaire, le taux de référence est le taux moyen mensuel du marché monétaire (EONIA), moyenne mensuelle du taux des opérations entre banques au jour le jour au cours du mois précédent. Par ailleurs, les banques s'échangent des eurodevises. Sur ce marché, les taux de référence sont Euribor à 3 mois et Euribor à 12 mois (en anglais, Euribor : *European Interbank Offered Rate*). Sur le marché financier, le taux de référence est le taux moyen des obligations garanties par l'État pour le mois précédent (TMO).

Les crédits accordés par les banques, à court ou à moyen terme, s'appuient sur le taux de base bancaire (TBB). Ce TBB résulte d'une concertation entre les différentes banques étendue à l'ensemble de la profession, sous le contrôle de l'Association professionnelle des banques. On peut vérifier que le TBB est fortement corrélé avec le TMO et le TMOP (taux moyen des obligations privées). Les taux de crédit à long terme se réfèrent plutôt au TMO. Les principaux taux utilisés figurent dans le tableau suivant :

Tableau des taux bancaires base des transactions

Type de taux	Taux en 2011
Taux de base bancaire (TBB) depuis le 15-10-2001	6,60 %
Taux moyen des emprunts d'État (TME)	3,65 %
Taux moyen des emprunts obligataires (TMO)	3,85 %
Taux moyen des obligations privées (TMOP)	3,17 %
Taux moyen mensuel du marché monétaire (EONIA)	0,678 %
Euribor 3 mois	1,087 %
Euribor 12 mois	1,716 %
Taux de refinancement Banque centrale européenne depuis le 13-05-2009	1,00 %
Taux d'intérêt légal pour 2011	0,38 ou 5,38 %
Taux des intérêts moratoires des marchés publics	8,00 %

Source : *Revue fiduciaire comptable*, n° 382, avril 2011

© Groupe Eyrolles

Le taux proposé par une banque à un client donné est calculé sur le taux de base bancaire (TBB) qui est le taux général de référence, qu'elle corrige en l'augmentant d'un certain nombre de points intégrant sa propre marge, la qualité du client (taille, cotation FIBEN de la Banque de France, volume d'affaires) et le risque particulier qu'il représente. Ce taux peut être, surtout si l'entreprise est importante, négocié entre la banque et le client.

Une fois que l'entreprise a une idée claire des taux auxquels elle pourra traiter, elle peut exercer trois types de choix. Pour les opérations simples, ponctuelles, pour lesquelles il n'existe qu'une possibilité de financement, par exemple un financement par emprunt à moyen terme, l'entreprise effectue un choix sur les conditions. Pour les opérations plus complexes, où il existe plusieurs possibilités, l'entreprise effectue un choix sur les types de financement. Enfin, au niveau global, l'entreprise peut effectuer des choix portant sur ses structures globales, en faisant un arbitrage général risque/rentabilité.

4.1. Choix de financement ponctuel portant sur les modalités

C'est le type du choix entre deux emprunts par exemple. Le banquier indique à l'entreprise, pour une opération ponctuelle, un taux nominal apparent d'un emprunt. Ce taux ne correspond pas au taux réel. En effet, les remboursements peuvent être différés (franchise) et l'emprunt peut faire l'objet de coûts supplémentaires (assurances, commissions, garanties) qui vont avoir une influence sur le coût réel de l'emprunt. Le taux réel est le taux d'intérêt qui annule la somme actualisée des encaissements et des décaissements liés à l'emprunt.

Lorsqu'une entreprise a le choix entre plusieurs emprunts assortis de modalités diverses, elle doit choisir celui dont le taux réel ou le taux actuariel est le plus faible.

Exemple de calcul de taux réel d'un emprunt

La Banque internationale de Paris (BIP) propose à la société Francisoux le 15 janvier 2012 un emprunt de 110 000 au taux nominal de 10 % par an, remboursable par amortissements trimestriels constants (taux proportionnel) sur deux ans avec une franchise de six mois (premier remboursement en capital le 16 juillet 2012, les intérêts étant payés chaque trimestre à terme échu). Les frais de dossier s'élèvent à 2 500 €.

L'entreprise doit constituer une garantie : cinq parts sociales de la banque à 2 000 € chacune, que l'entreprise pourra revendre 2 200 € à la fin du prêt.

On obtient le tableau d'amortissement suivant :

Échéance	Reste à rembourser	Intérêts	Capital	Annuité
1	110 000	2 750	0	2 750
2	110 000	2 750	13 750	16 500
3	96 250	2 406	13 750	16 156
4	82 500	2 062	13 750	15 812
5	68 750	1 719	13 750	15 469
6	55 000	1 375	13 750	15 125
7	41 250	1 031	13 750	14 781
8	27 500	687	13 750	14 437
9	13 750	344	13 750	14 094
Totaux		15 124	110 000	125 124

Et le tableau des flux de trésorerie correspondant, actualisé à 3,3 % :

Échéance	Encaisse-ment	Frais et garantie	Annuité	Flux nets	Facteurs actualisés	Flux actualisés
0	110 000	12 500		97 500	1,00000	97 500
1			2 750	− 2 750	0,96805	− 2 662
2			16 500	− 16 500	0,93712	− 15 462
3			16 156	− 16 156	0,90719	− 14 657
4			15 812	− 15 812	0,87821	− 13 886
5			15 468	− 15 468	0,85015	− 13 150
6			15 125	− 15 125	0,82299	− 12 448
7			14 781	− 14 781	0,79670	− 11 776
8			14 437	− 14 437	0,77125	− 11 135
9	11 000		14 094	− 3 094	0,74661	− 2 310
Totaux	121 000	12 500	125 123			14

On cherche le taux d'intérêt i qui annule les flux nets actualisés de l'emprunt. Ici, avec un taux nominal de 3,3 % et des frais et garantie, la somme des flux actualisés est de 14 à la fin de la 9e période. Ce taux correspondant à un taux annuel effectif de $(1 + 0,033)4 = 13,9\ \%$ qui est donc supérieur de 39 % au taux nominal annoncé de 10 % !

4.2. Choix de différents types de financement

Pour chaque type de financement, il est possible d'établir un tableau des encaissements et des décaissements échelonnés dans le temps, comme le tableau ci-dessus, et de calculer pour chaque flux la valeur actuelle nette (VAN). L'entreprise choisira le financement pour lequel la VAN est la plus élevée. Il faut noter que l'incidence de l'impôt est ici fondamentale dans la mesure où les différents financements permettront de réaliser plus ou moins d'économie d'impôts par le biais de la déductibilité des charges financières (pour les emprunts) ou des loyers (pour les financements de crédit-bail notamment).

Exemple

La société Logos a décidé d'acquérir une machine-outil à commande numérique, d'un montant de 800 000, qui lui permet de réaliser un chiffre d'affaires de 750 000 la première année, en progression de 20 % chaque année suivante pendant trois ans.

Ce matériel est amorti en quatre ans, le taux d'impôt est de 33,33 %, les charges variables représentent 50 % du montant du chiffre d'affaires et les charges fixes (hors amortissement) sont de 220 000 durant les quatre années. Le besoin en fonds de roulement est estimé à 20 jours de CAHT. La valeur résiduelle en fin de contrat est nulle.

La société Logos peut financer cet investissement soit par 20 % de fonds propres et un emprunt de 80 % sur quatre ans remboursable par annuités constantes au taux de 9 %, soit par un contrat de crédit-bail, montant du loyer annuel 225 000, avec possibilité de racheter le matériel 40 000 en fin de contrat ; ces 40 000 doivent faire l'objet d'un dépôt initial de garantie.

La société, compte tenu de sa structure et de ses risques, utilise un taux d'actualisation de 10 % et cherche quel est le meilleur système de financement de son investissement.

Hypothèse de l'emprunt

À un taux de 9 %, l'emprunt a une annuité constante de 197 598 €, avec un premier intérêt de 57 600 € et un premier remboursement en capital de 139 998 €, ce qui donne le tableau d'amortissement suivant :

Années	Capital à rembourser	Capital amorti	Intérêt payé	Annuité constante
1	640 000	139 998	57 600	197 598
2	500 002	152 593	45 005	197 598
3	347 409	166 322	31 276	197 598
4	181 087	181 087	16 511	197 598
Total	0	640 000	150 392	790 392

On peut ensuite déterminer les résultats annuels :

Éléments du résultat	Année 1	Année 2	Année 3	Année 4
Chiffre d'affaires	750 000	900 000	1 080 000	1 296 000
Charges variables	375 000	450 000	540 000	648 000
Charges fixes	220 000	220 000	220 000	220 000
EBE	155 000	230 000	320 000	428 000
Amortissements	200 000	200 000	200 000	200 000
Intérêts	57 600	45 005	31 276	16 511
Résultat courant	– 102 600	– 15 005	88 724	211 489
Impôt sur les sociétés	– 34 200	– 5 000	29 573	70 486
Résultat net	– 68 400	– 10 005	59 151	141 003

On obtient les flux de trésorerie suivants pour l'emprunt (pour simplifier, on a considéré des impôts négatifs correspondant à des économies d'impôts s'imputant sur d'autres investissements) :

Flux de trésorerie cas de l'emprunt	Origine 0	Année 1	Année 2	Année 3	Année 4
Flux d'exploitation					
EBE		155 000	230 000	320 000	428 000
Variation BFR		41 666	8 333	10 000	12 000
ETE		113 334	221 667	310 000	416 000
Impôt sur les sociétés		– 34 200	– 5 000	29 573	70 486
Total des flux d'exploitation	640 000	147 534	226 667	280 427	345 514
Flux d'investissements					
Investissements	800 000				
Flux de financement					
Emprunt 80 %	640 000				
Remboursements		197 598	197 598	197 598	197 598
Total des flux de financement	800 000	197 598	197 598	197 598	197 598
Flux net de trésorerie	– 160 000	– 50 064	29 069	82 829	147 916
Facteur d'actualisation	1,00000	0,90909	0,82645	0,75131	0,68301
Flux nets actualisés	– 160 000	– 45 513	24 024	62 630	101 028
Flux actualisés cumulés	– 160 000	– 205 513	– 181 489	– 119 258	– 18 230

Hypothèse du crédit-bail :

Éléments du résultat	Année 1	Année 2	Année 3	Année 4
Chiffre d'affaires	750 000	900 000	1 080 000	1 296 000
Charges variables	375 000	450 000	540 000	648 000
Loyer du crédit-bail	225 000	225 000	225 000	225 000
Charges fixes	220 000	220 000	220 000	220 000
EBE	– 70 000	5 000	95 000	203 000
Résultat courant	– 70 000	5 000	95 000	203 000
Impôt sur les sociétés	– 23 333	1 666	31 666	67 666
Résultat net	– 46 667	3 334	63 334	135 334

Ce qui donne les calculs suivants :

Flux de trésorerie cas du crédit-bail	Origine 0	Année 1	Année 2	Année 3	Année 4
Valeur résiduelle					
EBE		– 70 000	5 000	95 000	203 000
Variation BFR		41 666	8 333	10 000	12 000
ETE		– 111 666	– 3 333	85 000	191 000
Impôt sur les sociétés		– 23 333	1 666	31 666	67 666
Total des encaissements	0	– 88 333	– 4 999	53 334	123 334
Investissements	40 000				
Remboursements		0	0	0	0
Total des décaissements	40 000	0	0	0	0
Flux net de trésorerie	– 40 000	– 88 333	– 4 999	53 334	123 334
Facteur d'actualisation	1,00000	0,90909	0,82645	0,75131	0,68301
Flux nets actualisés	– 40 000	– 80 303	– 4 131	40 070	84 238
Flux actualisés cumulés	– 40 000	– 120 303	– 124 434	– 84 364	– 125

Le montant des flux nets actualisés cumulés de l'emprunt est de – 18 230 et le montant correspondant des flux du crédit-bail est de – 125. C'est donc le choix du crédit-bail qui représente la meilleure solution, puisque ce projet à une VAN légèrement négative mais presque positive. Cette VAN légèrement négative du projet de crédit-bail signifie que l'opération est rentable à un taux d'actualisation très légèrement inférieur à 10 %, soit 9,96 %. La solution de l'emprunt n'est rentable qu'à un taux inférieur à 6,84 %, soit plus de 3 % de différence entre les deux projets.

4.3. Du choix d'investissement au choix de financement

Dans la démarche globale de la direction de l'entreprise, on doit chercher la position d'équilibre de la firme, caractérisée par son espérance générale de rentabilité et son risque général. Un des éléments de réponse à cette question est l'utilisation du modèle d'équilibre des actifs financiers (Medaf).

Le Medaf prend en compte les hypothèses relatives à la théorie financière traditionnelle concernant la perfection des marchés et la rationalité des opérateurs mais il considère, de plus, que les marchés sont efficients, c'est-à-dire que le cours des actions d'une entreprise reflète à tout moment les informations relatives à une société et qu'il existe un taux sans risque sur le marché, un taux caractérisant les actifs parfaitement liquides qui peuvent être achetés ou vendus par les investisseurs sans pénalité. Le but des investisseurs est de détenir un portefeuille comportant un minimum de risques, à partir d'un dosage d'actifs sans risque et d'actifs risqués. Les investisseurs peuvent aussi emprunter à un taux sans risque pour investir dans un actif risqué. Si R_F représente un actif sans risque et A un actif risqué, x le pourcentage des actifs risqués d'un portefeuille et $(1 - x)$ le pourcentage des actifs sans risque, le portefeuille a une moyenne :

$$EP = (1 - x) R_F + xE (A)$$

une variance :

$$Var_p = x^2 \, Var(A)$$

et un écart-type :

$$\sigma_P = x \, \sigma_A$$

d'où :

$$x = \frac{\sigma_P}{\sigma_A}$$

et l'investisseur a un portefeuille égal à :

$$E_p = R_F + \frac{E(A) - R_F}{\sigma_A} \times \sigma_P$$

Cette relation montre que le risque et la rentabilité sont des fonctions linéaires de la proportion x investies dans des actifs risqués. Le risque global se compose de deux éléments, un risque systématique qui est inhérent au marché des titres et un risque spécifique, intrinsèque à un titre particulier et à ses caractéristiques.

Le risque systématique ne peut pas être éliminé, car il caractérise le marché, mais le risque spécifique peut être totalement éliminé ou atténué par l'entreprise qui achète des actifs de niveaux de risque différents. Le risque systématique est mesuré par le coefficient bêta du titre (β), il montre les variations du taux de rentabilité d'un titre par rapport aux variations du taux du marché (i = titre, M = marché) :

$$\beta_i = Cov(R_i, R_M)/Var(M)$$

Le « portefeuille de marché » est un portefeuille théorique composé de toutes les actions du marché dans les mêmes proportions que celles du marché. Ce portefeuille théorique a un risque égal à l'unité, un β égal à 1 et une rentabilité R_M. Pour chaque titre, par exemple un titre quelconque T_i, le taux de rentabilité attendu est égal au taux de rentabilité sans risque R_i plus le produit du β du titre β_i multiplié par la prime de risque du marché :

$$E(R_i) = R_i + [E(R_M - R_i)].\beta_i$$

Exemple

Supposons deux titres T_1 et T_2 qui ont les coefficients bêta suivants :

$$\beta_1 = 0,8$$
$$\beta_2 = 1,2$$

Le taux d'intérêt sans risque est de 5 %.
Le taux du marché est de 8,5 %.
Le taux de rentabilité de T_1 doit être de :

$$R_1 = 0,085 + (0,085 - 0,05) \times 0,8 = 0,113, \text{ soit } 11,3 \%$$

Le taux de rentabilité de T_2 doit être de :

$$R_2 = 0,085 + (0,085 - 0,05) \times 1,2 = 0,127 \text{ soit } 12,7 \%$$

Entre ces deux titres (que l'on peut généraliser à deux séries de titres), c'est le titre T_1 qui est le moins risqué mais aussi le moins rentable.

À partir de la formule générale :

$$E(R_i) = R_i + [E(R_M - R_i)].\beta_i$$

on peut calculer le risque systématique des actifs, des capitaux propres et même des capitaux propres associés à des dettes risquées. Le Medaf apporte une réponse à la résolution des décisions de financement puisqu'il permet de calculer le taux de rentabilité que peuvent exiger les actionnaires – et donc rechercher les dirigeants – en faisant un dosage adéquat d'éléments risqués et d'éléments non risqués. Ce taux a une influence certaine sur le choix du taux d'actualisation. Les dirigeants peuvent utiliser une méthode d'analyse qui tient compte des éléments de la figure suivante[1].

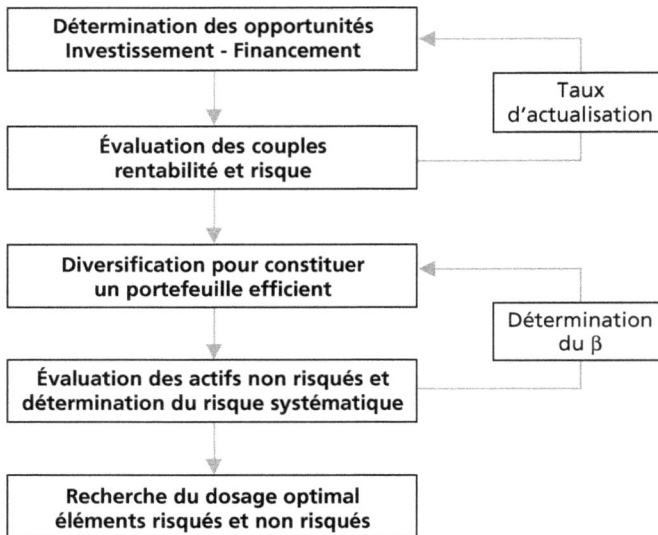

Figure 45 – Méthode d'analyse investissement-financement

Il y a donc trois niveaux différents de problèmes en matière de choix de financement :

- un niveau élémentaire, où se pose simplement le problème de l'arbitrage entre des conditions différentes d'une même classe de financements ;
- un niveau intermédiaire, où il faut effectuer des choix entre des types différents de financement ;
- un niveau global, où le problème du financement général de l'entreprise se résout en un arbitrage rentabilité-risque. Il faut dans ce cas envisager le couple investissement-financement dans toute sa complexité et non pas exclusivement les problèmes du choix du financement.

---

1. Inspiré de A. Quintart, R. Zisswiller, *Théorie de la finance*, PUF, 1985, p. 130.

Chapitre 9

Optimisation de la trésorerie

La trésorerie, dont nous avons déjà parlé plus haut, n'a pas la même place dans toutes les entreprises. Obsession pour les uns, problème fastidieux d'intendance pour les autres, variable stratégique redoutable pour les derniers, chacun en fait ce qu'il souhaite, un élément d'action ou une raison de temporiser. L'important est que la direction élaborant la stratégie et les trésoriers chargés des opérations sur le terrain travaillent dans le même sens. La trésorerie est faite pour faciliter la vie de l'entreprise, pas pour la compliquer. Nous rappellerons d'abord les principaux éléments de la fonction trésorerie, son débouché immédiat sur le budget de trésorerie, nous entrerons dans le détail de la position de trésorerie au jour le jour, avant de nous interroger sur la gestion des excédents et des déficits.

1. LA TRÉSORERIE EST AUSSI UNE FONCTION BUDGÉTAIRE

Nous rappellerons rapidement la fonction trésorerie, son utilité et les missions du trésorier.

1.1. La fonction essentielle de la trésorerie

Dans les PME, la fonction de trésorier est avant tout assurée par le chef d'entreprise, qui, sous la pression des commissaires aux comptes redoutant la confusion des décideurs et des comptables, consent parfois à déléguer ses prérogatives sonnantes et trébuchantes aux services administratifs ou au service comptable. Ce n'est pas toujours un avantage, car les connaissances et les réflexes des administratifs et des comptables ne sont pas toujours compatibles avec ceux des trésoriers performants.

Dans les grandes entreprises où il existe une direction financière, c'est celle-ci qui assure ou qui contrôle la fonction, avec, souvent, l'existence d'un trésorier, personne physique dont la rémunération est déterminée en fonction du volume des transactions de trésorerie. La gestion de la trésorerie est aussi souvent dissociée[1] en un service de « *back office* » qui s'occupe de la gestion administrative proprement dite (établissement du budget de trésorerie, gestion de la trésorerie au jour le jour) et un service de « *front office* » qui gère les surplus de liquidités et opère des arbitrages sur les marchés financiers.

1.2. L'utilité de la trésorerie

Une entreprise a besoin de trésorerie pour trois motifs, clairement définis par l'économiste John Maynard Keynes dans son ouvrage sur la *Théorie de l'emploi, de l'intérêt et de la monnaie* :

- motif de transaction : l'entreprise fait des achats et des ventes chaque jour. Une grande partie de ces opérations se dénouent à crédit mais, en fin de contrat, l'entreprise a besoin de disponibilités ;
- motif de précaution : la gestion de la trésorerie n'est pas une science exacte et les meilleures prévisions sont parfois prises en défaut, ne serait-ce qu'à cause des dimanches, des jours fériés ou des grèves intempestives. Les précautions seront d'autant moins nécessaires que la banque sera diligente et que les formalités de retrait seront rapides ;
- motif de spéculation : lorsque l'entreprise manie de grandes quantités de monnaie, il peut être intéressant de disposer, même pour quelques jours ou pour quelques heures, de fonds que l'on peut placer dans des conditions intéressantes, en particulier sur des places internationales et sur des produits financiers standard.

En raison de ces trois motifs de base et en fonction des types d'organisation que nous avons évoqués, le trésorier a plusieurs missions.

---

1. Voir J. Peyrard, M. Peyrard, J.-D. Avenel, *Analyse financière*, Vuibert, 9ᵉ édition, 2007.

1.3. Les missions du trésorier

Le trésorier doit en particulier :

- prévoir les mouvements de la trésorerie :
    - établir le budget de trésorerie, élément résultant des autres budgets de l'entreprise, en particulier du budget des ventes et du budget des investissements, que nous avons étudiés dans le chapitre 6 ;
    - prévoir les différents encaissements et décaissements au jour le jour, apprécier les dates de valeurs de ces mouvements.
- suivre l'évolution de la trésorerie :
    - assurer la liquidité générale de l'entreprise (gestion sans « friction ») et faciliter toutes ses transactions financières ;
    - assurer les paiements à échéance.
- gérer les écarts de la trésorerie :
    - analyser les différents financements possibles à court terme ;
    - arbitrer les différentes opportunités de placement à court terme et gérer les excédents ;
    - équilibrer les soldes des comptes de trésorerie à un coût minimum ;
    - anticiper et traiter les risques de taux et les risques de change à court terme liés à la trésorerie.

2. LA CONSTRUCTION DU BUDGET DE TRÉSORERIE

La trésorerie est une source quotidienne de risques pour l'entreprise et de soucis pour l'entrepreneur ; bien gérée, elle permet de faire des économies substantielles, mal gérée elle conduit directement à une procédure de redressement judiciaire. On peut utiliser, comme pour le besoin en fonds de roulement, la métaphore de l'éponge. Comme une éponge qui absorbe l'eau, la trésorerie mal gérée absorbe des ressources qui ne peuvent pas être employées ailleurs. Comme une éponge que l'on presse, la trésorerie bien gérée génère des ressources qui peuvent être employées ailleurs et qui peuvent devenir un avantage compétitif pour l'entreprise.

Le budget de trésorerie est la transcription du plan de financement que nous avons étudié au chapitre 6, sur des périodes courtes (inférieures à une année : trimestre, mois, semaine). Le budget de trésorerie focalise les périodes de paiement difficiles et permet de bien anticiper les décalages des encaissements et des décaissements générés par l'évolution dans le temps du besoin en fonds de roulement.

2.1. Les encaissements

Les encaissements proviennent surtout des ventes et des cessions : c'est à partir du budget des ventes que les encaissements sont prévus. Mais on ne peut pas prendre les valeurs directement inscrites à ce budget, puisque celui-ci est calculé hors TVA, alors que les encaissements sont faits TTC. Si les clients payaient comptant, le budget des ventes serait égal au budget des encaissements, mais les paiements à crédit obligent à analyser statistiquement les encaissements pour déterminer les flux de fonds : le paiement des clients est généralement effectué quelques semaines ou quelques mois après la facturation.

Si on a prévu des cessions d'immobilisations dans le budget des investissements, on encaisse le montant de la valeur résiduelle nette après, le cas échéant, imposition des plus-values et reversement de la TVA. De manière subsidiaire, on peut encaisser également des revenus de titres, des produits de location, des prêts remboursés et des subventions diverses.

2.2. Les décaissements

Les décaissements obéissent aux mêmes règles que les encaissements. Le budget des approvisionnements tient compte des achats hors taxe, mais il faut régler les fournisseurs TTC, avec un délai de paiement des achats de marchandises conforme aux usages du secteur. Dans la plupart des entreprises, on connaît facilement la périodicité des charges qui peuvent être abonnées sans problème : paiement des factures d'eau tous les deux mois, d'EDF tous les trois mois, de téléphone, locations, salaires tous les mois.

Il ne faut absolument pas faire figurer dans le budget de trésorerie les charges calculées qui font l'objet d'écritures comptables mais n'entraînent pas de décaissement effectif immédiat. Enfin, une place à part est à réserver à la TVA, dans le budget lui-même ou dans un budget auxiliaire : les ventes d'un mois donné, janvier par exemple, vont être déclarées et payées en février mais, de la TVA collectée sur ventes de janvier, on déduira la TVA sur investissements de janvier et la TVA sur achats et autres charges de janvier. Donc, en général (sauf paiements par obligations cautionnées qui peuvent décaler l'ensemble de quatre mois) il vient :

> TVA à payer mois n =
> TVA collectée mois (n − 1)
> − TVA déductible sur investissements mois (n − 1)
> − TVA déductible sur autres biens et services mois (n − 1)

Dans les autres décaissements, on trouvera les dettes du bilan précédent venant à échéance, les coupons d'emprunts à payer, les obligations échues à rembourser, les autres investissements acquis.

Le budget de trésorerie récapitule les recettes et les dépenses effectives. Il est prudent, à ce niveau, de faire un état de synthèse des charges.

Exemple : budget de trésorerie correspondant aux prévisions de l'entreprise Robson pour une année

Budget de trésorerie société Robson, année n

Éléments du budget de trésorerie	Dernier bilan (N – 1)	Premier trimestre	Deuxième trimestre	Troisième trimestre	Quatrième trimestre	Totaux annuels
Budget d'exploitation						
Encaissements						
Clients au bilan précédent	360 000					360 000
Clients de l'exercice		600 000	900 000	920 000	980 000	3 400 000
Total des recettes d'exploitation	360 000	600 000	900 000	920 000	980 000	3 760 000
Décaissements						
Fournisseurs au bilan précédent	200 000					200 000
Autres créditeurs	50 000					50 000
Fournisseurs de l'année		400 000	300 000	500 000	400 000	1 600 000
Autres charges achat		20 000	120 000	30 000	100 000	270 000
Charges externes		60 000	80 000	90 000	80 000	310 000
TVA à payer		18 000	60 000	45 000	60 000	183 000
Total des dépenses d'exploitation	250 000	498 000	560 000	665 000	640 000	2 613 000
Trésorerie d'exploitation	110 000	102 000	340 000	255 000	340 000	1 147 000
Budget hors exploitation						
Encaissements						
Cessions			200 000			200 000
Subventions		150 000		150 000		300 000

…/…

Éléments du budget de trésorerie	Dernier bilan (N – 1)	Premier trimestre	Deuxième trimestre	Troisième trimestre	Quatrième trimestre	Totaux annuels
Apport en capital					250 000	250 000
Total recettes hors exploitation	0	150 000	200 000	150 000	250 000	750 000
Décaissements						
Impôts		350 000	130 000	120 000	140 000	740 000
Investissements		50 000	550 000	150 000	150 000	900 000
Dividendes			70 000			70 000
Total dépenses hors exploitation	0	400 000	750 000	270 000	290 000	1 710 000
Trésorerie hors exploitation	0	– 250 000	– 550 000	– 120 000	– 40 000	– 960 000
Écart recettes-dépenses	110 000	– 148 000	– 210 000	135 000	300 000	187 000
Trésorerie de départ	44 000	154 000	6 000	– 204 000	– 69 000	231 000
Trésorerie de fin	154 000	6 000	– 204 000	– 69 000	231 000	231 000

La gestion budgétaire de la trésorerie, effectuée dans le cadre annuel, est assez grossière et, pour qu'elle soit opérationnelle, le trésorier devra ensuite effectuer des prévisions au jour le jour en analysant, pour chaque opération, son montant et sa date de valeur réelle et en gérant, à l'aide de l'un des nombreux modèles disponibles sur le marché, le stock de disponibilités comme un stock de marchandises particulier.

3. LA POSITION DE LA TRÉSORERIE AU JOUR LE JOUR

L'encaisse, solde des comptes caisse et banque, représente un actif financier oisif. Elle ne rapporte rien si elle est débitrice, mais si elle est créditrice, sous forme de découverts bancaires par exemple, elle coûte cher en intérêts. L'objectif de l'entreprise est donc de réduire au minimum le niveau de l'encaisse, afin d'avoir, en principe, sur chaque compte une « trésorerie zéro ».

Afin d'atteindre cet objectif, le trésorier doit donc connaître à tout moment le niveau de l'encaisse et son évolution possible dans les jours qui suivent. La gestion de la trésorerie s'appuie donc sur le plan de trésorerie et la comptabilité des flux de liquidité en temps réel. La gestion de la trésorerie repose sur le principe de l'unité de la caisse et de la non-affectation des recettes et des dépenses. Toute somme d'argent, à partir du moment où elle se trouve en caisse, peut servir au règlement de toute dette. En caisse, une ressource n'est jamais affectée en priorité à un emploi particulier. C'est un principe qui autorise le responsable financier à gérer « sa » trésorerie avec un maximum de flexibilité.

Il est nécessaire d'effectuer un suivi précis des mouvements de trésorerie, d'avoir une idée précise de la comptabilisation des jours de valeur et de connaître la position des comptes « banque ». Toutes ces opérations ont longtemps été faites à la main mais, de nos jours, il existe de nombreux logiciels fonctionnant sur tous les ordinateurs courants, qui aident le trésorier dans sa mission. En matière d'informatique, le trésorier a besoin de matériel sur site, de moyens d'information et d'un système de communication avec les banques et les sociétés de bourse.

Sur Internet, les logiciels de gestion de trésorerie faisaient l'objet de 285 000 entrées en 2011. Malgré leur nombre en forte baisse, à cause des fusions, de nombreux logiciels sont encore disponibles. Ils permettent d'obtenir les soldes bancaires par date d'opération et par date de valeur, de planifier les encaissements et les décaissements, de surveiller les conditions bancaires et les frais financiers, d'apprécier la ponctualité des clients dans leurs règlements. Le logiciel de trésorerie peut difficilement fonctionner de manière autonome. Tous les jours, un logiciel de communication bancaire associé doit permettre d'obtenir les opérations de la veille et d'obtenir en début de journée une image des flux financiers réels de l'entreprise. Il existe des logiciels performants pour les grandes entreprises et des logiciels plus modestes pour les petites et moyennes sociétés. Quelques entreprises comme Concept et sa marque Sage, SAP Business One, Jesper (Désirade), Datalog finance (Cash solutions) ou Gestinum sont des représentants intéressants d'un marché particulièrement développé et actif. Il en est pour preuve la société Concept, qui est devenue la société Sage, avec deux lignes de produits importantes : *Sage gestion de la trésorerie et des flux financiers*, pour les moyennes et les grandes entreprises et *Sage X3* pour les plus petites. À la suite des multiples acquisitions qui se sont succédé ces derniers mois telles qu'Adonis X3, la division Moyennes et grandes entreprises de Sage a décidé de mettre de l'ordre dans une gamme de produits devenue particulièrement touffue. *Sage Concept* est en fait l'ancienne *Concept Sage*, et *Sage X3* est l'ancienne *Adonis X3*. Mais tous les logiciels ne sont pas d'usage facile et il vaut mieux tester la facilité d'installation et le confort d'utilisation avant de faire l'investissement. Les programmes importants fonctionnent sur de gros ordinateurs type IBM AS/400, mais les autres s'accommodent facilement des micro-ordinateurs exploitant le système Windows XP, 2003, 2007, 2010 ou version ultérieure.

Exemples de logiciels de trésorerie

Vendeur	Nom du produit	Caractéristique
CCMX	Gamme finance	Module de trésorerie
Ciel	La solution plus	Tableau de bord intégré
Sage Concept	100 Trésorerie	Gestion classique pour PME
Sage X3 entreprise	1000 Trésorerie	Entreprise de 100 à 1 000 salariés
Sage X3 entreprise	X3 gestion trésorerie	Entreprise de 500 à 5 000 salariés

Les applications de Trésorerie Sage Concept *et* X3 *fonctionnent avec les bases de données relationnelles standard du marché : Gupta SQL Base, Oracle, Microsoft SQL Server.*

Les logiciels les plus évolués permettent de contrôler, d'analyser et d'optimiser les positions de trésorerie avec les fonctionnalités suivantes :

- virements de banque à banque immédiats ;
- contrôle des dates de valeur et des frais bancaires ;
- rapprochements bancaires ;
- graphes prévisionnels ;
- comparatifs de prévisions et réalisations ;
- échanges internes et externes sécurisés ;
- règlement des fournisseurs internationaux.

Ces résultats peuvent ensuite être intégrés de manière simple et automatique dans la trésorerie d'un groupe. Et, à partir de la trésorerie du groupe, les logiciels comme *Sage X3 entreprise* relient la trésorerie, les paiements et rapprochements bancaires et la conception des états financiers à l'interface avec les clients, les fournisseurs, la comptabilité ERP, les marchés et les banques.

3.1. Le suivi des mouvements de trésorerie

Les mouvements de trésorerie sont quotidiens. Les bandes chiffriers des caisses enregistreuses, l'enregistrement des chèques et les remises en banque, les états de rapprochement bancaire, la vérification de la caisse, la tenue des échéanciers de factures à payer ou des effets en portefeuille par date d'échéance sont autant d'outils de gestion de trésorerie, employés depuis très longtemps dans les affaires. Une comptabilité de trésorerie à jour permet d'avoir une connaissance en temps réel du montant de l'encaisse. C'est cette information qui autorise l'entreprise à effectuer des règlements à des tiers : fournisseurs, salariés, organismes sociaux. Toute entreprise prend soin de négocier avec son banquier une ligne de découvert éventuel. Ainsi, elle a la possibilité jusqu'à un certain niveau de faire des règlements malgré un solde bancaire négatif. D'ailleurs, la convention de compte courant, qui est la règle pour les comptes commerciaux, contrairement aux comptes de dépôts des particuliers, prévoit le principe d'un solde alternativement débiteur et créditeur, mais il est bon, pour des montants hors norme, d'avoir l'accord, de préférence écrit, du banquier.

Pour avoir une gestion des liquidités efficace, l'entreprise va se fonder sur le plan de trésorerie, mais celui-ci n'est qu'une prévision. La réalité des encaissements et des décaissements peut être différente. Le plan de trésorerie doit donc être mis à jour : les écarts entre prévisions et réalisations sont reportés dans le temps, ceci pour préparer d'autres décisions d'encaissement ou de décaissement.

Exemple

Pour la société Robson, on peut avoir des écarts entre les éléments prévus et réalisés :

Écarts prévisions-réalisations Société Robson (année n, 1er trimestre)

Éléments du budget de trésorerie	Bilan (N) prévisions	Prévisions T1	Réel Bilan + T1	Écarts à reporter
Budget d'exploitation				
Encaissements				
Clients du bilan précédent	360 000		355 000	– 5 000
Clients de l'exercice		600 000	602 000	+ 2 000
Total des recettes d'exploitation	360 000	600 000	957 000	– 3 000
Décaissements				
Fournisseurs du bilan précédent	200 000		208 000	+ 8 000
Autres créditeurs	50 000		63 000	+ 13 000
Fournisseurs de l'année		400 000	396 000	– 4 000
Autres charges achat		20 000	17 000	– 3 000
Charges externes		60 000	64 000	+ 4 000
TVA à payer		30 000	31 000	+ 1 000
Total des dépenses d'exploitation	250 000	510 000	779 000	+ 19 000
Trésorerie d'exploitation	110 000	90 000	178 000	– 22 000

Les écarts constatés, ici négatifs, seront reportés lors de la période suivante où on pourra faire un budget de trésorerie glissant, en prenant les données réelles du premier trimestre de l'année n et les données prévisionnelles des trois trimestres suivants.

3.2. Les jours de valeur et la position de trésorerie

La gestion de trésorerie, pour ce qui concerne les mouvements bancaires, se fait en « jours de valeur ». Ce qui importe à l'entreprise, ce sont les dates auxquelles son compte bancaire est effectivement débité ou crédité. Or il existe des décalages entre les dates d'opérations comptables (date à laquelle on remet un chèque au guichet par exemple) aboutissant à une position comptable des opérations et les dates où les sommes sont portées au débit ou au crédit des comptes (en fonction des dates de valeur) aboutissant à la position de trésorerie en valeur.

Remarquons que cette notion de « jours de valeur » est une particularité du système bancaire français avec laquelle il faut composer, mais c'est une notion largement ignorée des Anglo-saxons, des Belges et des Allemands. De même, les tribunaux français, en cas de différends entre banques et commerçants, ignorent très souvent les dates de valeurs et recalculent systématiquement les intérêts courus, lorsque c'est nécessaire, en fonction des dates réelles. Pour des raisons commerciales, certaines banques renoncent à leurs avantages concernant les jours de valeur.

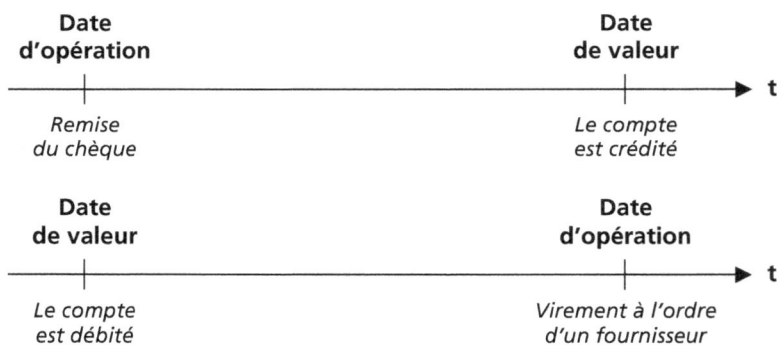

Figure 46 – Dates d'opérations et dates de valeur

En effet, les banques considèrent que des délais administratifs ou institutionnels viennent retarder les opérations. Par exemple, lorsque l'entreprise dépose un chèque au guichet de sa banque, le compte de l'entreprise ne sera crédité que cinq jours plus tard pour tenir compte des délais théoriques liés à la compensation entre banques. Les jours de valeur retenus par la banque seront en général plus importants pour un chèque hors place que pour un chèque sur place (où la banque du tiré est dans la même ville).

Exemple de détermination des jours de valeur

Chaque opération est affectée d'une date de valeur. Son calcul s'effectue à partir de la date de traitement « J » de l'opération ou de l'événement, majoré ou minoré d'un certain nombre de jours. Pour les opérations interbancaires, le calcul est réalisé par rapport à la date de règlement entre banques. Le nombre de jours est exprimé en mode calendaire « C » ou ouvré « O ». Quels que soient les jours d'ouverture des agences, le calcul des jours ouvrés se fait du lundi au vendredi. Les jours de fermeture exceptionnelle (fêtes locales) sont considérés comme des jours ouvrés. Les jours fériés légaux ne sont pas considérés comme des jours ouvrés.

Opérations	Date de valeur
Paiement de chèque	J + 3 O
Remise de chèque	J + 3 O
Retrait par chèque	J − 2 C
Retrait d'espèces	J
Virement de trésorerie	J
Autre virement	J + 1 C
Effets : traite ou billet à ordre	J + 4 C
Prélèvements	J + 4 C

La plupart de ces opérations sont génératrices de frais (jusqu'à 30 € sur certaines). À l'international, il existe trois options d'imputation des frais :

* option « *our* » : l'ensemble des frais est à la charge de l'émetteur de l'opération ;
* option « *share* » : l'émetteur et le récepteur se partagent les frais par l'intermédiaire de leur banque respective. L'option « *share* » est retenue par défaut ;
* option « *ben* » : l'ensemble des frais est à la charge du bénéficiaire.

Les opérations doivent comporter un BIC (adresse électronique « *swift* » de la banque) et un IBAN (numéro de compte international normalisé).

3.3. Gestion intégrée de plusieurs comptes bancaires

L'entreprise dispose en général de plusieurs comptes dans des banques différentes. En effet, lors d'une demande d'emprunt, la banque prêteuse a pu exiger l'ouverture d'un compte et l'assurance d'un certain montant de mouvements.

Par ailleurs, le fait d'avoir plusieurs comptes permet de connaître de l'intérieur les taux et les pratiques de chaque banque et de les mettre en concurrence en connaissance de cause. Cependant, si on n'y prend garde, le fait d'avoir plusieurs banques entraîne une sous-optimisation de la gestion des comptes. Les spécialistes ont recensé plusieurs erreurs flagrantes à éviter lorsque l'on gère plusieurs comptes bancaires :

• la première erreur est l'erreur d'équilibrage : lorsque l'entreprise a un compte débiteur de 45 000 € chez la banque A et un compte créditeur de 50 000 € chez la banque B, le solde débiteur chez A coûte au minimum des frais de découvert non autorisé à 11 à 14 % alors que le solde créditeur chez B ne rapporte rien. L'erreur d'équilibrage est le principal facteur de gaspillage des frais financiers des entreprises. Si un jour le compte dans une banque est débiteur de 45 000 et le compte sur l'autre banque est créditeur de 50 000, le trésorier devra effectuer un virement de la deuxième banque sur la première de 45 000 € dans les meilleurs délais[1] ;

• la seconde erreur est l'erreur de sur-mobilisation. Elle est relative aux soldes créditeurs de comptes à vue non rémunérés. Un compte en banque est « trop » créditeur soit parce qu'on a demandé trop de crédits (trop d'escompte, trop de crédit *spot*), soit parce qu'on n'a pas pris la précaution de faire des placements à court terme. Cette erreur coûte au minimum le taux de placement : 6 % ;

• enfin, l'erreur de sous-mobilisation résulte de l'utilisation systématique du découvert à la place d'instruments de financement moins coûteux : selon les périodes, les crédits *spots* sont plus chers ou moins chers que le simple découvert et il faut donc arbitrer en permanence entre plusieurs formes de financement. L'erreur de sous-mobilisation est celle qui coûte le moins cher : elle coûte la différence entre le taux du support choisi et le taux le moins cher (si taux du découvert = 8,75 % et taux des crédits *spots* = 6,05 %, le coût sera de 8,75 – 6,05 = 2,70 %).

Ces trois erreurs sont repérées et quantifiées à partir des échelles d'intérêt trimestrielles et en faisant la synthèse de tous les mouvements journaliers de chaque banque dans une sorte de « banque unique fictive ». On peut avoir

---

1. Rappelons que, lorsque l'entreprise possède des liquidités, son compte banque dans sa comptabilité est débiteur et son compte tenu par la banque est créditeur. Inversement, lorsque l'entreprise est à découvert, son compte dans sa comptabilité est créditeur et il est débiteur pour la banque. Contrairement à ce que dit le langage courant, les « clients » de la banque sont ses fournisseurs de liquidités et leur compte en banque joue donc comme un compte fournisseur (augmentation au crédit, diminution au débit, solde créditeur).

ainsi une représentation de la gestion idéale des comptes en banques de l'entreprise et prendre des dispositions correctives.

3.4. La trésorerie au jour le jour avec la contrainte du moyen terme

Une bonne maîtrise de la trésorerie au jour le jour suppose qu'on garde toujours une vue sur les paramètres à moyen terme, caractérisés par un bon équilibre du plan de financement, c'est-à-dire une adéquation entre l'exploitation, l'investissement et le financement. Au niveau de l'exploitation, rappelons que l'on a :

$$\boxed{\text{ETE} = \text{EBE} - \Delta\,\text{BFRE}}$$

Cela signifie que l'entreprise doit être rentable (EBE) et qu'il faut gérer soigneusement les éléments variables du besoin en fonds de roulement (Δ BFRE).

Comme nous l'avons déjà souligné dans les premiers chapitres, une entreprise rentable n'est pas forcément solvable, en raison des décalages divers et du jeu de l'effet « ciseau » notamment. Le résultat ne se retrouve pas immédiatement dans l'encaisse. Or, l'entreprise a intérêt à pouvoir disposer le plus rapidement possible des liquidités qui sont le fruit de son activité. Elle doit donc par tous les moyens accélérer les encaissements et ralentir les décaissements. Ceci revient à dire qu'elle doit réduire son besoin en fonds de roulement. C'est la première action à entreprendre pour une bonne gestion de trésorerie.

3.4.1. La gestion indispensable des stocks

Le trésorier doit inciter les responsables de la production à réduire les stocks de matières premières et consommables, tout en les maintenant à un niveau suffisant pour satisfaire les besoins incompressibles de la production. Il s'agit, ici, d'éviter d'acheter trop tôt et par suite d'avoir à payer les fournisseurs par anticipation.

Le trésorier doit aussi inciter les responsables des ventes à réduire les stocks de produits finis tout en les maintenant eux aussi à un niveau suffisant pour satisfaire les clients dans des délais raisonnables. Il s'agit ici d'éviter de produire trop à l'avance et d'allonger les délais entre engagement des charges de production et vente et donc encaissements.

3.4.1.1. Accélération des encaissements des clients

Le trésorier doit en outre inciter les responsables des ventes à facturer rapidement, de manière que les encaissements soient eux aussi accélérés. Il demande aux commerciaux de négocier des délais de règlement courts. Il demande aux comptables de procéder aux remises en banque des chèques des clients au jour le jour. Il incite tous les intéressés à relancer systématiquement les clients en cas de retard. La bonne gestion de trésorerie en aval passe par une bonne organisation administrative et une rigueur commerciale et comptable en amont. Imaginons une entreprise ayant plusieurs établissements situés dans des villes différentes. En gestion de trésorerie, elle a intérêt à décentraliser la facturation et les remises en banque. En effet, elle réduit ainsi les délais administratifs de facturation en évitant un va-et-vient entre l'établissement et le siège pour les données de la facturation. Par ailleurs, elle raccourcit les délais de remise en banque des chèques des clients et limite au maximum les problèmes de compensation hors place.

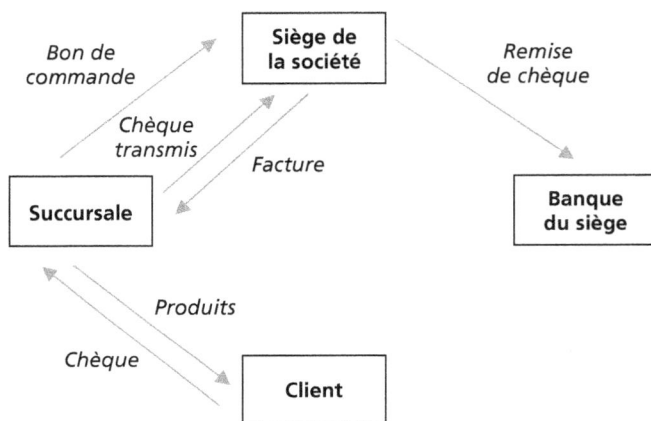

Figure 47 – Gestion centralisée de la trésorerie

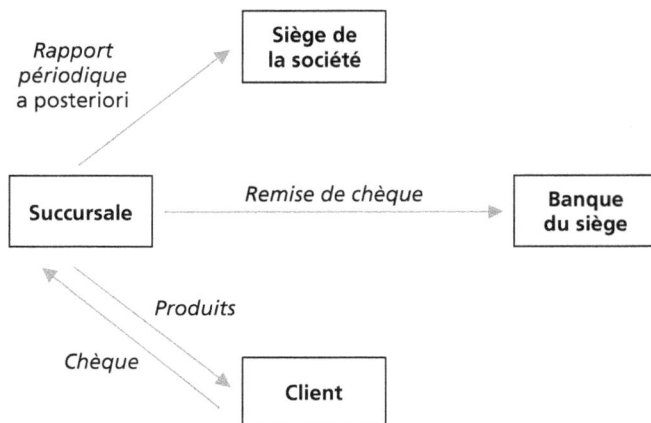

Figure 48 – Gestion décentralisée de la trésorerie

3.4.1.2. Paiement des fournisseurs en temps voulu

Le trésorier demande aux acheteurs de négocier des délais de règlement aux fournisseurs les plus longs possibles (en tenant compte de leurs propres contraintes de trésorerie, c'est-à-dire en respectant une certaine éthique commerciale). Il fait en sorte qu'ils soient payés en temps voulu, conformément à ce qui avait été conclu lors de l'achat et non pas trop tôt.

3.4.1.3. Payer l'État et les organismes sociaux le plus tard possible

L'État et les organismes sociaux précisent les règles de versement des impôts, de la TVA, des cotisations sociales. Le trésorier doit s'efforcer d'envoyer les chèques correspondants le plus tard possible, à la limite de la date de majoration. Pour l'État, le cachet de la poste fait foi, il suffit de poster les chèques la veille de la date limite, pour les organismes sociaux en général et pour l'Urssaf en particulier, le paiement doit avoir été effectué le jour de la date limite et il faut soit remettre les chèques en main propre le dernier jour, soit prévoir le délai d'acheminement du courrier.

3.4.1.4. Négocier avec les banques les jours de valeur à l'avantage de l'entreprise

Le problème fondamental est de réduire le décalage entre les dates de valeur et les dates d'opérations. En effet, ces dates de valeur sont toujours négociables. Pour un bon client (qui menace de la quitter), la banque acceptera de réduire le nombre de jours de valeur sur toutes les opérations. Et s'il s'agit d'une grande entreprise, la banque pourra aller jusqu'à tenir simplement compte des jours effectifs de chaque opération et non plus de jours forfaitaires plus ou moins bonifiés.

> On peut donc dire que gérer la trésorerie, ce n'est pas seulement gérer des liquidités et des engagements, c'est :
> - gérer les stocks ;
> - acheter les matières premières le plus tard possible ;
> - réduire les délais du cycle production-vente ;
> - facturer rapidement ;
> - réduire les délais de règlement des clients ;
> - réduire les délais d'encaissement ;
> - négocier les délais de règlement des fournisseurs ;
> - régler tous les tiers avec une lenteur mesurée ;
> - négocier les jours de valeur avec les banques.
>
> C'est donc être en permanence obsédé par des délais.

4. LA GESTION DYNAMIQUE DES ÉCARTS

Dès qu'apparaissent des écarts (*floats*) entre les prévisions de trésorerie et la trésorerie réelle, il devient nécessaire de ramener les liquidités au niveau de l'encaisse de sécurité en plaçant les excédents ou en négociant des crédits de trésorerie auprès des banques. Nous avons antérieurement énoncé le principe de la « trésorerie zéro », mais on constate souvent une sous-optimisation de la trésorerie et une obligation de fait de gérer une trésorerie de sécurité différente de zéro.

4.1. Les excédents de trésorerie et les placements

4.1.1. Le désendettement

Le désendettement, ou remboursement anticipé des dettes financières, constitue la première manière de résorber les excédents de trésorerie. En effet, s'il ne rapporte rien, il permet de faire des économies en charges financières. Par ailleurs, le règlement anticipé des fournisseurs, de préférence en bénéficiant de l'escompte de règlement, la constitution de stocks si le marché est favorable, peuvent également constituer de bons « placements » de trésorerie.

4.1.2. Les produits boursiers

L'entreprise peut placer ses liquidités sur le marché boursier en achetant des actions, des obligations, des bons du trésor, des certificats de dépôt émis par les banques (taux proches de ceux du marché monétaire, 5,20 % en mars 2011, moyenne des 12 derniers mois). Pour minimiser le risque, il existe des produits composés tels les SICAV de trésorerie ou les fonds communs de placement (FCP). En tout état de cause, les ordres sont toujours donnés par l'intermédiaire d'une banque ou d'une société de bourse.

Les grandes entreprises ont la possibilité d'émettre des billets de trésorerie (papier échangeable entre grandes entreprises cotées). Elles peuvent également prendre des positions sur les marchés à terme, où les placements sont plus spéculatifs mais aussi plus flexibles, ou sur les différents marchés des options.

4.1.3. Les produits commercialisés par les banques

Les banques proposent :

- des bons de caisse, famille de titres qu'elles émettent et qui sont remboursés à l'échéance en général à trois mois minimum ;
- des comptes bloqués ou des comptes à terme ;
- des certificats de dépôt auprès d'un établissement de crédit habilité.

Le choix entre ces différents placements se fera bien sûr en fonction de la rémunération (taux d'intérêt moins les frais), du risque et de la liquidité plus ou moins grande du placement.

Exemple de taux (mars 2011)

Comptes bloqués à terme	0,88 % à deux mois, 1,29 % à six mois
Certificats de dépôts (il existe des minimums de 10 000 ou 100 000 € selon les banques)	4 % à six mois
Rendement des SICAV de trésorerie	1 % en moyenne, baisse à cause de la liaison des taux avec ceux de la BCE

4.2. Les crédits de trésorerie

Les crédits de trésorerie font dans tous les cas l'objet d'une négociation avec le banquier. Celui-ci, après avoir fait un diagnostic financier et jugé, à partir du plan de trésorerie des besoins de financement à court terme, décide d'accorder ou non une « ligne de crédit » de trésorerie sur tel ou tel instrument, que nous allons maintenant décrire. Ces crédits sont pour la plupart réutilisables automatiquement dès leur remboursement (crédit *revolving*). Le contrat entre la banque et l'entreprise précise :

- le montant maximum du crédit ouvert ;

- les conditions de fonctionnement du compte courant (mouvements, dates de valeur, capitalisation des intérêts intermédiaires) ;

- le taux des différents crédits, qui est fonction du taux de base bancaire (TBB) et du risque du client (chaque banque a son TBB). Le TBB est défini à partir des pratiques de la profession bancaire, chaque banque fixant elle-même librement son taux de base, c'est-à-dire le taux minimum qu'elle entend retenir pour ses opérations. Il sert de référence à la tarification des crédits à court et moyen terme consentis aux entreprises. Jusqu'au 15 octobre 2001, ce taux était de l'ordre de 7,10 % pour de nombreuses banques. À cette date, il a baissé à 6,6 % et, en 2011, c'est toujours ce même taux de 6,6 % qui est en vigueur. Longtemps, les banques se sont référées au *Paris Interbank Offered Rate* (Pibor), qui variait quotidiennement, mais qui était souvent inférieur de deux points au TBB. Le Pibor a disparu le 1er janvier 1999, en même temps que le franc et, comme l'euro a succédé au franc, le taux interbancaire *European Interbank Offered Rate* (Euribor) a succédé au Pibor et le remplace partout. Il existe un taux Euribor à trois mois (taux actuel : 1,087 %, soit un taux proportionnel de 4,348 % pour un an, et un Euribor à 12 mois (taux actuel : 1,716 %). Euribor est constitué par une moyenne journalière des taux prêteurs. Il est calculé sur 360 jours avec 13 échéances et grâce au concours d'une soixantaine de banques européennes.

Les banques appliquent volontiers aux clients sans risque et sans incident particulier une majoration de l'ordre de 2 %. Par ailleurs, elles facturent des commissions pour couvrir les frais administratifs (par exemple, commission d'endos pour l'escompte, commission de mouvement ou commission de plus fort découvert pour le découvert). Rappelons que dans le chapitre 8, nous avons donné un tableau des taux bancaires, base des transactions.

4.2.1. Les crédits de trésorerie fondés sur des créances commerciales

Depuis plusieurs siècles, datant du temps des foires commerciales trimestrielles (Champagne, Italie), les commerçants ont pris l'habitude de régler leurs créances par effets de commerce. Plus tard, les banques en général et la Banque de France en particulier ont accepté d'acheter (escompte = achat ; opération inverse : négociation = vente) ces effets qui font l'objet d'un droit spécial dans le Code de commerce (droit cambiaire) et qui présentent de nombreuses garanties en cas de défaillance du débiteur.

Le taux d'escompte associé à ces opérations classiques était, jusqu'en 1977, un taux de référence sur le marché monétaire pour les prêts à court terme (moins de 90 jours). L'originalité de ce taux, c'est qu'il est calculé « en dedans » et les intérêts sont déduits de la valeur nominale des effets, et non pas « en dehors » comme les intérêts des emprunts indivis classiques ou des emprunts obligataires, qui utilisent un taux *in fine*. On a gardé l'habitude de parler de taux d'escompte ou de taux de réescompte dans les banques centrales qui redistribuent du crédit aux autres établissements financiers.

Exemple

Un client de la société Sainluc a payé sa facture en acceptant une lettre de change à deux mois d'échéance de 3 600 €. La société Sainluc, ayant besoin de liquidités, négocie cette lettre de change au guichet de sa banque, qui lui escompte à un taux de 8,5 %. Le montant total de l'escompte s'élève à :

$$3\ 600 \times 8,5\ \% \times 2/12 = 51$$

La valeur actuelle de l'effet deux mois avant l'échéance est de :

$$3\ 600 - 51 = 3\ 549$$

et la société Sainluc endosse l'effet à l'ordre de sa banque qui en devient le bénéficiaire, sauf bonne fin, c'est-à-dire sauf si le client ne payait pas à échéance. La banque crédite le compte de la société de 3 549 €.

Devant la charge administrative de plus en plus lourde représentée par l'escompte, les banques ont essayé d'inventer d'autres formules de mobilisation des créances.

4.2.1.1. La lettre de change-relevé

La lettre de change-relevé regroupe un ensemble d'effets de commerce soit sur support magnétique, soit sur support papier. La commission d'encaissement est de 0,48 € sur support magnétique et de 10,50 € par bordereau sur support papier. Depuis 1987, le système automatisé LCR est le mode normal de recouvrement des effets de commerce, qui sont dématérialisés par l'entreprise (LCR magnétique) ou par la banque (ils sont sur support papier mais portent la mention LCR et sont considérés comme tels). Seuls les documents portant la mention LCC (lettre de change circulante) ou BOC (billet à ordre circulant) sont obligatoirement présentés physiquement au paiement dans les chambres de compensation.

4.2.1.2. La mobilisation des créances « loi Dailly[1] »

Dans sa nouvelle version, simplifiée, des articles L. 313-23 et suivants du Code monétaire et financier, le banquier reçoit de son client un bordereau qui représente des créances professionnelles, non échues, du client à l'égard de ses propres clients. Ces créances lui sont transmises dans des formes simples, assorties de leurs garanties. Le banquier remet au cédant le montant des créances cédées, déduction faite de sa rémunération. L'opération s'analyse en un escompte de créances cédées en forme simplifiée.

Cette technique de crédit permet à une entreprise, quels que soient sa forme (entreprise personnelle, société, profession libérale, agriculteur) et son secteur d'activité (industrie, commerce ou services) de mobiliser la partie de son poste « clients » qui n'est pas représenté par des effets de commerce.

Cette technique de financement permet donc à une entreprise de bénéficier de crédit en contrepartie de la production de factures représentatives de créances sur ses clients ou de créances sur une collectivité publique (État, région,

---

1. La loi n° 81-1 du 2 janvier 1981 a été promulguée pour faciliter le crédit aux entreprises par des actes de cession ou de nantissement de créances professionnelles permettant la mobilisation des crédits représentés par lesdites créances. Elle a été complétée par la loi n° 84-46 du 24 janvier 1984, la loi n° 93-1444 du 31 décembre 1993 et l'ordonnance n° 2000-1223 du 14 décembre 2000. La loi a été légèrement simplifiée pour être intégrée dans les articles L. 313-23 et suivants du Code monétaire et financier. Elle permet de transmettre plusieurs créances avec un même titre, à un coût raisonnable et de nantir des créances selon un mode simplifié sans accomplir les formalités des articles 1690 (Cession de créance) et 2075 (Nantissement) du Code civil.

département, commune), telles qu'une subvention obtenue mais non versée, un crédit de TVA, une indemnité d'assurance due mais non réglée, etc.

Techniquement, ce procédé consiste à céder à la banque des créances sur les clients, représentées par des factures. Il n'est alors plus nécessaire de créer un effet de commerce, mais il est indispensable de pouvoir identifier les créances à l'aide d'un état de la facturation indiquant les échéances. La « gestion Dailly » comprend un système de cession des créances professionnelles avec des commissions par bordereau (coût environ 7 €), des commissions de notification par créance ou par marché (environ 15 €) et des commissions de cession (4 €) et de prorogation (12 €). Pour les créances Dailly garanties, les frais de gestion mensuels sont de l'ordre de 150 à 200 €, les frais de cession de 30 € et les commissions de manipulation de 3 €.

Quelle que soit la qualité des relations professionnelles de l'entreprise avec son banquier, celui-ci ne fera une avance sur créance que sous réserve d'encaissement. La banque vérifiera donc au préalable la solvabilité du débiteur. C'est pourquoi elle s'engagera *a priori* plus facilement dans le cas de retard de versement d'une subvention publique que pour des factures de clients privés. Toutefois, certaines collectivités publiques reçoivent parfois l'ordre de ne pas payer directement à l'établissement bancaire, se réservant le droit de se rétracter dans le cas où l'association n'aurait pas agi conformément à l'objet de la subvention. Certains banquiers sont donc méfiants. Avant de négocier, il est donc essentiel de réunir toutes les pièces susceptibles d'étayer le dossier de crédit : justification des subventions ou des factures d'un montant élevé, bilans et comptes de résultat réels et prévisionnels (mettant en lumière l'actif circulant, les créances clients et les créances assimilées), budget de trésorerie permettant d'évaluer les flux d'entrée et de sortie et les échéances seront non seulement très utiles mais encore souvent réclamés. Enfin, le coût de l'opération doit être comparé à celui de transactions plus courantes : si les taux et commissions dépassent ceux d'un découvert courant (entre 5 % et 18 %), il vaut mieux y renoncer.

Le banquier peut mobiliser les créances Dailly avec trois modalités de recouvrement : sans notification au débiteur, avec notification et avec notification plus engagement de payer. S'il n'y a pas de notification au débiteur, le banquier fait confiance au cédant sans informer le cédé de la cession. S'il y a notification, elle doit être effectuée par lettre recommandée avec accusé de réception et le débiteur ne peut régler la dette qu'à la banque bénéficiaire de la cession de créance. L'établissement financier doit obtenir un acte d'acceptation de la cession ou le nantissement d'une créance professionnelle.

4.2.1.3. L'affacturage (*factoring*)

Dans le cas de l'affacturage, les créances sont cédées non plus à la banque mais au « *factor* », société de crédit qui achète les créances représentées par des factures et peut même aller jusqu'à gérer les comptes clients de l'entreprise. Le *factor* se charge du recouvrement des factures et assume en même temps le risque client. Le coût est assez élevé, dans la mesure où il inclut, en plus de l'escompte traditionnel, le coût du service rendu par le *factor*. C'est à la fois un procédé de recouvrement performant (mais coûteux) qui libère les chefs d'entreprise du souci de la solvabilité de ses clients (mais qui ampute largement sa marge commerciale), une technique de mobilisation intéressante et une garantie de bonne fin. Le *factor* prend en charge le risque de non-paiement et d'insolvabilité des clients.

4.3. Les autres crédits de trésorerie

4.3.1. Le crédit confirmé de trésorerie

Le crédit confirmé de trésorerie couvre des besoins permanents. Pouvant aller jusqu'à deux ans, mais dont la durée courante est de un an, il est accordé sur convention expresse entre la banque et ses clients.

4.3.2. Le découvert

Le découvert est l'autorisation du banquier à avoir un compte courant débiteur : la banque honore les chèques, les virements de l'entreprise au-delà de l'avoir liquide sur le compte. Il s'agit du crédit de trésorerie le plus souple, dans la mesure où il permet de couvrir exactement le besoin dans le temps. Le taux de découvert bancaire est calculé en fonction du taux de base : TBB + 3 à 4 % pour un client sans risque particulier. Le banquier décompte souvent des commissions de risque sur cette opération. La commission de plus fort découvert est calculée sur le plus fort découvert en valeur du trimestre, souvent au taux de 0,065 % × 3, limitée à la moitié des intérêts débiteurs de la période. La commission d'immobilisation est le plus souvent égale à 0,55 % du solde moyen débiteur de la période et elle est perçue si le compte est débiteur pendant plus de 60 jours (consécutifs ou non) au cours du trimestre. Enfin, la commission de dépassement est calculée sur le plus fort solde comptable débiteur au-delà de l'autorisation de chaque mois de la période d'arrêté : 0,20 %.

4.3.3. Les crédits ponctuels

Les crédits ponctuels, dits crédits *spots*, sont des crédits de très courte durée (de un à dix jours), mais parfois d'un montant important, affectés au financement d'un besoin clairement précisé et non pas à un financement indistinct. Le taux des crédits *spots* est celui du marché monétaire (Eonia à 0,678 % par mois ou Euribor trois mois à 1,087 %) augmenté de points supplémentaires de marge pour le banquier. Le crédit *spot* n'est pas cher, étant donné sa brièveté, mais facile à obtenir (engagement écrit de remboursement rédigé en faveur du banquier) et à utiliser. Par sa brève durée et son taux raisonnable, le crédit *spot* permet parfois d'éviter le découvert bancaire au taux prohibitif. De plus, compte tenu de sa durée limitée, il se calcule sans jours de banque. Pour éviter les gaspillages, son calcul réclame la précision de calcul des trésoriers professionnels. C'est pourquoi il est naturellement destiné aux grandes entreprises qui ont des besoins liés à des opportunités sur des périodes très courtes, pour lesquelles les taux de négociation habituels sont très proches des taux du marché monétaire. Ils se négocient au taux Euribor + 2 %.

4.3.4. Les billets de trésorerie

Évoqués plus haut, les billets de trésorerie sont réservés aux seules grandes sociétés, qui ont la possibilité d'acheter sur le marché monétaire des billets de trésorerie émis par d'autres sociétés. Les montants sont élevés et les taux sont ceux du marché monétaire (0,678 % par mois en mai 2011). Il s'agit en fait de crédits interentreprises. Toutes ces opérations sont étroitement surveillées par l'Autorité des marchés financiers (AMF).

4.4. Le financement d'opérations ou d'activités particulières

Il peut s'agir :

- de crédits de campagne destinés aux entreprises dont l'activité est saisonnière (agriculture, industries agroalimentaires, industrie du jouet, industrie cinématographique). Le remboursement du crédit intervient en fin de campagne ;
- d'obligations cautionnées, permettant le financement de la TVA déductible lorsque l'encaissement de la TVA collectée intervient beaucoup plus tard ;
- de crédits de financement des marchés publics, lorsque la durée des travaux, très longue, entraîne des délais de facturation et de règlement importants (en particulier avec l'État) ;
- de crédit documentaire : à l'exportation, les crédits clients sont très longs et peuvent faire l'objet de crédit de trésorerie ;
- de crédits sur stocks (*warrants*) : certaines industries sont contraintes à constituer des stocks importants pour des raisons légales (par exemple réserves obligatoires de carburant pour les pétroliers), ou économiques (cycle de production long, variation importante des prix selon les quantités

achetées). Le *warrant* est un certificat de gage des marchandises. Ce *warrant* peut ensuite être escompté auprès d'une banque et donc constituer le support d'un crédit de trésorerie.

L'optimisation de la trésorerie : exemple de choix

En cas de besoin de trésorerie à court terme, l'entreprise combine, en accord avec sa banque, les différents crédits possibles pour minimiser le coût. Prenons l'exemple suivant : le plan de trésorerie de l'entreprise Gabalfa se présente graphiquement comme sur la figure suivante :

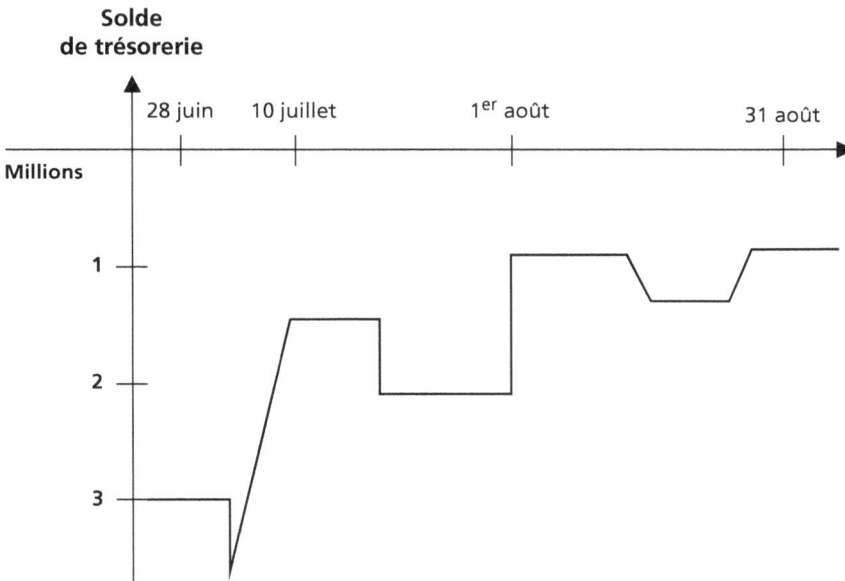

Figure 49 – Besoins de trésorerie de la société Gabalfa

Supposons que les conditions de crédit négociées avec la banque soient les suivantes :

- crédit *spot* à 10 jours : 6,05 % ;
- escompte à 30 jours : 8,50 % ;
- escompte à 60 jours : 7,85 % ;
- découvert : 15 %.

La meilleure solution consiste à escompter un million d'euros de papier commercial à 60 jours au taux de 7,85 %, ensuite 0,5 million à 30 jours au taux de 8,50 %, le reste des besoins étant assuré par le crédit *spot* à 6,05 %. On n'aura pas besoin de découvert à 15 %.

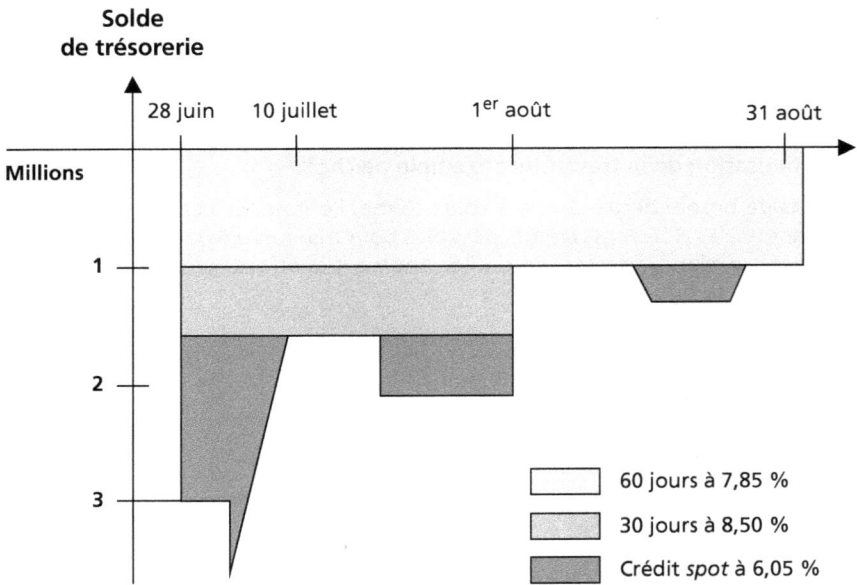

Figure 50 – Financement des besoins de trésorerie de la société Gabalfa

Chapitre 10

La stratégie financière et la gestion des risques

L'entreprise, comme tout organisme qui a une activité, court des risques. Ces risques sont de plusieurs natures. La sagesse populaire dit que « qui ne risque rien n'a rien », mais on pourrait retourner le proverbe en « qui n'a rien ne risque rien » afin d'étayer notre propos. En effet, le risque est inhérent à la possession.

Pour l'entreprise, plus que pour toute autre structure, c'est la détention d'un patrimoine qui est le principal facteur de risque. Son patrimoine comporte des éléments actifs et des éléments passifs, et ces actifs et ces passifs supportent d'abord des risques en fonction du temps : il est nécessaire de maintenir le niveau d'un patrimoine où les actifs s'usent, se dégradent et où les passifs, essentiellement des dettes, sont frappés d'intérêts. Le patrimoine se déprécie également en fonction des prix : selon la conjoncture, les actifs, immobiliers par exemple, sont plus ou moins demandés et il en résulte des variations notables, parfois dramatiques, des prix. Il en est de même pour les actions, les obligations, le change des monnaies. Enfin, une troisième cause de risque importante est la personne. L'entreprise passe des contrats avec des partenaires qu'elle connaît mal, soit parce qu'elle n'a pas le temps ou les moyens de les connaître, soit parce qu'ils font tout pour éviter de se faire connaître (clients, intermédiaires, fournisseurs). Ils ont des motivations obscures, pas toujours louables ou morales. Parfois même, les fonctions prestigieuses qu'ils ont exercées ne sont pas une garantie, mais un leurre supplémentaire, comme l'a bien montré l'affaire Madoff en 2008 et l'utilisation frauduleuse des chaînes de Ponzi. Selon les circonstances, tous ces facteurs restent des facteurs primaires ou se combinent de manière à la fois complexe et cumulative.

1. Les risques financiers dans la stratégie de la firme

Après avoir recensé les facteurs générant les risques financiers, nous rappellerons la classification traditionnelle de ces risques. Les risques financiers résultent donc de la conjugaison de trois éléments générateurs[1] :

* la qualité des partenaires de l'entreprise ;
* la volatilité des prix ;
* l'influence du facteur temps et de la conjoncture.

1.1. Les risques relatifs à la qualité des partenaires

La qualité de ses cocontractants et la confiance qu'elle eut leur accorder sont deux problèmes permanents et majeurs pour l'entreprise. En premier lieu, la défaillance de ses clients habituels, susceptibles de tomber en redressement judiciaire et d'entraîner une filière complète de producteurs dans leur sillage, en est la marque la plus voyante. L'expérience des dirigeants et des salariés peut ici jouer : surveiller le taux d'impayés, ne pas faire trop d'affaires avec un seul client (par exemple en matière de travaux publics, refuser de financer à la fois le prix des matériaux et celui des prestations), diversifier les types de clientèles, s'informer, sont des moyens à mettre en œuvre dès la naissance des relations avec les clients.

On pourrait penser que les fournisseurs, qui sont payés et non payeurs, peuvent faire l'objet de plus de laxisme. Il n'en est rien : l'entreprise peut dépendre de fournisseurs exclusifs pour certains de ses produits et l'expérience conduisant à la diversification doit, ici encore, jouer son rôle. Jadis, on pouvait se fier aux organismes publics et semi-publics. Las ! Ils sont de plus en plus nombreux, non seulement à envier et à copier la gestion financière des entreprises privées, mais encore à prendre des risques inconsidérés, souvent motivés par une fuite en avant. Pour un Crédit Lyonnais renfloué par l'État français, combien de Banque Barings Brothers, de Bankers Trust, de Drexel Bank ou de BCCI[2] déposent leur bilan et font défaut à leurs créanciers ?

Dans le domaine des impayés ou du dérapage des instruments financiers utilisés à mauvais escient, les PME sont plus fragiles que les grandes entreprises, mais personne n'est à l'abri, ni le Crédit Mutuel du Sud-Est qui spéculait sur des fonds déposés à titre d'épargne, ni Volkswagen, victime de spéculation et

1. Voir J.-F. Faye, *Comment gérer les risques financiers ?*, Lavoisier Tec et Doc, 1993, p. 7 et suivantes.
2. Voir Jean-Guy Degos et D. Matta, « Le blanchiment d'argent par une banque internationale sans scrupule : le cas de la BCCI », *La Revue du financier*, n° 164, 2007, p. 26-38.

d'escroquerie, ni Japan Air Lines, perdant l'équivalent de 1,5 milliard d'euros[1], ni tant d'autres, comme les compagnies aériennes suisse Swissair et belge Sabena, ou comme le cabinet d'audit et d'expertise comptable Arthur Andersen, ou enfin la société d'électricité Enron. Les organismes publics sont eux aussi susceptibles de faire courir aux autres des risques relatifs aux personnes. On évoque le souvenir des emprunts russes ou le scandale de Panama, mais des États souverains, des caisses de retraite américaines, des régions anglaises, peut-être bientôt des villes françaises, peuvent déposer leur bilan et mettre leurs partenaires en danger. Le risque inhérent aux partenaires est donc le risque principal couru par les entreprises, car il met en cause leur existence, tout simplement. Les deux autres facteurs de risque sont plus localisés et donc moins dangereux dans l'absolu, même s'ils sont sérieux et peuvent être, à la marge, fatals à la firme.

1.2. Les risques de volatilité des prix

Dans les économies libérales ouvertes, la fluctuation des prix est un mal nécessaire, puisque c'est par l'intermédiaire des prix que s'effectuent de nombreuses adaptations et de nombreux ajustements. Les prix, qui dépendent essentiellement de l'offre et de la demande, sont sensibles aux taux d'intérêt, aux taux de change et aux cours boursiers.

Les taux d'intérêt sont le principal souci des prêteurs. Faits pour leur apporter une légitime rémunération de l'immobilisation de leur capital, ils seraient, si l'on n'y prenait garde, amputés par l'inflation et par le risque de perte du principal. Aussi incluent-ils largement ces deux facteurs dans leur détermination. Lorsqu'un actif stable est rémunéré à taux fixe, aucun problème ne semble se poser, mais dès que le taux d'intérêt varie, sa relation avec le niveau de l'actif change, en le dépréciant ou en l'appréciant. Si un actif de 100 000 rapporte 10 % d'intérêt, soit 10 000 chaque année, la hausse du taux à 12,5 % entraîne une dépréciation de l'actif de référence puisqu'il rapportera toujours 10 000, alors que seulement 80 000 placés au nouveau taux de 12,5 % rapportent eux aussi 10 000. Donc, si le taux passe de 10 à 12,5, le capital de 100 000 rémunéré à taux fixe n'aura plus qu'une valeur de 80 000 sur le marché des prêts.

Les taux de change ont aussi une influence importante dans les économies ouvertes. Le change affecte non seulement les opérations à l'étranger, mais encore les opérations ordinaires. De même que le taux d'intérêt variant

---

1. Voir le très édifiant article de P. Schevin, « Les dangers des nouveaux instruments financiers à travers les "affaires" : causes et remèdes », *La revue du financier*, n° 103-104, 1996, p. 95-112.

affecte les opérations à taux fixe qu'il ne concerne pas directement, les parités de change variable affectent les capitaux et les intérêts qu'elles ne concernent pas directement, par le seul fait que le marché est capable de faire des comparaisons et de réaliser des arbitrages.

Enfin les cours boursiers, qui intègrent le maximum d'informations disponibles, comme nous l'avons rappelé à propos des marchés efficients dans un chapitre précédent, intègrent non seulement les effets de taux et les effets de change, mais tous les facteurs susceptibles de générer des variations : les performances de l'entreprise, la structure de son endettement, la qualité de son gouvernement, les décisions stratégiques de ses dirigeants.

1.3. L'influence du temps, générateur d'entropie

« L'espace est la marque, et même la démonstration de notre puissance. [...] Le temps, lui, est plutôt la marque de notre faiblesse : il n'est pas un lieu de promenade où nous pourrions aller et venir à notre gré, il n'est pas malléable, on ne peut le manipuler d'aucune façon, il s'impose à nous sans rien céder à la diplomatie, il nous use à petit feu à notre insu[1]. » Dans ce texte, E. Klein montre le côté redoutable et inévitable du temps. C'est un facteur essentiel de risque, car il détermine la durée de ce risque et des autres. Plus il y a un horizon lointain, plus le risque est important, car le temps est par nature porteur d'aléas et créateur d'entropie, de dégradation. Mais, outre le risque propre qu'il constitue en raison de sa nature, le temps est un facteur aggravant des autres risques. Un actif à signature neutre, quand la conjoncture est mauvaise, voit systématiquement le risque naître et s'amplifier. Avec le temps, les structures de taux d'intérêt, de change, de bourse, se modifient et se dégradent. Pour le financier, le temps, même s'il joue parfois pour lui, est l'objet de tous les combats, car c'est le principal générateur d'entropie du monde physique.

2. CLASSIFICATION TRADITIONNELLE DES RISQUES

À partir des trois facteurs globaux que sont la signature, la variation des prix et l'influence du temps, les spécialistes considèrent quatre familles essentielles de risques : le risque de signature, le risque de liquidité, le risque de taux d'intérêt et le risque de change, que nous allons évoquer ci-dessous[2].

---

1. E. Klein, *Le temps*, Flammarion, coll. « Dominos », 1995, p. 88.
2. Voir notamment : J.-F. Faye, *Comment gérer les risques financiers ?*, Lavoisier Tec et Doc, 1993, p. 11-14 ; B. Poloniato et D. Voyenne, *La nouvelle trésorerie d'entreprise*, 2e édition, InterÉdition, 1995, p. 137-152.

2.1. Le risque de signature

Chaque créancier court un risque de signature, car il peut perdre pour de multiples raisons le contrôle de sa créance : désaccord avec le débiteur, cessation de paiement de celui-ci, disparition. On distingue le risque de défaut et le risque de contrepartie :

- le risque de défaut est le risque d'insolvabilité des débiteurs. Il joue surtout pour les créances commerciales sur les clients, mais il arrive que les marchés financiers soient atteints, spécialement le marché des obligations. Certains instruments, que nous avons évoqués plus haut, comme l'affacturage, permettent de prévenir ce risque de manière classique. En matière bancaire, en France, en raison de la solidarité de place des banques, il est presque nul, ce qui est loin d'être le cas dans d'autres pays, aux États-Unis par exemple, où, chaque année, plus de mille banques commerciales et caisses d'épargne déposent leur bilan ;
- le risque de contrepartie est le risque couru à cause de la déficience du co-contractant qui refuse de respecter ses engagements : selon le cas, c'est un risque de livraison (le débiteur est incapable de livrer des titres ou des devises par exemple) ou un risque de règlement (impossibilité de livrer le montant prévu à la date convenue). Pour limiter ce risque, des sociétés privées (Standard and Poor's, Moody's, Fitch), essentiellement américaines, ont mis au point des systèmes de notation des débiteurs éventuels. Les notes vont de « AAA », situation excellente, à « D » pour les débiteurs n'effectuant qu'hypothétiquement leurs paiements ;
- dans certains cas il y a en plus un « risque-pays », qui est tout de même un risque de signature, même s'il ne touche pas le débiteur en tant que tel : lorsqu'un pays ferme ses frontières et interdit les mouvements de capitaux, le résultat est identique à celui d'un défaut de paiement.

2.2. Le risque de liquidité

Chaque fournisseur ou créancier espère transformer sa créance, en fin de contrat, en monnaie disponible. Il y a un risque de liquidité si le contrat ne peut se dénouer qu'en subissant des pénalités de délai ou de prix. Par exemple, le risque de liquidité relatif à un emprunt est l'impossibilité de le voir remboursé immédiatement, de subir des moratoires d'intérêts, comme il y en a parfois sur les « *junk bonds* », de voir le remboursement différé de plusieurs mois ou plusieurs années. La connaissance de la mauvaise qualité de la signature du débiteur, associée à la connaissance de ses difficultés de paiement, entraîne une chute de valeur considérable de la créance et un risque de liquidité accru.

2.3. Le risque de taux d'intérêt

Le risque de taux d'intérêt est le risque entraîné par la variation de taux. Lorsque le taux augmente, le contractant à taux fixe perd de l'argent, selon le mécanisme que nous avons vu plus haut, et s'il souhaite céder sa créance, il ne pourra pas la céder à la valeur nominale, mais à une valeur inférieure, faisant l'objet d'une décote. Si c'est un contrat à taux variable, le créancier est protégé, mais le débiteur doit payer des intérêts plus élevés. D'une manière générale, si les taux montent, la valeur actuelle des contrats diminue et s'ils baissent la valeur actuelle augmente. On peut donc dire que, sauf en cas de stabilité des taux, systématiquement, l'une des parties au contrat subit un risque de taux.

2.4. Le risque de change

Le risque de change est le risque relatif à la possession d'actifs ou de contrats en monnaie étrangère. Il résulte des variations des cours de devises. C'est un risque subi au moment de la conclusion du contrat, enregistré en valeur historique, qui se poursuit jusqu'au moment du règlement effectif.

Le risque de change remet en question les opérations les plus banales (achats, ventes, prêts, emprunts) et par conséquent les marges et les bénéfices escomptés par l'entreprise sur ces opérations. Le risque de change est un facteur important d'érosion des résultats et une contrainte importante de l'entreprise désirant vaincre ses concurrents sur les marchés extérieurs et sur le marché intérieur.

Les risques de signature et de liquidité dépendant de la personnalité des partenaires. C'est surtout l'expérience de la négociation et l'amélioration des procédures de contrôle de l'entreprise qui permettent de les éviter. On peut aussi s'en prémunir en contractant des assurances spécifiques auprès de compagnies spécialisées. Au contraire, les risques de taux et de change sont des risques plutôt collectifs ; la mise en place de marchés spécifiques a permis de les traiter rationnellement et de les canaliser.

3. L'APPARITION DE NOUVEAUX RISQUES DUS À LA CRIMINALITÉ

Bien que les pouvoirs publics internationaux et nationaux s'intéressent au blanchiment d'argent depuis longtemps, la terminologie n'a été fixée que récemment[1]. Il faut en particulier distinguer l'argent noir et l'argent sale. Le

---

1. Voir Jean-Guy Degos, D. Matta, « Les méthodes de blanchiment des financiers de l'ombre », *La revue du financier*, n° 164, 2007, p. 4-25 ; Jean-Guy Degos, D. Matta, « Les méthodes et les effets du blanchiment d'argent », *Problèmes économiques*, n° 2926, 2007, p. 33-40.

terme « blanchiment » vient de la période 1919-1933, pendant laquelle l'alcool était prohibé aux États-Unis.

À cette époque, Al Capone encaissait des sommes énormes de la vente illicite d'alcool et pour pouvoir les réintégrer dans les circuits financiers légaux, il a eu recours au rachat de chaînes de laveries automatiques. Il était alors difficile de distinguer ses revenus licites et ses revenus illicites, et c'est ainsi que le terme de blanchiment a commencé son existence mouvementée. Rappelons que les « incorruptibles » agents de la police n'ont pas réussi à faire condamner Al Capone pour vente de substances prohibées et *a fortiori* pour blanchiment d'argent sale, délit encore inconnu, mais simplement pour fraude fiscale.

Le terme en voie de consécration est apparu en 1994 dans les dictionnaires français. Le blanchiment est « l'action de dissimuler par un jeu comptable la provenance d'argent gagné de façon illicite » ou plus simplement « un proces-sus servant à dissimuler la provenance criminelle des capitaux ». Selon la défi-nition adoptée par le Conseil de l'Europe, il s'agit de la transformation de fonds illicites en argent licite, que l'on peut donc réinvestir dans des secteurs légaux ou utilisables à des fins personnelles. Dans leur rapport annuel de 1990, les experts du GAFI[1] ont défini le blanchiment comme étant :

- la transformation ou le transfert des biens, par des individus qui en connais-sent l'origine délictueuse, en vue d'en dissimuler ou d'en déguiser l'origine illicite ou de procurer l'aide à toute personne impliquée dans la commission de tels agissements aux fins de les soustraire aux conséquences légales de ces actes ;
- le recel ou la dissimulation de la véritable nature de biens d'origine délic-tueuse ou la possession de ces biens, sachant qu'ils proviennent d'une infraction ;
- l'acquisition, la détention ou l'utilisation de biens par un individu qui sait, au moment où il les reçoit, qu'ils proviennent d'une infraction ou de la participation à l'une de ces infractions.

---

1. Le Groupe d'action financière (GAFI) est un organisme intergouvernemental visant à déve-lopper et promouvoir des politiques nationales et internationales afin de lutter contre le blanchiment de capitaux et le financement du terrorisme. Le GAFI est un organe de déci-sion s'efforçant de susciter la volonté politique nécessaire pour réformer les lois et régle-mentations dans ce domaine. Le TRACFIN, Traitement du renseignement et actions contre les circuits financiers clandestins, et l'OCRGDF, Office central pour la répression de la grande délinquance financière, sont également impliqués dans cette lutte.

On peut donc considérer que le blanchiment des capitaux est tout acte destiné à :

• dissimuler l'origine réelle des capitaux illicites ou à faire, de quelque manière que ce soit, une fausse déclaration quant à leur origine réelle ;

• transférer ou échanger lesdits capitaux, tout en sachant qu'il s'agit de capitaux illicites, dans le but de dissimuler leur origine ou d'aider une personne impliquée dans un tel délit à échapper à sa responsabilité ;

• acquérir lesdits capitaux illicites, les détenir, les utiliser ou les investir dans l'achat des biens meubles ou immeubles ou dans des opérations financières, tout en sachant qu'il s'agit de capitaux illicites.

Rappelons qu'on peut notamment se procurer des capitaux illicites par :

• la culture des plantes narcotiques interdites, leur fabrication ou leur commercialisation ;

• les délits commis par les associations de malfaiteurs, reconnus comme étant des crimes organisés (crime, vol, prostitution, racket) ;

• les actes de terrorisme ;

• le commerce illicite des armes ;

• les délits de vol ou de détournement de fonds publics ou privés ou leur appropriation par des moyens frauduleux et qui sont passibles d'une peine criminelle ;

• la contrefaçon de la monnaie ou des documents officiels.

De nos jours, aucune entreprise n'est vraiment à l'abri de ces risques, de même qu'elle n'est jamais à l'abri de la fraude ou de la corruption. Les dirigeants ont parfois l'impression que seules les « autres entreprises » courent ces risques. Au niveau mondial, la criminalité encaisse chaque année 1 000 milliards de dollars américains par an, soit quatre fois le budget de la France et autant que toutes les dépenses militaires mondiales. Dans ces activités, la drogue est l'activité reine et la cause la plus importante du blanchiment (19 % du total selon le ministère des Finances), ne serait-ce que parce qu'un produit illicite qui a un coût de revient d'un dollar est revendu 2 000 dollars aux consommateurs finals. Cet afflux d'argent liquide doit être recyclé quelque part. La société PriceWaterhouse Coopers a interrogé 156 entreprises françaises sur la fraude et la criminalité : 7 % des crimes dont les entreprises sont victimes dépendent directement du blanchiment. Le blanchiment est devenu un risque universel qu'il faut d'abord connaître, pour ensuite le combattre.

3.1. La naissance du risque de blanchiment : l'argent noir et l'argent sale

L'argent noir est le fruit d'activités légales mais non déclarées. Il comprend l'évasion des capitaux et l'évasion fiscale d'une part, et la fraude fiscale d'autre part. Les investisseurs, soutenus par différents systèmes financiers, recourent à l'expatriation frauduleuse de leurs capitaux privés, lorsque les conditions politico-économiques et que le rapport entre risques et bénéfices sont défavorables pour eux. L'évasion fiscale consiste à diminuer légalement le poids de l'impôt en manipulant la législation. Le recours aux paradis fiscaux est souvent utilisé. La fraude fiscale, souvent soumise à des sanctions civiles ou pénales, consiste à falsifier la déclaration des revenus, à agir illégalement sur les revenus et les déductions mentionnées dans la déclaration afin de ne pas payer d'impôts.

L'argent sale est le fruit d'activités criminelles et illégales. Le blanchiment est la transformation d'argent sale en argent propre. L'argent sale concerne deux grands types d'activités : la drogue et la criminalité organisée. Le chiffre d'affaires généré par la drogue était au moins de 500 à 600 milliards de dollars en 2006. Le trafic de la drogue est devenu le second marché du monde, derrière les ventes d'armes mais devant le pétrole selon les uns, et le troisième marché selon les autres. Les spécialistes évaluent les bénéfices nets annuels à 200 milliards de dollars pour la drogue et à 150 milliards pour le blanchiment d'argent, soit plus de 10 % du commerce mondial. À titre de comparaison, le commerce équitable mondial ne représente que 4 milliards de dollars. Les organisations criminelles, qui exploitent les opportunités de la globalisation, peuvent mêler ou amalgamer leurs activités illicites à d'autres filières tout à fait légales. Parmi les activités illicites on cite : les trafics de drogue, d'armes, d'espèces animales protégées, de fausse monnaie, l'exploitation des êtres humains, le racket, le détournement de biens publics et les escroqueries informatiques. On n'exagère pas quand on évalue à un milliard de dollars par jour le montant des profits du crime injectés dans les marchés financiers du monde entier. Il est raisonnable de penser que le crime organisé réalise un chiffre d'affaires mondial égal à 1 000 milliards de dollars chaque année.

Bien que le crime organisé ait recours aux techniques traditionnelles pour dissimuler la source illégale des fonds, comme par exemple les comptes anonymes, les criminels utilisent des moyens de plus en plus sophistiqués et des technologies de plus en plus modernes pour blanchir leur argent sale, telles les banques virtuelles. Les nouvelles technologies choisies par le crime ne viennent pas remplacer les anciennes, elles viennent compléter les techniques déjà existantes. Le crime virtuel est international. L'argent rend très facile l'entraide entre les différentes organisations criminelles. C'est pour cela que ces organisations font souvent appel à de grands experts en économie et en finance, qui ne connaissent pas leur triste réalité, à côté d'autres spécialistes issus de divers horizons, pour réaliser leurs trafics.

3.2. Les nouveaux risques dynamiques de blanchiment

Dans les méthodes classiques de blanchiment, tout commence par le prélavage, qui a pour but de faire entrer dans le circuit financier légal des sommes illégales, se poursuit par le lavage, qui permet d'empêcher de retrouver l'origine frauduleuse des capitaux, et se termine par le recyclage. Les sommes recyclées sont dans le circuit légal et il est totalement impossible de les distinguer. Il existe aussi une typologie dynamique[1], rappelée par J. de Maillard, qui distingue trois types de blanchiment détaillés ci-dessous.

3.2.1. Le blanchiment élémentaire

Le blanchiment élémentaire vise à transformer, par un circuit très court, des liquidités sales en argent propre dans des zones de faible pression légale, en mettant en œuvre des techniques simples visant à blanchir des sommes peu importantes.

Les délinquants qui auront recours au blanchiment élémentaire sont ceux qui peuvent facilement justifier l'ensemble de leurs revenus illicites, du fait qu'ils opèrent dans un pays où ils arrivent à détourner facilement la réglementation. Ils exécutent des opérations ponctuelles, épisodiques ou ils utilisent ces fonds dans des investissements ou des dépenses de consommation immédiate peu coûteux. Ils recourent à des techniques peu complexes telles que les faux gains au jeu, l'introduction de l'argent sale dans les recettes en liquide d'un petit commerce (amalgame : mélanger les revenus illicites aux revenus d'une activité légale), l'échange de devises dans un bureau de change, l'encaissement des loyers des appartements qu'ils ont achetés dans leur quartier au nom des membres de leur famille.

3.2.2. Le blanchiment élaboré

Lorsque les zones de pression légale sont élevées, ou qu'une forte crédibilité des utilisations est requise et que les sommes à être blanchies sont plus importantes que dans le cas précédent, de périodicité régulière, le type de

---

1. Maillard J. de, *Un monde sans loi*, Stock, 2000, p. 98-100.

blanchiment appliqué sera celui du blanchiment élaboré, qui correspond au désir des délinquants de réinvestir le produit de l'argent criminel, les sommes provenant de sources diverses, qui ont déjà subi un premier blanchiment élémentaire.

Le blanchiment élaboré vise à réinvestir régulièrement des sommes relativement élevées dans des activités légales dans des zones à forte pression légale, des sommes qui ont déjà subi le blanchiment élémentaire. Supposons qu'un revendeur de drogue ait réalisé un bénéfice très important. Il devra justifier ses ressources. Il a blanchi une partie de ces dernières grâce à de faux gains au jeu, une autre en les mélangeant aux revenus d'un petit commerce. Avec le temps, son trafic se développera et ses revenus criminels s'accumuleront. Il devra recycler l'ensemble de ces fonds en utilisant des techniques plus élaborées. Ainsi, pour justifier les rentrées soudaines et plus importantes, il pourra se doter de tout un éventail de structures et de conseillers pour faire fonctionner l'ensemble de ses activités dont les unes sont devenues légales et visibles, les autres demeurant illégales et invisibles : il pourra se livrer à des spéculations immobilières simulées, créer plusieurs sociétés commerciales, s'entourer de juristes et de financiers avisés, ouvrir des comptes bancaires dans des paradis fiscaux[1].

3.2.3. Le blanchiment sophistiqué

Le blanchiment sophistiqué est appliqué lorsque les délinquants, opérant dans des pays où la réglementation est sévère, se trouvent obligés de justifier les sommes gigantesques générées à très grande échelle par leurs activités illicites et ce, dans de brefs délais. De ce fait, ils auront recours aux techniques de blanchiment les plus complexes puisqu'il serait difficile de les justifier par les moyens de l'économie traditionnelle.

Moyennant quelques précautions, la solution paraît la suivante : ils vont disperser leurs fonds illicites sur les marchés financiers, où personne ne leur demande d'où viennent leurs liquidités. Ils les font transférer d'un placement à un autre tout en disposant d'un réseau dense de sociétés commerciales disséminées à travers le monde, comprenant si possible des sociétés d'import-

---

1. Les Européens, donneurs de leçons, ont des paradis fiscaux de premier ordre : Andorre, Chypre, Gibraltar, Guernesey, Jersey, Lichtenstein, Luxembourg, Madère, Malte, Île de Man, Monaco, Suisse. Mais les autres ne sont pas mal non plus pour le blanchiment d'argent : Hongkong, Labuan, Macao, Îles Marianne, Îles Marshall, Nauru, Singapour, Vanuatu, Bahreïn, Dubaï, Liban, Île Maurice, Îles Seychelles (Source GAFI). Certains points très localisés des États-Unis, Irlande, Royaume-Uni, Taïwan et Thaïlande permettent de faire de fructueuses transactions, malgré les grands discours des organismes de répression.

export, des compagnies aériennes, des banques ou des compagnies d'assurances. En outre, ils peuvent faire circuler l'argent sale au gré des spéculations réelles ou supposées, en irriguant les comptes en banque des administrateurs représentant en sous-main les délinquants.

4. LES STRATÉGIES DE PRISE EN COMPTE DES RISQUES

Nous avons vu que l'expérience, l'information et surtout la diversification, comme dans le cas du Medaf, permettent de faire face aux risques. Mais une des meilleures manières de se prémunir contre un risque ou un ensemble de risques financiers est d'opérer sur un marché à terme.

La notion de marché à terme n'est pas véritablement nouvelle, puisque dès 1842, le Chicago Board of Trade (CBOT) a joué un rôle pionnier dans ce domaine. Le CBOT était né de la nécessité de la rencontre de l'offre de fermiers, producteurs de céréales et de coton et de la demande des utilisateurs de ces produits, afin de réduire à terme les fluctuations des prix des récoltes de grain et de coton. Sur ce marché initial, acheteurs et vendeurs passaient un contrat à terme sur la livraison future de la récolte. Tous les éléments relatifs au contrat – quantité de marchandise objet de la transaction, qualité des marchandises, prix, date d'échéance du contrat – étaient négociés le jour de l'accord. La livraison et le paiement étaient effectués le jour de l'échéance.

Comme tous les contrats n'étaient pas respectés, le défaut de livraison a ensuite conduit les organisateurs du marché à concevoir un dépôt de garantie obligatoire effectué auprès d'une chambre de compensation contre remise de reçus gagés par des marchandises entreposées. Le mécanisme a ensuite débouché sur l'interchangeabilité des contrats, porte ouverte à la dématérialisation et à la compensation. Un opérateur pouvait désormais revendre un contrat de même nature que celui qu'il venait d'acheter pour annuler sa position.

Des opérateurs purement financiers, en dehors du commerce des produits agricoles, ont alors pu effectuer des transactions sur le marché et augmenter sa liquidité. Vers 1870, le système était au point à Chicago. Il a ultérieurement servi de modèle aux marchés à terme et d'options développés depuis 1975, en particulier en France avec le Marché à terme international de France (Matif), créé en 1986 et le Marché des options négociables de Paris (Monep), créé en 1987. Ces deux marchés ont disparu depuis le regroupement du New York stock exchange (NYSE) et des bourses de Paris, d'Amsterdam, de Bruxelles, de Lisbonne et de la partie produits dérivés de la bourse de Londres. Depuis quelques années, on assiste à une restructuration des bourses qui est loin d'être terminée. Les bourses de Londres et de Francfort sont elles aussi en sursis : Londres absorbera-t-elle Francfort ? Ou le contraire ? Ou NYSE Euronext les absorbera-t-elle toutes les deux ? Il semblerait que la prochaine étape soit la fusion de NYSE Euronext avec la Deutsche Börse AG, opérateur de la bourse de Francfort, pour devenir la première société de Bourse mondiale, place qu'occupait déjà NYSE Euronext seule. Cette opération est encore soumise à des autorisations réglementaires d'États concernés, et il y aura un double siège à Francfort et à New York. Dans le même temps, la bourse de Londres a annoncé sa fusion prochaine avec la bourse de Toronto (Canada), qui projette elle-même de fusionner avec la bourse de Montréal.

Les contrats courants, qui faisaient les beaux jours du Matif, comme les contrats à terme « notionnels », contrats à terme sur le sucre blanc (contrat de 50 tonnes), le colza (contrat de 50 tonnes) et les pommes de terre (contrat de 20 tonnes) n'existent plus. Le Monep, qui était le marché français des options, a disparu lui aussi et les français qui souhaitent acheter des *calls*, c'est-à-dire des actifs, et vendre des *puts* doivent opérer à Francfort ou aux États-Unis. Toute la géographie de la spéculation sur les devises, sur les taux, sur les matières premières, sur les actions, sur les indices boursiers a changé de continent, et indépendamment de la crise des *subprimes*, d'autres voies de communication boursière ont émergé. Dans peu de temps, le seul lieu important pour les transactions boursières de toute nature sera Wall Street.

4.1. Marchés organisés et marchés risqués

Pour qu'un marché fonctionne de manière efficace à la satisfaction de tous les opérateurs loyaux, il doit avoir plusieurs caractéristiques :

- la transparence ;
- l'unicité ;
- la liquidité ;
- la sécurité.

Un marché qui a ces quatre qualités est un marché organisé. La transparence est assurée par la standardisation des contrats (par exemple 100 000 $ ou 150 000 €) et la cotation publique. L'unicité est garantie par l'existence d'un seul lieu de négociation, la liquidité et la sécurité sont contrôlées par un organisme régulateur de type chambre de compensation. Certains ajoutent également deux autres qualités, l'importance des coûts liés à la négociation et l'efficience, dont nous avons déjà parlé. Lorsque les marchés réglementés sont trop rigides, dans certains cas, il existe des marchés plus spécifiques, les marchés de gré à gré.

```
                        ┌──────────────────┐
                        │  Type de marché  │
                        └──────────────────┘
                         ╱                ╲
            ┌──────────────────┐    ┌──────────────────┐
            │     Marché       │    │     Marché       │
            │    organisé      │    │  de gré à gré    │
            │                  │    │                  │
            │   Exemple :      │    │   Exemple :      │
            │    Futures       │    │     Swaps        │
            └──────────────────┘    └──────────────────┘

            Caractéristiques         Caractéristiques
              essentielles             essentielles
             ╱          ╲              ╱          ╲
     Liquidité      Sécurité     Flexibilité      Risque
      parfaite                               d'illiquidité
```

Caractéristiques essentielles (marché organisé)

Caractéristiques essentielles (marché de gré à gré)

Liquidité parfaite — Sécurité

Flexibilité — Risque d'illiquidité

Ces marchés conviennent à tous les opérateurs

Ces marchés ne conviennent qu'à des opérateurs avertis

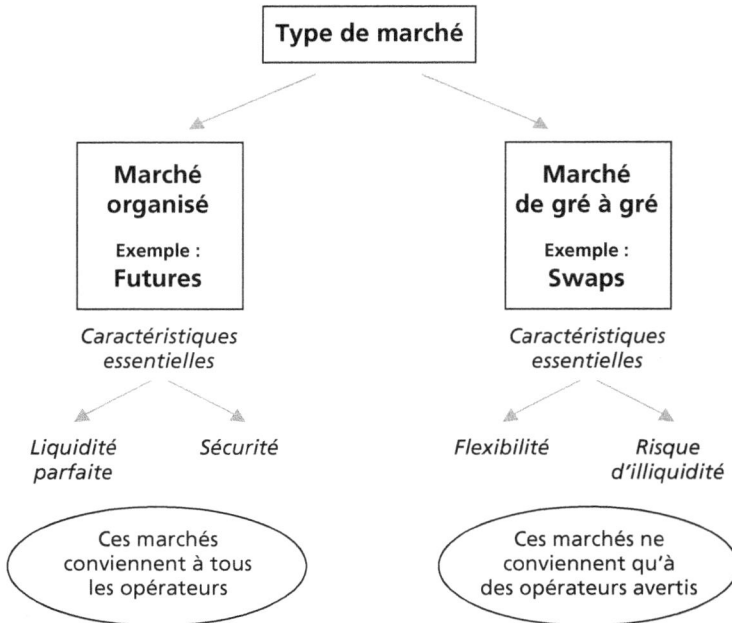

Figure 51 – Caractéristiques des marchés

Il existe une troisième catégorie de marchés non indiqués sur la figure précédente, qui ont presque toutes les caractéristiques des marchés organisés, mais qui sont des marchés de gré à gré : le marché des changes est dans ce cas. Les deux avantages des marchés organisés sont la sécurité et la liquidité, c'est-à-dire la facilité de placement et de retrait de la trésorerie. Chaque transaction n'engage l'opération que vis-à-vis de l'organisme régulateur qui garantit la bonne fin des contrats mais, dans l'histoire des marchés, il y a parfois des nécessaires mises au point techniques (problèmes sur le Matif avec la Société des bourses françaises qui avait perdu 500 millions de garantie en 1987). Au contraire, les marchés de gré à gré ont le grand avantage du « sur-mesure », de la souplesse, si le cocontractant est d'accord. Mais il n'est pas évident de trouver une contrepartie, on peut donc avoir des problèmes de liquidité et la cotation, confidentielle, est opaque.

4.2. Contrôle des risques par l'organisme régulateur

Un marché organisé ne peut pas fonctionner sans organisme régulateur. Quelle que soit sa dénomination, la chambre de compensation a trois rôles :

- procéder à la compensation des achats et des ventes dans ses comptes ;

- garantir la sécurité financière des contrats et s'assurer que les transactions sont normalement effectuées ;
- affecter et contrôler les livraisons de titres à l'échéance des contrats.

L'adhésion à une chambre de compensation est réservée à des professionnels avertis et elle est prévue par la réglementation. En France, ce sont par exemple :

- les sociétés de bourse ;
- les établissements de crédit ;
- les maisons de titres ;
- les agents du marché interbancaire ;
- la Caisse des dépôts et consignations.

La législation du 6 avril 1988 a été plus loin puisqu'elle prévoit un adhérent compensateur général (ACG), des adhérents compensateurs individuels (ACI), des négociateurs-courtiers (NEC) et des négociateurs individuels de parquet (NIP). Les opérateurs non membres de l'organisme régulateur doivent obligatoirement passer par l'intermédiaire d'un membre pour effectuer une transaction. La garantie exercée par la chambre de compensation vis-à-vis de ses adhérents est assurée par :

- la possession de fonds propres et la mise en jeu, si nécessaire, de la solidarité financière des adhérents ;
- la perception systématique d'un dépôt de garantie ;
- la compensation quotidienne des gains et des pertes résultant des variations de la valeur des contrats. La compensation est génératrice de lourdeurs car les variations de valeur entraînent la modification des dépôts de garantie et l'obligation de faire chaque jour des versements complémentaires (appels de marge). Les écarts constatés un jour à la clôture doivent être régularisés le lendemain à l'ouverture. Si la régularisation n'intervient pas immédiatement, l'opération est liquidée.

L'avantage des marchés réglementés est qu'ils ne demandent qu'une mise de fonds correspondant au dépôt de garantie. On peut donc faire jouer un effet de levier important : si la mise est de 5 % du montant du contrat, on pourra multiplier par 20 le nombre des contrats ou le montant d'un contrat. Au lieu d'un seul contrat d'un million, on pourra souscrire 20 contrats d'un million, et comme, de plus, la liquidation se fait souvent sur une marge différentielle et non sur le total des contrats, l'opérateur n'aura jamais besoin d'engager 20 millions. Comme nous l'avons souvent dit au cours de cet ouvrage, la récente crise bancaire et financière a montré le danger des leviers pour les opérateurs naïfs ou inconscients et pour les opérateurs cyniques convaincus de leur impunité. Pour l'essentiel, on distingue essentiellement deux types de marchés : les marchés où s'échangent des contrats fermes à terme (*futures* en anglais) et les marchés où s'échangent des contrats conditionnels (options).

Comme nous le rappelions plus haut, les marchés de contrats à terme (*futures*) ont bien changé ces dernières années, avec les regroupements et les disparitions. La bourse de Paris et le Matif ont disparu de la scène boursière, ainsi que des produits célèbres comme l'emprunt notionnel du Matif. La bourse de New York (NYSE) est gérée par NYSE Euronext, qui est propriétaire des bourses de Paris, New York, Bruxelles, Lisbonne, Amsterdam et des marchés dérivés de Londres, et son activité de « prédateur » est loin d'être terminée. Dans les temps changeants que nous vivons, on peut opérer en particulier sur les marchés suivants :

- Chicago Board of Trade (CBOT) ;
- Chicago Mercantile Exchange (CME) ;
- London International Financial Futures Exchange (LIFFE, NYSE Euronext) ;
- Commodity Exchange of New York (Comex) ;
- New York Mercantile Exchange (NYME) ;
- Swiss Financial Market Service, Genève (Soffex).

Les marchés de contrats sur options ont perdu la structure franco-française du Monep, mais le marché des options n'a pas disparu :

- options de change : Philadelphie, Chicago, Londres ;
- options de taux : Chicago, Londres, Tokyo ;
- options d'actions : Chicago, Londres.

4.3. La stratégie générale des opérateurs sur les marchés

Les marchés sont la meilleure ou la pire des choses : ils peuvent être à la fois des réponses à des besoins financiers fondamentaux, une panoplie d'instruments permettant de rationaliser la gestion et un moyen pervers de spéculation. Les opérateurs ont trois principaux motifs d'action et donc trois types de stratégies de base :

- la couverture ;
- la spéculation ;
- l'arbitrage.

4.3.1. La couverture

La couverture (*hedging*) vise à réduire le risque de perte dû à des mouvements défavorables de taux d'intérêt, de taux de change ou de cours de titres.

Elle consiste à prendre une position à terme équivalente et opposée à une position prise au comptant :

- les exportateurs veulent garantir leurs recettes en devises afin de préserver leur marge commerciale ;
- les importateurs veulent être sûrs du prix final payé, quelle que soit la date d'échéance ;
- les prêteurs et emprunteurs ne veulent pas voir leurs contrats fluctuer et se déprécier.

> **Exemple**
>
> Un exportateur français possède une créance de 50 000 $, avec échéance à trois mois. Il a fait ses calculs de coûts avec un dollar à 0,70 € (soit environ 1,41 $ pour 1 €), mais il pense que le dollar va baisser. Il va vendre s'il le peut ses dollars à terme à 0,70 €.
>
> En pratique, le problème sera un peu plus compliqué s'il veut vraiment optimiser ses choix, car il doit tenir compte non seulement des situations de change au comptant et à terme, mais encore des taux d'intérêts pratiqués sur le marché des dollars et sur celui des euros. S'il s'en tient au minimum, il aura, par sa créance, une position d'acheteur de dollars et une position de vendeur de dollars à 0,70 pour se couvrir. À terme, si le dollar cote 0,70 ou plus, la couverture sera correcte. Si le dollar cote moins de 0,70 €, il manquera l'opportunité de réaliser une plus-value, mais son bénéfice commercial sera tout de même assuré, puisqu'il intègre un dollar à un taux de 0,70 €.

La couverture permet de faire face au risque à des degrés divers. Les entreprises industrielles et commerciales doivent se protéger contre des risques clairement identifiés : émission d'obligations dans un futur prévisible, emprunt en cours à un taux variable, placement de trésorerie pour une durée donnée. Pour ces risques identifiés, on parle de micro-couverture. Les entreprises financières ont une tâche plus ardue que les entreprises industrielle. Elles gèrent une multiplicité de crédits et de placements, et elles ne peuvent pas multiplier à l'infini des micro-couvertures. Il leur faut une macro-couverture. Une des façons de limiter les risques est la diversification des portefeuilles, mais il est difficile d'avoir une couverture parfaite, car il existe un risque de base inhérent au marché à terme. La base est, sur un marché à terme, la différence ainsi exprimée :

$$\text{Base} = \text{prix du comptant} - \text{prix à terme}$$

avec tendance à l'identité des deux prix lorsque l'échéance se rapproche.

Il y a un risque de base, car l'horizon de couverture est différent de la période de maturité de l'instrument qui sert à couvrir le risque, et l'opérateur n'est jamais sûr de la valeur de la base le jour où il souhaite dénouer son contrat, même si sa position tend vers 0. Deux instruments ne sont jamais totalement identiques. Par exemple, en cas de vente à terme de contrats (couverture courte), l'élargissement de la base, entraînant une différence grandissante, est un avantage ; le prix du terme baisse plus vite que le prix du comptant et le gain sur le terme est plus important que la perte sur le comptant. Le rétrécissement de la base est un coût, car le prix du terme monte plus que le prix du comptant, et le contrat à terme gagne moins que ne perd l'opération au comptant. En cas d'achat à terme des contrats (couverture longue), c'est l'inverse ; l'élargissement de la base est un inconvénient car le gain sur le contrat à terme est inférieur à la perte au comptant. Le rétrécissement de la base, avec une différence qui s'atténue, est un avantage car comme le prix à terme monte plus vite que le prix au comptant, la position à terme compense largement la perte subie au comptant. Les opérateurs doivent s'habituer à ce raisonnement fondamental portant sur l'appréciation de la base.

4.3.2. La spéculation

Les particuliers, les entreprises et les banques peuvent réaliser des opérations de spéculation (*trading*). Alors que la couverture consiste à fermer une position, la spéculation consiste à en ouvrir une afin de réaliser un gain. Le principe est simple : on achète lorsqu'on prévoit une hausse et on vend quand on anticipe une baisse, en utilisant à la fois l'effet de levier du dépôt de garantie et la volatilité des cours. Le spéculateur a un rôle nécessaire car il contribue efficacement à la liquidité du marché. La spéculation peut avoir un horizon :

* de plusieurs jours, semaines ou mois ;
* d'une seule séance, en clôturant sa position à la fin de chaque journée (technique du « scalpage »).

4.3.3. L'arbitrage

Avec l'arbitrage (*trade off*), on essaie de tirer parti des imperfections du marché. À la différence du spéculateur, l'arbitragiste ne court aucun risque, l'arbitrage crée un gisement de profit qui tend à supprimer l'écart de prix qui lui a donné naissance. L'intervention des arbitragistes, loin d'être néfaste au marché, permet d'assurer leur régulation et de leur donner une certaine cohérence. On distingue trois types d'arbitrages :

* l'arbitrage comptant-terme est le plus classique. Les Anglo-saxons l'appellent « *cash and carry* » : il est fondé sur l'achat au comptant d'un actif,

éventuellement représenté par un ou plusieurs contrats (un actif de 1 000 000 € découpé en 20 contrats de 50 000 €) et leur vente à terme. On se couvre par exemple de l'achat d'obligations livrables à échéance des contrats par une vente à terme d'obligations que l'on pourra vendre à la même échéance. Si la variation des premières est effectuée dans un sens, la variation des secondes sera obligatoirement en sens contraire ;

- l'arbitrage terme à terme : l'arbitrage entre échéances ou « *straddle* » consiste à vendre sur une échéance un certain nombre de contrats pour les racheter sur une autre, en jouant sur les anomalies constatées lors de la formation des cours ;

- l'arbitrage entre produits et entre places financières : il devient de plus en plus difficile avec les systèmes de cotation en continu. Actuellement, il réclame des systèmes sophistiqués de suivi et d'analyse des marchés, très difficiles car les cours sur les marchés ont une structure fractale, et une maîtrise parfaite du passage d'un marché à un autre.

Exemple

Le 5 janvier 2010 à 11 h 27, Tony Malpensa, arbitragiste, s'aperçoit que sur le marché le cours de la livre sterling au jour le jour est de 1,40 €, le cours de la livre à un an est de 1,45 €, le taux d'intérêt en euro est de 6 % et le taux d'intérêt en livres est de 5 %. M. Malpensa décide, dans cette conjoncture :

- d'emprunter 100 000 £ pour un an à 5 % ;
- de convertir ces 100 000 £ en 140 000 € tout de suite ;
- de placer ces 140 000 € pour un an à 6 % ;
- de vendre à terme les euros actuels et les intérêts qu'ils auront rapportés en un an. Valeur acquise au bout d'un an :
  (140 000 × 1,06) = 148 400, convertible à 1,40 € pour 1 £

Au bout d'un an M. Malpensa devra payer :

$$100\ 000\ \pounds \times 1,05 = 105\ 000\ \pounds$$

Les euros lui auront rapporté :

$$140\ 000\ \text{€} \times 1,06 = 148\ 400\ \text{€}$$

Pour payer 105 000 £ il a besoin de :

$$105\ 000 \times 1,40 = 147\ 000\ \text{€}$$

L'arbitrage lui aura rapporté :

$$148\ 400 - 147\ 000 = 1\ 400\ \text{€}$$

> Notre exemple est volontairement caricatural : les écarts sont souvent plus faibles que ceux que nous avons choisis, et ils sont encore réduits par les différents frais et commissions. Il n'est pas toujours facile de réaliser des gains en arbitrant.

L'arbitrage est essentiellement fondé sur un suivi permanent des différents instruments des divers marchés. Ce suivi entraîne la détection d'anomalies et cette détection permet à l'arbitragiste de mettre en place des stratégies tirant profit de ces différences. L'arbitragiste doit gommer le risque de marché de l'instrument sur lequel il a jeté son dévolu pour ne conserver que l'avantage tiré de l'anomalie des cours qu'il a pu déceler. C'est plus facile à dire qu'à faire et les analystes s'ingénient à mettre au point des stratégies de plus en plus complexes pour atteindre ce but, mais dans l'état actuel de nos connaissances la structure des marchés paraît toujours très aléatoire.

La liquidation des positions (couverture : *hedging*), la prise de position (spéculation : *trading*) et l'élimination des gains sans position (arbitrage : *trade off*) sont les trois comportements de base dont les transactions multiples contribuent à l'équilibre dynamique des marchés. Ces trois types de comportements fondamentaux s'appliquent à deux grandes familles de risques de base :
- la gestion du risque de taux ;
- la gestion du risque de change.

Pour faire face à ces risques, les financiers utilisent notamment trois types de produits financiers en support :
- les contrats à termes fermes : les *futures* ;
- les contrats conditionnels : les options ;
- les contrats d'échange : les *swaps*.

Selon des adaptations particulières, il existe des *futures*, des options et des *swaps* de taux, il existe aussi des *futures*, des options et des *swaps* de change. Certains de ces supports sont tellement flexibles et divers qu'ils s'adaptent à une large gamme d'opérations : option sur action, option sur indices, etc. Dans les deux paragraphes qui suivent, nous limiterons notre propos au risque de taux et au risque de change et à la manière de s'en préserver ou de les limiter.

4.4. La gestion du risque de taux

Pour l'entreprise, le risque de taux d'intérêt est le préjudice financier auquel elle est exposée par les fluctuations des taux d'intérêt sur les valeurs des actifs, passifs et engagements divers, actuels et futurs, et sur les produits et charges correspondants.

En période de conjoncture stable, le risque de taux est marginal, mais depuis vingt ans, les taux sont devenus instables, car ils sont déterminés par le marché et non plus comme autrefois par référence à un taux directeur, de la Banque de France par exemple. Ils sont aussi devenus volatils en raison des positions américaines qui ont fait passer le niveau souhaité de liquidité avant le niveau des taux. Le risque de taux résulte de la relation entre la valeur des actifs détenus et le taux d'intérêt d'une part, et de la nature de la position de l'entreprise par rapport à ce taux d'autre part.

4.4.1. Relation entre taux d'intérêt et valeur des actifs

Le prix P_o d'un actif financier est égal à la valeur actuelle de l'ensemble des flux encaissés et décaissés par son détenteur. Les paramètres qui permettent de calculer cette valeur sont :

* le taux d'intérêt sur le marché t ;
* les flux générés CF_i ;
* la durée de vie de l'actif n.

$$P_o = CF_i \times \frac{1 - (1 + t)^{-n}}{t}$$

Le prix d'un actif dont les flux périodiques sont fixes se modifie en sens inverse du taux d'intérêt du marché.

> **Exemple**
>
> Des obligations de 1 500 à 10 % sur cinq ans remboursables en fin de contrat ont une valeur acquise de 1 500 et une valeur actuelle à l'origine de P_o = 1 024,52.
>
> Si l'émission était à 12 % on aurait P_o = 936,25 et la somme des flux actualisés ne serait plus de 1 500 mais de 1 391,82. Ceci est vrai pour tous les actifs à revenu fixe, qui sont donc générateurs de risque en capital.

Toute hausse ou perspective de hausse anticipée accroît les charges de la dette, augmente le revenu des placements financiers et réduit la valeur en capital de ces actifs financiers rémunérés à taux fixe.

4.4.2. La notion de position de taux

La position permet d'identifier la structure des bilans pour lesquels les sociétés sont susceptibles de courir un risque de taux. On distingue trois positions :

* la position fermée où on a une égalité parfaite des actifs et passifs à taux fixe et variable ;

- la position courte qui est l'exposition au risque par le biais d'un passif (en valeur nette) ;
- la position longue qui est l'exposition au risque par le biais d'un actif (en valeur nette).

Pour déterminer la nature de la position, on décompose le bilan de l'entreprise en deux sous-ensembles, le bilan à taux fixe et le bilan à taux variable :

- le bilan à taux fixe est composé d'éléments rémunérés à taux d'intérêt fixe. Une variation du taux d'intérêt a une incidence sur le montant des actifs, mais pas d'incidence sur leur coût s'ils sont prêtés ou sur leur rendement s'ils sont placés ;
- le bilan à taux variable est composé d'éléments rémunérés à taux variable. Une variation de taux n'a pas d'influence sur les capitaux mais sur les coûts et les rendements.

Conséquences des bilans à taux fixe et à taux variable

Variation de taux	Bilan à taux fixe		Bilan à taux variable	
	Capital	Coûts	Capital	Coûts
		Rendements		Rendements
Positive		Pas d'incidence	Pas d'incidence	Augmentation
Négative	Augmentation	Pas d'incidence	Pas d'incidence	Diminution

Lorsque la position est fermée :

$$AF = PF \text{ et } AV = PV$$

Les deux bilans fixes et variables sont soldés, le risque de taux est nul, en raison des compensations des incidences sur les valeurs actives et passives.

Position fermée

Actif fixe AF	Passif fixe AF
Actif variable AV	Passif variable AV

Dans le cas de la position longue, le solde positif du sous-bilan à taux fixe est compensé par un solde négatif du sous-bilan à taux variable. Il en résulte une exposition au risque s'il y a une hausse de taux, puisque dans ce cas, le bilan à taux fixe restera constant et le bilan à taux variable subira les coûts supplémentaires de la variation.

Position longue

Actif fixe		Passif fixe
		Différence
Actif variable		Passif variable

Le bilan à taux fixe enregistre une moins-value nette en capital et le bilan à taux variable une perte nette, la hausse de coûts des ressources étant supérieure à la hausse du rendement des actifs, puisque :

$$PV > AV \Rightarrow \Delta PV > \Delta AV$$

Dans le cas de position courte, le solde négatif du sous-bilan à taux fixe est compensé par une solde positif du sous-bilan à taux variable. Il en résulte une exposition au risque s'il y a baisse des taux puisque dans ce cas la rémunération de l'actif à taux variable sera moins importante, alors que le coût du passif à taux fixe sera constant.

Position courte

Actif fixe		Passif fixe
Différence		
Actif variable		Passif variable

Dans ce cas, le bilan à taux fixe enregistre une variation nette de l'endettement et le bilan à taux variable une perte nette à cause du rendement moindre des actifs. De plus, la baisse du rendement des actifs est supérieure à l'économie entraînée par la baisse du coût des ressources. D'une manière générale, pour avoir une gestion rationnelle du risque de taux, les spécialistes sont d'accord pour dire qu'il faut :

- apprécier l'évolution future des taux, par analyse systématique de la conjoncture économique ;
- définir une stratégie globale d'investissement ;
- choisir les instruments financiers en fonction de leur duration, c'est-à-dire en fonction de la durée actualisée nécessaire pour qu'un instrument financier soit totalement remboursé ou récupéré grâce aux différents flux dans les

conditions actuelles du marché. Si on prévoit une hausse des taux, les titres à duration courte permettent de limiter la baisse en capital et d'améliorer les conditions de réinvestissement. Si on prévoit une baisse des taux, les titres à duration longue ont de meilleures perspectives de hausse du capital. Dans ce cas il est conseillé de choisir des titres à rembourser en fin de contrat ou à coupon zéro.

Pour faire face au risque de taux, il existe plusieurs instruments financiers : les *futures* qui sont des instruments à terme fermes soit sur un marché organisé soit sur un marché de gré à gré, les options qui sont des instruments conditionnels sur un marché organisé, les *caps*, *floors* et *collars* qui sont des instruments conditionnels de gré à gré et les *swaps* de taux qui sont des instruments d'échange de gré à gré.

4.4.2.1. Les *futures* de taux

Les *futures* de taux sont des contrats à terme permettant d'acheter ou de vendre à une date et à un prix fixé une certaine quantité d'instruments financiers servant de supports (actifs sous-jacents). Dans les contrats de *futures*, l'acheteur est un prêteur à terme, car il s'engage à prendre livraison dans l'avenir d'une certaine quantité de contrats, le vendeur est un emprunteur à terme, car il doit rembourser ou livrer dans le futur une certaine quantité de contrats. Le contrat peut se dénouer soit en attendant l'échéance et en livrant l'actif sous-jacent, soit en annulant la position initiale avant l'arrivée du terme et en prenant une position inverse.

Les contrats peuvent être réels, mais ils sont le plus souvent notionnels, c'est-à-dire que ce sont des abstractions qui n'existent pas physiquement. Ceux qui font l'objet d'une livraison à terme doivent avoir les mêmes caractéristiques que celles prévues au contrat. L'utilisation des *futures* de taux repose sur la relation qui existe entre la variation des taux d'intérêt sur le marché et la valeur des titres financiers à revenu fixe. Si les taux du marché baissent, la valeur des actifs augmente et inversement. On peut donc utiliser les *futures* de taux dans les opérations de couverture de risques de taux. Dans ce cas, les opérateurs prennent une position à terme opposée à la position au comptant de manière à compenser les gains ou les pertes au comptant par des gains ou des pertes à terme. En fonction de son anticipation de taux et de sa réaction face au risque, l'investisseur aura une position longue ou une position courte. La couverture permet de protéger des opérations futures ou de conserver le niveau d'un portefeuille actuel.

On peut également utiliser les *futures* de taux pour des opérations de spéculation : contrairement à la technique de couverture, dans laquelle on compense une position au comptant par une position à terme, dans la spéculation, on prend des positions non compensées sur le terme (on parle de positions non adossées). La position résulte alors du choix délibéré d'acheter ou de vendre des *futures* sans objet à protéger.

En France, le marché des *futures* a disparu en même temps que le Matif. L'acheteur et le vendeur d'un contrat à terme s'engagent en général à livrer ou à recevoir un emprunt de coût, taux et durée donnés, à une date future et une seule, au cours fixé par le marché. Parfois, les contrats portent sur des titres ou des indices théoriques qui n'existent pas et les livraisons utilisent des titres synonymes qui ont les caractéristiques les plus proches possible des titres théoriques tels que des emprunts d'État ou des obligations assimilables du Trésor (OAT). Les gisements sont nombreux et il est toujours possible de remplacer des titres par d'autres, par exemple émis en euros, dans un pays de l'Union européenne. Pour passer des caractéristiques d'un emprunt théorique (sur l'ancien Matif, on parlait d'emprunt notionnel) à celle de titres synonymes sous-jacents, on utilise un facteur de concordance calculé et publié par les chambres de compensation, qui laissent au vendeur le choix entre plusieurs titres réels de classe équivalente (OAT à 4,5 % ou à 5,5 % par exemple) et celui-ci livre ceux qui lui coûtent le moins cher à l'échéance (OMCL), c'est-à-dire ceux qui maximisent son profit ou qui minimisent sa perte.

4.4.2.2. Les taux d'intérêt garantis

Il existe aussi un marché à terme de gré à gré portant sur les taux d'intérêts garantis (FRA, *Forward Rate Agreement)*. Dans ce cas, deux contractants conviennent d'un taux prêteur ou emprunteur entre une date de départ future et une date d'échéance, sans livraison de fonds. Lors de la date de départ de l'opération fictive de placement ou d'emprunt, la différence entre le taux garanti et le taux constaté sur le marché est payée. Lorsque les taux augmentent, le prêteur paie l'emprunteur. L'acheteur de FRA est un emprunteur futur qui cherche à se prémunir contre la hausse des taux d'intérêts et réciproquement, le vendeur cherche à se prémunir contre une baisse de taux. Les FRA sont en général conclus entre banques. C'est un instrument de trésorerie bien adapté à la gestion des décalages.

4.4.2.3. Les options de taux

Une option est le droit d'acheter ou de vendre un actif à un prix déterminé pendant une période fixée au préalable. Ce droit est assorti du paiement d'une prime par l'acheteur de l'option. Inversement, le vendeur de l'option a l'obligation d'acheter ou de vendre l'actif sous-jacent à la demande de l'acheteur.

Cette obligation est rémunérée par une prime. Pour dénouer le contrat, l'opérateur peut ne pas exercer l'option si le marché au comptant est plus favorable et perdre la prime, lever l'option lorsque les conditions prévues par le contrat sont plus favorables que celles du marché au comptant ou enfin vendre l'option avant son échéance.

Les options où l'on peut vendre à n'importe quel moment sont des options « américaines » par opposition aux options « européennes », que l'on ne peut vendre qu'à l'échéance ou durant une période de validité. L'acheteur d'option a tous les droits et il a un choix absolu de sa stratégie. L'option d'achat est un *call* et l'option de vente est un *put*. Les opérateurs peuvent donc acheter et vendre de *calls* et acheter et vendre des *puts* qui peuvent porter sur des devises, des actions, des matières premières, des indices et bien entendu des taux d'intérêt.

Les motivations des opérateurs sur le marché des options sont identiques à celles des autres intervenants sur un marché à terme : couverture, spéculation, arbitrage. Sans rentrer dans les détails, disons que l'opérateur fonde sa stratégie soit sur l'évolution anticipée du prix de l'actif sous-jacent à l'option, soit sur la variabilité de ce prix. L'opérateur peut orienter ses choix, selon le type d'option, en fonction de la valeur de la prime, qu'il peut calculer à l'aide de formules mathématiques, utilisant le plus souvent des équations différentielles.

Lorsque l'opérateur est seulement intéressé par le niveau d'un actif, il passe des contrats « simples » en achetant un *put* ou un *call* ou en vendant un *put* ou un *call*. S'il joue sur la variabilité de l'actif, il passe des contrats « composés » comme le *spread* avec achat et vente simultanés d'une option de même type, le *straddle* avec achat d'un *put* et d'un *call* de même prix et à même échéance ou le *strangle* avec achat d'un *put* et d'un *call* à même échéance, mais où le prix du *call* est supérieur à celui du *put*.

Dans le domaine strict des options de taux, le sous-jacent de ces opérations est un taux d'intérêt. S'il anticipe une hausse de taux d'intérêt, l'opérateur achète un *call* ou vend un *put*. Inversement, il achète un *put* et vend un *call* s'il prévoit une baisse de taux. L'option de taux accompagne généralement des opérations d'emprunt ou de placement. Dans le cas d'un emprunt, l'acheteur d'option bénéficie du droit d'emprunter auprès d'une banque, vendeur d'option, au taux convenu dans le contrat d'option ou au taux du marché s'il est plus favorable.

4.4.2.4. Les contrats optionnels de garantie de taux

De la même façon que les FRA empruntent aux instruments fermes la technique des *futures* pour garantir un taux d'intérêt, les *caps*, *floors* et *collars* empruntent aux instruments conditionnels la technique des options. Ils garantissent également un taux d'intérêt.

Les *caps*, *floors* et *collars* sont des séries d'options conclues à des échéances déterminées pour un même prix d'exercice fixé dans le contrat. Ces instruments sont négociés sur un marché de gré à gré aux conditions suivantes : le prix d'exercice est un taux d'intérêt, les échéances sont contractuelles, la prime est exprimée en pourcentage et le capital est un montant notionnel sur lequel il n'y a pas de risque, celui-ci portant seulement sur les taux d'intérêts.

Le *cap* garantit son acheteur contre une hausse au-delà d'un certain taux. Il fixe le taux plafond d'un emprunt. Symétriquement, le *floor* fixe un taux plancher et garantit un prêteur contre une baisse en deçà d'un certain taux.

Enfin le *collar* garantit une opération par la combinaison d'un *cap* et d'un *floor*. C'est en quelque sorte une assurance gratuite portant sur une garantie de taux. Les *caps*, *floors* et *collars* sont seulement exercés si l'évolution des taux est défavorable. Dans le cas contraire ils ne sont pas exercés.

4.4.2.5. Les *swaps* de taux

Un *swap* de taux est un contrat passé entre deux parties qui s'engagent à échanger à date fixe des flux d'intérêts calculés sur la base d'un capital. Le contrat de *swap* est un contrat écrit qui fixe l'ensemble des paramètres de la négociation : montant, durée, taux, règlement des intérêts. Il existe un contrat type mis au point par l'Association française des banques intitulé « Contrat cadre d'échange de devises ou conditions d'intérêts ».

En dehors des opérations de pure spéculation, les *swaps* sont utilisés dans la gestion financière pour restructurer le haut des bilans : ils permettent de passer de produits à taux fixes à des produits à taux variables ou de produits basés sur un taux (Libor euro ou Euribor, par exemple) à des produits basés sur d'autres taux (TMO ou Eonia, par exemple). Ils permettent également de fermer une position de taux ou de restructurer une dette ou un placement. Enfin, ils sont utilisés par certaines grandes entreprises qui n'ont pas la notation nécessaire (AAA) pour souscrire à certains types de taux (signatures non reconnues), et qui accèdent ainsi indirectement à certains marchés par échange de conditions.

Le contrat de *swap* prévoit des avantages financiers pour les deux parties. Par exemple, une entreprise qui ne pourrait obtenir un emprunt qu'à 10 % sur un marché conclut un accord de *swap* avec une banque qui peut obtenir un taux de 8 %, l'accord portant sur un taux de 9 %. L'entreprise économise 1 % sur ses conditions habituelles, et la banque gagne également 1 %. Le plus souvent, les *swaps* de taux sont effectués non pas sur une opération ponctuelle, mais

sur un portefeuille complet, qui permettent, pour certaines banques, de gérer leur risque général de taux de manière plus rationnelle.

4.5. La gestion du risque de change

Le risque de change est le préjudice financier subi par une entreprise qui réalise une opération d'achat, de vente, d'investissement ou d'emprunts dans une monnaie différente de sa monnaie nationale. Elle court le risque de voir le contrat se dénouer à des conditions de change différentes de celles du contrat initial et dans un sens défavorable.

4.5.1. La notion de position de change

Le risque de change résulte du risque de fluctuation par rapport à une autre monnaie sur une position nette prise par l'entreprise. La position de change est la différence positive ou négative entre les avoirs libellés en devises étrangères et les dettes également libellées en monnaie étrangère. La position se détermine devise par devise et elle peut être :

- fermée si la somme des créances est égale à la somme des dettes ;
- courte si les dettes sont supérieures aux créances ;
- longue si les dettes sont inférieures aux créances.

Analyse des positions de change

Nature de la position de change	Évolution des cours de change	Impact sur le résultat de l'entreprise
Position courte (dettes > créances)	Hausse des cours	Perte
	Baisse des cours	Gain
Position longue (créances > dettes)	Hausse des cours	Perte
	Baisse des cours	Gain

Comme le risque de taux, le risque de change se gère en utilisant de plus en plus les techniques liées aux marchés à terme et aux marchés conditionnels.

4.5.2. Stratégie de gestion du risque de change

En raison de leur instabilité, les marchés au comptant (marchés « *spot* ») ont été supplantés par les marchés à terme. Sur ces marchés, les parties conviennent d'échanger des devises à un prix fixé et à une date déterminée. Le cours de change à terme étant le plus souvent différent du cours au comptant, il intègre des différentiels de taux d'intérêt entre les devises, des anticipations spéculatives et des prévisions sur l'état de l'économie et sur la situation politique.

Une devise est en déport lorsque son taux d'intérêt sur le marché des changes est supérieur à celui de la monnaie de référence pour la même échéance. Elle est en report dans le cas contraire. Le report traduit le manque à gagner pour l'opérateur qui s'est dessaisi d'une monnaie à taux d'intérêt élevé pour acheter une monnaie dont le taux d'intérêt est plus faible. Le report vient s'ajouter au cours comptant pour compenser, au terme de l'opération, le manque à gagner des opérateurs. Les valeurs de report-déport conditionnent les décisions de couverture à terme des positions de change. Pour gérer le risque de change, on utilise les *futures* de change, les options de change et les *swaps* de devises et de change.

4.5.2.1. Les *futures* de change

Les *futures* de change sont des contrats à terme négociables qui présentent les mêmes caractéristiques que les *futures* de taux. Par rapport aux opérations traditionnelles de change à terme, où l'opérateur est très lié par le cours à terme, les *futures* de change lui offrent la possibilité de saisir des opportunités grâce au principe de la réversibilité des positions. Toujours par rapport au change traditionnel, qui se négocie de gré à gré, les *futures* de change peuvent se réaliser sur des marchés organisés. La standardisation des contrats assure donc une liquidité inconnue dans les cas classiques où les montants, les devises supports et les échéances, trop divers, sont des obstacles à la négociation. Le marché le plus actif est l'International Monetary Market de Chicago, où sont cotés des contrats en plusieurs monnaies (euro, franc suisse, yen, livre) et donnent lieu à des échanges importants.

4.5.2.2. Les options de change

L'option de change est le droit d'acheter ou de vendre une certaine quantité de devises jusqu'à une certaine échéance, appelée date d'exercice, et à un cours fixé à l'origine, appelé cours d'exercice. Le droit d'acheter s'appelle un *call* (par exemple, un *call* dollar est le droit d'acheter des dollars) et le droit de vendre s'appelle un put (par exemple, un *put* euro est le droit de vendre des euros). Les marchés de Chicago et de Philadelphie sont les plus sollicités pour ce type d'opération. Les options permettent de couvrir des positions de change à un coût fixe, la prime, tout en laissant ces positions prendre de la valeur en cas d'évolution favorable du cours de change.

4.5.2.3. Les instruments d'échange : les *swaps* de devises

Comme pour les *swaps* de taux, les *swaps* de devises se négocient sur un marché très important et constituent un des instruments de gestion des risques de change les plus utilisés. C'est un marché interbancaire qui porte le marché des *swaps* de devises et qui permet une meilleure intégration financière internationale.

Le contrat de *swap* de devises est un contrat d'échange de placements ou d'emprunts libellés en deux monnaies différentes. Cet échange porte à la fois sur les intérêts attachés à ces placements et sur le capital. Sur ce dernier point, le *swap* de devise se distingue du *swap* de taux qui ne génère que des flux d'intérêt entre les cocontractants. Les objectifs des opérateurs sont de couvrir un risque de change, de restructurer un emprunt ou un placement en devise, d'optimiser un résultat financier.

Les *swaps* de devises permettent aussi d'obtenir des flux de recettes et de dépenses dans une même monnaie et de faire de la macro-couverture : par exemple, une société française exportant aux États-Unis cherchera à échanger son endettement en euros contre un endettement en dollars pour couvrir le risque sur ses créances en dollars.

À côté des *swaps* de devises, il existe aussi des *swaps* de change, qui sont des doubles opérations de change dont l'une est faite au comptant et l'autre à terme. Elle consiste en une vente et un achat simultanés, avec une seule contrepartie, d'une même devise.

4.6. Particularités comptables et fiscales des nouveaux instruments financiers

Signalons enfin pour terminer que les opérations relatives aux nouveaux instruments financiers présentent quelques particularités comptables et fiscales.

Au point de vue comptable, contrairement au principe de prudence énoncé par les articles L. 123-20 et L. 123-21 du Code de commerce, les instruments financiers à terme en cours de contrat sont valorisés à leur valeur de marché, c'est le principe du « *mark to market* » venant directement de la recommandation américaine FASB 80 de 1984. Ce principe comporte deux exceptions notables, d'une part les opérations de couverture sont comptabilisées de manière symétrique à l'opération couverte et d'autre part la valorisation des résultats latents ne s'applique pas aux instruments de gré à gré. Mais les spécialistes considèrent que la distinction n'est plus justifiée, en particulier pour les *swaps*.

Au point de vue fiscal, le législateur a eu quelque problème pour taxer certaines opérations, malgré sa volonté de le faire et à côté des dispositions fiscales classiques des articles 38.2 et 38.4 du Code général des impôts (CGI) le législateur a ajouté des dispositions codifiées à l'article 38.6 du *CGI*, afin de prendre en compte les opérations spéculatives sur les marchés organisés et les opérations de couverture.

Le législateur ne semble pas encourager les opérations sur les marchés à terme d'instruments financiers. Dès 1987, il avait essayé de les freiner par une réglementation adéquate, qui a produit l'effet inverse de celui recherché : une évasion fiscale encore plus grande. Les contrats sur marchandises, si répandus sur les grands marchés internationaux de Chicago, Londres ou Paris, n'ont pas fait l'objet d'une réglementation particulière. Comme le précise Evelyne Bataille, avocate, associée chez Ernst & Young, certaines opérations de couverture entraînent des reports de gains latents sur l'exercice suivant et « dans un tel cas, les profits latents constatés sur de tels contrats en cours à la clôture d'un exercice, compensant le risque d'une opération de l'un des deux exercices suivants, bénéficient d'un régime de report d'imposition. L'application de cette exception nécessite en premier lieu que l'opération couverte soit traitée sur un marché pour lequel la règle *mark to market* n'est pas applicable et, en second lieu, que l'opération ait une probabilité suffisante de réalisation au cours de l'un des deux exercices suivants. La perte constatée est, quant à elle, immédiatement déductible, sous réserve de la limitation prévue pour les opérations symétriques ».

L'administration fiscale se méfie aussi de la déduction abusive et précipitée des pertes et, lorsqu'il s'agit de positions symétriques sur un marché entraînant un report de déduction de pertes, « la perte latente ou réalisée sur une de ces positions n'est déductible du résultat imposable que pour la partie qui excède les gains non encore imposés sur les positions prises en sens inverse. À cet égard, l'administration a adopté une conception large de la notion de symétrie. Par contre, pour bénéficier du report de la déductibilité partielle des pertes, l'entreprise doit se soumettre à des obligations déclaratives contraignantes, au risque de perdre le report de déductibilité de ces pertes ».

5. Risques cumulatifs et crise des *subprimes*

La crise financière récente, sans doute injustement appelée crise des *subprimes* ou crise des prêts hypothécaires (*subprime mortgage crisis*), est une grave crise qui a bouleversé, à partir du début de l'année 2007 les institutions financières et les banques internationales.

5.1. L'univers risqué des prêts hypothécaires

Cette crise fait suite à d'autres crises périodiques et ce ne sera pas la dernière à affronter. Certains ont découvert sur le tard que le marché des *subprimes* comporte des produits à la fois banaux et divers tels que les prêts hypothécaires, les cartes de crédit, les facilités d'achat et de location de véhicules, consentis à des clients peu solvables ou ayant déjà fait l'objet d'incidents de paiement. À partir de 2001, le montant de ces opérations légèrement douteuses mais encouragées par les pouvoirs publics américains est passé de 200 milliards de dollars à 650 milliards en 2006.

5.1.1. Causes de la crise

Pendant longtemps, les citoyens américains ont pu financer à bon compte leurs acquisitions d'immeubles, avec des taux ridiculement faibles pour un consommateur européen (1 % par an) et avec la possibilité, si des problèmes de financement se posaient, de revendre leur construction à un prix largement plus élevé que le coût d'acquisition. Ils préservaient, en tout état de cause, leur capital. Nous n'irons pas jusqu'à dire que les consommateurs américains ont été attirés dans un guet-apens, mais ils ont été, comme dans de nombreuses autres occasions, manipulés. Savez-vous pourquoi les américains sont persuadés que les œufs au bacon sont excellents au petit déjeuner ou pourquoi les femmes américaines fument beaucoup depuis 1940 ? Simplement parce que des spécialistes ont été formés pour manipuler l'opinion[1]. C'est en raison de cette même approche, devant la difficulté de payer des salaires mérités à la classe moyenne américaine, qu'Alan Greenspan, directeur de la Réserve fédérale américaine, proposa de substituer de la dette aux revenus espérés : « Ils ne peuvent pas avoir de revenus, donnez-leur de la dette[2]. »

À partir de là, il ne fut pas difficile de convaincre la classe moyenne et les classes plus déshéritées de l'intérêt d'un endettement quasi gratuit pour profiter de la vie, en dehors de toute logique économique. De la Seconde Guerre mondiale à 2006, la valeur des immeubles construits a constamment augmenté dans tous les États américains, et personne n'imaginait qu'il pût jamais en être autrement. Les consommateurs américains ont été d'autant plus imprudents et âpres au gain que les intérêts des prêts hypothécaires sont déductibles des impôts à payer, et que le service de la dette était largement compensé par les avantages fiscaux. Et, curieusement, les prêts risqués avaient l'air de ressembler à des prêts sans risque, puisqu'ils étaient peu coûteux et permettaient de se constituer un capital à bon compte. Une telle aubaine a

---

1. Noam Chomsky ira même jusqu'à écrire que « la propagande est à la démocratie ce que la violence est à un État totalitaire ». Voir Noam Chomsky et Edward S. Herman, *Manufacturing Consent: The Political Economy of the Mass Media*, London, The Bodley Head, 1988 ; Bernays E., *Propaganda*, New York, H. Liveright Éditions, 1928 ; Carey A., *Taking the Risk out of Democracy, Propaganda in US and Australia*, Sydney, University of New South Wales, 1995, p. 18.
2. Attali J., *La crise, et après ?*, Librairie Arthème Fayard, 2008, p. 8 ; Dessertine P., *Ceci n'est pas une crise, juste la fin d'un monde*, Éditions Anne Carrière, 2009, p. 31.

existé en France dans les années 1980, avec les Sicav monétaires faisant l'objet d'une vente à réméré : le cours des titres augmentait tous les jours, et on pouvait les revendre à tout moment sans impôt.

Revenons à la situation américaine : le gouvernement fédéral américain a obligé les banques et les institutions financières, en se fondant sur la loi de réinvestissement collectif (*Community Reinvestment Act*), à favoriser les prêts aux classes et aux personnes défavorisées, et une part notable des prêts hypothécaires devaient obligatoirement aller à des personnes défavorisées, qui pouvaient obtenir un crédit jusqu'à 110 % de la valeur du bien hypothéqué. Le département du développement du logement et de l'urbanisme (*Department of Housing and Urban Development*) a eu une politique très active en ce sens.

Toutes les conditions d'un « *boom* immobilier » étaient réunies, et ce n'est que lorsque les taux de la Réserve fédérale américaine ont progressivement dépassé 5 % que la situation a commencé à dégénérer. Les débiteurs, ayant contracté des emprunts à 1 %, n'ont pas pu payer les intérêts cinq fois supérieurs à l'engagement initial (5 % contre 1 %), d'autant que le taux d'intérêt fixe de départ est relayé au bout de quelques années – de deux à cinq ans – par des taux d'intérêts variables indexés sur le taux de la Réserve fédérale. Les titulaires de contrats hypothécaires immobiliers ont été obligés de vendre leur immeuble sur un marché en voie d'être sinistré.

Par le mécanisme classique du prêt hypothécaire, accessoire et garantie du contrat de prêt principal, les banques sont devenues propriétaires des immeubles hypothéqués et les ont inclus dans les actifs de leurs bilans, mais comme les prix ont progressivement baissé sur le marché, elles ont été obligées de conserver ces immeubles invendables, dont le prix diminuait encore. La baisse persistant, il était indispensable de constater des dépréciations, surtout si les entités utilisaient le cadre conceptuel FAS ou IAS-IFRS et la notion associée de juste valeur. Ces dépréciations ont entraîné une perte de valeur des banques, une crise de confiance de l'ensemble des institutions financières et une première chute des marchés boursiers, qui n'a pas attiré une très grande attention, mais qui est bien inscrite dans l'historique des cours des valeurs de nombreuses entreprises cotées en bourse.

La baisse importante des marchés boursiers en 2007 a été mal appréciée et a été perçue comme une simple crise des liquidités bancaires, dont le remède aurait été simplement d'injecter des suppléments de trésorerie sur le marché, ce qui a été fait le plus souvent par les banques centrales. Mais les causes de la crise ayant été mal perçues, elles n'ont pas été supprimées, et le mal est reparti et s'est accéléré en août-septembre 2008. On a alors commencé à diagnostiquer une crise grave. Certains économistes ont pensé que la crise était aussi grave que celle de 1929, et on a essayé d'en déterminer les causes multiples, qui sont, pour une faible part les *subprimes*, mais aussi d'autres causes tout aussi importantes.

La structure actuelle des institutions de crédit mondiales, l'habitude pratique mais dangereuse de titriser des opérations variées et d'intégrer ces titres dans des actifs à la fois toxiques, opaques et de pacotille, ont été des facteurs aggravants, dont une des premières conséquences s'est traduite par la défiance des investisseurs envers le marché financier et le système bancaire[1]. Toutes les conditions d'une crise sévère étant réunies, cette crise s'est avérée, concrétisée par l'obligation de faire des milliards de dépréciation[2]. Les banques, encore inconscientes, se sont contentées de respecter leur ratio de solvabilité *a minima*, parfois en niant même les règles prudentielles internationales (Bâle I et Bâle II), alors qu'elles auraient dû essayer de renforcer leur structure interne.

Après avoir laissé la banque d'affaire Lehman Brothers faire faillite sans intervenir, le gouvernement fédéral américain, qui avait beaucoup tergiversé avant de prendre cette décision, a changé de stratégie et a été moins intransigeant. Par prudence, quelques banques ont préféré fusionner avant de recevoir des secours publics. Ce fut le cas de Bear Stearns, Merrill Lynch, Washington Mutual et Wachovia. Avec beaucoup de retard, le gouvernement américain a accepté le principe de nationaliser les banques qui n'avaient pas d'autre issue, et le troisième « Plan Paulson », aussi peu convaincant que les deux premiers, prévoyait que l'État fédéral rachèterait 700 milliards de dollars d'actifs à risque.

La crise a gravement touché l'Europe en général et la France en particulier. En quelques jours, l'indice CAC 40 a perdu 25 % de sa valeur, les 20 sociétés suivant les 40 premières (Next 20) avaient une capitalisation boursière supérieure à celles-ci, et quelques sociétés avaient une capitalisation boursière nettement inférieure à leur trésorerie. Des entreprises à la valeur comptable irréprochable, comme Air France ou Renault, ont perdu entre 50 % et 75 % de leur capitalisation boursière. On parlera sans doute longtemps de la semaine

---

1. Pendant longtemps, on a eu seulement des produits dérivés. Ensuite on a inventé des produits intégrés, dont les acheteurs ne connaissent pas vraiment la composition, et dont les vendeurs ne font pas beaucoup d'efforts pour les mettre sur la voie. Enfin, les produits toxiques sont apparus, avec le plus souvent une opacité totale.
2. Cinq cents milliards de dollars dans les banques américaines, dont 25 milliards pour Merrill Lynch, 18 milliards pour City Group et 10 milliards pour Morgan Stanley. Avec respectivement 2,5 et 2,4 milliards de dollars, Lehman Brothers et Goldman Sachs faisaient figure d'amateurs.

du 6 au 10 octobre 2008, comme on parle, 80 ans après, du jeudi noir et du lundi noir de la crise de 1929. Rarement, une crise a cumulé autant de risques et d'erreurs que la crise actuelle mais, paradoxalement, il y avait tellement de risques que toutes les parties prenantes, investisseurs, banquiers, sociétés de bourse, compagnies d'assurance, agences de notation, se sont crues au-dessus des risques et ont dû en subir les dramatiques conséquences.

Nous n'évoquerons pas en détail les autres causes de la crise, telles que l'application aveugle des normes comptables internationales et de la juste valeur ou le rôle ambigu et contradictoire des agences de notation, à la fois juges et parties, qui mériteraient de longs développements[1]. La titrisation et ses variantes américaines CDS (*credit default swap*) et CDO (*collateralised debt obligation*), la vente à découvert ou à très faible marge d'appel et à très fort effet de levier, les marchés de gré à gré sans aucune règle et leurs promoteurs principaux, les fonds alternatifs de couverture (*hedge funds*), presque totalement déréglementés et opérant à partir de paradis fiscaux, sont à classer dans ces causes. Toutes ces causes n'ont pas été négligeables, mais elles n'ont pas non plus été déterminantes à elles seules.

5.1.2. La crise au jour le jour

Nous empruntons à l'encyclopédie Internet *Wikipédia* quelques éléments de la crise au jour le jour pour mettre en évidence la violence, l'intensité et la rapidité des faits.

5.1.2.1. La crise aux États-Unis

- Le 16 mars 2008, la banque Bear Stearns, au bord de la faillite, est rachetée pour 1,2 milliard de dollars par J.P. Morgan Chase, avec le soutien de la Réserve fédérale américaine (Fed) ;

- Fanny Mae et Freddy Mac, deux organismes de refinancement hypothécaire qui garantissent près de 40 % des prêts immobiliers américains (soit 5 300 milliards de dollars), ont été mis sous tutelle par le Trésor américain le 7 septembre 2008. Il s'agit d'une nationalisation *de facto*, évènement exceptionnel pour des sociétés cotées en bourse aux États-Unis ;

---

1. Chandy P., Duett E., « Commercial paper rating models », *Quarterly journal of Business and Economics*, 1990, vol. 29, n° 4, p. 79-102 ; Wakeman M., « The real function of bond rating agencies », in Stern & Chew (Eds), *The revolution in corporate finance*, Malden MA Blackwell Business, 1998 ; Cantor R., Mann C., « Measuring the performance of corporate bond ratings Moody's », Special Comment, avril 2003 ; Ben Hmiden O., « Contribution à la connaissance du rôle des agences de notation dans l'information comptable et financière », thèse de sciences de gestion, Université Montesquieu-Bordeaux IV, novembre 2008.

- le 15 septembre 2008, Merrill Lynch est rachetée par Bank of America pour 50 milliards de dollars ;

- le 16 septembre 2008, AIG, premier assureur américain, est sauvé par l'État au prix d'un prêt de 85 milliards de dollars accordé par la Fed et d'une nationalisation du capital à hauteur de près de 80 % ;

- à partir du 16 septembre 2008, la banque britannique Barclays et la banque japonaise Nomura rachètent les actifs de Lehman Brothers, qui s'est déclarée en faillite le week-end des 13-14 septembre ;

- Morgan Stanley voit fin septembre l'entrée dans son capital (21 % des actions pour 9 milliards de dollars) de la plus grande banque japonaise, Mitsubishi UFJ Financial Group (MUFG) ;

- Le 25 septembre 2008, Washington Mutual, l'une des premières caisses d'épargne américaines, a été saisie et l'essentiel des actifs seront revendus à JP Morgan Chase, pour 1,9 milliard de dollars, qui devient alors la première banque américaine par l'actif sous gestion ;

- le 3 octobre 2008, Wachovia est rachetée, pour 15 milliards de dollars, par Wells Fargo, redonnant à cette dernière la première place mondiale.

5.1.2.2. Quelques retombées de la crise en Europe

- Dès juillet 2007, la banque allemande IKB Deutsche Industriebank est en difficulté ;

- en septembre 2007, UBS et Crédit suisse sont touchés par la crise du marché hypothécaire américain et réduisent leur effectif de 1 500 personnes ;

- la britannique Northern Rock, banque spécialisée en crédit immobilier, est nationalisée le 18 février 2008 ;

- le 14 juillet 2008, la banque espagnole Banco Santander rachète la britannique Alliance & Leicester pour 1,3 milliard de livres sterling ;

- le 31 août 2008, l'allemande Dresdner Bank est vendue par l'assureur Allianz à son compatriote Commerzbank pour 9,8 milliards d'euros ;

- le 12 septembre 2008, l'allemande Deutsche Postbank, filiale de Deutsche Post, est rachetée par sa compatriote la Deutsche Bank pour 9,3 milliards d'euro ;

- le 19 septembre 2008, la banque britannique Halifax-Bank of Scotland (HBOS) est rachetée pour 12,2 milliards de dollars par la Lloyds TSB ;

- le 28 septembre 2008, la banque du Benelux Fortis est nationalisée partiellement, les trois États du Benelux apportant 11,2 milliards d'euros de capitaux propres pour contrôler 49 % du capital ;

- le 28 septembre 2008 également, la banque britannique Bradford & Bingley, spécialisée en crédit immobilier, est nationalisée. Pour 773 millions d'euros, son réseau bancaire est racheté par l'espagnol Banco Santander (déjà propriétaire d'Abbey et d'Alliance & Leicester) ;
- le 28 septembre, toujours, la banque allemande Hypo Real Estate, spécialisée dans le financement de l'immobilier, est sauvée par un plan d'urgence de 35 milliards d'euros qui doit permettre « une liquidation dans l'ordre et non en catastrophe » ;
- le 30 septembre, la première banque mondiale pour le financement des collectivités locales, la franco-belge Dexia, lève 6,4 milliards d'euros auprès des gouvernements belge, français et luxembourgeois ainsi qu'auprès des actionnaires existants ;
- le 5 octobre 2008, BNP Paribas prend le contrôle de Fortis en Belgique et au Luxembourg pour 14,7 milliards d'euros, tandis que l'État belge devient le premier actionnaire du groupe français ;
- le 5 octobre 2008, Unicrédit, première banque d'Italie, fait appel au marché pour 6,3 milliards d'euros ;
- le 6 octobre 2008, le gouvernement allemand a obtenu du secteur bancaire et de l'assurance qu'il accorde une ligne de crédit supplémentaire de 15 milliards d'euros à Hypo Real Estate ;
- le 8 octobre 2008, en France, les groupes Caisses d'Épargne et Banques populaires françaises officialisent leur projet de rapprochement, précipité par la crise financière. En effet, leur filiale commune de banque d'investissement Natixis serait touchée par la crise des *subprimes* ;
- le 8 octobre, huit banques britanniques sont nationalisées.

Pour certains économistes, comme Jacques Attali et Philippe Dessertine[1], la crise va durer de longues années et nous ne sommes pas près d'en voir la fin. Son impact sur les stratégies financières de beaucoup d'entreprises est considérable et ses effets se feront ressentir de nombreuses années.

5.1.3. *La crise n'est pas finie et il y a de nombreuses causes futures possibles*

Le plus étonnant, dans cette crise, c'est que les opérateurs les plus corrompus sont déjà passés à autre chose et, malgré les pertes financières que certains

---

1. Jacques Attali, *La crise, et après ?*, Librairie Arthème Fayard, 2008 ; Jacques Attali, *Survivre aux crises*, Librairie Arthème Fayard, 2009 ; Philippe Dessertine, *Ceci n'est pas une crise, juste la fin d'un monde*, Éditions Anne Carrière, 2009.

ont enregistrées, ils sont toujours, et même plus qu'avant, conscients de leur impunité. C'est le cas en particulier des 0,01 % de « mégariches » qui gagnent plus de 35 millions de dollars par an et sont mis à l'index par les Américains ruinés qui défilent avec des pancartes indiquant : « *Our Bankers get rich, we lose our jobs, we lose our pension*[1]. » Dans un encadré du *Time*, Allan Sloan cite le *chief excutive officer* (CEO) de Goldman Sachs, Lloyd Blankfein, qui a d'abord reçu 42 946 801 $ à titre de compensation et de stock-options. Il reçoit en plus, chaque semaine 825 900 $ pour son travail effectif (à titre de comparaison, Ben Bernanke, directeur de la Réserve fédérale américaine, ne reçoit « que » 3 678 $ par semaine).

Si vous souhaitez faire des comparaisons, le salaire minimum annuel d'un ouvrier américain étant de 15 080 $ par an, en 2008, Lloyd Blankfein a perçu l'équivalent de 1 055 salaires moyens annuels de l'ouvrier américain de référence[2]. Le fait que sa banque ait bénéficié d'un prêt du gouvernement fédéral de 10 milliards de dollars n'a pas rabaissé ses prétentions. Ce cas, loin d'être isolé, montre qu'une des causes futures possibles de crise est l'inconscience. Mais l'inconscience et l'immoralité ne sont pas le fait d'un seul individu : si des dirigeants de banques peuvent percevoir des sommes au-delà de toute imagination, c'est que le système juridique le permet, c'est que le marché le permet, c'est que la morale des affaires le tolère et l'encourage.

Il existe également d'autres facteurs potentiels de crise :

5.1.3.1. Les prêts d'études pour les étudiants

Il y a plusieurs systèmes de financements universitaires : les uns sont publics, comme en France, et c'est l'État qui finance, pour l'essentiel, les études supérieures ; les familles d'étudiants bénéficient donc d'avantages payés par tous les contribuables. En moyenne, les étudiants des universités publiques françaises déboursent 300 € de frais d'inscription annuelle. Mais dans certains pays, les droits d'inscription sont tellement élevés qu'il est impossible de les financer sur les revenus courants (comptez 50 000 € par an pour une année d'études à l'université Harvard). Il faut soit posséder de la fortune personnelle, soit faire un prêt bancaire, soit obtenir une bourse, ce qui est réservé aux grands chanceux ou aux petits génies.

---

1. Sloan A., « What's Still Wrong with Wall Street », *Time*, 9 novembre 2009, p. 29.
2. *Ibid.*, p. 28. Au XIXe siècle, John Pierpont Morgan (1837-1913) affirmait qu'un président de société ne devait pas gagner plus de vingt fois le salaire moyen de ses ouvriers, mais, lui-même, avec ses transactions bancaires, avec ses ventes d'armes durant la guerre de sécession et avec ses opérations sur les œuvres d'art ou sur la construction navale (*Titanic*), gagnait en fait beaucoup plus.

Le prêt bancaire pour études est remboursé à la fin de celles-ci, mais, comme dans le cas des *subprimes*, pour qu'un ancien étudiant rembourse son prêt, il faut qu'il devienne nouveau salarié. Si cet étudiant est au chômage, il ne pourra pas rembourser son prêt, ce qui n'est pas grave pour un étudiant, couvert par une assurance, mais en cas de récession et de chômage généralisé, ce système peut être très dangereux et peut être générateur de crise… d'autant que, comme dans le cas des *subprimes*, rien n'empêche les banquiers de titriser ces créances.

5.1.3.2. Les primes aériennes pour voyageurs fréquents

Là aussi, le système est simple : le voyageur aérien fidèle à une compagnie reçoit, à chaque voyage, des primes qu'il peut utiliser pour faire des voyages lui-même, mais il peut aussi en faire bénéficier sa famille, ses amis ou des organisations à but non lucratif. Tant que le phénomène était limité, il n'y avait pas de problème mais, depuis quelques années, le montant des créances virtuelles des voyageurs fréquents est largement supérieur au montant de la masse monétaire mondiale, et certaines compagnies aériennes, comme Air France, réalisent plus de 50 % de leur chiffre d'affaires avec des clients qui veulent augmenter leur portefeuille de primes.

Tant que le transport aérien croît normalement, il n'y a pas de problème, mais que se passerait-il en cas de crise directe du transport aérien, ou de crise indirecte générée par des problèmes politiques ou des problèmes de manque d'énergie ? Les spécialistes estiment que ce manque d'énergie sera représenté par deux signaux forts, le premier, le *peak oil* technique, où la production du pétrole deviendra inférieure à la demande, le second, le *peak oil* absolu, où toutes les réserves connues seront en voie d'épuisement. Trouver de nouvelles sources d'énergie sera problématique à court terme, car il faudra d'abord faire des recherches scientifiques théoriques, transformer les résultats en recherches appliquées et applications industrielles, puis optimiser ces innovations avec le management adéquat. Nos civilisations ne supporteront peut-être pas des siècles d'obscurantisme et de rareté, comme notre monde en a connu entre les VIIe et XXe siècles, mais c'est peut-être l'avenir qui nous attend, avec une population qui passera, de 2010 à 2030, de 6,8 milliards à 8,5 milliards d'habitants.

De près ou de loin, toutes les crises ont quelque chose à voir avec le principe évoqué autrefois par Hartley Withers[1] et repris par Joseph Schumpeter[2] et par son disciple Erich Schneider : les prêts créent les dépôts (*loans make deposits*).

---

1. Withers H., *The Meaning of Money*, London, Smith Elder and Co., 1909.
2. Schumpeter J., *History of Economic Analysis*, Elisabeth Body Schumpeter editor, New York, Oxford University Press, 1954.

En principe, on devrait avoir le contraire : d'abord des dépôts[1], permettant de garantir des prêts ; mais si l'on fait des prêts avant d'avoir des dépôts, on peut déposer *a posteriori* les sommes prêtées dans une autre banque et on a le processus fondamental de la pyramide de création de monnaie scripturale : « *loans make deposits, then deposits make loans* », de portée générale, mais aussi particulière dans les opérations de leviers en cascade que nous allons étudier.

Associé au fait que l'endettement est toujours plus attractif que les liquidités, ces deux grands principes peuvent faire des miracles pour la croissance, mais aussi des catastrophes. En effet, au niveau international, les ratios dits de Bâle I (ratio Cooke de 1992) et de Bâle II (ratio Mac Donough de 2007) essaient d'obliger les banques à conserver des fonds propres représentant 8 % de leurs actifs, mais les fonds propres sont souvent « pollués » par des dettes subordonnées qui font que les règles prudentielles sont illusoires. Ces règles prudentielles tiennent aussi compte des risques, mais pas des risques absolus, des risques retraités et pondérés par les agences de *rating* qui donnent des notes. Ce système rend difficile l'appréciation des bonnes et des mauvaises créances.

Dépôts justifiés par des prêts, règles prudentielles aménagées, agences de *rating* juges et parties, tout concours au laxisme, augmenté par les opportunités du système fiscal qui privilégie l'endettement et qui incite les organismes financiers à avoir le moins de fonds propres possible, puisque moins il y a de fonds propres et plus les différents effets de levier peuvent jouer[2].

Certains, comme V. Bénard[3] pensent que tout le mal vient de la déductibilité des intérêts versés aux créanciers et qui génèrent des distorsions par rapport aux dividendes qui ne sont déductibles en aucune façon. Si les fonds propres étaient traités exactement comme les dettes, la distorsion ne pourrait pas apporter d'avantages fiscaux unilatéraux aux opérateurs sur dettes. Mais il ne faut pas trop suivre les propos de V. Bénard qui écrit : « Une telle réglementation, légère, facile à comprendre par tous, aurait pour effet de laisser le marché élaborer seul, par approximations successives, le coût des ressources utilisées par une banque en fonction des risques auxquels elle choisit de

---

1. Rappelons que les techniques bancaires ont commencé à se développer en Grèce et que les premières banques ont été les temples, qui ont accumulé les offrandes des fidèles aux nombreux dieux. Au départ, un des premiers principes bancaires grecs a plutôt été « *deposits make loans* », J.-G. Degos, *Histoire de la comptabilité*, Presses universitaires de France, 1998.

2. Bénard V., « Comment les accords de Bâle ont favorisé la crise qu'ils devaient prévenir », Institut Hayek, 2009, http://fahayek.org.

3. *Ibid*.

s'exposer, et de son niveau de recours à l'effet de levier ». Presque tout le monde a intérêt à privilégier l'endettement, à en faire un facteur de croissance déséquilibrée et donc un facteur potentiel de crise. Quel agent économique a la sagesse d'attendre d'avoir de la trésorerie pour réaliser des opérations que son imagination anticipative considère déjà comme réelles ? Si les citoyens ordinaires attendaient d'avoir les liquidités nécessaires pour acheter leur habitation principale, combien pourraient effectivement réaliser cette opération ? Que deviendrait la croissance, dont la construction est un des éléments moteurs ? L'endettement est presque toujours vital et entièrement tourné vers l'avenir et ses anticipations. Dans cet avenir, les opérations à effet de levier et l'ingénierie financière jouent un rôle non négligeable, comme nous le verrons au dernier chapitre.

Chapitre 11

L'ingénierie financière
intégrée dans la stratégie

Les sociétés ont un besoin chronique de liquidités pour financer leur croissance, que celle-ci soit stable, exponentielle ou irrégulière. Mais elles souhaitent aussi, après les efforts des premières années, offrir à leurs dirigeants et à leurs actionnaires la juste rémunération de leurs efforts passés. Le moyen privilégié de poursuivre la croissance sans être dépossédé est d'ouvrir le capital en conservant le contrôle. Cette ouverture peut être privée, par l'intermédiaire de l'industrie du capital-risque, ou publique, par l'introduction en bourse sur l'un des marchés classiques. On peut aussi avoir une position plus radicale, en effectuant des opérations à effet de levier ou des fusions.

1. OUVERTURE PRIVÉE DU CAPITAL : LE CAPITAL-RISQUE

Comme le note M. Chérif de manière pertinente[1], les jeunes firmes innovantes ont des caractéristiques inévitables, mais qui ne jouent pas en leur faveur comme :

- une asymétrie d'information importante, qui fait que les investisseurs extérieurs ont une vue limitée de ses possibilités et qu'ils ont tendance à se méfier ;

1. Mondher Chérif, *Ingénierie financière et private equity*, Banque éditions, 2003, p. 18.

- une capacité d'autofinancement insuffisante et un faible pouvoir de négociation auprès des investisseurs ;
- un portefeuille d'activités très limité, vulnérable à n'importe quel accident conjoncturel ;
- une faible puissance financière, une discrétion, voire une opacité comptable et un manque de communication financière très préjudiciables ;
- une absence d'actifs matériels pouvant servir de garantie aux prêteurs ;
- une incertitude généralisée sur les *cash flows* futurs, sur le marché, sur les produits et sur la capacité à long terme de l'équipe dirigeante.

Cumulant tous ces défauts, les financements classiques leur sont interdits et elles ne peuvent s'adresser qu'à des sociétés de capital-risque, si leurs projets sont suffisamment innovants et ambitieux pour présenter des chances sérieuses de réussite future. Les sociétés de capital-risque leur apportent l'aide nécessaire à plusieurs stades de leur développement :

- au début, dès la conception d'un projet viable, il est nécessaire de faire un amorçage des opérations avec un *seed* capital ;
- lorsque l'entreprise est effectivement créée et que le développement de ses premiers projets commence à nécessiter des moyens non négligeables, il faut investir dans un capital-création (*start-up*) puis dans un capital post-création (*early stage*) ;
- lorsque l'entreprise est encore vivante à ce moment-là, il faut la stimuler grâce au capital développement.

L'entreprise pourra alors quitter le domaine du capital-risque au sens strict pour entrer dans le domaine du capital-risque au sens large, c'est-à-dire dans le domaine du capital-investissement, dont nous étudierons quelques exemples avec différentes sortes d'opérations à effet de levier (LBO), et pour poursuivre peut-être sa carrière par une fusion ou par une introduction en bourse sur le marché Eurolist ou Alternext.

Pour en revenir à la situation de départ, les professionnels du capital-risque, au sens étroit du terme, focalisent leur stratégie dans trois domaines essentiels : la sélection préalable des dossiers (*screening*), l'élaboration de contrats financiers (*contracting*) et le suivi final des opérations (*monitoring*).

1.1. La sélection préalable des dossiers : l'éclairage du *screening*

Les créateurs d'entreprise ont besoin de capitaux à tout moment, et sans doute d'abord dans la phase d'amorçage de leurs projets. C'est justement dans cette phase, *a priori* improductive et de loin la plus risquée, que les professionnels français sont le plus réticents, contrairement à leurs collègues américains. Sans qu'on en fasse une règle générale, plus l'investissement est précoce, plus il pourra se développer sous les meilleurs auspices. Mais le marché du capital-risque est en France un marché plutôt fermé : il ne concerne que quelques milliers de candidats qui donneront naissance à quelques centaines de projets viables. Les ressources financières sont elles aussi limitées.

Le but initial d'un capital-risqueur est de prendre des participations possédant une probabilité suffisante de réussite, d'accompagner les fondateurs pendant quelques années et de revendre ensuite leur participation avec une plus-value substantielle. Lorsque, quelques années après le lancement, la société fait l'objet d'une opération à effet de levier ou d'une introduction en bourse, cette plus-value substantielle est largement assurée. Malheureusement, les sociétés nouvelles n'ont pas encore, comme les sociétés bien installées, un historique qui permet de faire un diagnostic financier complet et une évaluation financière multicritère performante. Ils doivent donc se contenter d'apprécier le *business* plan, qui en dira moins long qu'un diagnostic financier classique mais, s'il est bien conçu, on aura beaucoup de renseignements sur l'équipe dirigeante, sur le marché, sur ses perspectives, sur les produits, sur les coûts cibles impliqués dans le projet, sur l'adéquation investissement/financement. Assisté de professionnels de premier plan et de grande expérience tels qu'avocats d'affaires, grands cabinets d'expertise comptable, cabinets de stratégie, le capital-risqueur fera la synthèse des risques courus et de la rentabilité espérée et, dans la masse des dossiers qu'on lui présente, choisira ceux qu'il considère comme les meilleurs. Mais, même dans ces meilleurs dossiers, il y aura des échecs ; un projet rentable permettra cependant de financer plusieurs échecs.

1.2. L'élaboration des contrats financiers : la contrainte du *contracting*

Les capital-risqueurs sont tolérés dans l'entreprise, qui ne peut pas se passer d'eux, et ils sont minoritaires en capital. Mais ils ne se désintéressent pas de la gestion de la firme et, ce qu'ils ne peuvent pas obtenir en pourcentage de contrôle de capital, ils arrivent souvent à l'obtenir par des pactes d'actionnaires.

Nous avons vu plus haut qu'il y avait deux types de pactes : ceux qui aménagent la structure du capital et ceux qui traitent de la structure du pouvoir. Pour les capital-risqueurs, les pactes les plus importants concernent la structure du pouvoir, c'est-à-dire leurs relations avec les dirigeants de la société. Même s'ils sont reconnaissants dans l'immédiat, les *managers* oublieront vite les services rendus par les investisseurs, et ces derniers doivent absolument préserver leurs intérêts de minoritaire au niveau de la politique des dividendes, et préserver leur chance de sortie en surveillant la liquidité des actions qu'ils détiennent.

En plus du contrôle permanent exercé sur les titres, les pactes peuvent prévoir une censure préalable de certaines actions des dirigeants, pour éviter les catastrophes. Nous avons déjà évoqué l'activité des dirigeants qui peuvent mettre la société en danger en investissant dans de mauvais projets, en s'endettant trop ou pas assez ou en adoptant des mécanismes trop défensifs par rapport à des prises de participation bénéfiques. Plus que les actionnaires ordinaires, les investisseurs à risque doivent se méfier de ces pratiques et donc, dans la mesure du possible, essayer de les contrôler. L'existence de tels pactes d'actionnaires a aussi l'avantage d'anticiper sur les inévitables conflits d'intérêts et sur les divergences qui ne font que croître avec le temps. Comme elles sont écrites, ces clauses sont opposables aux tiers devant n'importe quel tribunal compétent. Si les investisseurs ont pris soin de s'entourer des meilleurs avocats d'affaires, leurs dossiers sont inattaquables et leurs intérêts particulièrement protégés par lesdites clauses. Mais il serait dommage que les investisseurs et les dirigeants cessent leur collaboration de manière prématurée. Chacune des parties a en effet souvent intérêt à prolonger la collaboration pendant plusieurs années.

1.3. Le suivi final des opérations : la supervision du *monitoring*

Il est souvent très rentable pour les dirigeants de collaborer sans arrière-pensée avec les capital-risqueurs qui ont choisi de leur faire confiance. Pour une jeune *start-up*, la présence d'un investisseur chevronné ayant pris la précaution d'obtenir un pacte d'actionnaire est une contrainte mais aussi un avantage : le professionnel du risque évitera à l'entreprise les grosses erreurs de gestion courante qui la mettraient en péril et les erreurs définitives d'investissement qui la feraient disparaître. De plus, la participation d'un capital-risqueur, ou mieux la participation conjointe d'un capital-risqueur, d'un cabinet d'avocat d'affaires renommé et de l'un des quatre plus grands cabinets d'audit, est un signal très fort qui est donné au marché, aux clients, aux fournisseurs, aux concurrents, à tout *stakeholder*. Ce signal indique que des professionnels de premier plan pourront assister la firme dans ses défaillances passagères. De plus, l'équipe ainsi constituée pourra, sur le long terme, continuer d'assister l'entreprise si elle choisit, plus tard, une cession par effet de levier ou une introduction en bourse. Un investisseur compétent apporte son capital, mais il apporte ses relations, son expérience internationale, nationale, sectorielle, et il faut le considérer comme un partenaire privilégié et le respecter en tant que tel. Dans les économies modernes, les capital-risqueurs ont un rôle indispensable à jouer, comme les bourses de valeurs en ont un également dans leur domaine.

2. Ouverture publique du capital : introduction en bourse

À un moment ou à un autre de leur croissance, les entreprises ambitieuses doivent obtenir des capitaux supplémentaires. Ces capitaux peuvent être des capitaux propres, et elles se retrouvent sur le marché des actions, que nous avons évoqué, ou des capitaux empruntés, et elles se retrouvent sur le marché des obligations. En plus des marchés dont le but est de mobiliser l'épargne publique, il existe aussi des marchés permettant de se protéger contre les risques (Euronext, Eurex) dont nous avons dit quelques mots plus haut. Nous nous bornerons à l'étude des deux marchés actuels, Eurolist et Alternext, qui ont remplacé en 2005 et 2006 les trois anciens marchés classiques, le premier marché, le second marché et le nouveau marché. Le marché libre, lieu privilégié d'échange pour les PME, qui existait déjà, continue de fonctionner.

2.1. Introduction sur le marché Eurolist

Entre 2005 et 2006, il n'y a eu qu'un seul marché, Eurolist, étroitement réglementé et placé sous le contrôle de l'Autorité des marchés financiers (AMF), créée en application de la loi n° 2003-706 de sécurité financière, publiée au journal officiel le 2 août 2003. Ce marché reprend l'ensemble des valeurs cotées à la bourse de Paris, qu'elles soient nationales ou étrangères[1] et, désormais, les plus grandes entreprises multinationales comme les firmes les plus modestes sont classées selon les mêmes critères et doivent respecter les mêmes obligations de publication des comptes annuels et d'introduction sur le marché. Pour faciliter la lecture et les choix des investisseurs, les sociétés sont classées en trois groupes[2] :

- le compartiment Eurolist A regroupe les entreprises à forte capitalisation (*blue chips*) d'un montant supérieur à 1 milliard d'euros ;
- le compartiment Eurolist B regroupe les entreprises à capitalisation moyenne comprises entre 150 millions et 1 milliard d'euros ;
- le compartiment Eurolist C intègre les entreprises ayant une capitalisation inférieure à 150 millions d'euros.

---

1. À son ouverture, Eurolist comprenait 722 valeurs françaises (86 %) et 118 valeurs étrangères (14 %).
2. Il existe un groupe spécial créé en 2003. Il regroupe 12 valeurs qui étaient cotées sur le nouveau marché et qui ont fait l'objet d'un règlement judiciaire.

Les titres admis sur ce marché sont les rentes et les obligations d'État, les actions, les certificats d'investissement, les bons de souscription d'action, les obligations, les obligations convertibles, les obligations à bons de souscription, les titres participatifs et les titres subordonnés, les titres émis par les sociétés étrangères. Les titres étrangers représentent environ le sixième de la totalité des titres présents sur le marché. Euronext a aussi créé des « trackers » (*Exchange Traded Funds*), fonds indiciels qui sont très courants aux États-Unis. Ils offrent la performance d'un indice ou d'un portefeuille de titres et allient la simplicité des marchés d'actions à celle des fonds traditionnels. De l'avis des spécialistes, le *tracker* le plus intéressant est celui qui instrumentalise le CAC 40. À chaque *tracker* est associé un indice sous-jacent :

Les *trackers* d'Euronext

Tracker	Indice sous-jacent
CAC 40 Master Unit	CAC 40
Euro Stoxx 50 LDRS	Dow Jones Euro Stoxx 50
Stoxx 50 LDRS	Dow Jones Stoxx 50
Master DJ Euro Stoxx 50	Dow Jones Euro Stoxx 50

Les conditions d'introduction sur le marché Eurolist sont toujours aussi strictes.

La directive européenne « Prospectus » prévoit que les sociétés souhaitant s'introduire sur un marché européen doivent pouvoir présenter trois années de comptes annuels établis en normes IAS-IFRS et mettre à la disposition du public au moins 25 % de leur capital, ces 25 % représentant l'IPO (*Initial Public Offering*) des bourses anglo-saxonnes. La directive « Transparence » oblige toutes les firmes de la liste à publier le chiffre d'affaires trimestriel et les résultats semestriels et annuels.

La réglementation concernant ces différents paramètres, qui était différenciée pour le premier, le second et le nouveau marché, est maintenant la même pour tous. Un effort particulier est fait pour les valeurs moyennes, assez peu liquides, qui doivent être tutorées par un « expert en valeurs moyennes », bureau d'étude spécialisé dans les *small caps* chargé de les conseiller.

Avant le 25 septembre 2000, le premier marché fonctionnait soit au comptant, soit à terme. Depuis, il n'y a plus qu'un seul régime et tous les titres sont traités au comptant. L'acheteur et le vendeur ont un délai de trois jours après la conclusion du contrat pour effectuer la livraison et pour payer les montants dus. Le service de règlement différé (SRD)[1] pour certaines valeurs de la liste A perdure également. Pour bénéficier du SRD, les valeurs doivent remplir la triple condition d'être dans les valeurs de l'indice SBF 120, d'avoir une capitalisation boursière d'au moins un milliard d'euros et le volume quotidien des transactions doit dépasser un million d'euros.

2.2. Introduction sur le marché Alternext

Le marché Alternext a ouvert le 17 mai 2006, pour attirer les entreprises à capitalisation limitée (entre 10 et 90 millions d'euros) qui n'étaient plus concernées par la réforme des marchés boursiers. Comme le Matif et le Monep résultaient de la copie de marchés anglo-saxons du même type, Alternext est une copie du marché anglais AIM (*Alternative Investment Market*). Il a été créé pour permettre aux entreprises moyennes qui n'ont plus le second marché à leur disposition et ont une capitalisation trop faible pour aller sur le marché Eurolist de faire appel à l'épargne.

Les règles de cotation sont moins contraignantes et donc la protection des opérateurs est plus faible. Sur Alternext, l'introduction suppose un placement de 2,5 millions d'euros de titres, soit environ cinq fois moins en moyenne que sur Eurolist. Les firmes candidates à l'introduction doivent fournir les comptes annuels de deux exercices et ces comptes ne sont pas obligatoirement établis selon les normes internationales IAS-IFRS.

Un nouvel acteur apparaît aussi sur la scène boursière, c'est le *listing sponsor*, expert en valeurs boursières, qui conseille le candidat, facilite ses démarches d'introduction et accompagne la société les deux premières années de sa vie boursière. C'est une sorte de poisson-pilote. L'obligation faite aux sociétés candidates de publier les comptes annuels des deux derniers exercices était la règle sur le second marché, et ces comptes doivent être également certifiés par les commissaires aux comptes et publiés au greffe du tribunal de commerce. Les firmes candidates doivent encore constituer un prospectus d'information sur les comptes des deux derniers exercices et ce prospectus, rappelant la situation juridique et comptable de la société ainsi que son activité, doit obtenir le visa de l'Autorité des marchés financiers. Sans ce visa, l'introduction en bourse n'est pas possible, sauf exception. Cette exception concerne les sociétés

---

1. Dès qu'une valeur remplit les trois conditions requises, elle est mise sur la liste le mois suivant. Les rétrogradations n'ont lieu qu'une fois par an. Actuellement, il existe 144 valeurs cotées au SRD du compartiment A d'Eurolist. Donnons trois exemples pris début 2008 : Air liquide, 239 millions d'actions, capitalisation boursière de 23,6 Md€, PER 23,9 ; BNP Paribas, 905 millions d'actions, capitalisation boursière 69,841 Md€, PER 9,8 ; Pernod Ricard 400 millions d'actions, capitalisation boursière 16,6 Md€, PER 25,9.

qui ne font pas appel public à l'épargne (mais dans ce cas pourquoi aller en bourse ?) et qui ont ouvert leur capital à concurrence de cinq millions d'euro en faveur d'au moins cinq investisseurs. Dans ce cas, la note d'information n'a pas à être visée, mais la responsabilité des dirigeants et du *listing sponsor* est susceptible d'être engagée.

Comme le précise Florence Santrot, du Benchmark Group, « le système de cotation sur Alternext est divisé en deux modes complémentaires afin de développer la liquidité sur des valeurs au flottant plus étroit. Chaque période de cotation est organisée autour d'une période de *market making* (tenue du marché) suivie d'une période de *fixing* (carnet d'ordre central) en fin de journée. Concrètement, la cotation en journée se traduit par l'affichage permanent de fourchettes, tandis que le *fixing* assure une cotation régulière des valeurs. Ce double système vise à ne pas rencontrer sur Alternext les mêmes écueils que l'on a pu observer sur le nouveau ou le second marché, c'est-à-dire un manque d'animation sur certaines valeurs moyennes qui incitaient les investisseurs à se tourner vers des marchés plus vivants ».

2.3. La survivance du marché libre

Les PME qui n'ont pas accès à Alternext peuvent toujours opérer sur le marché libre, non réglementé. C'est en quelque sorte une première étape avant de prendre la décision d'introduction sur un des deux marchés actuels. Comme l'écrit Jean-Luc Champetier : « Le marché libre, c'est un peu la bourse à l'état primitif. Les boursiers de la vieille école y voient un paradis des fouineurs, un coin des bonnes affaires. Mais ils n'ignorent pas que cet eldorado est une jungle qui peut parfois se transformer en coupe-gorge. » Tout est possible sur ce marché, les réussites éclatantes et les échecs retentissants. La liquidité est incertaine, mais les investisseurs bénéficient d'avantages fiscaux non négligeables : pour les sociétés de moins de 50 millions d'euros de chiffre d'affaires, de moins de 43 millions d'euros de total de bilan, de moins de 200 salariés. Si les titres sont conservés cinq ans, 25 % de l'investissement sont déductibles de l'assiette de l'impôt sur le revenu et n'entrent pas dans le calcul de l'impôt sur la fortune. Le plafond de versement est de 20 000 euros par an pendant quatre ans. L'analyse financière et le diagnostic financier des valeurs du marché libre doivent être conduits comme ceux des entreprises non cotées.

L'introduction sur un marché boursier n'est pas seulement une question de moyens financiers, ni seulement de pourcentage de capital mis à disposition du public. Il faut être prêt à avoir une gestion et une gouvernance rigoureuses, à présenter des comptes sans faille et à jouer le jeu de la transparence de l'information financière. Ceci va beaucoup plus loin que la simple technique d'ingénierie financière adossée à l'introduction en bourse.

3. LES OPÉRATIONS À EFFET DE LEVIER

Les opérations à effet de levier (*Leveraged Buy Out*, LBO) ont un succès non démenti malgré les vicissitudes de la conjoncture. Nous en évoquerons les principes, puis nous analyserons les montages financiers permettant d'optimiser les opérations.

3.1. Principe des opérations à effet de levier

Depuis quelques années, les opérations d'ingénierie financière connues sous le nom générique de LBO ont rencontré un succès sans précédent, supplantant dans bien des cas les opérations de fusion ou les premières introductions en bourse. Au fil des années, les opérations initiales de LBO, où une entreprise est reprise par ses salariés, ont été complétées par le LBI (*Leverage Buy In*), où la reprise est faite par des opérateurs extérieurs à l'entreprise, et l'OBO (*Owner Buy Out*), où le propriétaire de l'entreprise essaie de se revendre à lui-même. Le LMBO (*Leverage Management Buy Out*) et le LMBI (*Leverage Management Buy In*), où ce sont les cadres de l'entreprise ou des cadres venus d'ailleurs qui participent à l'opération, sont proches des deux opérations précédentes. L'imagination financière n'ayant pas de limite, on a aussi créé le BIMBO (*Buy In Management By Out*), où l'équipe mixte de repreneurs comprend à la fois des cadres dirigeants de la société et des personnalités extérieures, et le LBU (*Leverage Build Up*), où l'on cherche à intégrer l'entreprise à d'autres sociétés, opération qui ressemble beaucoup à une fusion.

Toutes ces opérations ont un dénominateur commun : le souhait de récupérer la propriété d'une entreprise en payant le moins possible au comptant, en utilisant au maximum les possibilités d'emprunter et les possibilités de faire jouer des leviers accroissant ou multipliant les gains et les performances. La meilleure stratégie est en général de constituer une première société *holding*. Elle sera le point de départ d'un endettement qui peut être théoriquement infini. Cette société mère est souvent appelée NewCo par les spécialistes. Elle comporte le minimum de financements sur fonds propres, ce qui va lui permettre de s'endetter et d'aller de l'avant, son endettement étant fondé sur le principe que nous avons évoqué plus haut : « *loans make deposits* ». La *holding* va essayer d'utiliser au maximum les effets de levier et, si une structure simple ne suffit pas (société *holding* et société à racheter par LBO), les ressources financières de ladite *holding* (capitaux propres plus espèces reçues des emprunts) vont servir de garantie à une deuxième opération du même type, et ainsi de suite en cascade.

Le grand avantage des opérations de LBO est qu'elles sont « économes » en capitaux propres. L'opération est conçue pour minimiser les apports des actionnaires, l'endettement a en plus l'avantage d'augmenter la rentabilité et, lorsque la *holding* a des actionnaires minoritaires, les majoritaires apportent encore moins de capital personnel. On peut contrôler avec peu de moyens des entités importantes. On peut considérer qu'un financement moyen par LMBO pour une société cible comprend :

- 30 % de fonds propres ;
- 50 % de dette senior ;
- 20 % de dette mezzanine.

Il faut que les dividendes générés dans le futur par la société cible soient supérieurs au service des dettes. L'opération ne peut avoir du succès que si les dividendes de la cible sont récupérés par la *holding*. La capacité financière de la société reprise est donc au cœur de l'opération. Le dosage des dettes dépend de l'aptitude de la cible à générer des bénéfices.

Pour que le montage soit un succès, il faut quatre conditions :

- la société reprise, nous l'avons dit, doit être capable de sécréter de la trésorerie et de distribuer des dividendes, les flux doivent être réguliers et ne pas amputer les moyens financiers de la cible, en particulier pour ce qui concerne son besoin en fonds de roulement. Les meilleures entreprises reprises sont celles qui ont beaucoup de trésorerie et peu d'endettement ;
- la société reprise doit pouvoir assurer la continuité de son activité alors que l'équipe dirigeante a été remplacée. La direction doit être stable, du moins en matière d'objectifs et de comportement, sinon de personnes ;
- l'équipe dirigeante doit être dynamique, motivée et capable de convaincre les investisseurs ;
- la société reprise doit avoir un potentiel de croissance non négligeable, et doit avoir des possibilités de sortie du LMBO. La sortie doit se traduire par une plus-value importante.

3.2. L'effet de levier et ses différentes approches

Grâce au LBO, on peut utiliser plusieurs effets de levier : financier classique, fiscal, juridique, social et « sur levier ».

3.2.1. L'effet de levier financier classique

Si la rentabilité économique de la société cible est supérieure au taux d'intérêt des emprunts, l'endettement couvrira largement le financement de l'exploitation et permettra de dégager des *cash flows* qui permettront eux-mêmes de verser des dividendes à la société *holding* et l'aideront, par là même, à rembourser toutes ses dettes bancaires. Les dettes sont en général divisées en :

- dette senior, souvent avec des tranches A, B, C, à échéance de cinq à sept ans, et représentant au maximum deux fois le montant des capitaux propres[1] ;

- dette mezzanine, à échéance de huit à dix ans, remboursée après la dette senior, et donc avec un risque plus grand, un taux d'intérêt plus élevé et parfois en prêt relais aux conditions diverses mais coûteuses. La dette mezzanine peut être supportée par des obligations convertibles ou des obligations à bons de souscription d'action. Si le financement est insuffisant, on peut parfois effectuer une cession-bail, en vendant l'actif de la filiale et en le relouant, avec une clause de reprise en fin de contrat ou à des dates intermédiaires prévues.

3.2.2. L'effet de levier fiscal

L'effet de levier fiscal[2] ne peut pas toujours jouer, mais la création de la société *holding* va permettre de constituer un groupe. En droit français, il suffit de deux sociétés pour former un groupe, une société mère « tête de groupe » et une seule filiale. Si la *holding* possède au moins 95 % des titres de sa filiale, elle va pouvoir bénéficier du régime de l'intégration fiscale dont les deux grands avantages sont de payer l'impôt sur les sociétés sur le résultat global du groupe et de neutraliser les opérations internes au groupe.

Comme le note Henry Dorbes[3], ce régime « permet une économie d'impôt équivalente au taux d'IS multiplié par le montant des intérêts payés sur les dettes d'acquisition ». L'État devient donc, en quelque sorte, partenaire des

---

1. Voir Henry Dorbes, « Les techniques de reprise par LBO », travail de synthèse réalisé pour Acting-Finance, www.acting-finances.com.
2. Souvent, on doit choisir entre l'effet de levier fiscal – et les fourches caudines de l'amendement Charasse – qui est intéressant si la holding possède 95 % de ses filiales et si elle pratique l'intégration fiscale, et le levier juridique (où on se réserve seulement 50,01 % du montant du capital). On peut parfois faire un compromis en structurant un groupe avec un noyau dur de filiales fiscalement intégrées à 95 % et un second bloc de filiales sous contrôle exclusif de 50 % au moins, permettant de bénéficier du régime des sociétés mères et des filiales (obligation de posséder 5 % du capital pour bénéficier d'une exemption d'impôts de 95 % sur les dividendes).
3. Henry Dorbes, *op. cit.*

repreneurs en leur accordant une réduction d'impôt. Michel Charasse, ancien ministre des Finances, avait d'ailleurs bien compris ce mécanisme, et l'amendement Charasse, limitant ce privilège sous certaines conditions, a été intégré dans l'article 223-B alinéa 7 du Code général des impôts.

3.2.3. L'effet de levier juridique

L'effet de levier juridique est associé à la notion de droit de vote (pourcentage de contrôle) et de majorité aux assemblées générales ordinaires et extraordinaires. Les personnes ou les entités qui possèdent au moins 50 % des droits de vote sont majoritaires aux assemblées générales ordinaires et ceux qui possèdent 66,66 % des droits de vote sont majoritaires aux assemblées générales extraordinaires, la seule décision qui réclame l'unanimité étant celle de changer la nationalité des sociétés. Avec 50 % de droits de vote dans une société, on peut en fonder une autre où on n'aura que 50 % de droits de vote et ainsi de suite. À chaque niveau de la cascade, on n'a besoin que de la moitié des droits du niveau précédent pour assurer une chaîne de contrôle continu : 50 % pour la première filiale, 50 % × 50 % = 25 % pour la seconde, 25 % × 50 % = 12,50 % pour la troisième, etc. Lorsqu'on arrive au septième niveau, on a toujours une majorité en chaîne de 50 %, mais en ayant investi seulement $(50\,\%)^7 = 0{,}39\,\%$ soit presque zéro pour cent. Avec la possibilité de créer des actions de préférence à droit de vote double ou multiple, on peut encore diminuer le montant de l'apport en fonds propres, augmenter les droits virtuels et toujours augmenter l'effet de levier.

3.2.4. L'effet de levier social

Le LMBO permet à des cadres supérieurs de devenir des administrateurs ou des présidents et de prouver leurs capacités de direction en accédant, par cette expérience, à un statut social supérieur auquel ils n'auraient pas forcément pu, en fonction de leur origine sociale, prétendre.

3.2.5. L'effet de levier sur levier

Certains appellent les leviers en cascade l'effet de levier sur levier et on peut, comme on le verra, multiplier, théoriquement, les cascades de leviers. Toujours en jouant sur le principe de l'endettement à taux d'intérêt modeste, qui augmente le résultat financier, et sur le principe de créations des dépôts à partir des prêts, on peut encore augmenter l'efficacité de ces deux principes par l'usage systématique des paiements différés, par l'usage du crédit vendeur ou par la clause « *earn out* » de complément de prix versé dans deux, trois ou quatre ans.

D'autres éléments juridiques sont à prendre en considération, tels que la forme des sociétés. Pour verrouiller la *holding* de tête, le mieux est d'utiliser la forme de société en commandite par action ou de société en commandite simple. Si on a besoin d'une grande liberté, la société par actions simplifiée, qui autorise la liberté totale des statuts, s'impose à condition d'avoir des conseillers juridiques chevronnés car, si tout est théoriquement possible, tout n'est pas permis et tout n'est pas rationnel, ni raisonnable. Il en est de même pour l'option pour des modèles d'actions de préférence par rapport aux actions ordinaires. Il est dangereux de créer des monstres statutaires associés à des actions de préférence monstrueuses.

3.3. Chronologie du montage financier des opérations à effet de levier

- Analyse préalable des projets : comme dans toute opération d'ingénierie financière, on a une analyse des forces, des faiblesses, des contraintes et des opportunités qui porte sur le marché de la société cible (taille, croissance, barrières à l'entrée, facteurs clés de succès, contraintes réglementaires et institutionnelles). Il faut aussi préciser la position de l'entreprise sur son marché : positionnement, stratégie, parts de marchés, et tirer les conséquences financières de cette analyse, pour déterminer le prix d'achat, par les méthodes d'évaluation vues plus haut. Il faut aussi évoquer la sortie de LBO et déterminer quel sera le prix de l'entreprise si l'opération réussit et s'il existe des acquéreurs potentiels ;

- montage effectif de l'opération : la phase de diagnostic et d'évaluation passée, il faut approfondir l'analyse en collectant toutes les informations disponibles sur la société, en faire une synthèse complète et la resituer dans son environnement ;

- lettre d'offre sous conditions d'audit : il est possible aux investisseurs, avec leurs partenaires financiers, de faire une proposition sous condition d'audit dans tous les domaines sensibles, comptable, juridique, fiscal, stratégique. Cet audit est fait de préférence par de grands cabinets comptables (*big four*), juridiques et de stratégie ;

- dès le départ du contrat, il faudra déjà penser à la sortie : vente à une autre entreprise, cession à un fonds de capital investissement, introduction en bourse, ou même, au pire, liquidation.

Comme on l'a vu plus haut, le principe du LBO est d'acheter une société aujourd'hui et de la payer demain avec les ressources qu'elle dégage elle-même.

Le problème essentiel est donc le problème du financement, qui comprend trois étapes :

- la partie financée par des fonds propres : cet apport peut être en espèces ou en nature, et son origine est très variée (apport individuel, apport de sociétés, apports de salariés, apport de sociétés de capital investissement) ;

- le financement de la dette senior : cette dette est une dette de premier rang, et elle comporte des sûretés sur les titres de la société cible. Le plus souvent elle a une durée comprise entre cinq et sept ans. Les spécialistes considèrent qu'elle doit représenter environ cinq fois l'excédent brut d'exploitation de la société cible. Compte tenu de son risque, son taux d'intérêt est de 2 à 3 % supérieur à celui des emprunts d'État. Pour de fortes sommes, supérieures à 20 millions d'euros, elle est découpée en tranches de risques croissants. C'est une façon de limiter les intérêts payés au début de l'opération ;

- le financement de la dette mezzanine : la dette mezzanine est une dette souscrite par des fonds spécialisés. Comme son nom l'indique, elle se place entre le financement par fonds propres et le financement par dette principale. C'est une dette qui n'est garantie que par les futurs *cash flows* de la société cible. Étant donné ses risques, elle a un taux plus élevé que la dette senior. Elle présente des avantages[1] :

  - si le risque est plus important que celui d'un financement classique, la rémunération directe l'est aussi. Son taux est supérieur de 2 % (Euribor + 2 %) à celui des dettes senior. Le financement mezzanine conforte la dette principale qui devient moins risquée ;

  - elle améliore la rentabilité de l'entreprise, qui a moins de charges financières à payer, le remboursement de la dette senior est repoussé à une date ultérieure et l'effet de levier permet aussi d'augmenter la rentabilité des capitaux propres ;

  - on peut parfois remplacer la dette mezzanine par une dette subordonnée qui est remboursable en fin d'opération, après le financement de la dette senior. Si le support est représenté par des obligations cotées à haut rendement (*high yield bonds*), elles peuvent rapporter un intérêt jusqu'à 8 % supérieur à celui des obligations d'État. La dilution de cet instrument est aussi plus faible que celle d'une dette mezzanine.

---

1. Mondher Chérif, *Ingénierie financière et private equity*, Banque éditions, 2003, p. 37.

En France, le LBO a eu un franc succès jusqu'en 2007. Après le début de la crise, les opérateurs sont devenus très prudents, trop prudents même. Naguère, les groupes qui se recentraient sur leur métier de base et qui se délestaient des filiales non stratégiques (*spin off*) avaient fait des LBO des opérations banales et elles étaient très lucratives pour les banquiers, qui proposaient cette opération comme alternative à une introduction en bourse risquée ou à une restructuration par fusion qui serait susceptible de constituer un abus de position dominante.

4. L'EFFET PERVERS DE LA CROISSANCE PAR LBO EN CASCADE

La multiplicité des types d'opérations à effet de levier et la diversité des leviers que l'on peut mettre en œuvre font que ces opérations sont très attirantes pour de nombreux opérateurs. Depuis le début de la crise, le nombre des opérations à effets de levier a considérablement diminué, mais elles sont loin d'avoir disparu. Aux États-Unis, de nombreuses opérations dépendaient de Lehman Brothers. Elles ont été mises en veilleuse ou bien totalement annulées. Citons l'exemple de Cegelec, qui a d'abord été acheté par LBO France, qui a voulu revendre la société au fonds Qatari Diar, avec la collaboration de Barclays Private Equity et Lehman Brothers. Cette transaction a eu beaucoup de mal à être achevée après la chute de la banque le 15 septembre 2008[1].

La vulnérabilité des LBO en cascade

Prenons un exemple pour montrer la puissance, mais aussi la vulnérabilité des LBO en cascade. Un investisseur possède 300 000 € de liquidités. Ses relations bancaires lui permettent d'obtenir un prêt bancaire de 700 000 € comportant une dette senior et une dette mezzanine (règles prudentielles : dette senior 500 000 et dette mezzanine 200 000) et il fonde une première société tête de groupe au capital de 300 000 (NewCo) et au ratio d'endettement de 0,42.

---

1. Reverchon (A.) : « La chute de Lehman Brothers », *Le Monde*, n° 20 105, 15 septembre 2009. Les banques américaines utilisent beaucoup les effets de levier. Juste avant la crise, les grandes banques avaient des effets de levier impressionnants : 45 pour Merrill Lynch, 30 pour Morgan Stanley et Lehman Brothers, 25 pour Goldman Sachs. Si Goldman Sachs a un levier de 25, ça veut dire qu'elle ne finance ses actifs qu'à hauteur de 4 % et il suffit d'une baisse de conjoncture de 4 % pour absorber la totalité de ses fonds propres.

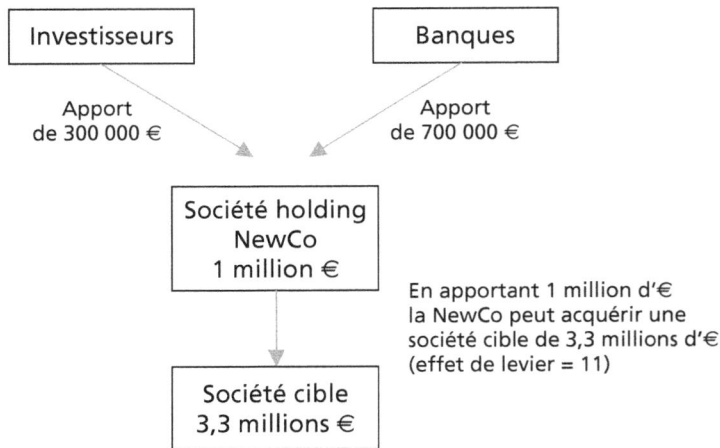

Figure 52 – Effet de levier financier simple d'une holding

Comme il possède un million d'euros de trésorerie, il peut fonder une NewCo où son apport d'1 million d'euros constitue la garantie (30 %) d'un emprunt de 2,3 millions (70 %) ce qui lui donne la possibilité d'acquérir une cible de 3,3 millions d'euros. La formule de croissance par levier et cible est la suivante :

- Si on appelle A_n l'apport de fonds propres de rang n, B_n le montant du prêt bancaire correspondant représentant 70 % des fonds propres, on peut écrire :

$$A_n = \left[(A_{n-1} + B_{n-1}) \times \left(\frac{100\ \%}{30\ \%} \right) \right]$$

- Si A_1 = 300 000 € alors, A_2 = 3 300 000 €
- Si A_2 = 3 300 000 € alors A_3 = 11 000 000 €

Et ainsi de suite avec, dans notre cas particulier un multiplicateur d'environ 3,3.

Mais il peut aussi s'associer avec des partenaires à hauteur de 50 %. Dans ce cas, la NewCo aura un capital de 2 millions et, avec ces 2 millions, elle pourra trouver des prêteurs ou des sociétés de capital-risque ou des *hedge funds* qui apporteront 4,6 millions d'euros. Elle pourra alors choisir une cible à 6,6 millions d'euros. Le levier est déjà de 22 par rapport à la mise initiale.

Si on ajoute un étage à la cascade, avec 6,6 millions d'euros et avec les partenaires adéquats (nouveaux actionnaires apportant 50 % du capital et nouveau prêteur finançant 70 % de dette senior et mezzanine), on peut encore lever 30 millions d'euros (effet de levier = 100). Si on recommence l'opération une fois de plus, avec 30 millions d'euros, aux conditions précédentes, on pourra obtenir 30 millions d'euros de capitaux propres et obtenir un prêt de 140 millions d'euros. Pour l'investisseur initial, qui conserve toujours la majorité de 50 %, le levier est de 140 000 000/300 000 = 466 ce qui est considérable.

On pourrait croire au miracle. Avec 140 millions d'euros, les partenaires vont pouvoir acheter une société cible de bonne taille et l'exploiter. Mais la société cible

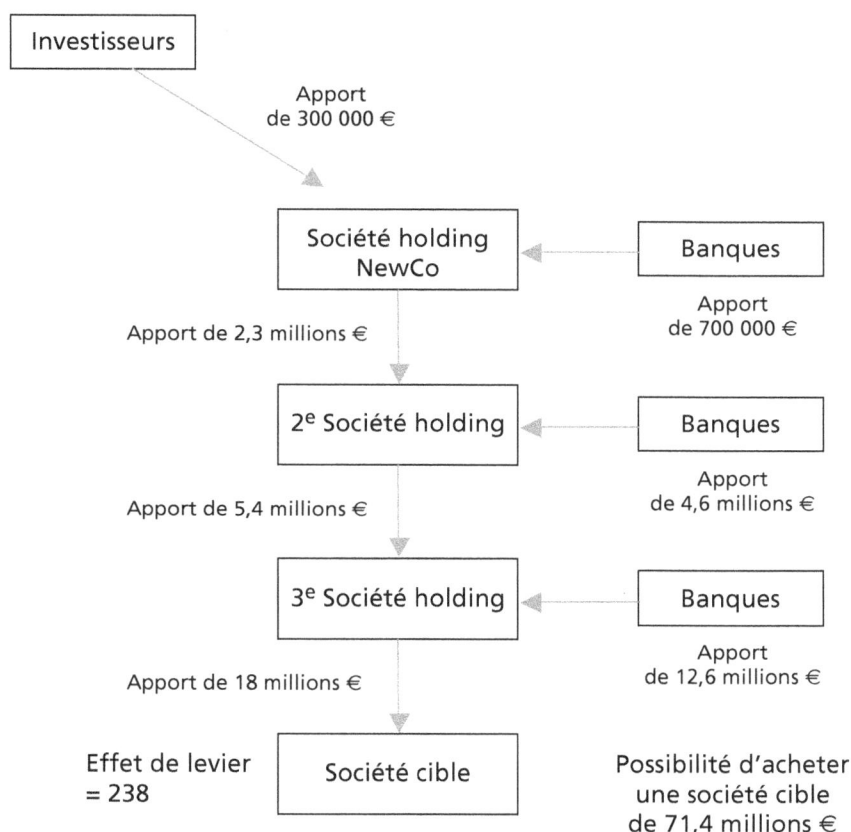

Figure 53 – Effet de levier financier et juridique en cascade

devra avoir des produits de qualité, un marché porteur et une équipe de dirigeants dynamique et compétente, capable de créer des liquidités et de générer des résultats distribuables. Sans cela, elle ne pourra pas faire remonter de dividendes à la société qui la contrôle, et celle-ci ne pourra pas non plus en faire remonter à sa société mère.

Comme dans le cas des *subprimes*, où le système ne fonctionne que si les propriétaires immobiliers ont la possibilité de réaliser des plus-values, le système des leviers en cascade ne fonctionne que si les sociétés contrôlées en fin de chaîne génèrent des dividendes. Possédant une majorité en chaîne, la société NewCo, tête de groupe, majoritaire à chaque niveau de la cascade, va décider des dividendes remontant de chaque société, mais elle ne doit pas absorber la totalité de la trésorerie et des dividendes de ses filiales, au risque de compromettre leur exploitation et de faire écrouler la totalité du système.

Les *hedge funds* américains, qui pratiquaient beaucoup ce système, associé à l'émission d'obligations à haut rendement (*high yield bonds* au rendement supérieur et aux risques moindres, car partagés) en ont beaucoup souffert, mais il reste encore de nombreux LBO en cours et donc de nombreux risques à courir et à couvrir.

Que deviennent les LBO en cascade dont la cascade s'est asséchée ? Ils subissent le sort des sociétés absorbantes trop vulnérables pour lutter contre leur prédateur. Au lieu d'apporter la fortune à leurs fondateurs, ils sont rachetés en totalité par une sorte différente de prédateurs, mais le problème demeure : les nouveaux prédateurs ne peuvent conserver les sociétés en cascades que si les sociétés terminales font remonter les dividendes.

5. L'INGÉNIERIE CLASSIQUE DES FUSIONS

Les fusions sont certainement une des plus vieilles techniques d'ingénierie financière, depuis les premières, réalisées aux États-Unis vers 1883-1904, et de tout temps limitées par les législateurs, du *Sherman Act, antitrust*, qui réglementait sévèrement des pratiques ayant permis à 318 sociétés de contrôler 40 % des actifs industriels américains, en passant par le *Clayton Act*, qui renforçait le dispositif *antitrust*, jusqu'au *Celler-Kefauver Act* de 1950, qui interdisait les fusions permettant la concentration sur un marché[1].

Contrairement à la législation américaine, la réglementation internationale et la réglementation française sont longtemps restées en retrait, même si les articles L. 236-1 à L. 236-24 du Code de commerce contenaient l'essentiel. Il semblerait que désormais, tant sur le plan international que sur le plan français, la réglementation plus précise et plus homogène des fusions, des restructurations et des regroupements soit à l'ordre du jour.

Les modifications récentes des normes internationales (norme IFRS 3 du 31 mars 2004, IASB) et françaises (avis du CRC 2004-01 du 25 mars 2004) le prouvent. Les fusions françaises se portent bien, puisque ces dix dernières années on a battu quelques records, comme le montre le tableau suivant :

Les dix plus importantes fusions françaises de ces dix dernières années

Rang	Valeur d'apport (en milliards d'euros)	Société acquéreuse	Société cible	Année d'opération
1	55,1	GDF	Suez	2008
2	54,4	Sanofi	Aventis	2004
3	53,4	Total	Elf	2000
4	43,8	France Télécom	Orange	2000

.../...

---

1. N. Coutinet, D. Sagot-Duvauroux, *Économie des fusions et acquisitions*, La Découverte, 2003.

Rang	Valeur d'apport (en milliards d'euros)	Société acquéreuse	Société cible	Année d'opération
5	42,6	Vivendi	Seagram	2000
6	30,6	France Télécom	TeliaSonera	2008
7	26,5	Rhône Poulenc	Hoechst	1999
8	20,7	Gaz de France	International Power	2010
9	18,5	International Power PLC	GDF Suez Energy International	2011
10	17,8	Novartis	Alcon (52 %)	2010

Source : *les auteurs et Challenges* n° 128[1]

5.1. Les règles internationales concernant les regroupements et les restructurations : la norme IFRS 3

La norme IFRS 3 publiée le 31 mars 2004 par l'IASB s'inscrit dans le projet de l'IASB concernant les regroupements d'entreprises. Sa mise en service implique une modification des normes IAS 36 relative aux dépréciations d'actifs et IAS 38 traitant des immobilisations incorporelles. La méthode traditionnelle de la mise en commun des intérêts (*pooling of interests*) est abandonnée et tous les regroupements d'entreprises doivent être comptabilisés à la valeur d'acquisition qui est la juste valeur.

S'il existe des coûts de restructuration, les possibilités de comptabilisation sont restreintes à la comptabilisation en charges, après les opérations de regroupement proprement dites. Lorsque le regroupement conduit à l'acquisition d'immobilisations corporelles, le *goodwill* relatif à un élément identifiable sur lequel on peut dégager une juste valeur est à comptabiliser séparément. Il est désormais interdit d'amortir des *goodwills* et des immobilisations incorporelles à durée indéfinie. Il faut apprécier, chaque année, de préférence par des tests, la valeur réelle de ces immobilisations. La perte de valeur est irréversible et on ne peut pas reprendre les pertes de valeur de *goodwill* enregistrées lors de périodes antérieures.

---

1. V. Beaufils, J.-P. de la Rocque, « Une fusion réussie repose sur trois piliers », *Challenges* n° 128, 12 juin 2008, p. 33.

5.1.1. Nouvelle approche des regroupements

La norme IFRS 3 indique les règles générales à suivre pour augmenter la transparence des documents financiers, mais il restera encore des zones d'ombre, tant que le cas des entités consolidées en commun, des coentreprises, des entités à forme mutualiste et des regroupements liés par contrat ne sera pas traité. La norme distingue :

- les regroupements d'entreprise, constitués par un ensemble d'entités ou d'entreprises au sein de l'entité, produisant les états financiers ;
- les entreprises constituées par un ensemble intégré d'activités et d'actifs gérés pour dégager une rentabilité, une économie de coûts ou d'autres avantages économiques réservés aux investisseurs. Les entreprises comprennent des entrées, des processus et des sorties coordonnés afin d'obtenir un revenu. À ce revenu, résultat de la gestion des actifs, peut être associé un *goodwill*. L'ensemble des activités, des actifs et du *goodwill* constitue une entreprise.

5.1.2. Limitation des méthodes comptables

Désormais, tous les regroupements d'entreprises doivent être comptabilisés selon la méthode de l'acquisition, ce qui implique qu'il existe un acquéreur. Dans les cas simples, le problème ne se pose pas, mais dans les cas de regroupement complexe, il est parfois difficile d'identifier un acquéreur. La norme précise qu'on peut se fonder sur :

- l'entité qui a la plus forte juste valeur et qui obtiendra le contrôle ;
- l'entité qui paye ou qui donne d'autres actifs en contrepartie ;
- l'entité qui nomme la nouvelle équipe dirigeante.

Le coût des opérations de regroupement est le total de la juste valeur, à la date de l'opération, des actifs apportés, des dettes nées et des instruments de capitaux propres émis par l'acquéreur, augmenté de tous les coûts directement imputables aux regroupements. La date de l'échange est la date de chaque transaction avec chaque investisseur, telle qu'elle figure dans la comptabilité et les états financiers de l'acquéreur.

À la date de l'acquisition, l'acquéreur comptabilise les actifs de l'entreprise acquise que l'on peut identifier, les passifs certains et les passifs éventuels, à leur juste valeur. S'il existe des actifs non courants détenus provisoirement avant d'être vendus, ils doivent être comptabilisés à leur juste valeur, déduction faite des frais de vente. Si l'acquéreur ne prend pas le contrôle total de l'entreprise acquise, une partie des justes valeurs est affectée aux intérêts minoritaires.

Pour les actifs et passifs qui seront effectivement repris, il n'y a pas de dérogation aux principes généraux de comptabilisation : les avantages économiques acquis et les sorties de ressources doivent être probables. Les actifs et les passifs doivent être comptabilisés selon les nouvelles indications de l'IAS 36 et de l'IAS 38, en insistant sur le caractère fiable de l'opération. On fait l'hypothèse que la juste valeur peut être mesurée avec un degré de fiabilité suffisant, mais cette hypothèse peut être infirmée.

Parmi les actifs qui doivent être enregistrés séparément du *goodwill*, la norme IFRS 3 donne les exemples des marques de commerce, des titres des journaux, des accords de non concurrence, des pièces de théâtre, livres, slogans publicitaires, droits de diffusion, brevets et logiciels informatiques. La norme IFRS 3 précise que les passifs générés par le regroupement d'entreprises doivent être comptabilisés dans le cadre de la comptabilité d'acquisition, car le regroupement rend presque inéluctable la sortie de ressources permettant de payer l'obligation passive. L'IFRS 3 recommande de ne comptabiliser le *goodwill* que pour la part d'intérêt acquise, hors intérêts minoritaires. Après sa comptabilisation, le *goodwill* ne fait plus l'objet d'un amortissement sur 10, 20 ou 40 ans mais, une fois par an, il doit faire l'objet d'un test de dépréciation (*impairment test*).

Le *goodwill* négatif n'existe plus dans IFRS 3 car son existence éventuelle obligerait l'acquéreur à corriger l'évaluation des actifs identifiables. Pour suivre effectivement les opérations de regroupement, la norme IFRS 3 oblige à fournir les trois informations stratégiques suivantes :

- nature et impact financier des regroupements d'entreprises effectués durant la période ;
- impacts financiers des gains, pertes, corrections, ajustement d'erreurs dues aux regroupements d'entreprises et comptabilités durant la période ;
- variation de la valeur comptable du *goodwill* durant l'exercice.

5.1.3. Nouvelles règles de dépréciation des actifs

La bonne compréhension des règles édictées par l'IAS 36 est indispensable dans l'économie des regroupements de l'IFRS 3.

L'IAS 36 généralise la pratique des tests de dépréciation, qui n'étaient prévus dans l'ancienne version que s'il existait un facteur déclencheur. Les actifs incorporels ayant une durée d'utilité indéterminée ou ceux qui ne sont pas encore mis en service doivent faire l'objet, chaque année, d'un test sur leur dépréciation. Il faut également faire un test de dépréciation au moins annuel sur les *goodwills* acquis par regroupement d'entreprises. Dans certains cas d'actifs à durée d'utilité indéterminée et d'unités génératrices de trésorerie auxquelles un *goodwill* est attaché, un calcul récent de la valeur recouvrable peut servir de base au test de dépréciation.

Si les entrées de trésorerie générées par un actif ou par une unité génératrice de trésorerie sont affectées par des prix de cession interne, la nouvelle norme impose d'utiliser des prix correspondant mieux au marché et à la concurrence, plutôt que les prix de cession interne, pour évaluer les flux futurs de trésorerie. Cette préférence pour la réalité associée aux transactions plutôt qu'au prix de cession interne s'applique à tous les tests de dépréciation dans le cas de la norme 36, dont l'IFRS 3 n'est qu'un cas particulier.

La norme révisée indique aussi que le *goodwill* doit être affecté aux unités génératrices de trésorerie de l'acquéreur pour lesquelles des synergies sont attendues des regroupements d'entreprises, que d'autres actifs ou passifs de l'entreprise soient aussi affectés ou non à ces unités. Si une entité cède une activité au sein d'une unité à laquelle un *goodwill* a été affecté, tout ou partie de ce *goodwill* devra être imputé sur la valeur comptable de l'opération pour déterminer le résultat de cession.

5.1.4. *Précisions sur les immobilisations incorporelles*

La publication de l'IFRS 3 a aussi eu des conséquences notoires sur la structure de l'IAS 38 qui définissait l'actif incorporel en fonction de son mode d'utilisation comme « un actif non monétaire identifiable sans substance physique, détenu en vue de son utilisation pour la production ou la fourniture de biens ou de services, pour une location à des tiers ou à des fins administratives ».

Désormais, l'actif incorporel est plus simplement « un actif non monétaire identifiable sans substance physique ». Le nouvel actif incorporel est identifiable s'il est séparable ou résulte de droits contractuels ou légaux. La définition de l'actif incorporel ne s'attarde pas sur la façon dont il a été acquis. On peut en déduire que certains actifs pourront être acquis autrement que par regroupement d'entreprises, mais la comptabilisation de ces autres actifs suppose que tous les autres critères comptables existent. Les critères comptables des actifs incorporels acquis par un regroupement d'entreprises n'imposent plus d'évaluation explicite de la probabilité de réalisation des avantages économiques futurs. Ceci a été étendu à la comptabilisation des actifs incorporels acquis séparément. L'IAS 38 fait l'hypothèse que le critère de probabilité sera toujours supposé satisfait pour les actifs acquis séparément ou par un regroupement d'entreprises. Pourquoi acquérir un actif qui n'a aucune chance d'être rentable ? Il faut cependant noter que ce nouveau raisonnement ne concerne pas les actifs incorporels créés à l'intérieur des entités.

L'IAS 38 a aussi traité le cas de l'acquisition de projets de recherche et de développement en cours, acquis séparément ou par un regroupement d'entreprises. Les critères généraux de comptabilisation des actifs incorporels créés en interne s'appliquent aux dépenses ultérieures, c'est-à-dire que l'activation est limitée aux coûts de développement qui satisfont aux critères de comptabilisation. L'ancienne version de la norme présumait que la durée de vie utile d'un incorporel ne pouvait excéder 20 ans, avec possibilité de contradiction. Cette règle a été supprimée et c'est à l'entreprise de déterminer si la durée de vie utile de l'incorporel est finie ou indéfinie. Si cette durée est indéfinie, il n'est plus question de l'amortir mais, comme le précise l'IAS 36, il faut pratiquer au moins une fois par an un test de dépréciation.

5.2. Les règles françaises concernant les fusions : l'avis 2004-01

L'avis du Comité de la réglementation comptable n° 2004-01 du 25 mars 2004 prévoit la comptabilisation dans les comptes individuels des personnes morales de toutes les fusions et opérations assimilées rémunérées par des titres, et figurant dans un traité d'apport tel que celui prévu à l'article L. 236-6 du Code de commerce. Cet avis souhaite apporter une certaine unification à la comptabilisation des fusions et des opérations assimilées, mais aussi à rapprocher les fusions et opérations assimilées des techniques de consolidation, spécialement en matière d'évaluation.

5.2.1. De nouvelles définitions

Les opérations concernées par ce texte sont :

- les fusions de sociétés, définies à l'article 236-1 alinéa 1er du Code de commerce et reprenant l'article 370 de la loi du 24 juillet 1966 modifié par la loi du 5 janvier 1988 : « Une ou plusieurs sociétés peuvent, par voie de fusion, transmettre leur patrimoine à une société existante ou à une nouvelle société qu'elles constituent ». La fusion est une opération par laquelle une société disparaît par absorption par une autre société (fusion absorption) ou par réunion de plusieurs sociétés anciennes donnant naissance à une société nouvelle (fusion réunion) ;

- les fusions simplifiées : elles correspondent à l'absorption par une société d'une ou plusieurs de ses filiales détenues à 100 % ;

- les apports partiels d'actifs constituant une branche complète d'activité : opération par laquelle une société apporte à une autre personne morale un ensemble d'actifs et de passifs, constituant une branche autonome, et reçoit en échange des titres remis par la société bénéficiaire des apports. Les apports de titres de participation représentatifs du contrôle de cette participation sont assimilés à des apports partiels d'actifs constituant une branche d'activité et entrent dans le champ d'application du présent texte. Les autres apports de titres sont évalués à la valeur vénale. Les apports d'actifs isolés exclus du champ d'application du présent texte sont évalués comme des échanges à la valeur vénale, selon les règles prévues par le projet d'avis relatif à la définition et l'évaluation des actifs ;

- les scissions de sociétés : elles sont définies à l'article L. 236-1 alinéa 2 du Code de commerce comme une transmission du patrimoine d'une société à plusieurs autres ;

- les fusions par confusion de patrimoine : l'article 1844-5 du Code civil indique que ces fusions permettent la dissolution d'une société dont toutes les parts sont réunies en une seule main et entraînent la transmission universelle du patrimoine de la société à l'associé unique, sans qu'il y ait lieu à liquidation. Bien qu'un traité d'apport ne soit pas indispensable, elles doivent suivre le même traitement comptable que les fusions. Les apports sont inscrits dans les comptes de la société bénéficiaire selon de nouvelles modalités, et en rémunération desdits apports elle remet des titres. Le texte précise les définitions de la société absorbée, ou apporteuse, qui transfère ses actifs, de la société initiatrice, qui prend l'initiative des opérations et prend le contrôle et de la société cible, celle-ci passant sous le contrôle de la société initiatrice, dont l'influence est renforcée.

5.2.2. De nouveaux axes d'analyse

Quatre points méritent l'attention des analystes :

- les apports sont inscrits dans les comptes de la société bénéficiaire à la valeur prévue au traité d'apport. Les comptables n'ont pas à modifier les évaluations, parfois multicritères, qui ont conduit à ces valeurs et à une parité d'échange. Il y a prééminence du droit sur la comptabilité ;

- les entités et les opérations ont été clairement définies : société absorbante bénéficiaire des apports et société absorbée apporteuse, société initiatrice bénéficiaire de l'opération et société cible subissant l'opération, fusion à l'endroit dans le sens normal et fusion à l'envers où le contrôle est inversé, apports à l'endroit et apports à l'envers ;

- à chaque type de fusion correspond une méthode d'évaluation et une seule. Pour une fois, la réalité économique a pris le pas sur les contingences fiscales ;

- comme c'était le cas en matière de consolidation, où la méthode à appliquer dépend du type de contrôle, le type de contrôle servira désormais, en matière de fusion, à choisir la méthode d'évaluation à utiliser. En combinant la notion de contrôle et la notion de sens de la fusion (à l'endroit ou à l'envers) on peut présenter une typologie des opérations réalisées sous contrôle commun d'une entité (sociétés liées) ou sous contrôle distinct (sociétés indépendantes).

On obtient le tableau suivant récapitulant les méthodes :

Notion de contrôle	Valorisation des apports	
	Valeur comptable	Valeur réelle
Opérations impliquant des entités sous contrôle commun (contrôle exclusif)		
Opération à l'endroit	Oui	
Opération à l'envers	Oui	
Opérations impliquant des entités sous contrôle distinct (sociétés indépendantes)		
Opération à l'endroit		Oui
Opération à l'envers	Oui	
Fusions simplifiées à 100 %	Oui	
Fusions par confusion	Oui	

Source : règlement n° 2004-01, Conseil national de la comptabilité

Désormais, pour chaque opération, il faudra s'assurer que c'est :

- soit une opération impliquant des sociétés sous contrôle commun : l'une des sociétés participant à l'opération contrôle préalablement, l'autre ou les deux sociétés sont préalablement sous le contrôle d'une même société mère ;

- soit une opération impliquant des sociétés sous contrôle distinct : aucune des sociétés participant à l'opération ne contrôle préalablement l'autre ou ces sociétés ne sont pas préalablement sous le contrôle d'une même société mère.

5.2.3. La notion de contrôle, élément déterminant de l'évaluation

La notion de contrôle d'une société, définie au paragraphe 1002 du règlement n° 99-02 du Comité de la réglementation comptable (CRC) relatif aux comptes consolidés des sociétés commerciales et entreprises publiques, a été reprise ici pour les fusions, mais elle va être modifiée pour tenir compte des dispositions de l'article L. 233-16 du Code de commerce, modifié par l'article L. 133 de la loi de sécurité financière (n° 2003-706) du 1er août 2003.

Ces règles sont reprises par le règlement n° 99-07, relatif aux règles de conso-lidation des entreprises relevant du Comité de la réglementation bancaire et financière, et le règlement n° 00-05, relatif aux règles de consolidation et de combinaison des entreprises régies par le Code des assurances et des institu-tions de prévoyance, régies par le Code de la sécurité sociale ou par le Code rural.

Comme on le sait, le contrôle exclusif est le pouvoir de diriger les politiques financières et opérationnelles d'une entreprise, afin de tirer avantage de ses activités. Il résulte soit de la détention directe ou indirecte de la majorité des droits de vote dans une autre entreprise, soit de la désignation, pendant deux exercices successifs de la majorité des membres des organes d'administration, de direction ou de surveillance d'une autre entreprise ; l'entreprise consoli-dante est présumée avoir effectué cette désignation lorsqu'elle a disposé, au cours de cette période, directement ou indirectement :

* soit d'une fraction supérieure à 40 % des droits de vote aucun autre asso-cié ou actionnaire ne détenant, directement ou indirectement, une fraction supérieure à la sienne ;

* soit du droit d'exercer une influence dominante sur une entreprise en vertu d'un contrat ou de clauses statutaires, lorsque le droit applicable le permet.

Dans la fusion à l'endroit : après la fusion, l'actionnaire principal de l'absor-bante, bien que possédant un pourcentage de contrôle plus faible (sauf dans les cas de fusion simplifiée), conserve son pouvoir de contrôle sur celle-ci. La cible est la société absorbée et l'initiatrice est la société absorbante ou l'une de ses filiales.

Dans la fusion à l'envers : après la fusion, l'actionnaire principal de l'absorbée prend le contrôle de l'absorbante. La cible est la société absorbante et l'initia-trice est la société absorbée ou sa société mère. Cette pratique de la fusion à l'envers résulte d'un raisonnement ancien se fondant sur le fait que comme une fusion-absorption génère une augmentation de capital dans les livres de la société absorbante, pour qu'il y ait échange effectif des titres de la société absorbante contre des titres de la société absorbée, il faut qu'il y ait une contrepartie réelle à l'augmentation de capital. Dans le cas contraire, l'aug-mentation est fictive et les tiers peuvent être lésés dans l'opération. À l'appui de cette situation, l'article 260 du décret du 23 mars 1967 disposait que « les commissaires aux apports vérifient notamment que le montant de l'actif net apporté par les sociétés absorbées est au moins égal au montant de l'augmen-tation du capital de la société absorbante ou au montant du capital de la société nouvelle issue de la fusion. La même vérification est faite en ce qui concerne le capital des sociétés bénéficiaires de la fusion ». C'est parce qu'il y a augmentation de capital qu'il faut qu'il y ait quelque chose à apporter et s'il n'y a rien à apporter, on est obligé d'inverser le sens de la fusion.

Les apports sont évalués en fonction de la situation de la société absorbante ou de la bénéficiaire des apports et de l'existence ou non du contrôle commun entre sociétés participant à l'opération :

- dans la quasi-totalité des cas, et sauf exception, les apports sont évalués à la valeur comptable : pour les opérations à l'endroit ou à l'envers impliquant des sociétés sous contrôle commun, avant l'opération, la situation de contrôle est déjà établie entre la société initiatrice et la société cible. L'opération de regroupement correspond donc à un renforcement de contrôle ou à un maintien de contrôle (cas des fusions simplifiées et des opérations de transmission universelle de patrimoine), et dans la logique des comptes consolidés, il convient de ne pas réévaluer l'ensemble des actifs et passifs. Pour les opérations à l'envers impliquant des sociétés sous contrôle distinct, compte tenu des contraintes légales, les actifs et passifs de la cible (correspondant à l'absorbante ou à la bénéficiaire des apports) ne peuvent pas être comptabilisés à leur valeur réelle, parce qu'ils ne figurent pas dans le traité d'apport. En effet, les actifs et les passifs figurant dans le traité d'apport sont ceux de la société initiatrice et n'ont pas à être réévalués ;
- dans de rares cas, les apports sont évalués à la valeur réelle : c'est le cas des opérations à l'endroit impliquant des sociétés sous contrôle distinct. Avant l'opération, la situation de contrôle n'est pas établie entre la société initiatrice et la société cible. L'opération de regroupement correspond donc à une prise de contrôle et, dans la logique des comptes consolidés, il convient de traiter cette opération comme une acquisition à la valeur réelle. Cette analyse s'applique également aux opérations de filialisation suivies d'une cession à une société sous contrôle distinct. Si la cession ne se réalise pas selon les modalités initialement prévues, la condition résolutoire mentionnée dans le traité d'apport s'applique. Il convient alors d'analyser à nouveau l'opération et de modifier les valeurs d'apport. Pour ces opérations, il est ainsi nécessaire de mentionner à la fois les valeurs comptables et les valeurs réelles des actifs et passifs dans le traité d'apport.

Par dérogation, lorsque les apports doivent être évalués à la valeur nette comptable, en application des règles exposées ci-dessus, et que l'actif net apporté est insuffisant pour permettre la libération du capital, les valeurs réelles des éléments apportés doivent être retenues. Cette dérogation ne peut par définition s'appliquer ni aux opérations de dissolution par confusion de patrimoine ni aux fusions simplifiées.

Lorsque les apports sont évalués à la valeur réelle, les valeurs individuelles des actifs et passifs apportés correspondent aux valeurs réelles attribuées à chacun des éléments dans le traité d'apport, figurant ou non à l'actif (par exemple les marques ou les impôts différés actifs) ou au passif (par exemple les provisions pour retraites ou les impôts différés passifs) dans les comptes de l'absorbée ou de la société apporteuse à la date de l'opération. Ces valeurs s'apprécient en fonction du marché et de l'utilité du bien pour la société. Pour l'établissement de ces valeurs, la société utilise les références ou les techniques les mieux adaptées à la nature du bien, telles que les prix de marché, les indices spécifiques et des expertises indépendantes. Lorsque les apports sont évalués à la valeur comptable, les valeurs comptables individuelles des actifs et passifs apportés correspondent aux valeurs de chaque actif et passif figurant dans les comptes de l'absorbée ou de la société apporteuse, à la date d'effet de l'opération.

Nous n'avons donné que quelques exemples de montage d'ingénierie financière. Dans une entreprise, le haut de bilan, que ce soit l'actif ou le passif, a une tendance inévitable, sous l'influence conjuguée de l'entropie et du laxisme, à dégénérer. Il faut donc en permanence se poser la question de l'opportunité de réaménager les structures du passif, en capitaux propres et dettes, mais aussi de réaménager les structures de l'actif, en utilisant éventuellement le crédit-bail, la cession-bail, la cession de créance, la titrisation. Enfin, il y a des domaines spécifiques qui réclament une ingénierie financière spécifique. C'est le cas de la transmission d'entreprise qui présente une situation financière encore plus compliquée : elle met souvent en cause l'entreprise elle-même ; elle concerne aussi le patrimoine, en reconversion, des anciens dirigeants et propriétaires, celui plus ou moins lié de leurs héritiers et le patrimoine, le plus souvent en devenir, des nouveaux acheteurs. Mais pour un ouvrage d'initiation, nous avons considéré que ces problèmes pouvaient être différés.

L'ingénierie financière couvre un large champ d'activités financières. Nous avons vu qu'elle commence par définir ses bases de connaissance à partir d'un diagnostic de l'entreprise ou du groupe à améliorer, que ce diagnostic est complété par la mise en œuvre de techniques d'évaluation, et que ces deux disciplines conjuguées permettent d'avoir déjà une vue large mais précise de ce qu'est l'entreprise : comment elle est dirigée, comment se comportent ses actionnaires et quelles sont ses performances.

La philosophie de l'ingénierie passe toujours par l'amélioration de la situation : une bonne décision doit entraîner une amélioration de la valeur de l'entreprise. Pour avoir une action efficace, on peut employer de nombreux outils,

© Groupe Eyrolles

d'application quasi universelle : les actions, les obligations, les formes multiples de sociétés, les multiples variantes de leur gouvernance, l'architecture des *holdings*, les ressources du Code général des impôts. À partir de ces multiples ressources, il semble qu'il n'y a pas de limites techniques à la construction de montages financiers efficaces : on peut tout faire, tout est possible. Mais, comme disait Dostoïevski, « si tout est possible, alors tout n'est pas permis ».

L'objectif général que nous avons évoqué plus haut, que les dirigeants de la firme se concentrent sur la maximisation du prix des actions, est un objectif qui fait abstraction des problèmes d'éthique. Or la frontière est parfois ténue en matière d'ingénierie financière entre les pratiques légales, les pratiques tolérées et les pratiques illégales. En plus de savoir si un outil financier ou un montage financier est techniquement performant, il faut aussi se demander si cet outil financier ou ce montage financier est utilisable en termes d'éthique.

Les enjeux financiers de notre monde sont énormes, il est de plus en plus difficile de tracer la frontière entre l'économie légale et une économie illégale devenue extrêmement performante dans son aptitude à travestir les opérations illégales en opérations légales, par le jeu du blanchiment et avec l'aide des zones de non-droit que sont les paradis fiscaux. L'ingénierie financière doit apporter à son utilisateur une technique éprouvée, mais aussi, nous semble-t-il, une éthique sans faille, car placée entre des mains non innocentes, c'est un instrument redoutable et gigantesque de destruction de valeur, de déni des droits les plus légitimes et de spoliation.

Conclusion

Dans la précédente édition de *Gestion financière, de l'analyse à la stratégie*, nous constations que la gestion financière a bien changé depuis le début de la décennie soixante-dix. Jusqu'alors, elle était restée très traditionnelle et très simple, voir simpliste. Le banquier était le partenaire rassurant et privilégié des sociétés. Il se contentait de surveiller l'endettement en comparant les capitaux propres aux capitaux étrangers et de jeter un regard pudique sur le fonds de roulement. Dans l'euphorie de la croissance industrielle et commerciale, du plein emploi, à une époque où les matières premières et l'énergie ne coûtaient presque rien, l'inflation et les problèmes financiers ne comptaient pas beaucoup.

Durant la même période, dans le monde entier, on a vu la masse monétaire croître sans contrôle efficace et les taux d'intérêt évoluer sans entrave. La France, dans ce relatif chaos, a voulu préserver l'ordre de son système monétaire, financier et bancaire, et protéger la compétitivité de ses entreprises, protection délicate pour des firmes en moyenne très endettées, encadrées par des institutions financières pratiquant des taux d'intérêt élevés. Mais ses marges de manœuvre étaient trop modestes. Elle n'a pas pu empêcher les restructurations régionales et mondiales des bourses de valeur. Le premier marché, le second marché, le nouveau marché ont disparu et ils ont été remplacés par l'Eurolist de la société Euronext, elle-même liée avec la bourse américaine NYSE, Alternext et le marché libre.

Bon nombre d'entreprises françaises sont sous le contrôle total des fonds de pension, en particulier américains. Des produits, dont le commun des mortels ne connaît pas toujours le fonctionnement, sont apparus, tels les *hedge funds*. Les primes des voyageurs fréquents des compagnies aériennes représentent une masse de contrats supérieure à la masse monétaire mondiale et servent parfois de substitut à la monnaie et d'instrument d'échange, la criminalité financière a fait d'énormes progrès dans le blanchiment d'argent. La révolution des 3 D – la désintermédiation, qui est la promotion de méthodes de financement directes reposant sur l'échange de titres négociables entre opérateurs, la déréglementation, qui leur a permis d'entrer dans un environnement financier flexible, le décloisonnement, qui a permis d'abroger le système des marchés segmentés, très rigides et d'avoir une activité financière faiblement encadrée par les pouvoirs publics – a fait littéralement exploser les marchés mondiaux. Internet a encore accentué cette explosion.

Les stratèges et les gestionnaires financiers ont changé, sans toujours le savoir, de planète. Ils opèrent désormais sur une planète du tout-financier où la complexité s'est doublée d'une obligation de rapidité et de rigueur jamais atteinte auparavant. La communication financière a aussi fait des progrès, assistée et précédée par l'internationalisation des normes comptables IAS-IFRS et soutenue par l'activité des agences de notation. L'investisseur a pris une large place, presque toute la place, dans le cadre conceptuel comptable qui s'impose à tous, mais plus que jamais il a besoin de spécialistes pour l'assister.

Ces spécialistes, qui s'étaient longtemps cantonnés dans le conseil, du haut de leur bureau, ont aussi revu leurs méthodes. Désormais, ils tiennent un compte plus large de l'environnement et de ses retombées financières, ils n'étudient plus les problèmes de manière isolée, la stratégie d'un côté, la comptabilité de d'autre, le financement ailleurs. Les financiers ne peuvent plus ignorer la stratégie et la comptabilité, les comptables ne peuvent plus rester dans leur tour d'ivoire lorsqu'ils conseillent leurs clients, les stratèges ne peuvent plus se contenter de rêver.

L'approche globale, qui part du diagnostic stratégique et financier, permet d'évaluer l'entreprise, son potentiel, ses forces et ses faiblesses, d'abord avec des méthodes renouvelées (options réelles, théorie du *clean surplus*) et ensuite grâce aux techniques d'ingénierie financière, pour la modeler comme on l'entend, est en train de faire son chemin. Ceci est d'autant plus facile que les formes classiques de sociétés sont de plus en plus supplantées par des formes plus flexibles (société par actions simplifiée, société par actions simplifiée unipersonnelle) comportant une nouvelle génération de titres (actions de préférence, actions traçantes) qui s'ajoutent à la liste déjà longue de ceux que l'on pouvait utiliser. La gestion et la stratégie financière ont encore de beaux jours devant elles, et elles ont à peine fait les premiers pas vers une transformation radicale, mais les obstacles qu'elles rencontrent, comme les *subprimes* ou les faillites bancaires, viennent parfois lui rappeler que le monde réel n'est pas toujours aussi idéal que le monde virtuel.

Bibliographie indicative

OUVRAGES ET ARTICLES

ATTALI (J.) : *La crise, et après ?*, Librairie Arthème Fayard, 2008.

ATTALI (J.) : *Survivre aux crises*, Librairie Arthème Fayard, 2009.

BANQUE DE FRANCE : *Méthode d'analyse financière de la Centrale de bilans*, Paris, 2000.

BARNETO (P.), GRUSON (P.) : *Instruments financiers et IFRS*, Dunod, 2007.

BERNAYS (E.) : *Propaganda*, New York, H. Liveright Éditions, 1928.

BATSCH (L.) : *Finance et Stratégie*, Économica, 1999.
   – *Le Diagnostic financier*, 3e édition, Économica, 2000.

BÉNARD (V.) : « Comment les accords de Bâle ont favorisé la crise qu'ils devaient prévenir », Institut Hayek (http://fahayek.org), 2009.

BREALEY (R. A.), MYERS (S.), ALLEN (F.), THIBIERGE (C.) : *Principes de gestion financière*, Éditions Pearson éducation, 8e édition, 2006.

BELLALAH (M.), HIRIGOYEN (G.), COHEN (E.) : *Diagnostic, Évaluation, Choix des projets et des investissements*, Économica, 2004.

BEN HMIDEN (O.) : *Contribution à la connaissance du rôle des agences de notation dans l'information comptable et financière*, thèse de sciences de gestion, Université Montesquieu-Bordeaux-IV, novembre 2008.

BROOKSON (S.) : *Understanding Accounts*, Dorling and Kindersley, Londres, 2001.

CANTOR (R.), MANN (C.) : « Measuring the performance of corporate bond ratings Moody's », *Special Comment*, avril 2003.

CAREY (A.) : *Taking the Risk out of Democracy, Propaganda in US and Australia*, Sydney, University of New South Wales, 1995, p. 18.

CHADEFAUX (M.) : *Les Fusions de sociétés, régime juridique et fiscal*, Éditions Groupe Revue fiduciaire, 2008.

CHANDLER (A.D.) : *Strategy and structures: Chapters in the History of the Industrial Enterprise*, Cambridge, Massachusetts, M.I.T. Press, 1962.
  – *The Visible Hand: The Managerial Revolution in American Business*, Cambridge, Massachusetts, Harvard University Press, 1977.

CHANDY (P.), DUETT (E.) : « Commercial paper rating models », *Quarterly journal of Business and Economics* », vol. 29, 1990, n° 4, p. 79-102.

CHARREAUX (G.) : *Gestion financière*, 6ᵉ édition, Litec, 2000.

COLASSE (B.) : *Encyclopédie de comptabilité, contrôle de gestion et audit*, Économica, 2000.
  – *Analyse financière*, La Découverte, 1994.

COPELAND (T.), KOLLER (T.), MURRIN (J.) : *La Stratégie de la valeur*, InterÉditions, 1991.

COUTINET (N.), SAGOT-DUVAURAOU (D.) : *Économie des fusions et acquisitions*, La Découverte, 2003.

CYPEL (S.), ROCHE (M.) : « Wall Street Story », *Le Monde*, n° 20 105, 15 septembre 2009.

DAMODARAN (A.) : *Finance d'entreprise, théorie et pratique*, 2ᵉ édition, Bruxelles, De Boeck, 2006.

DEGOS (J.-G.) : *Contribution à l'étude du diagnostic financier des petites et moyennes entreprises*, thèse d'État ès Sciences de gestion, Université de Bordeaux-I, 1991 ;
  – *Ingénierie comptable et financière des sociétés commerciales*, E-book, E-thèque, 2009 ;
  – *Comptabilité financière de la vie sociétés commerciales*, E-book, E-thèque, 2009 ;
  – *Plan comptable français : notions essentielles*, E-book, E-thèque, 2009.
  – *Évaluation des entreprises. Méthodes classiques*, E-book, E-thèque, 2010.
  – « L'univers graphique de l'évaluation financière : rationalité, perspicacité, complexité », *La Revue du financier*, n° 173-174, 2008, p. 49-71.

© Groupe Eyrolles

DELESALLE (E.) : « Fusions de sociétés, les nouvelles règles comptables – 1re partie, *Revue française de comptabilité* n° 366, mai 2004.
– « Fusions de sociétés, les nouvelles règles comptables », 2e partie, *Revue française de comptabilité* n° 367, juin 2004.

DESSERTINE (P.) : *Ceci n'est pas une crise, juste la fin d'un monde*, Éditions Anne Carrière, 2009.

DODGEN (L.-P.) : *The Integration of Acquisitions and Mergers : an Interpretative Inquiry*, thèse Ph. D., University of North Carolina, 1991.

ELLIS (J.), WILLIAMS (D.) : *Corporate Strategy and Financial Analysis*, London, Pittman Publishing, 1993.

FRASER (L. M.) : *Understanding Financial Statements*, 4e édition, Prentice Hall, 1995.

FORGET (J.) : *Stratégie financière*, Ellipses, 2007.

FUGAIN (C.) : « Histoire des Krachs boursiers », *Le Journal des Finances*, 2009.

GENSSE (P.), TOPSACALIAN (P.) : *Ingénierie financière*, 3e édition, Économica.

GREINER (L. E.) : « Evolution and Revolution as Organization Grow », Cambridge, Massachusetts, *Harvard Business Review*, 1972.

GREINER (L. E.) et SCHEIN (V. E.) : *Power and Organization Development: Mobilizing Power to Implement Change*, Addison Wesley OD *series*, 1988.

GRIFFITHS (S.) : *Comptabilité générale, cours et exercices*, 3e édition, Vuibert, 2000.
– *Comptabilité financière*, Vuibert, 2006.

GRIFFITHS (S.), DEGOS (J.-G.) : *Gestion financière, de l'analyse à la stratégie*, Éditions d'Organisation, 1re édition, 1997.
– *Gestion financière, de l'analyse à la stratégie*, 2e édition, Éditions d'Organisation, 2001.

GUIMARD (A.) : *La communication financière*, Économica, 2001.

HERMAN (E.S.), CHOMSKY (N.) : *Manufacturing Consent, The Political Economy of the Mass Media*, London, The Bodley Head, 1988.

JENSEN (M.C.), MECKLING (W.H.) : « Theory of the Firm: Managerial Behaviour, Agency Costs and Ownership Structure », *Journal of Financial Economics*, vol. 3, oct. 1976, p. 305-360.

KLIGER (D.), SARIG (O.) : « The information value of Bond Ratings », *The journal of Finance*, n° 6, décembre 2000.

LEGROS (G.) : *Stratégie financière des groupes*, Ellipses, 2006.

LEVY (S.): *Understandig French Accounts*, London, Pitman Publishing, 1994.

LIVINGSTONE (J. L.): *The Portable MBA in Finance and Accounting*, 3ᵉ édition, New York, John Wiley, 2001

MENARD (L.) : *Dictionnaire de la comptabilité et de la gestion financière,* ICCA, OEC. et IRE, 2ᵉ édition, 2005.

MERTON (R.), BODIE (Z.), THIBIERGE (C.), SAMUELSON (P.) : *Finance*, 2ᵉ édition, London, Pearson Education, 2007.

MIKOL (A.) : *Finance Prévisionnelle*, PUF, coll. « Que sais-je ? », 1989.
   – *Gestion comptable et financière*, PUF, coll. « Que sais-je ? », 2007.

MILLER (M. H.) : « Debt and taxes », *Journal of Finance*, 32, 1977, p. 261-275.

MODIGLIANI (F.), MILLER (M. H.) : « The Cost of Capital, Corporation Finance and the Theories of Investment », *American Economic Review*, 48, 1958, p. 261-297.
   – « Corporate income taxes and the Cost of Capital: A Correction », *American Economic Review*, 53, 1963, p. 433-443.

MOURGUES (N.) : *Capitaux propres et Quasi-fonds propres*, Économica, 1996.
   – *Le choix des investissements dans l'entreprise*, Économica, 1996.

MUELLER (D. D.) : « *A theory of conglomerate mergers* », *Quaterly journal of Economics*, vol. 83, novembre 1969, p. 643-659.

OGIEN (D.) : *Pratique des marchés financiers*, 2ᵉ édition, Dunod, 2007.

PEYRARD (J.), PEYRARD (M.), AVENEL (J.-D.) : *Analyse financière : normes françaises et internationales IAS/IFRS*, 9ᵉ édition, Vuibert, 2006.

QUINTART (A.), ZISSWILLER (R.) : *Théorie de la finance*, PUF, 1985.

REVERCHON (A.) : « La chute de Lehman Brothers », *Le Monde*, n° 20 105, 15 septembre 2009.

ROSS (S. A.) : « *The Economic Theory of Agency : The Principal's Problem* », *American Economic Review*, vol. 63, n° 2, mai 1973, p. 134-139.

RYAN (B.), SCAPENS (R. W.) : *Research Method and Methodology in Finance and Accounting*, Thomson Learning, 2002.

SAMUELS (J. M.), BRAYSHAW (R. E.), CRANER (J. M.) : *Financial Statement Analysis in Europe*, Chapman and Hall, 1995.

SCHUMPETER (J.) : *History of Economic Analysis*, Elisabeth Body Schumpeter editor, Oxford University Press, New York, 1954.

SHALIT (S.S.) : « The Mathematics of financial leverage », Financial Management, spring, 1975, p. 57-66.

SLOAN (A.) : « What's Still Wrong with Wall Street », *Time*, novembre 2009, p. 29.

VAILHEN (C. A.) : *Évaluation de l'entreprise et coût du capital*, Vuibert, 1981.

VERVIMEN (P.), QUIRY (P.), LE FUR (Y.), *Finance d'entreprise*, 6ᵉ édition, Dalloz, 2005.

WESTON (J. F.), BRIGHAM (E. F.), HALPERN (P.), *Gestion financière*, 4ᵉ édition, Montréal, Études vivantes, 1994.

WAKEMAN (M.) : « The real function of bond rating agencies », in Stern et Chew (Eds), *The revolution in corporate finance*, Malden MA Blackwell Business, 1998.

WESTON (J. F.), CHUNG (K. S.), HOAG (S. E.) : *Mergers, Restructuring, and Corporate Control*, Prentice Hall, 1990.

WITHERS (H.) : *The Meaning of Money*, London, Smith Elder and Co, 1909.

SITES INTERNET

Actualité et évolution du plan comptable général : http://www.focuspcg.com

Actualité comptable internationale : http://www.focusifrs.com

Conseil national de la comptabilité et autorité des normes comptables : http://www.cnc.minefi.gouv.fr

Compagnie nationale des commissaires aux comptes : http://www.cncc.fr

Ordre des experts-comptables français : www.experts-comptables.fr

International Accounting Standard Board (I.A.S.B.) : www.iasb.org.uk

Directives de l'Union européenne : http://eur-lex.europa.eu

REVUES

Abacus (Basil Blackwell, Oxford, Royaume-Uni).

Accounting and Business Research (Institute of Chartered Accountants of England and Wales, Londres, Royaume-Uni).

Accounting Horizons (American Accounting Association, États-Unis).

Accounting, Auditing and Accountability Journal (Emerald Group Publishing).

Accounting & Finance (Basil Blackwell, Royaume-Uni).

Analyse financière (Société française des analystes financiers, Paris).

Bulletin comptable et financier Lefebvre (Éditions Lefebvre, Paris).

Comptabilité, Contrôle, Audit (Revue de l'association francophone de comptabilité).

Finance, Contrôle, Stratégie (Éditions Économica, Paris).

Financial Analysts Journal (Association for Investment Management and Research, Charlottesville, États-Unis).

Financial Management (Financial Management Association, Boston, États-Unis).

Financial Markets, Institutions and Instruments (Basil Blackwell, Oxford, Royaume-Uni).

International Journal of Critical Accounting (Inderscience editor).

International Journal of Economics and Accounting (Inderscience editor).

Journal of Accounting and Organizational Change (Emerald Group Publishing, Royaume-Uni).

Journal of Business Finance and Accounting (Basil Blackwell, Oxford, Royaume-Uni).

Journal of Money Laundering Control (Emerald Group Publishing, Royaume-Uni).

La revue du financier (Groupe Cybel, Paris).

La revue des sciences de gestion, direction et gestion (Groupe Cybel, Paris).

Option Finance (Excelsior Finance SA, Paris).

International Journal of Intelligent Systems in Accounting, Finance and Management (John Wiley and Sons Ltd, New York, États-Unis).

Revue Banque (Revue de la profession bancaire, Paris).

Revue d'économie financière (Le Monde éditions, Paris).

Revue française de comptabilité (Ordre des experts-comptables, Paris).

Revue française de gestion (Fondation nationale pour l'enseignement de la gestion, Paris).

Revue fiduciaire comptable (Groupe Les Publications Fiduciaires, Paris).

Review of Accounting and Finance (Emerald Group Publishing, Royaume-Uni).

Studies in Economics and finance (Emerald Group Publishing, Royaume-Uni).

The Financial Review (Basil Blackwell, Oxford, Royaume-Uni).

Index des noms propres

Index des matières